26⁵⁰

La gran novela latinoamericana

ALFAGUARA

La gran novela latinoamericana
© 2011, Carlos Fuentes
© De esta edición:
    Santillana Ediciones Generales, S. A. de C. V., 2011
    Av. Río Mixcoac 274, Col. Acacias
    México, 03240, D.F. Teléfono 5420 7530
    www.alfaguara.com.mx

ISBN: 978-607-11-1171-5

Primera edición: julio de 2011

© Diseño de cubierta: Leonel Sagahón

Impreso en México

Carlos Fuentes

La gran novela
latinoamericana

A Silvia, mi mujer.
A Cecilia, Natasha
y Carlos, mis hijos

1. Advertencia pre-ibérica

Un notable moralista mexicano, Mario Moreno "Cantinflas", le dijo en cierta ocasión a un señor con el que discutía: "Pero oiga, mire nomás, ¡qué falta de ignorancia!".

Cantinflas era un maestro de la paradoja, pero su broma contenía una gran verdad. Existe una cultura no escrita que se manifiesta en la memoria, la transmisión oral y el cultivo de la tradición. En el habla de todos los días. Para conocerla —Cantinflas tiene razón— hace falta un poco de ignorancia.

El filósofo español José Ortega y Gasset, a principios del siglo XX, llevó a cabo una encuesta entre campesinos andaluces, que no sabían leer ni escribir, llegando a una conclusión: "¡Qué cultos son estos analfabetas!". Lo mismo podría decirse, hoy, de muchos grupos indígenas y campesinos de indo-afrohispano América: ¡Qué cultos son estos analfabetas!

La "ignorancia" alabada por Cantinflas acaso sea sinónimo de "sabiduría" no escrita —ancestral-tradicional—. "Ignorante" para nosotros, es "sabia" en tanto cultura dicha, no registrada, memoriosa, que somos nosotros quienes la ignoramos.

Digo lo anterior para dejar sentado, de arranque, que la aproximación a la palabra no puede ser excluyente o restrictiva. La lengua es como un río caudaloso a veces, apenas un arroyo otras, pero siempre dueño de un cauce —la oralidad, el "¿Te acuerdas?", "Buenos días", "Te quiero mucho", "¿Qué hay para cenar?", "Nos vemos mañana"—. Toda esta profusa corriente de la oralidad corre entre dos riberas: una es la memoria, la otra es la imaginación. El que recuerda, imagina. El que imagina, recuerda. El puente entre las dos riberas se llama lengua oral o escrita.

Quisiera darle la mayor amplitud posible a la literatura porque con demasiada frecuencia la limitan y empobrecen las restricciones ideológicas, cuando no la persiguen y excluyen las tiranías políticas.

Las literaturas del continente americano se inician (y se perpetúan) en la memoria épica, ancestral y mítica de los pueblos del origen. América —el hemisferio occidental— fue una vez un continente deshabitado. De origen asiático o polinesio, la población indígena del hemisferio dijo nuestra primera palabra. Rememoró la creación del mundo en el *Popol Vuh* y la destrucción del mundo en el *Chilam Balam*. En medio se escucharon hermosos cantos de amor y enseñanza y acentos bélicos de combate y sangre.

Estas palabras se han prolongado en la literatura oral, de los indios pueblos del norte a los mapuches del sur. Su ritmo, su recuerdo, acaso su melancolía, subyacen en la literatura en castellano de América, cuyo signo es la escritura, en contraste con la oralidad prevalente en los mundos previos a Colón y Vespucio.

José Luis Martínez exploró la multiplicidad de sus culturas y lenguas, así como sus temas centrales, anteriores a la llegada de los europeos, empezando por Alaska: esquimales cercanos a la creación de la Tierra y los astros, y a las interrogantes, ya, sobre el origen y la muerte. Los kutenais de Canadá y sus cantos al Sol y a la Luna. Los nez-percé de Oregón y los pawnees de Nebraska y Kansas, religiones de matrimonios espectrales y de hijos pródigos. Los natchez de Luisiana y la creación del mundo. Los navajos de Arizona y la tensión entre caminar o permanecer.

Y ya en lo que hoy es México, los coras de Nayarit, donde la Semana Santa y la figura de Cristo se han transformado en celebraciones de la creación del mundo y el Dios creador anterior al mundo. Los tarascos de Michoacán y la muerte de los pueblos. Los mixtecos de Oaxaca y el origen del mundo (preocupación constante de los pueblos cercanos aun al principio de las cosas). Los cunas en Panamá, aprendiendo a llorar, y en América del Sur, los chocos colombianos y la memoria del

Diluvio Universal, los chasis y las leyendas del sueño, los zápa-ros brasileños y la reacción de los animales de la selva. También en Brasil, los ñangatú —la danza y el amor—, los mapuches chilenos y la rebeldía de los hijos de Dios. Los guaraníes del Paraguay y el recuerdo del primer padre.

Todos ellos al lado de las grandes culturas protagonistas. Los toltecas y los nahuas en el México central y en la costa del Golfo los primeros, los olmecas, provisionalmente desplazados al museo de antropología de Xalapa (Veracruz). Los mayas en Yucatán y los quechuas en Perú y el altiplano.

Oralidad y corporeidad, arquitectura y música: tales fueron, nos indica Enrique Florescano, los instrumentos de su cultura y de la transmisión de la misma. Y si llegaron hasta nosotros, es porque intuyeron el poder hereditario y de super-vivencia de lengua, cuerpo y mirada.

En México, con una población total de unos cien mi-llones de habitantes, diez millones son indígenas y, aunque cada vez más culturizados en la corriente general mestiza, la mayoría de ellos retienen casi siempre sus lenguas originales, más de cuarenta, tan diferentes entre sí como puede serlo el sueco del italiano.

Viajar a las tierras de los huicholes en Jalisco, los tara-humaras en Chihuahua, los nahuas en el México Central, los zapotecas en Oaxaca o los mayas en Yucatán es descubrir que, aun cuando son iletrados, los indígenas no son ignorantes y aun cuando son pobres, no están desposeídos de una cultura.

Lo que poseen es un extraordinario talento para recordar o imaginar sueños y pesadillas, catástrofes cósmicas y deslum-brantes renacimientos, así como los minuciosos detalles de la vida diaria, las primeras palabras de un niño, las gracejadas del payaso de la aldea, la fidelidad del perro casero, las comidas preferidas, la memorable muerte de los abuelos…

Fernando Benítez, el gran cronista de los indios de México, dijo en una ocasión que, al morir un indio, muere con él toda una biblioteca. Y es que en un mundo derrotado que debió hacerse invisible para no ser, una vez derrotado, *notado*, la oralidad es más segura que la literalidad. Pasar de la invisibilidad y oralidad de siglos a la visibilidad y literalidad modernas es un paso gigantesco pero difícil para el mundo indígena de las Américas. Sus rebeliones esporádicas deben dar lugar a una relación digna, permanente y mutuamente enriquecedora.

De la primera rebelión chiapaneca de 1712, desencadenada por la visión milagrosa de la niña María Candelaria, a la última rebelión chiapaneca de 1994, desencadenada por la visión igualmente milagrosa de que México ya era un país del primer mundo, resulta curioso notar la presencia —si no, precisamente, la dirección— de cabecillas criollos o mestizos: Sebastián Gómez de la Gracia en 1712, Marcos en 1994, que si no son, o dicen no ser, quienes conducen la rebelión, sí son quienes le dan voz pública y esa voz, nos guste o no, se la dan en español.

Y es que el movimiento que hoy se extiende por las antiguas tierras aborígenes de América reivindica la gran tradición oral de los pueblos indígenas —nahua, aymará, guaraní, mapuche— pero sabe —sabemos— que su voz universal, la que liga sus reivindicaciones muy respetables a la comunidad social y política mayor de cada país nuestro, es la voz castellana. El guaraní de Paraguay no se entenderá con el maya de Yucatán, pero apuesto a que ambos se reconocen en la lengua común, *la castilla*, el español, el esperanto de América.

De tal suerte que, aun en nombre de la autonomía y el reconocimiento culturales de los pueblos indígenas, el español es lengua de co-relación, de comunicación, de reconocimiento incluso de lo que no es en español. El castellano es la lengua franca de la indianidad americana.

En maya o en quechua traducido al castellano, los indios de América nos harán saber a nosotros, los habitantes de las ciudades blancas y mestizas del continente, lo que desean, lo que recuerdan, lo que rechazan. A nosotros, ¿qué nos corresponde sino escuchar, poner atención y saber respetar a esa parte de nuestra comunidad indoeuroamericana?

A nosotros nos corresponde saber si nos interesa participar de los frutos de la comunidad indígena, su pureza ritual, su cercanía a lo sagrado, su memoria de lo olvidado por la amnesia urbana.

A nosotros nos corresponde decidir si podemos respetar los valores del indio, sin condenarlos al abandono, pero salvándolos de la injusticia.

Los indios de América son parte de nuestra comunidad policultural y multirracial. Olvidarlos es condenarnos al olvido de nosotros mismos. La justicia que ellos reciban será inseparable de la que nos rija a nosotros mismos. Los indios de América son el fiel de la balanza de nuestra posibilidad comunitaria. No seremos hombres y mujeres satisfechos si no compartimos el pan con ellos.

Pero ellos, al cabo *parte* y no *todo* de un *nosotros*, deben aceptar también las reglas de la convivencia democrática, no deben escudarse en la tradición para perpetuar abusos autoritarios, ofensas a las mujeres, rivalidades étnicas o la respuesta paralela al racismo blanco, que es el racismo contra el blanco o el mestizo o, como le dice un indio mixteco a Benítez: "Me quieren matar porque hablo español".

"¡Colón al paredón!", gritaba un grupo de indígenas mexicanos en torno a la estatua del navegante genovés en 1992. Sí, Colón al paredón —pero con la venia de los indigenistas a ultranza, tenían que gritarlo en español.

También me ocupo aquí de la negritud americana: es otra historia. Llegados de África en barcos esclavistas, rindieron sus lenguas originales y debieron aprender las del colonizador.

Pero mi tema central es la escritura en lengua española, y a veces portuguesa, del Nuevo Mundo.

2. Descubrimiento y conquista

Entre el 27 de agosto y el 2 de septiembre de 1520, en el palacio real de Bruselas, Alberto Durero fue el primer artista europeo que vio los objetos de arte azteca enviados por el conquistador Hernán Cortés al emperador Carlos V. "He visto los objetos enviados al rey desde la nueva tierra bajo el sol", escribe Durero, "y en todos los días de mi vida no había visto ninguna cosa que conmoviera mi corazón tanto como lo han hecho esos objetos, pues en ellos descubrí obras de arte que me maravillaron. Allí está la imaginación sutil de los pueblos de esas extrañas tierras". Ojala el espíritu del gran artista se hubiera hecho presente entre aquellos que destruyeron gran parte de la herencia precolombina de las Américas porque la consideraron obra de salvajes demonios.

América es un sueño y una pesadilla, y asimismo forma parte de la cultura de la Europa renacentista. Es decir: Europa encuentra en América un espacio que da cabida al exceso de energías del Renacimiento. Pero encuentra también un espacio para limpiar la historia y regenerar al hombre.

La invención de América

El historiador mexicano Edmundo O'Gorman sugiere que América no fue descubierta: fue inventada. Y fue inventada, seguramente, porque fue necesitada. En su libro *La invención de América*, O'Gorman habla de un hombre europeo que era prisionero de su mundo. La cárcel medieval estaba fabricada con las piedras del geocentrismo y la escolástica, dos visiones jerárquicas de un universo arquetípico, perfecto, incambiable aunque finito, porque era el lugar de la Caída.

La naturaleza del Nuevo Mundo confirma el hambre de espacio del Viejo Mundo. Perdidas las estructuras estables del orden medieval, el hombre europeo se siente disminuido y desplazado de su antigua posición central. La tierra se empequeñece en el universo de Copérnico. Las pasiones —la voluntad sobre todo— se agrandan para compensar esta disminución. Ambas conmociones se resuelven en el deseo de ensanchar los dominios de la tierra y del hombre: se desea al Nuevo Mundo, se inventa al Nuevo Mundo, se descubre al Nuevo Mundo; se le nombra.

De esta manera, todos los dramas de la Europa renacentista van a ser representados en la América europea: el drama maquiavélico del poder, el drama erasmiano del humanismo, el drama utópico de Tomás Moro. Y también el drama de la nueva percepción de la naturaleza.

Si el Renacimiento concibió que el mundo natural estaba al fin dominado y que el hombre, en verdad, era la medida de todas las cosas, incluyendo la naturaleza, el Nuevo Mundo se reveló de inmediato como una naturaleza desproporcionada, excesiva, hiperbólica, inconmensurable. Ésta es una percepción constante de la cultura iberoamericana, que nace del sentimiento de asombro de los exploradores originales y continúa en las exploraciones de una naturaleza sin fin en libros como *Os sertões* de Euclides da Cunha, *Canaima* de Rómulo Gallegos, *Los pasos perdidos* de Alejo Carpentier, *Gran sertón: veredas* de Guimarães Rosa y *Cien años de soledad* de Gabriel García Márquez. Pero, significativamente, este mismo asombro, este mismo miedo ante una naturaleza que escapa de los límites del poder humano, ruge sobre el páramo del rey Lear y su "noche helada". "Nos convertirá a todos en necios y locos", gime Lear.

El Nuevo Mundo es descubierto (perdón: inventado, imaginado, deseado, necesitado) en un momento de crisis europea: la confirma y la refleja. Para el cristianismo, la naturaleza es prueba del poder divino. Pero también es una tentación: nos seduce y aleja de nuestro destino ultraterreno; la tentación de la naturaleza consiste en repetir el pecado y el placer de la Caída.

En cambio, la rebeldía renacentista percibe a la naturaleza como la razón de cuanto existe. La naturaleza es el aquí y ahora celebrado por los inventores del humanismo renacentista: el poeta Petrarca, el filósofo Ficino, el pintor Leonardo. El Renacimiento nace —por así decirlo— cuando Petrarca evoca la concreción del día, la hora, la estación florida en que por primera vez vio a Laura —una amante de carne y hueso, no una alegoría— cruzar el puente sobre el Arno:

> Bendito el día y el mes y el año
> y la estación y el tiempo, la hora, el punto,
> el hermoso país y el lugar donde yo me reuní
> con dos bellos ojos, que me han ligado…
> *Soneto XXIX*

En 1535, Gonzalo Fernández de Oviedo, el conquistador español y gobernador de la fortaleza de Santo Domingo, escribió su *Historia natural de las Indias* y rápidamente enfrentó este problema, que yace en el corazón de las relaciones entre el Viejo y el Nuevo Mundo. La actitud de Oviedo hacia las tierras recién descubiertas, nos dice su biógrafo italiano, Antonello Gerbi, pertenece tanto al mundo cristiano como al renacentista. Pertenece al cristianismo porque Oviedo se muestra pesimista hacia la historia. Pertenece al Renacimiento porque se muestra optimista hacia la naturaleza. De esta manera, si el mundo de los hombres es absurdo y pecaminoso, la naturaleza es la razón misma de Dios y Oviedo puede cantar el ditirambo de las nuevas tierras porque son tierras sin historia: son tierras sin tiempo. Son utopías intemporales.

América se convierte en la Utopía de Europa. Una utopía inventada por Europa, como escribe O'Gorman. Pero también una utopía deseada y por ello una utopía necesitada. ¿Necesaria también?

La Utopía americana es una utopía proyectada en el espacio, porque el espacio es el vehículo de la invención, el deseo y la necesidad europeos en el tránsito entre el Medioevo y el Renacimiento. La ruptura de la unidad medieval se manifiesta primero en el espacio. Las ciudades amuralladas pierden sus límites, sus contrafuertes se cuartean, sus puentes levadizos caen para siempre y a las nuevas ciudades abiertas —ciudades de don Juan y Fausto, la ciudad de la Celestina— entran atropelladamente las epidemias del escepticismo, el orgullo individual, la ciencia empírica y el crimen contra el Espíritu Santo: las tasas de interés. Entran el amor y la imaginación sin Dios, como los conciben la Cleopatra de Shakespeare y el Quijote de Cervantes.

Antes de ser tiempo, la historia moderna fue espacio porque nada, como el espacio, distingue tan nítidamente lo viejo de lo nuevo. Colón y Copérnico revelan un hambre de espacio que, en su versión propiamente hispanoamericana, culmina irónicamente en la historia contemporánea por Jorge Luis Borges, *El Aleph*: el espacio que los contiene todos (el Aleph) no depende de una descripción minuciosa y realista de todos los lugares en el espacio; sólo es visible simultáneamente, en un instante gigantesco: todos los espacios del Aleph ocupan el mismo punto, "sin superposición y sin transparencia": "cada cosa era infinitas cosas... porque yo claramente la veía desde todos los puntos del universo. Vi el populoso mar, vi el alba y la tarde, vi las muchedumbres de América, vi una plateada telaraña en el centro de una negra pirámide, vi un laberinto roto (era Londres)... vi todos los espejos del planeta y ninguno me reflejó".

La ironía de esta visión es doble. Por una parte, Borges debe enumerar lo que vio con simultaneidad, porque una visión puede ser simultánea, pero su transcripción ha de ser sucesiva, ya que el lenguaje lo es. Y por otra parte, este espacio de todos los espacios, una vez visto, es totalmente inútil a menos que lo ocupe una historia personal. En este caso, la historia personal de una mujer hermosa y muerta, Beatriz Viterbo, "alta, frágil" y con "una como graciosa torpeza, un principio de éxtasis" en su andar.

Una historia personal. Y la historia es tiempo.

No es gratuito que Borges, a guisa de exergo, inicie el cuento con una cita de *Hamlet*: "Oh Dios, podría encerrarme en una cáscara de nuez, y sentirme rey del infinito espacio...".

Erasmo en América

En el Renacimiento, que es una de las claves profundas de gestación de la novela iberoamericana, se afirmó una libertad para actuar sobre lo que es, tradicionalmente asociada con la filosofía política de Maquiavelo, aunque calificada, en nuestro tiempo, por la interpretación de Antonio Gramsci: Maquiavelo es el filósofo de la Utopía activa, enderezada a la creación de un Estado moderno. Contrapuesta a esta libertad, se afirmó la de actuar sobre lo que debería ser: es la Utopía de Tomás Moro, calificada, a su vez, por la práctica política de nuestro siglo, que ha querido imponer la felicidad ciudadana por métodos violentos o sublimados.

Una tercera libertad renacentista nos invita, con una sonrisa, a considerar lo que puede ser. Es la sonrisa de Erasmo de Rotterdam y de ella se desprende una vasta progenie literaria, empezando por la influencia de Erasmo en España y sobre Cervantes, cuyas figuras, Quijote y Sancho, representan las dos maneras del erasmismo: creer y dudar, universalizar y particularizar; la ilusión de las apariencias, la dualidad de toda verdad y el elogio de la locura. Será el gran antecedente de la obra de Julio Cortázar.

Moriae encomium: el elogio de la locura es el elogio de Moro, el amigo de Erasmo; es el elogio irónico de Utopía, y de Topía también, pues ambas —el deber ser y el ser— se someten a la crítica de la razón; pero la razón, para ser razonable, debe verse a sí misma con los ojos de una locura irónica. Erasmo propone esta operación relativa en el cruce de dos épocas de absolutos. Critica el absoluto medieval de la Fe. Pero también el absoluto humanista de la Razón. La locura de Erasmo se instala en el corazón de la Fe y en el de la Razón, advirtiéndoles a ambas: si la Razón ha de ser razonable, requiere un complemento crítico, lo que Erasmo llama el elogio de la locura, para no caer en el dogmatismo que corrompió a la Fe. Locura para los absolutos de la Fe o de la Razón, la ironía la convierte en cuestionamiento del hombre por el hombre y de la razón por la razón. Relativizado por la locura crítica e irónica, el hombre se libera en la fatalidad dogmática de la Fe, pero no se convierte en el dueño absoluto de la Razón.

Políticamente, el pensamiento de Erasmo se tradujo en un llamado al reformismo razonable, desde dentro de la sociedad y de la Iglesia cristianas. Pues el sabio de Rotterdam no sólo dirigió su mensaje a la iglesia romana, sino a la cultura ética de la cristiandad, al Estado católico y a su violencia. Su enorme influencia en la España de la iniciación imperial, en la corte del joven Carlos V, la atestigua el propio secretario del emperador, Alfonso de Valdés, discípulo de Erasmo, quien hace un llamado a la coincidencia entre la fe y la práctica. No es posible que la cristiandad proclame una fe y practique cuanto la niega. Si esta contradicción no se puede superar, dice Valdés, más vale abandonar de una vez la fe y convertirse al islamismo o a la animalidad.

Decir esto en el momento en que España inauguraba su inmenso imperio de ultramar mediante la conquista de culturas *diferentes*, después de expulsar a los judíos y derrotar a los moros, importaba bastante. Decirlo cuando el poder monárquico se congelaba en estructuras verticales, marcadas por la intolerancia de la Iglesia y del Estado, era, más que importante, intolerable. La Iglesia católica y el Estado español no iban a aceptar ninguna teoría de la doble verdad: sólo la unidad ortodoxa; ninguna reforma desde dentro: sólo la contrarreforma militante; ninguna fe razonable: la Inquisición; y ninguna razón irónica: el Santo Oficio.

La popularidad de Erasmo en la España de los Austrias fue sustituida gradualmente por sospecha primero, prohibición en seguida y, al cabo, silencio. Pero, por lo que hace al Nuevo Mundo, este proceso se retrasó mucho en relación con la popularidad del escritor en tierras de América. De las Antillas a México y al Río de la Plata, Erasmo fue prohibido, pero leído, nos informa Marcel Bataillon en *Erasmo y España*. La prohibición misma revela, añade el historiador francés, hasta qué grado sus obras eran estimadas y preservadas celosamente contra la Inquisición. *Importaban*.

Erasmo fue introducido a la cultura de las Américas por hombres como Diego Méndez de Segura, el principal escribano de la expedición de Cristóbal Colón, quien al morir en 1536 en Santo Domingo, le dejó a sus hijos diez libros, cinco de ellos escritos por Erasmo; por Cristóbal de Pedraza, cantor de la catedral de México y futuro obispo de Honduras, quien introdujo a Erasmo en la Nueva España; y por nadie menos que Pedro de Mendoza, el fundador de Buenos Aires, cuyo inventario de propiedades, de 1538, incluye "un libro por Erasmo, mediano, guarnecido de cuero". Bataillon, en la parte final de su libro, da un catálogo completo y seductor de la presencia de Erasmo en América.

Erasmo importaba tanto, que hasta podemos decir que su espíritu, el espíritu de la ironía, del pluralismo y del relativismo, ha sobrevivido como uno de los valores más exigentes, aunque políticamente menos cumplidos, de la civilización iberoamericana. Si el gobernador Pedro de Mendoza ya estaba leyendo a Erasmo en Buenos Aires en 1538, es obvio que, en la misma ciudad, Julio Cortázar lo leía cuatro siglos después.

La edad de oro

La disolución de la unidad medieval por el fin del geocentrismo y el descubrimiento del Nuevo Mundo da origen a las respuestas de Maquiavelo, Moro y Erasmo: *Esto es. Esto debe ser. Esto puede ser.* Pero esas respuestas del tiempo europeo son contestaciones a preguntas sobre el espacio americano. No hay sindéresis real. Como el Nuevo Mundo carece de tiempo, carece de historia. Son respuestas a una interrogante sobre la naturaleza del espacio del Nuevo Mundo y transforman a éste en Utopía. De allí su contrasentido, pues Utopía, por definición, es el lugar imposible: el lugar que no es. Y sin embargo, aunque no hay tal lugar, la historia de América se empeña en creer que no hay *otro* lugar. Este conflicto territorial, histórico, moral, intelectual, artístico, aún no termina.

La invención de América es la invención de Utopía: Europa desea una utopía, la nombra y la encuentra para, al cabo, destruirla.

Para el europeo del siglo XVI, el Nuevo Mundo representaba la posibilidad de regeneración del Viejo Mundo. Erasmo y Montaigne, Vives y Moro anuncian el siglo de las guerras religiosas, uno de los más sangrientos de la historia europea, y le contraponen una utopía que finalmente, contradictoriamente, tiene un lugar: América, el espacio del buen salvaje y de la edad de oro.

En el espacio, las cosas están *aquí* o *allá*. Resulta que la edad de oro y el buen salvaje están *allá*: en otra parte: en el Nuevo Mundo. Colón le describe un paraíso terrestre a la reina Isabel *la Católica* en sus cartas. Utopía es objeto de una confirmación y, enseguida, de una destrucción. Si estos aborígenes encontrados por Colón en las Antillas son tan dóciles y están en armonía con las cosas naturales, ¿por qué se siente obligado el Almirante a esclavizarlos y mandarlos a España cargados de cadenas?

Estos hechos llevan a Colón a presentar la edad de oro no como una sociedad ideal, sino como el lugar del oro: no un tiempo feliz sino, literalmente, un espacio dorado, una fuente de riqueza inagotable. Colón insiste en la abundancia de maderas, perlas, oro. El Nuevo Mundo *sólo* es naturaleza: es una u-topía a-histórica, idealmente deshabitada o, a la postre, deshabitada por el genocidio y rehabitable mediante la colonización europea. La civilización o la humanidad no están presentes en ella.

Pero Colón cree, después de todo, que ha encontrado un mundo antiguo: los imperios de Catay y Cipango: China y Japón. Américo Vespucio, en cambio, es el primer europeo que dice que éste es, en verdad, un Mundo Nuevo: merecemos su nombre. Es Vespucio quien, firmemente, hunde la raíz utópica en América. Utopía es una sociedad, los habitantes de Utopía viven en comunidad armónica y desprecian el oro: "Los pueblos viven con arreglo a la naturaleza y mejor los llamaríamos epicúreos que estoicos... No tienen propiedad alguna sino que todas son comunes." Como no tienen propiedad, no necesitan gobierno: "Viven sin rey y sin ninguna clase de soberanía y cada uno es su propio dueño."

Todo esto impresiona mucho a los lectores contemporáneos de Colón y Vespucio, explica Gerbi, pues ellos sabían que Cristóbal era un gitano afiebrado, oriundo de Génova, puerto de mala fama, codicia visionaria, pasiones prácticas y testarudas; en tanto que Américo era un florentino escéptico y frío.

De tal suerte que cuando este hombre tan *cool* le dice a sus lectores que el Nuevo Mundo es nuevo, no sólo en su lugar, sino en su materia: plantas, frutas, bestias y pájaros; que es en verdad el paraíso terrestre, los europeos están dispuestos a creerlo, pues este Vespucio es como Santo Tomás. No cree sino lo que ve y lo que ve es que Utopía existe y que él ha estado allí, testigo de esa "edad de oro y su estado feliz" (*l'età dell'oro e suo stato felice*) cantada por Dante, donde "siempre es primavera, y las frutas abundan" (*qui primavera é sempre, ed ogni frutto*). América, pues, no fue descubierta: fue inventada. Todo descubrimiento es un deseo, y todo deseo, una necesidad. Inventamos lo que descubrimos; descubrimos lo que imaginamos. Nuestra recompensa es el asombro.

Lo real maravilloso

De Durero a Henry Moore, pasando por Shakespeare y Vivaldi, el Aduanero Rousseau y Antonin Artaud, América ha sido imaginada por Europa, tanto como Europa ha sido imaginada por América.

Esta imaginación, en sus inicios, cobra un carácter fantástico.

Si lo fantástico es un duelo con el miedo, la imaginación es la primera exorcista del terror de lo desconocido. La fantasía europea de América opera mediante fabulosos bestiarios de Indias, en los que el Mar Caribe y el Golfo de México aparecen como los hábitat de sirenas vistas por el mismísimo Colón el 9 de enero de 1493 "que salieron bien alto de la mar", aunque, admite el Almirante, "no eran tan hermosas como las pintan, que en alguna manera tenían forma de hombre en la cara".

En cambio, Gil González, explorador del istmo pana-
meño, se topa allí, en una anchura de mar oscuro, con "peces
que cantaban con armonía, como cuentan de las sirenas, y que
adormecen del mismo modo". Y Diego de Rosales ve "una bestia que, descollándose sobre el agua, mostraba por la parte anterior cabeza, rostro y pechos de mujer, bien agestada, con cabellos y crines largas, rubias y sueltas. Traía en los brazos a un
niño. Y al tiempo de zambullir notaron que tenía cola y espal-
das de pescado".

Acaso, con febril imaginación, los navegantes del Caribe y el Golfo no vieron sirenas sino ballenas, pues a éstas les
atribuyeron, como escribe Fernández de Oviedo "dos tetas en
los pechos [menos mal] e así pare los hijos y los cría".

Más problemática es la configuración del llamado peje
tiburón de estas costas, descrito por Fernández de Oviedo con
precisión anatómica: "Muchos destos tiburones he visto —escribe en su *Sumario de la natural historia de las Indias*— que
tienen el miembro viril o generativo doblado". "Quiero decir
—añade Oviedo— que cada tiburón tiene dos vergas... cada
una tan larga como desde el codo de un hombre grande a la
punta mayor del dedo de la mano". "Yo no sé —admite con
discreción el cronista— si en el uso dellas las ejercita ambas
juntas... o cada una por sí, o en tiempos diversos".

Por mi parte, yo no sé si envidiar o compadecer a estos
tiburones del Golfo y el Caribe, pero sí recuerdo con el cronista Pedro Gutiérrez de Santa Clara que por fortuna estas bestias
sólo paren una vez en toda su vida, lo cual parecería contrapo-
ner la existencia del órgano y su función —abundante una,
parca la otra...

Las cartas de Pedro Mártir de Anglería sobre los asombrosos bestiarios del mar americano fueron objeto de burlas en
la Roma pontificia, hasta que el arzobispo de Cosenza y legado
pontificio de España, de nombre —otra vez, asómbrense ustedes— Juan Rulfo, confirmó las historias de Pedro Mártir y
ensanchó el campo de lo real maravilloso del Golfo y el Caribe
para incluir el peje vihuela capaz de hundir, con su fortísimo
cuerno, a un navío; el cocuyo a cuya luz los naturales "hilan,

tejen, cosen, pintan, bailan y hacen otras cosas las noches". Son linternas de las costas…

Los alcatraces que cubren el aire en busca de sardinas. Las auras o zopilotes que vio Colón en la costa de Veragua, "aves hediondas y abominables" que caen sobre los soldados muertos y que son "tormento intolerable a los de la tierra". Es la noche de la iguana, que Cieza de León no sabe "si es carne o pescado", pero que de pequeña cruza las aguas ligera y por encimita, pero de vieja, se desplaza lentamente por el fondo de las lagunas.

Las maravillas se acumulan. Tortugas de concha tan grande que podían cubrir una casa. Hicoteas fecundas depositando en las arenas de nuestros mares nidadas de mil huevos. Playas de perlas "tan negras como azabache, e otras leonadas, e otras muy amarillas e resplandescientes como oro", escribe Fernández de Oviedo. Y la mítica salamandra, ardiendo en sí misma pero tan fría, dice Sebastián de Covarrubias en su *Tesoro de la Lengua Castellana*, "que pasando por las ascuas las mata como si fuere puro yelo".

No tardarían estos portentos del mar y las costas del descubrimiento en cobrar cuerpo como maravillas de la civilización humana, maravillosamente descritas por Bernal Díaz del Castillo al entrar, con la hueste de Hernán Cortés, a la capital azteca, México-Tenochtitlan:

"Y otro día por la mañana llegamos a la calzada ancha [que] iba a México y nos quedamos admirados, y decíamos que parecía a las cosas y encantamientos que cuentan en el libro de Amadís… y aun algunos de nuestros soldados decían que si aquello que veían, si era entre sueños".

El primer novelista

Digo que es nuestro primer novelista y lo digo con todas las reservas del caso. ¿No es el libro de Bernal una "crónica verdadera", un relato de sucesos realmente acaecidos entre 1519 y 1521? Pero es, a su vez, el relato de algo acontecido a cuarenta y siete años de que Bernal, ciego, de edad ochenta y cuatro, escribiendo desde Guatemala y olvidado de todos, decide que nada se olvide de lo que ocurrió medio siglo antes: "Agora que estoy escribiendo se me presenta todo delante de los ojos como si ayer fuera cuando esto pasó".

Sí, sólo que no pasó ni ayer ni hoy sino en otro país: el de la memoria, el país inevitable del novelista, la memoria, que por más veraz que quisiera ser, sabe que no pasará del mero listado de fechas y hechos si no le da alas la imaginación. Sobre todo, cuando lo que los ojos han visto en la realidad histórica es comparable a lo que los cronistas de Indias han visto en la fabulación del Nuevo Mundo: "Ver cosas nunca oídas ni vistas ni aun soñadas, como veíamos".

Bernal reúne, como lo ha visto el penetrante crítico del pasado literario de España, Francisco Rico, "la singular convivencia de naturalidad y pasmo".

"Ver cosas nunca oídas ni vistas ni aun soñadas, como veíamos" escribe Bernal, dándole carta de crédito a la imaginación fabulosa de Fernández de Oviedo y Pedro Mártir. Pero éstos, los fabuladores, ¿no anticiparon acaso, con su imaginación propia, la visión de Anáhuac de Bernal Díaz del Castillo?

Vean ustedes cómo nuestras ficciones cobran simultáneamente carta de naturalización fantástica y sueño de imaginación comprobada.

¿Qué hay en el fondo de esta aparente contradicción?

¿Se trata más bien de una andadera complementaria?

No. Detrás de cada sirena y de cada hicotea, como detrás de cada batalla de armas y conquista imperial, hay una paradoja de civilización: un país agotado llama Conquista al acto final de siete siglos de Reconquista. Es la lanzada final del Cid Campeador, ya no contra el moro, sino contra el azteca, el inca y el araucano.

Cuando era un joven estudiante, solía caminar cada mañana al cuarto para las ocho a través del Zócalo, la plaza central de la Ciudad de México, mi aterradora y maravillosa ciudad. El taxi colectivo me llevaba de casa, cerca del Paseo de la Reforma, a la esquina de la Avenida Madero donde se encuentra el Hotel Majestic. Luego caminaba por la anchura de la plaza hasta un pequeño barrio colonial que llevaba a la Escuela de Leyes de la Universidad Nacional, en la calle de San Ildefonso.

Todos los días, al cruzar el Zócalo, otra escena violenta, cruzaba al vuelo ante mi mirada. Podía ver, al sur, a hombres y mujeres en maxtles y huipiles blancos viajando en piraguas que fluían sobre un oscuro canal. Al norte había una esquina donde la piedra se rompía en formas de flechas llameantes y calaveras rojas y mariposas quietas; al oeste, un muro de serpientes bajo los techos gemelos de los templos de la lluvia y del fuego. Al este, otro muro de calaveras.

Ambas imágenes, la de la antigua ciudad y la de la urbe moderna, se disolvían una y otra vez ante mis ojos.

En 1521, el conquistador Hernán Cortés arrasó con la ciudad azteca —una Venecia india—, y sobre sus ruinas levantó la capital del Virreinato de la Nueva España, después capital de la República Mexicana. En el lugar del templo del dios de la guerra, Huitzilopochtli, se construyó el palacio virreinal. Las casas de los conquistadores se ubicaron sobre el antiguo sitial de las serpientes y la gran Catedral —la mayor de Latinoamérica—, sobre el antiguo palacio del emperador Moctezuma, un palacio con patios llenos de aves y bestias, con cámaras de albinos, jorobados y enanos, y habitaciones llenas de plata y oro.

Mientras caminaba sobre la enorme plaza de piedra rota, sabía que mis pies pisaban sobre el patio de una civilización. Sabía que todas estas cosas que yo imaginaba habían existido ahí y ya no estaban. Caminaba sobre las cenizas de la ciudad capital de Tenochtitlan, desaparecida para siempre.

Mi admiración no era menos tangible que el pasmo que podemos imaginar del cronista de la Conquista, Bernal Díaz del Castillo, quien comienza por decirnos, al entrar él y sus compañeros a la capital azteca en 1519: "Nos quedamos admirados y decíamos que parecía a las cosas de encantamiento que cuentan en el libro de Amadís… y algunos de nuestros soldados decían que si aquello que veían, si era entre sueños".

Historia y ficción: un pueblo, escribió el historiador francés Jules Michelet, tiene derecho de soñar en su futuro.

Yo agregaría que tiene el derecho de soñar en su pasado.

Todos estamos en la historia porque los tiempos de los hombres y mujeres todavía no concluyen. Todavía no hemos dicho nuestra última palabra.

Es una cuestión de la más alta importancia política e histórica: ¿qué es lo que recordamos, qué es lo que olvidamos, de qué somos responsables, a quién tenemos que rendir cuentas?

Mas, finalmente, no es una cuestión sujeta a valoraciones meramente políticas. Es parte de la dinámica de la cultura, así como el artista se atreve a imaginar el pasado y a recordar el futuro, dando una versión más plena de la realidad que la de las controversias políticas, las rutinarias estadísticas o la neutralidad factual.

Recordar el futuro. Imaginar el pasado.

Éste es un modo de decir que, ya que el pasado es irreversible y el futuro incierto, los hombres y mujeres se quedan sólo con el escenario del ahora si quieren representar el pasado y el futuro.

El pasado humano se llama Memoria. El futuro humano se llama Deseo. Ambos confluyen en el presente, donde recordamos, donde anhelamos.

William Faulkner, uno de los creadores de la memoria colectiva de las Américas, hace decir a uno de sus personajes: "Todo es presente, ¿entiendes? El ayer sólo terminará mañana y el mañana comenzó hace diez mil años". Y en *Cien años de soledad*, los habitantes de Macondo inventan el mundo, aprenden cosas y las olvidan, y son forzados a volver a nombrar, a volver a escribir, a volver a evocar: para Gabriel García Márquez la memoria no es espontánea o gratuita o legitimadora; es un acto de supervivencia creativa. Debemos imaginar el pasado para que el futuro, cuando llegue, también pueda ser recordado, evitando así la muerte de los eternamente olvidados.

A la memoria compartida de los escritores de las Américas, permitan que agregue el nombre del cronista español de la épica de la conquista del Imperio Azteca, Bernal Díaz del Castillo; reclamo compartir su memoria y compartir la imaginación en la creación de las Américas, con su poderoso despliegue de valor, sueño, desengaño, fatalidad y empeño, sentido de los límites, quebradas ambiciones, cosmogonías pulverizadas y, surgiendo de entre las ruinas, el perfil de una nueva civilización.

Bernal Díaz del Castillo nació en Medina del Campo, Valladolid, en 1495 —tres años después del primer viaje de Cristóbal Colón al Nuevo Mundo—. Llegó a América en 1514, y en 1519 se unió a la expedición de Hernán Cortés de Cuba a México.

Después de la Conquista fue a residir a Guatemala, donde escribió su *Verdadera historia de la conquista de la Nueva España*, concebida como una respuesta al historiador Antonio López de Gómara, quien exaltó la figura del conquistador Hernán Cortés, a expensas de los soldados comunes.

Bernal terminó de escribir su *Historia* en 1568, cuando tenía setenta y tres años de edad, y cuarenta y siete años después de los sucesos. Envió su manuscrito a España, donde fue publicado hasta 1632 —ciento once años después de los hechos.

Pero antes, en 1580, Bernal, ciego y acabado, murió en Guatemala a la edad de ochenta y cuatro años y no pudo supervisar la edición incompleta de su libro, el que finalmente apareció en su versión completa en 1904, en Guatemala.

Pero en 1519, cuando desembarcó con Cortés en México, Bernal tenía sólo veinticuatro años de edad. Tenía un pie en Europa y otro en América. Llena el dramático vacío entre los dos mundos de un modo literario y singularmente moderno.

En efecto, hace lo que Marcel Proust hizo en su búsqueda del tiempo perdido. Sólo que en lugar de magdalenas mojadas en té, los resortes de la memoria en Bernal eran los guerreros, el número de sus corceles, la lista de sus batallas:

"Digo que haré esta relación… quiénes fueron los capitanes y soldados que conquistamos y poblamos [estas tierras]… y quiero aquí poner por memoria todos los caballos y yeguas que pasaron". Y así lo hace soldado por soldado. Caballo por caballo.

"Pasó un Martín López; fue muy buen soldado…"

"Y pasó un Ojeda… y quebráronle un ojo en lo de México…"

"Y un fulano de la Serna… tenía una cuchillada por la cara que le dieron en la guerra; no me acuerdo qué se hizo de él."

"Y pasó un fulano Morón, gran músico…"

"Y pasaron dos hermanos que se decían Carmonas, naturales de Jerez; murieron de sus muertes."

Éste es un mundo que había desaparecido cuando Bernal escribió sobre él. Está en busca del tiempo perdido: es nuestro primer novelista.

Y el tiempo perdido es, como en Proust, un tiempo que uno puede recuperar sólo como un minuto liberado de la sucesión del tiempo.

Lo que ocurre con Bernal es que en su libro es el poeta épico mismo quien se convierte en el buscador del instante perdido.

Bernal, como Proust, ya ha vivido lo que está a punto de contar, pero debe darnos la impresión de que lo que cuenta está sucediendo mientras es escrito y leído: la vida fue vivida, pero el libro debe ser descubierto.

Llegamos con Bernal, en el amanecer de la memoria compartida de las Américas, a un nuevo modo de vivir: de volver a vivir, ciertamente, pero también de vivir, por vez primera, la experiencia recordada como la experiencia escrita.

Al desplegarse el relato, la voluntad épica titubea. Pero una épica vacilante ya no es una épica: es una novela. Y una novela es algo contradictorio y ambiguo. Es la mensajera de la noticia de que en verdad ya no sabemos quiénes somos, de dónde venimos o cuál es nuestro lugar en el mundo. Es la mensajera de la libertad al precio de la inseguridad. Es una reflexión sobre el precio que se paga por el progreso material a costa de perder nuestras premisas fundamentales y nuestras raíces filosóficas: es el precio de Prometeo. Don Quijote será la mayor contribución española a este drama de la modernidad, pero Bernal Díaz lo prefigura con su épica quebrada. ¿Qué quiero decir con épica quebrada, con crónica vacilante?

Paseando por el Zócalo

Yo, descendiente de España y de México, caminé sobre las ruinas ocultas de la capital de Moctezuma y mi asombro ante lo que podía imaginar en el siglo veinte no fue menor que aquel de Bernal Díaz del Castillo, el cronista de la conquista, en el siglo dieciséis. No menor, tampoco, es el titubeo de mi pluma. Pues en medio de una de las mayores aventuras épicas de todos los tiempos, el soldado español Bernal Díaz podía decir que no sabía o siquiera imaginaba que podría escribir realmente sobre tantas cosas "nunca oídas, ni vistas, ni aun soñadas, como veíamos".

Este sentimiento de pasmo seguido de un sentimiento de humildad en la descripción literaria del sueño se resuelve finalmente en la obligación de destruir el sueño, de transformarlo en una pesadilla. Bernal Díaz escribe con admiración, con auténtico amor, sobre la nobleza y la belleza de muchos de los aspectos del mundo indígena. Su descripción del gran mercado de Tlatelolco, del palacio del emperador, del encuentro entre Cortés y Moctezuma, está entre los pasajes más emotivos de la literatura.

Pero la épica de Bernal también está llena de rumores distantes de tambores y muerte, de antorchas y sacrificios secretos: "sangre y humo". Un tono de constante amenaza, de inminente desastre y de temor de que el valiente batallón de menos de cincuenta mil guerreros, anulado su retiro por la decisión de barrenar las naves, pudiese ser arrasado por el poder superior de los ejércitos aztecas en cualquier momento. Aun así la ciudad cae en manos de los españoles en 1521 y sus habitantes lamentan la muerte del guerrero, la sangre del niño, la marca con fuego de la mujer y la caída del Imperio; el conquistador, el destructor, se une a sus víctimas en la gran elegía, dice Bernal, por todo lo "derribado, desperdigado y perdido para siempre".

No es usual entre los cronistas épicos de la Edad Media ni del Renacimiento (en verdad, Simone Weil diría, es inusual en cualquier poeta épico desde Homero) amar lo que está obligado a destruir. Pero Bernal se acerca mucho a su paradigma. De cara a él, su libro es una crónica épica de acontecimientos.

Está escribiendo sobre una página gloriosa de la historia y sobre un grupo de hombres correosos amoldados a su conciencia individual y a sus medios y fines políticos. Están aquí para lograr los fines de la Providencia, la salvación de los paganos y, con menor ímpetu, para extender el poder de la Corona española. De esta manera, todas las principales corrientes que conducen a los hombres de España al Nuevo Mundo están ahí: la individualista ambición militante, el ejército cruzado, la Iglesia militante y la Corona militante también.

Esta integridad entre el relato contado y la conciencia detrás del contar es común al tema épico. Pero Bernal, al escribir la primera épica europea del Nuevo Mundo, introduce una novedad en la voz épica, quizá porque en realidad describe la novedad misma, un Nuevo Mundo, mientras que la épica, de acuerdo tanto con el filósofo español José Ortega y Gasset como con el crítico ruso Mijail Bajtin, sólo se ocupa de lo que ya es conocido.

Permitan que demore un momento en el problema genérico que afecta la *Verdadera historia de la conquista de la Nueva España*, ya que estoy convencido de que toda gran obra literaria, como la de Bernal, contiene no sólo un diálogo con el mundo, sino también consigo misma.

La mayoría de los teóricos literarios oponen la épica a la novela. Veamos qué tienen que decir para colocar la épica de Bernal en su lugar adecuado, en el amanecer del Nuevo Mundo.

Para José Ortega y Gasset, la novela y la épica son "exactamente lo contrario". La épica se aboca al pasado como tal. La épica nos habla de un mundo que fue y ha concluido: el pasado épico huye del presente.

El poeta épico, dice Ortega, sólo habla de lo que ya ha terminado, de lo que su público ya conoce: "Homero —escribe— no pretende contarnos nada nuevo. Lo que sabe, los oyentes ya lo saben, y Homero sabe que lo saben". Esto es: en el momento en que aparece el poema épico, éste cuenta un relato bien conocido, aceptado y celebrado por todos.

La novela, por el contrario, es la operación literaria basada en la novedad, como indica Mijail Bajtin. La épica, escribe el crítico ruso, se finca en una visión unificada y única del mundo, obligatoria e indudablemente verdadera para los héroes, el autor y el auditorio. Junto con Ortega, Bajtin piensa que la épica trata con las categorías e implicaciones de un pasado terminado, de un mundo comprendido (o comprensible).

Pero si la épica es algo concluido, la novela es algo inconcluso: "refleja las tendencias de un nuevo mundo que todavía está haciéndose", explica Bajtin. La unidad épica del mundo es hecha añicos por la historia y la novela aparece para tomar su lugar.

Hegel le dio a la épica otro lugar en el discurso literario: el de hacer añicos, precisamente el mundo precedente, el mundo del mito. Para Hegel, la épica era un acto humano desestabilizador que trastornaba la tranquilidad de la existencia en su mítica integridad. Una especie de dinámica que nos arranca de nuestro hogar mítico y nos manda a la guerra de Troya y a los viajes de Ulises: el accidente que hiere la esencia.

Por su parte, la gran filósofa judeocristiana, la francesa Simone Weil, atribuye a la épica homérica exactamente lo contraria de lo que Ortega le concede. Para Weil, *La Ilíada* es un movimiento inconcluso, cuyo mensaje moral está en espera de cumplirse en nuestro propio tiempo. *La Ilíada* no es un poema pasado, sino un poema por venir, cuando probemos ser capaces, dice Weil, de aprender la lección de la Grecia homérica: "Cómo no admirar nunca el poder, ni odiar al enemigo, ni despreciar a los que sufren".

Creo que Bernal pertenece más a este movimiento épico, o épica-en-movimiento descrita por Hegel y Simone Weil, que a la épica *conclusa* evocada por Ortega y Bajtin. Pero si aceptamos las premisas del filósofo español o del crítico ruso, Bernal también escribe una *novela* que es una *novedad* en relación con la épica previa, la de los romances medievales de caballerías.

Permitan que me exprese como lo haría un católico y diga que quizá Bernal escribe una novela épica con tanto movimiento y novedad como la *épica* según Hegel y Weil, y con tanta novedad y dinamismo como la *novela* según Bajtin y Ortega.

De cualquier modo, la gran crónica popular de Bernal Díaz del Castillo, como toda gran literatura, transforma los hechos del pasado y los rememora en un suceso continuo que está siendo leído en el futuro —el futuro en relación tanto con los acontecimientos narrados como con la escritura de esos acontecimientos por el autor—, pero que realmente tiene lugar en el presente, donde tanto la obra literaria y el lector siempre, y finalmente, se encuentran.

Primero, mientras escribe la respuesta a la biografía de Cortés por Gómara, Bernal niega que la conquista haya sido una épica individual, sino más bien una empresa colectiva actuada por la clase media naciente a la que él, y Cortés, pertenecían. Bernal no menosprecia a Cortés, a quien admira enormemente. Pero lanza un alegato contra el culto a la personalidad del conquistador en favor de los soldados de a pie, los de caballería, los escopeteros: los quinientos camaradas que obliteraron su retirada y cruzaron el Rubicón hacia el desconocido imperio de los aztecas y su rumor de muerte y sacrificio. Ésta es la épica colectiva no de los grandes héroes, reyes y caballeros, sino de los hombre humildes que delinearon su propio destino: los pueblos como actores de la historia: un presagio de la interpretación que Michelet haría de la Revolución Francesa como el tránsito de "todo un pueblo" del silencio a la voz.

Pero, en segundo lugar, esta crónica no es un registro de los acontecimientos en el momento en que ocurren, sino bajo la perspectiva de cincuenta años y de la vejez. Bernal, ahora residente en Guatemala, rompe su largo silencio con el fin de hacer justicia a los soldados de la conquista. No tiene pretensiones literarias: escribe su libro para sus hijos y nietos y, en verdad, lo lega como una especie de herencia. No vivió para ver su obra impresa. Pero a la edad de ochenta y cuatro años, cuando murió, estaba satisfecho al considerarla como la única fortuna que pudo transferir a su familia. Esta perspectiva le da al libro una extraña nota melancólica: un lamento por el tiempo perdido, la juventud; un recordatorio vibrante y triste de la promesa inmaculada de recompensar el valor personal.

Bajo el signo del romance épico —el libro está lleno de referencias al paladín Rolando, a Amadís de Gaula, a los libros de caballerías—, la obra de Bernal ha sido escrita de manera tan comprehensiva y moralmente armónica como el poema épico. Todo será incluido en letanías impresionantes: soldados, caballos, batallas, vendimias en el mercado. Aun así se saldrá por la tangente y abreviará el relato mientras se aproxima a una estrategia novelística más moderna: "Pero no gastaré más tiempo en el tema de los ídolos" dice, o... "Dejemos el asunto del tesoro", o "Dejémosle ir —al intérprete Melchor—, y mala suerte la suya, *y volvamos a nuestra historia*".

La conformidad de Bernal con los ideales de la fe cristiana nunca estuvo en duda, ni su lealtad a la Corona de España. No obstante es capaz de algunas notas discordantes, si no heréticas, ciertamente cargadas de ironía. Gómara había dicho que la batalla en la sabana de Tabasco había sido ganada por el arribo material de los apóstoles Santiago y San Pedro. Pero Bernal escribe que "yo, como pecador, no era digno de verlos".

Lo que sí ve son las grandes hazañas de Cortés y su regimiento, y su genio narrativo consiste en emplear los poderes de la memoria para evocarlas mientras preserva su frescor para nosotros. La novedad y el asombro son las premisas de su escritura: "nos maravillamos", "un lugar maravilloso", "obra muy maravillosa": "y no es de maravillar que yo escriba aquí de esta manera, porque hay mucho que ponderar en ello que no sé cómo lo cuente, ver cosas nunca oídas, ni vistas, ni aun soñadas, como veíamos". Pero la *memoria* es el receptáculo que recupera el alud de maravillas: los sucesos parecen *estar sucediendo* porque *la memoria está en el suceder*: "He leído la memoria atrás dicha de todos los capitanes y soldados... Pero más tarde, en su lugar y sazón, diré los nombres de todos aquellos que tomaron parte en esta expedición, tanto como pueda recordarlos".

La memoria de Bernal es el moderno recuerdo del novelista. Está marcada por cinco rasgos profundamente novelísticos:

1) *Amor por la caracterización*: Bernal nos hará saber que se está refiriendo a un Rojas, no a Rojas el rico; a Juan de Nájera, no al sordo que jugaba pelota en México. Son individuos concretos, no guerreros alegóricos. Sus figuras son a veces tan excéntricas como cualquiera de Shakespeare o Melville. He ahí al lunático Cervantes, el Loco que precede y avisa al desfile de

soldados. He ahí al Astrólogo, Juan Millán, el viejo chiflado y adivino de la expedición.

2) *Amor por el detalle* que desacraliza las figuras épicas: Cortés pierde una alpargata en Champotón y cae en el lodo con un pie descalzo para su gran batalla en México: Moctezuma y Cortés juegan a los dados para matar el tiempo en la ciudad de México, y el emperador acusa al bravo capitán Pedro de Alvarado de hacer trampa.

3) *Amor por la murmuración.* Sin la cual, sin lugar a dudas, no habría novela moderna y ni siquiera épica narrativa: desde la violación de Helena de Troya hasta el secuestro de Albertina, desde Homero hasta Proust, Defoe, Dickens o Stendhal, todos, en este sentido, son chismosos de oficio. Bernal no fue la excepción. Nos informa que Cortés se había recién casado en Cuba con una mujer llamada La Marcaida; se decía que se habían casado por amor; pero aquellos que lo han visto de cerca "tienen mucho que decir sobre ese matrimonio". Así que Bernal, habiendo sembrado la semilla del rumor con tanta sutileza como Henry James, se escabulle de "este tema delicado".

4) Hay grandes *retratos sociales*, retratos sociales críticos. Bernal es especialmente receptivo al describir la tradición española —y luego latinoamericana— del hidalgo, el caballero, literalmente, el hijo-de-algo. Bernal Díaz pinta un extraordinario retrato de Cortés en la isla de Cuba donde, tan pronto como es nombrado general, comienza "a pulir y ataviar su persona mucho más que antes". Usa "un penacho de plumas, con su medalla y una cadena de oro, y una ropa de terciopelo, sembradas por ella unas lazadas de oro". Aun así, este espléndido hidalgo "para hacer estos gastos que he dicho, no tenía de qué, porque en aquella sazón estaba muy adeudado y pobre". Lujos, juegos, prodigalidad: de la deuda de la Armada española a la deuda del FMI, la generosidad dispendiosa de los clanes patrimonialistas de América Latina y sus ambiciones señoriales son ya perfiladas por Bernal en la figura de Cortés y de los conquistadores.

Pero éstos, en el caso de Hernán Cortés —y he aquí nuestro quinto rasgo narrativo—, son sólo signos externos de un amor profundo por 5) *La teatralidad y la intriga* que se volvieron fundamentales para lograr sus propósitos políticos. Cortés impresiona a los enviados de Moctezuma con el recurso casi cinematográfico de las cabalgatas sobre la playa con la marea baja ante gente que nunca antes había visto caballos: "Un caballo —escribe el poeta sueco Artur Lundkvist como si estuviese describiendo los corceles de los conquistadores tal como los pintó en un mural José Clemente Orozco—, un caballo: esa poderosa criatura con fuego en el vientre y relámpago en los cascos; con un oscuro torrente de sangre pesada, poderosa, como una catarata contenida". Imaginen ver a estas bestias por primera vez; sólo la magia y el mito podían explicar, ante los ojos de los indios, tal aparición. Cortés adora la duplicidad, emplea a dobles y descubre la farsa de los dobles que Moctezuma envía en su propio lugar. Cortés seduce, asombra y atemoriza a los enemigos potenciales; hace que los caballos huelan a sus yeguas y que cañones furiosos escupan fuego a determinadas horas con propósitos teatrales. Pero también escucha, aprende, oye las quejas, arresta a los recaudadores de impuestos, libera a los pueblos del tributo de Moctezuma y se ocupa de que las nuevas se difundan: los españoles han llegado a liberar a los pueblos indios sujetos a la tiranía de los aztecas. Cortés ha venido para llevar el peso del hombre blanco. De esta manera, la política maquiavélica transforma la novela de Bernal, que en sí misma es la transformación de la épica de Bernal, en la historia política de Bernal. Finalmente ésta es la historia de la colonización, del imperialismo, del genocidio y de la codicia.

Desde el instante en Zempoala cuando los españoles reciben sus primeros mil tamemes, o cargadores, al instante cuando los primeros indios son hechos esclavos y marcados con fuego, la violencia ocupa el lugar de la fascinación, y luego el lugar del pasmo es arrebatado por la ambición, la corrupción y la sombra del autoritarismo burocrático.

La descripción de la escaramuza por el oro de Moctezuma es un feo cuento de traición, sospecha y franco robo: los soldados de a pie no ven nada de esos botines.

Sin embargo, hay una sexta faceta de este cuento que deseo recordar: el drama de la *voluntad* contra el *destino*. La determinación contra el hado.

Moctezuma se rige por el destino. Cortés, por la voluntad. Ambos se encaran en una de las confrontaciones más dramáticas de la historia. Cortés es el gran personaje maquiavélico del descubrimiento y la conquista del Nuevo Mundo. Maquiavelo, desde luego, nunca fue leído por Cortés. *El Príncipe* fue escrito en 1513, pero no fue publicado sino hasta 1532, póstumamente, y una vez que Cortés consumó la conquista de México cayó del favor real. No obstante, él es la mejor prueba viva del maquiavelismo, la figura del Príncipe que ha conquistado su propio poder estaba en el aire, representada en la esencial realidad de la afirmación del humanismo, y se estaba volviendo *real* no sólo en las figuras evocadas por Maquiavelo en la historia europea, sino, con coincidencias aún más dramáticas, en las figuras deslumbrantes, nunca antes vistas, de los conquistadores del Nuevo Mundo.

Maquiavelo es el hermano de los conquistadores.

Pues, ¿qué es *El Príncipe*, sino una alabanza de la voluntad y una negación de la providencia, un manual del hombre nuevo del Renacimiento que se prepara para convertirse en el nuevo estadista, liberado de las obligaciones excesivas para con una fortuna, herencia o noble cuna inciertos? El Príncipe gana su reino terrenal a través del derecho de conquista.

Fiel a su destino maquiavélico, Hernán Cortés encarna esta profunda ironía: toda su *virtù*, la fuerza de su brazo y la magnitud de su voluntad, no son suficientes para conquistar su fracaso secreto, su suerte, sus peligros, su providencia.

En esto se parece, finalmente, a su víctima, el emperador Moctezuma.

Moctezuma se rige por el destino. Al final es lapidado por su propio pueblo, en junio de 1521.

La gran voz

Moctezuma, el gran tlatoani de México, esto es, el Señor de la Gran Voz, el Dueño Absoluto de las Palabras, fue despojado de sus atributos por un europeo renacentista, la encarnación misma del espíritu maquiavélico, Hernán Cortés, y por una mujer que otorgó la lengua india a los españoles y la lengua española a los indios: Marina, la Malinche, princesa esclava, intérprete y amante de Cortés y, simbólicamente, madre del primer *mestizo* mexicano, el primer hijo de sangre tanto india como europea. Moctezuma dudó entre someterse a la fatalidad del regreso de Quetzalcóatl el día previsto por la profecía religiosa, o luchar contra estos hombres blancos y barbados montados en bestias de cuatro patas y armados con el trueno y el fuego.

Esta duda le costó la vida: su propio pueblo perdió la fe en él y lo apedreó hasta matarlo. Cuauhtémoc, el último rey, luchó por salvar a la nación azteca como centro de identificación y solidaridad con todos los pueblos mexicas.

Era demasiado tarde.

Cortés, el político maquiavélico, descubrió la secreta debilidad del imperio azteca: el pueblo sujeto a Moctezuma lo odiaba y se unía a los españoles contra el déspota azteca.

Se libraron de la tiranía azteca, pero adquirieron la tiranía española.

Tiempo perdido: escrita cinco décadas después de haber sucedido, Bernal ofrece una aventura perdurable; una memoria, una resurrección del reino perdido. Pero no es sólo una retrospectiva que le permite comprender la tristeza y la futilidad inherente a toda gloria humana. Es una visión más profunda que generalmente atribuimos a la gran ficción. En el libro de Bernal resuenan profecías de peligros y derrotas, pero ninguna es tan grande como el peligro y la derrota que llevamos en el propio corazón.

Esta sabiduría es proyectada implícitamente a las dos figuras principales del relato, el emperador indio y el conquistador español.

La autocracia vertical de Moctezuma fue sustituida por la autocracia vertical de los Habsburgo españoles. Somos descendientes de ambas verticalidades, y nuestras tercas luchas por la democracia son tanto más difíciles y, quizá, incluso admirables por ello.

La traducción española de *El Príncipe* de Maquiavelo fue publicada en 1552 y luego incluida en el Index de Libros Prohibidos —el *Index Librorum Prohibitorum*— por el cardenal Gaspar de Quiroga en 1584.

Pero antes, la Corona había ordenado, en marzo de 1527, que no se imprimiesen más las *Cartas* de Cortés al rey Carlos. Seis años después de consumada la conquista, el conquistador, quien había privado a Moctezuma, el gran tlatoani, de su voz, era a su vez condenado al silencio.

Y en 1553 otro decreto real prohibió exportar a las colonias americanas todas las historias de la conquista.

No gozamos de anuencia para conocernos a nosotros mismos, así que en lugar de historias tuvimos, al final, que escribir novelas.

La primera novela, cargada de rumores, de silencios, de vacilaciones y de ambigüedades que humanizan la certeza épica de la conquista imperial del mundo indígena por los españoles, fue escrita por Bernal Díaz del Castillo.

Su contemplación popular, colectiva, de los acontecimientos, nos dice, no obstante, una historia necesariamente individual, porque si el destino de Cortés representa el de los soldados españoles, el destino de los soldados españoles también representa el de Cortés. Todo esto junto lo contiene el libro de Bernal.

La tensión creciente en el libro es la de esas novelas donde el destino individual se entrecruza con el destino histórico.

Pero aún hay otra tensión en la crónica de Bernal, y es la que se instaura entre la promesa utópica del Nuevo Mundo, la certeza europea del paraíso redescubierto en América, y la destrucción de la utopía por la necesidad militar y política de los acontecimientos épicos.

Bernal nos brinda así una épica enamorada de su utopía, de su edad dorada, de su edén perdido, ahora destruido por el hierro y la botas de la épica misma.

Un enorme vacío hispanoamericano se abre entre la promesa utópica y la realidad épica:

Este vacío ha sido llenado de muchos modos, a través de las renovadas promesas utópicas, aunque con violencia aún mayor, como sucedió en la mayoría de los países indios recién conquistados; a través del barroco, un arte diseñado para llenar vacíos, y eso, en Latinoamérica, se convierte en un ingrediente esencial de lo que el escritor cubano José Lezama Lima llamó la contra-conquista: una absorción de las culturas europeas y africanas y el mantenimiento de las culturas indígenas que, encontradas y mezcladas, crean la cultura latinoamericana o la cultura indo-afro-iberoamericana.

Nombre, Memoria y Voz: cómo te llamas, quiénes fueron tu madre y tu padre, cuál es tu palabra, cómo hablas, quién habla por ti. Todas estas preguntas urgentes, actuales, del continente americano son formuladas tácita o expresamente por Bernal, y serán las preguntas de Rubén Darío y de Pablo Neruda, de Alejo Carpentier y de Juan Rulfo, de Gabriela Mistral y de Gabriel García Márquez.

Porque la conquista de México no sólo fue una batalla entre Hombres y Dioses, o entre Mito y Artillería. También fue un conflicto de voces: una lucha por el lenguaje.

El emperador Moctezuma, el Tlatoani, el de la Gran Voz, sólo escucha a los Dioses: es derrotado por los hombres.

Hernán Cortés, el Conquistador, sólo escucha las voces de los hombres: es derrotado por las instituciones, la Iglesia y la Corona.

Quizá la que en verdad rescata las voces de todos, los vencedores y los vencidos, los indios, europeos y mestizos, es una mujer:

Malintzin es su nombre indio, un nombre de aciaga fortuna. Nacida princesa, sus padres, temiendo las profecías acerca de su nacimiento, la cedieron como esclava a los caciques, los jefes indios de Tabasco, quienes a su vez la obsequiaron a Cortés como trofeo de guerra.

Marina es su nombre español, el que recibió al ser bautizada.

Pero la Malinche es su nombre mexicano, el nombre de la traidora que se entregó al conquistador, se convirtió en su amante pero también en su intérprete —mi lengua, la llamaba Cortés—, y gracias a sus palabras, a su conocimiento del universo indio, Cortés conquistó México.

Simbólicamente, ella da a luz al primer mexicano, el primer mestizo, Martín Cortés, quien ya, en la primera generación después de la conquista, se convierte en el protagonista, junto con su medio hermano, también llamado Martín, el hijo de Cortés y una noble española, del primer movimiento en ciernes hacia la independencia de México, pronto sofocado por la Corona española en 1567.

Una nueva realidad nació con la Malinche y su hijo mestizo, abandonados ambos por las aspiraciones políticas y sociales del padre, Hernán Cortés.

Su voz nos pone en el borde mismo de una comprensión más profunda de un suceso como el de la conquista ibérica del Nuevo Mundo:

Nos transforma a nosotros, los descendientes de los indios y europeos de las Américas, en testigos del hecho terrible de nuestra muerte e inmediata resurrección.

Antes nuestros ojos, en el presente, todos vivimos el hecho que nos dio a luz.

Somos los eternos testigos de nuestra propia creación.

Y nos repetimos infinitamente las preguntas de esa creación:

¿Cuál es nuestro lugar en el Mundo?

¿A quién debemos lealtad?

¿A nuestros padres españoles?

¿A nuestras madres aztecas, mayas, quechuas, araucanas?

¿A quién debemos hablarle ahora: a los antiguos dioses, o a los nuevos?

¿Qué lengua debemos hablar ahora, la de los conquistados o la de los conquistadores?

Bernal Díaz nos da las respuestas a estos dilemas por medio de su memoria épica traducida por una imaginación novelística.

Porque además del lenguaje del conquistado y del conquistador, Bernal le da palabras a un libro que canta su propia gestación, contemplándose y debatiéndose. Y en el centro de ese libro está su autor, Bernal, descubriendo, así como descubre las maravillas y los peligros del mundo, que él también se descubre a sí mismo. Y que en su propio ser oculta el verdadero enemigo: el yo enemigo, pero también el verdadero salvador: el yo amante, amatorio, el yo enamorado del mundo que describe.

Porque hay una hendidura en la coraza del guerrero cristiano contra los paganos aztecas, y a través de ella relumbra un corazón tristemente enamorado de sus enemigos.

Ésta es la fuente secreta de la ficción hispanoamericana de cara a los enigmas del mundo histórico. Bernal Díaz escribe un misterioso lamento por las oportunidades que perdieron los hombres de la España moderna bajo la forma de una épica atribulada —una novela esencial— en la cual el vencedor termina por amar a los vencidos y por reconocerse a sí mismo en ellos.

Otra voz, una nueva voz algunas veces oculta, silenciosa, insultante, amarga a veces, una voz vulnerable y amorosa a veces, que grita con la estridencia de un ser que demanda ser oído, ser visto y, así existir, repitiéndose incesantemente nuestra pregunta:

¿Quién habla?

¿A quién, a cuántos, pertenece la voz de Hispanoamérica? Éstas son las preguntas dirigidas al nombre, a la voz y a la memoria de las Américas.

Memoria y deseo

Describimos lo maravilloso, como hizo Bernal Díaz cuando llegó a la ciudad lacustre de los aztecas: "que parecía a las cosas de encantamiento que cuentan en el libro de Amadís... Algunos de nuestros soldados decían que si aquello que veían, si era entre sueños...". Nos fincamos en esta imaginación de América: este deseo por el Nuevo Mundo.

Pero todos los deseos tienen sus objetos y éstos, según Buñuel, son siempre oscuros, porque no sólo queremos poseer, sino transformar el objeto de nuestro deseo. No hay deseos inocentes; ni descubrimientos inmaculados; no hay viajero que, secretamente, no se arrepienta de dejar su tierra y no tema jamás regresar a su hogar.

El deseo nos arrastra con él porque no estamos solos; un deseo es la imitación de otro deseo que queremos compartir, poseerlo nosotros. El viaje, el descubrimiento, termina con la conquista: queremos el mundo para transformarlo.

Colón descubre en las islas la Edad Dorada de los nobles salvajes. Envía a éstos, encadenados, a España. Y el paraíso terrenal es incendiado, marcado y explotado. La melancolía de Bernal Díaz es la del peregrino que descubre la visión del paraíso y luego es forzado a matar lo que ama. El azoro se convierte en dolor, pero ambos se salvan por la memoria; ya no deseamos viajar, descubrir y conquistar: ahora recordamos para no volvernos locos y para evadir los insomnios.

La historia es la violencia que, como Macbeth, asesina el sueño. La gloria ofrece la muerte y, cuando es desenmascarada, aparece como la muerte misma. Bernal, el cronista, el escritor, sólo puede recordar: ahí, en su memoria, *el descubrimiento permanece siempre maravilloso*. El jardín está intacto, el fin es un nuevo comienzo y los estragos de la guerra coexisten con la aparición de un nuevo mundo, nacido de la catástrofe.

Recordar; volver. Entonces podemos percatarnos de que vivimos rodeados de mundos perdidos, de historias desaparecidas. Estos mundos y sus historias son nuestra responsabilidad: fueron hechos por hombres y por mujeres. No podemos olvidarlos sin condenarnos nosotros mismos a ser olvidados. Debemos mantener la historia para tener historia; somos los testigos del pasado para tener un futuro.

Comprendemos entonces que el pasado depende de nuestra memoria *aquí* y *ahora*, y el futuro de nuestro deseo, *aquí* y *ahora*. La memoria y el deseo son nuestra imaginación presente: éste es el horizonte de nuestros constantes descubrimientos y éste el viaje que debemos renovar cada día.

Para ello escribimos novelas.

3. La cultura colonial

1. Juan Bodino, el autor de los *Seis Libros de la República* sobre los cuales se fundan la teoría y la práctica de la monarquía centralizadora francesa, ofrece una variante típicamente gálica al tema de la utopía en el Nuevo Mundo.

Escribe en 1566 para dudar, simplemente, que la utopía pueda tener lugar entre pueblos "primitivos" o que éstos estén a punto de regenerar a la corrupta Europa. Bien pudiera ser que los nobles salvajes viviesen también "en una edad de hierro" y no en una edad de oro. De acuerdo con Bodino, lo que el Nuevo Mundo tenía para ofrecer era una vasta geografía, no una historia feliz: un futuro, no un pasado.

Antes de que esta profecía original de América-como-futuro se volviese indebidamente optimista, Bodino puso todos nuestros pies sobre la tierra mediante el elogio sencillo aunque elegante de la realidad: el Nuevo Mundo es extraordinario por la muy ordinaria razón de que existe.

América es y el mundo, al fin, está completo.

América no es Utopía, el lugar que no es. Es Topía, el lugar que es. No un lugar maravilloso, pero el único que tenemos.

Semejante realismo, sin embargo, no logra apagar el sueño del Nuevo Mundo, la imaginación de América. Pues si la realidad es América, América primero fue un sueño, un deseo, una invención, una necesidad. El "descubrimiento" sólo prueba que jamás encontramos sino lo que primero hemos deseado.

Irving Leonard sostiene que los conquistadores llegaron al Nuevo Mundo armados con lo que el investigador norteamericano llama "los libros de los valientes", las epopeyas de caballerías que enseñaban las normas del arrojo y el honor. ¿A quiénes? Seguramente no a los aristócratas españoles que las habían mamado, sino a los protagonistas de la epopeya española en América: hombres de una clase media emergente, bachilleres destripados como Hernán Cortés; cristianos nuevos de dudosa asociación con la corte, como Gonzalo Fernández de Oviedo (alias) *Valdés*; miembros de la pequeña nobleza andaluza, como Álvar Núñez Cabeza de Vaca; pero también plebeyos iletrados como los hermanos Pizarro, y don nadies como Diego de Almagro, de quien el cronista Pedro de Cieza de León nos dice que su origen era tan bajo y su linaje tan reciente, que comenzaba y terminaba con él. Corsarios como Hernando de Soto, que se hizo rico con el botín del Inca asesinado, Atahualpa, y luego lo perdió en su expedición a la Florida. O más antiguos, como Pedro de Mendoza, el fundador de Buenos Aires, quien financió su propia empresa en el Río de la Plata con el botín del saco de Roma por Carlos V:

> A conquista de paganos
> Con dinero de romanos.

Ricos como Alfonso de Lugo, el Adelantado de Canarias, y deudores en fuga como Nicuesa. Andaluces y extremeños en su mayoría, los brillos de utopía y topía, de la gloria y la riqueza, se fundían en la quimera de Eldorado.

Hijo de un regidor, lector de *Amadís de Gaula* y los demás "libros de los valientes", Bernal Díaz del Castillo, como hemos visto, es el prototipo del hombre nuevo que se arriesga a viajar de España a las Indias llevado por dos impulsos: el interés y el sueño, el esfuerzo individual y la empresa colectiva: la epopeya y la utopía.

Los viajes de exploración son tanto causa como reflejo de un hambre de espacio. Los descubridores y conquistadores son hombres del Renacimiento. José Antonio Maravall, historiador español, incluso describe el descubrimiento de América como una gran hazaña de la *imaginación* renacentista.

Estos hombres, llenos de la confianza que les daba saberse actores de su propia historia, aunque ello signifique también ser víctimas de sus propias pasiones, no llegaron solos. La *Pinta*, la *Niña* y la *Santa María* fueron seguidas por la nave de los locos, la *navis stultorum* del famoso grabado de Brant. El vigía se llamaba Maquiavelo, Tomás Moro era el piloto en nuestra embarcación de los necios y el cartógrafo era el encorvado y vigilante Erasmo de Rotterdam. Sus consignas, los estandartes de su nave eran, respectivamente, *esto es, esto debe ser* y *esto puede ser*.

Maquiavelo venía de la Italia pulverizada de las ciudades-estado y sus conflictos: un mundo de violencia para el cual Maquiavelo reclamaba un jefe realista, terrenal pero también poseído del idealismo necesario para construir una nación y un Estado. Moro venía de la Inglaterra que perdía su inocencia agraria y capitulaba ante las exigencias del *enclosure*, la partición de las antiguas tierras comunales y su entrega a la explotación y concentración capitalista. Erasmo, en fin, era el observador irónico de la locura histórica, testigo a la vez de Topía y de Utopía, de la razón y de la sinrazón, tanto de la fe tradicional como del nuevo realismo. A ambas —la razón y la fe— las conmina Erasmo a ser razonables, es decir, relativas. El humanismo erasmista significa el abandono de los absolutos, sean de la fe o de la razón, a favor de una ironía capaz de distinguir el saber del creer, y de poner cualquier verdad en duda, pues "todas las cosas humanas tienen dos aspectos". Esta razón relativista del humanismo es juzgada una locura por los absolutos de la Fe y de la Razón. Erasmo traza en sus cartas una ruta intermedia entre la *realpolitik* y el idealismo, entre topía y u-topía: su ironía significa un compromiso sonriente entre la fe y la razón, entre el mundo feudal y el mundo comercial, entre la ortodoxia y la reforma, entre el rito externo y la convicción interna, entre la apariencia y la realidad. No desea sacrificar ningún término: es el padre de Cervantes y de las ficciones irónicas que, entre nosotros, culminan en Borges y Cortázar. De allí *El elogio de la locura*, cuyo título latino es *Moraei Encomium*, que es también, de esta manera, el elogio de Moro.

En el Nuevo Mundo, Moro buscaba una sociedad basada nuevamente en el derecho natural y no en la expansión desordenada del capitalismo. Era preferible imaginar una utopía que compartiese las virtudes y los defectos de las sociedades precapitalistas, cristianas o salvajes.

El realismo político y la energía de Maquiavelo; el sueño de una sociedad humana justa de Tomás Moro; y el elogio erasmiano de la postura irónica que permite a los hombres y a las mujeres sobrevivir sus locuras ideológicas. Los tres harán escalas en el Nuevo Mundo.

Pero a menudo les resulta difícil —incluso imposible— llegar a buen puerto, porque la nave de los locos barrena en los bajíos del individualismo estoico que España hereda de Roma y transmite a América; o se inmoviliza en el mar de los sargazos del organicismo medieval; o es golpeada por las exigentes tormentas de la autocracia imperial.

Erasmo, Moro y Maquiavelo llegan al Nuevo Mundo a pesar de estos accidentes, llegan porque son parte no de la herencia romana y medieval de América, sino de la "invención de América".

Tengo en mi estudio las reproducciones de los retratos de Tomás Moro y Desiderio Erasmo por Holbein *el Joven*, mirándose el uno al otro mientras yo los miro a ellos. Confieso mi temor de tener cerca de mí un retrato de Maquiavelo. Su rostro impenetrable tiene algo del animal rapaz, la mirada afilada y hambrienta que Shakespeare atribuye a Casio en el drama *Julio César*. Y añade Shakespeare, como si describiese al florentino: "Piensa demasiado. Tales hombres son peligrosos."

Erasmo y Moro, en cambio, poseen tanto gravedad en sus actitudes como una chispa de humor en las miradas, representando perpetuamente su primer encuentro, en el verano de 1499, en Hertfordshire:

—Tú debes ser Moro o nadie.
—Y tú debes ser Erasmo, o el Diablo.

Si Nicolás Maquiavelo se hubiese unido a ellos, ¿qué habría añadido? Quizá sólo esto: "Todos los profetas que llegaron armados tuvieron éxito, mientras que los profetas desarmados conocieron la ruina."

Ésta gran tríada renacentista escribió sus delgados y poderosos volúmenes dentro de la misma década: *El elogio de la locura* de Erasmo aparece en 1509; la *Utopía* de Tomás Moro en 1516; y Maquiavelo termina su *Príncipe* en 1513, aunque el libro sólo es publicado póstumamente, en 1532. Es decir: coinciden con la "invención de América".

Los tres libros, en fechas distintas, hacen su aparición en el Nuevo Mundo. La *Utopía* de Moro, como nos lo ha enseñado Silvio Zavala, es el libro de cabecera del obispo de Michoacán, Vasco de Quiroga, y le sirve de modelo para la creación de sus fundaciones utópicas, en Santa Fe y Michoacán, en 1535. También lo leyó el primer obispo de México, fray Juan de Zumárraga. El *Elogio de la locura* se encontraba en la biblioteca de Hernando Colón, el hijo del Descubridor, en 1515, y la obra más influyente del sabio de Rotterdam en España, el *Enchiridion*, es traducida en 1526 y se transforma en el evangelio de un cristianismo interno y personalizado, en oposición a las formas puramente externas del ritual religioso. *El príncipe*, en fin, es publicado en traducción castellana en 1552 e incluido en el *Index Librorum Prohibitorum* por el cardenal Gaspar de Quiroga en 1584.

Llegan a nosotros, de esta manera, "a pesar de", no "gracias a". Como el continente mismo, ellos son, en cierto modo, figuras inventadas, deseadas, necesitadas y nombradas por el "Nuevo Mundo" que primero fue imaginado y luego encontrado por Europa.

2. Montaigne no tiene la suerte de Vespucio. El ensayista francés no ha estado, como el cartógrafo florentino, en Utopía, pero quisiera haber tenido "la fortuna de… vivir entre esas naciones, de las que se dice que viven aún en la dulce libertad de las primeras e incorruptibles leyes de la naturaleza".

Este deseo nace de una desesperación, perfectamente expresada por Alfonso de Valdés, el erasmista español y secretario del emperador Carlos V: "¿Qué ceguera es ésta? Llamámosnos cristianos y vivimos peor que turcos y que brutos animales. Si nos parece que esta doctrina cristiana es alguna brujería, ¿por qué no la dejamos del todo?".

Con menos énfasis pero con idéntica persuasión, Erasmo le pedía al cristianismo que creyera en sí mismo y adaptara su fe a su práctica: el cristianismo exterior debería ser el reflejo fiel del cristianismo interior. Predicó, en efecto, la reforma de la Iglesia *por* la Iglesia. Como suele pasar, mientras esto no ocurrió Erasmo gozó de la popularidad inmensa que el enfermo reserva al médico que le dice: "Vas a curarte". Pero cuando el cirujano se presentó, cuchillo en mano, a arrancar el tumor, el amable crítico fue arrojado fuera de la ciudad, a reunirse con el temible quirúrgico de la Iglesia de Roma, Martín Lutero. Erasmo resistió esta asimilación, se mantuvo fiel a Roma, pero el educador de la cristiandad era ya el hereje, el réprobo, el autor prohibido.

Existe en la *Cosmografía* de Münster un retrato de Erasmo censurado por la Inquisición española: las facciones nobles del humanista están rayonadas brutalmente con tinta, sus cuencas vaciadas como una calavera, su boca deformada y sangrante como la de un vampiro. El verdadero Erasmo es la imagen de la inteligencia irónica pintada por Holbein, como Martín Lutero es la dura, plebeya, estreñida imagen pintada por Cranach e interpretada por Albert Finney en la pieza teatral de John Osborne.

Erasmo, el primer teórico de la Reforma, jamás se unió a la reforma práctica de Lutero, no sólo por fidelidad a la Iglesia sino por una profunda convicción de la libertad humana. Erasmo reprochaba a Lutero sus ideas sobre la predestinación y reclamaba, desde la Iglesia pero para la sociedad civil capitalista prohijada por el protestantismo, "un poder de la voluntad humana… aplicable en múltiples sentidos, que llamamos el libre arbitrio": "¿De qué serviría el hombre —medita Erasmo— si Dios lo tratase como el alfarero a la arcilla?" La paradoja de este debate, claro está, es que la severidad fatalista de Lutero desembocaría en sociedades de creciente libertad civil y desarrollo económico, en tanto que la fidelidad erasmiana al libre arbitrio dentro de la ortodoxia cristiana contemplaría la parálisis económica y política impuesta al mundo español por el Concilio de Trento y la Contrarreforma. Entre estas opciones, Europa se desangra en las guerras de religión, esa época terrible que Brecht evoca en la figura de la Madre Coraje, "vestida de hoyos y de podredumbres", en la que "la victoria o la derrota" es "una pérdida para todos". Pero adiós ilusiones: "La guerra se hace para el comercio. En vez de manteca, se vende plomo. Y nuestros hijos mueren." *Dulce bellum inexpertis*, escribe Erasmo: la guerra sólo es dulce para quienes no la sufren.

Tomás Moro respondió a estas realidades con la idea de Utopía. En la sociedad excéntrica de Utopía, una sociedad sin cristianismo pero con derecho natural, tanto los vicios como las virtudes del paganismo y del cristianismo podrían observarse con más claridad. Moro escribe su *Utopía* como una respuesta a la Inglaterra de su tiempo y al tema económico que apasionaba a sus contemporáneos: el fin de la comunidad agraria antigua y su sustitución por el sistema capitalista de la *enclosure*, que acabó en el siglo XVI con las tierras comunales, cercándolas y entregándolas a la explotación privada.

Al invocar en la *Utopía* una sociedad basada en el derecho natural, Moro imaginó el encuentro del Viejo Mundo y el Nuevo Mundo no sólo como el encuentro del cristianismo y el paganismo, sino como la creación de una nueva sociedad que acabaría por compartir tanto las virtudes como los defectos de las sociedades cristianas y aborígenes.

La Utopía de Moro no es la sociedad perfecta. Abundan en ella rasgos de crueldad y exigencias autoritarias. En cambio, la codicia ha sido extirpada y la comunidad restaurada. Pero los rasgos negativos amenazan constantemente a los positivos: *Utopía* no es un libro ingenuo, y gracias a su dinámica de claroscuros y opciones constantes, es una obra que deja abiertas dos cuestiones interminables, que continúan siendo parte legítima de nuestra herencia, y de nuestra preocupación.

La primera es la cuestión de los valores de la comunidad y su situación respecto de los valores individuales y los valores del Estado. Moro coloca los valores comunitarios por encima del individuo y del Estado, porque considera que estos últimos sólo son *una parte* de la comunidad. En este sentido, *Utopía* es una continuación de la filosofía tomista que da preferencia al bien común sobre el bien individual. La escolástica, apoyada por la utopía, será la escuela trisecular de la política iberoamericana.

La segunda es la cuestión, derivada de las dos anteriores, de la organización política. Si la comunidad es superior al individuo y al Estado, entonces, nos dice Moro, la organización política debe estar constantemente abierta y dispuesta a renovarse, para reflejar y servir mejor a la comunidad. Así, *Utopía* puede leerse como un anticipo democrático de la Ilustración dieciochesca y la filosofía política de la independencia iberoamericana.

Éstos son valores utópicos positivos que conviene tener presentes mientras damos forma a nuestra historia y a nuestra cultura contemporáneas. Pero hay más: la modernidad de Moro, más que nada, se encuentra en su celebración del placer del cuerpo y la mente.

La *Utopía* de Tomás Moro es un libro sumamente personal. Es, como casi todos los grandes libros, un debate del autor consigo mismo: un debate de Moro con Moro, pues como dijo William Butler Yeats, de nuestros debates con los demás hacemos retórica, pero del debate con nosotros mismos hacemos poesía. Nos permite ver a Moro y a su sociedad en el acto de entrar a la edad laica. En efecto, lo que Moro hace en la *Utopía* es explorar la posibilidad de la vida secular para él y para todos. Explora el tema, infinitamente fascinante, de la relación del intelectual con el poder: ¿debe un hombre sabio servir al rey? Explora la combinación de elementos que podrían crear una sociedad buena. Al permitirles a los habitantes de Utopía que vivan como le gustaría vivir a él, Moro ofrece un ideal de vida muy personal. Los aspectos desagradables, disciplinarios y misóginos de Utopía son, al cabo, valores para Tomás Moro, porque a él le hubiese gustado ser un sacerdote casado que trae el claustro a la corte. Pero acaso el aspecto más interesante del libro es que Moro ofrece esta imagen del mundo posiblemente más feliz, o más feliz posible, sometiéndolo a una crítica que no renuncia a la ambigüedad y a la paradoja como instrumentos de análisis.

Retengamos estas lecciones mientras pasamos a considerar el arribo de Tomás Moro en el Nuevo Mundo, llevado de la mano de su más fervoroso lector, el fraile dominico Vasco de Quiroga.

3. Los frailes humanistas llegaron al Nuevo Mundo pisándole los talones a los conquistadores. En 1524, los llamados Doce Apóstoles del orden franciscano desembarcaron en el México de Hernán Cortés; fueron seguidos en 1526 por los dominicos, entre ellos Quiroga. Llegaron a asegurarse de que la misión civilizadora del cristianismo —la salvación de las almas— no se perdiese en el ajetreo de la ambición política y la premura de la afirmación maquiavélica.

Bartolomé de las Casas fue el denunciador supremo de la destrucción de Utopía por quienes inventaron y desearon la utopía. Pero Vasco de Quiroga no vino a denunciar, sino a transformar la utopía en historia.

Llega con el libro de Tomás Moro bajo el brazo. La lectura de Moro simplemente identifica la convicción del obispo dominico: *Utopía* debería ser la Carta Magna, la constitución de la coexistencia pacífica entre el mundo devastado de los indios y el mundo triunfalista del hombre blanco en el Nuevo Mundo. Quiroga, cariñosamente llamado *Tata Vasco* por los indios purépechas, es animado por la visión del Nuevo Mundo como Utopía: "Porque no en vano sino con mucha causa y razón éste de acá se llama Nuevo Mundo, y eslo Nuevo Mundo, no porque se halló de nuevo sino porque es en gentes y cuasi en todo como fue aquel de la edad primera y de oro, que ya por nuestra malicia y gran codicia de nuestra nación ha venido a ser de hierro y peor." (Vasco de Quiroga citado por Silvio Zavala.)

La influencia de Moro y las tareas de Quiroga en la Nueva España han sido objeto de brillantes y exhaustivos estudios realizados por Silvio Zavala. Recuerdo asimismo que Alfonso Reyes llamó a Quiroga uno de "los padres izquierdistas de América". Estos hombres religiosos pusieron pie en tierras que los ángeles no se atrevían a pisar, pero donde los conquistadores ya habían entrado, pisando fuerte y hasta dando patadas.

Voraces conquistadores, descritos por Pablo Neruda en una secuencia de sus memorias: "Devorándolo todo, patatas, huevos fritos, ídolos, oro, pero dándonos a cambio de ello su oro: nuestra lengua, la lengua española."

Ruidosos conquistadores, cuyas voces ásperas y resonantes contrastaban con las voces de pájaro de los indios. Una vez escuché a un mexicano de voz dulce y discreta preguntarle al poeta español León Felipe:

—¿Por qué hablan tan fuerte ustedes los españoles?

A lo cual León Felipe contestó imperativamente:

—Porque fuimos los primeros en gritar: ¡tierra!

Crueles conquistadores: los humanistas los acusaron de pisotear las tierras de Utopía y devolverlas a la edad de hierro. Los religiosos, que eran humanistas, los denunciaron también.

Acaso Vasco de Quiroga sea el único utopiano verdadero. Sabiéndose en la "edad de hierro" de la conquista española, intenta restaurar una mínima comunidad humana entre seres concretos: los indios del reino purépecha sojuzgado.

Quiroga ilustra más que nadie la verdad de que la historia sólo es digna del hombre cuando éste construye, sobre las ruinas de una civilización anterior, el edificio de una nueva convivencia. Las huellas de Alvarado, Cortés y Nuño de Guzmán ardían aún en los senderos indios de México. Quiroga los irrigó con su sabiduría, paciencia e infinito respeto hacia los vencidos. Su utopía era parte de un vasto empeño educativo que iba más allá de la evangelización, aunque la incluía. En la escuela de Santiago Tlatelolco, los indígenas demostraron muy rápidamente su aptitud para las lenguas, la escritura y las artes de la memoria. Aprendieron español, griego y latín. En Michoacán, aprendieron a respetarse de nuevo a sí mismos en el orden del trabajo y la convivencia cotidiana. Que ambas experiencias hayan fracasado es una de las grandes tristezas de México. Utopía, como *paideia* de la potencia creativa y de la convivencia civilizada, fue real, por un instante, en los albores de la Nueva España.

Persistente, sin fatiga, la llama utópica volvió a encenderse en las misiones jesuitas del Paraguay. En el siglo XVIII, la población de las misiones entre el Alto Paraná y el río Uruguay llegó a exceder las cien mil almas. El orden jesuita impuso un régimen de tutela para la población guaraní, que quedó desprotegida al ser expulsados los religiosos de la Orden en 1767. Charles Gibson, en su argumentación, añade los ejemplos de la región yaqui del Norte de México y su trabajo agrícola comunitario bajo la organización jesuita durante los siglos posteriores a la Conquista.

4. En 1550, durante la controversia de Valladolid sobre los derechos de conquista, aun fray Bartolomé de las Casas aceptó el concepto de guerras justas e injustas. Juan Luis Vives respondió que semejante distinción era una trampa que podría justificar todos los principios de destrucción y esclavitud. *Dulce bellum inexpertis*: en el *Enchiridion*, Erasmo les pide a las naciones recordar que la guerra sólo es dulce para quienes no la sufren. Los pueblos aborígenes la apuraron hasta extremos inauditos de crueldad, exterminio y esclavitud. El sermón de fray Antonio de Montesinos en Santo Domingo el día de Navidad de 1511, la campaña de fray Bartolomé, los dibujos de la crónica del Perú de Poma de Ayala y del Códice Osuna dan prueba clamorosa de la violencia que los conquistadores ejercieron contra los conquistados.

No obstante, de estos hechos no surgió una literatura trágica, a pesar de que la tragedia es explicada por Max Scheler como un conflicto de valores condenados a la mutua extinción. La conquista se tradujo en la exterminación mutua de la Utopía y la Épica fundadoras del Nuevo Mundo. Pero la historia no se resolvió en la tragedia porque la evangelización cristiana no transmitía valores trágicos, sino un optimismo ultra-terreno, y el mundo de los vencidos se desplomó sin instrumentos críticos para salvarse del azoro y de la fatalidad. La praxis de la colonización sólo ahondó estos abismos. La oportunidad trágica de la América española —ese acto de renovación que ilumina y trasciende lo que hemos sido a fin de seguir siendo sin sacrificio de ninguno de los componentes; la tragedia como conciencia y contemplación de nosotros mismos y del mundo— quedó en reserva, latente en el corazón de nuestra cultura.

El vacío fue llenado por el barroco doloroso del Nuevo Mundo, respuesta formal de la naciente cultura hispanoamericana a la derrota de la utopía de la invención de América y a la épica de su conquista: derrota compartida de Moro y Maquiavelo, del deber ser y del querer ser, del deseo y de la voluntad. En el abismo entre ambas surge, hambriento y desesperado, Nuestro Señor el Barroco, como lo llama Lezama. El arte de la contra-conquista.

En el arte de la contraconquista, Nuestro Señor el Barroco es el anónimo constructor y decorador de la capilla de Tonantzintla en México, y de la catedral de Puno en Perú. Es, ya con nombre, el constructor ahora llamado el indio Kondori, autor de "la voluntariosa masa pétrea de las edificaciones de La Compañía" en Potosí. Es, sobre todo, el mulato embozado, el artista que picoteó la piedra barroca con el rostro escondido porque, como recuerda Lezama, el Brasil progresa de noche, mientras duermen los brasileños, y Aleijadinho, "culminación del barroco americano", necesita la noche del alma para esculpir las maravillas del Ouro Preto en secreto, en disfraz, en el lenguaje barroco de la abundancia y la parodia, la sustitución y la condensación y, finalmente, el erotismo. Mulato, leproso y manco, la noche es su aliada y el barroco su espejo, su salud, su claridad: Aleijadinho.

Un erotismo sostenido por la voracidad intelectual barroca que es la de la América ibérica: saberlo todo, acumularlo todo, aprovechar hasta la muerte la gran concesión de la Contrarreforma al mundo de los sentidos para emborracharlos de saber y de formas desparramadas: el barroco llega a parecerse, en un momento dado, a nuestra libertad. Fue la gran válvula de escape del mundo colonial americano. Pero también refleja la economía del desperdicio hispánico. El barroco: nombre de la riqueza de la pobreza. El protestantismo: nombre de la pobreza de la riqueza.

El erotismo barroco pertenece a la historia del desperdicio; es cohete millonario que convierte en cenizas luminosas del cielo los ahorros miserables de una aldea campesina de la Sierra Madre o de la Cordillera de los Andes. Si Lutero y Calvino condenan la imagen, el decorado, la profusión de cualquier tipo en las iglesias reformistas, la Contrarreforma subraya hasta el delirio la decoración, la ingeniería, la abundancia, el gasto.

El gasto del barroco: si el protestantismo es la religión del ahorro y su arte es el de las paredes blancas de las iglesias del norte de Europa y las paredes desnudas de las iglesias de la Nueva Inglaterra, el catolicismo será la religión del derroche, del gasto suntuario, de la prodigalidad. Concesión de la Iglesia al Renacimiento, en América el barroco es, además, concesión de la Conquista a la Contraconquista y la proliferación barroca permite no sólo esconder a los ídolos detrás de los altares, sino sustituir los lenguajes, dándole cabida, en el castellano, al silencio indígena y a la salmodia negra, a la cópula de Quetzalcóatl con Cristo y de Tonantzin con Guadalupe. Parodia de la historia de vencedores y vencidos con máscaras blancas y sonrientes sobre rostros oscuros y tristes. Canibalizar y carnavalizar la historia, convirtiendo el dolor en fiesta, creando formas literarias y artísticas intrusas, entrometidas unas en las otras, como lo son hasta la fecha las de Borges, Neruda y Cortázar, sin respeto de reglas o géneros. Literatura de textos prestados, permutados, mímicos, payasos, como lo son hasta la fecha los de Manuel Puig, Luis Rafael Sánchez o Severo Sarduy. Textos en blanco, asombrados entre el desafío del espacio de una página, lenguaje que habla del lenguaje, de Sor Juana y de Sandoval y Zapata, a José Gorostiza y a José Lezama Lima.

El barroco, nacido del hambre de espacio, no es base de narración, no es historia en los dos sentidos —cronología sucesiva o imaginación combinatoria; pasado como tal y pasado como presente; hecho registrable y evento continuo— si no es, por todos estos motivos, tiempo. Sospecho que la vieja pugna entre los partidarios de un barroco-como-caos-original y los de un barroco-como-voluntad-de-artificio tiene su origen en este testimonio del Nuevo Mundo. Mientras el barroco fue la tierra nueva, deseada primero y luego necesariamente descubierta para calmar el hambre de espacio del Renacimiento, mientras sólo fue extensión sufrió a la historia: historia de las botas, las ruedas de cañón y los cascos de caballería que la hollaron. Mientras sólo fue espacio, sólo fue épica devastadora del mundo previo, mítico, del indígena americano. El europeo en América sustituyó el mito aborigen con su propio mito: la utopía. Ésta tampoco sobrevivió al empuje épico de la conquista. Ambos —mito indígena, utopía europea— sobrevivieron sólo gracias a la síntesis del barroco americano, respuesta al caos histórico y voluntad salvadora de artificio ante el vacío. Los refleja a ambos. Es su palabra, su forma.

La cultura iberoamericana se construye, así sobre una serie de contradicciones.

Primera contradicción: Entre el humanismo renacentista y el absolutismo monárquico.

Segunda contradicción: Entre la reforma protestante y la Contra-reforma católica.

Tercera contradicción: Entre el puritanismo del Norte y la sensualidad del Sur.

Cuarta contradicción: Entre la conquista europea de América y la contraconquista indo (y afro) americana de Europa.

Tanto en Europa como en América, el arte del barroco aparece como la conciliación —abrupta a veces, destilada otras; de estas contradicciones—. El barroco europeo salva al Sur católico de la continencia dogmática y le ofrece una salida voluptuosa. El barroco americano salva al mundo conquistado del silencio y le ofrece una salida sincrética y sensual.

5. La conquista y la colonización de las Américas por las armas y las letras de España fue una paradoja múltiple. Fue una catástrofe para las poblaciones aborígenes, notablemente para las grandes civilizaciones nativas de México y el Perú. Pero una catástrofe, nos advierte María Zambrano, sólo es catastrófica si de ella no se desprende nada que la redima.

De la catástrofe de la conquista nacimos todos nosotros, los indo-iberoamericanos. Fuimos, inmediatamente, mestizos, hombres y mujeres de sangres indígena, española y poco más tarde, africana. Fuimos católicos, pero nuestro cristianismo fue el refugio sincrético de las culturas indígenas y africanas. Y hablamos castellano, pero inmediatamente le dimos una inflexión americana, peruana, mexicana, a la lengua.

Porque en cuanto abrazó a los pueblos de las Américas, en cuanto mezcló su sangre con la de los mundos indígenas primero y negro más tarde, la lengua española dejó de ser la lengua del imperio y se convirtió en algo, mucho, más.

Se convirtió, de nuestro lado del Atlántico, la orilla americana, en lengua universal del reconocimiento entre las culturas europea e indígena cuyos frutos superiores fueron la poesía de la monja mexicana Sor Juana Inés de la Cruz y la prosa del cronista peruano, el Inca Garcilaso de la Vega, en los siglos XVI y XVII.

Sor Juana vio en su propia poesía un producto de la tierra. "¿Qué mágicas infusiones / de los indios herbolarios / de mi Patria, entre mis letras / el hechizo derramaron?". El Inca Garcilaso fue más lejos y se negó a ver en la América indo-española una región excéntrica o aislada, sino que conectó la cultura del Nuevo Mundo a la visión de un globo unido por muchas culturas: "Mundo sólo hay uno", exclamó el Inca, para su edad y para la nuestra.

Porque del otro lado del Atlántico, sujeta a la vigilancia de la Inquisición, los dogmas religiosos y la exigencia de la pureza de sangre, la propia literatura de España creó todo un nuevo reino de la imaginación. Si la Iglesia y el Estado impusieron las reglas de la Contrarreforma, la literatura de España inventó, en cambio, una contra-imaginación y un contralenguaje.

De Fernando de Rojas a Miguel de Cervantes, de Francisco Delicado a Francisco de Quevedo —el abuelo instantáneo de los dinamiteros, según César Vallejo— todo lo que no puede decirse de otra manera se expresa gracias a la literatura.

Contra la adversidad de la prohibición, contra las evidencias de la decadencia moral y política, España afirma, con más vigor que el resto de Europa, el derecho a definir la realidad en términos de la imaginación. Lo que imaginamos es, a la vez, posible y real. Verdad de Cervantes, verdad de Velázquez.

Hoy celebramos, de este modo, no la lengua del imperio, sino la lengua de encuentros, la lengua de reconocimientos, la lengua que liga a Lorca y Neruda, a Galdós y Gallegos, pero también a Juan Goytisolo en España y a Juan Rulfo en México.

Nadie la representó a más alto grado, durante la Colonia, que Sor Juana Inés de la Cruz.

Nacida como Juana de Asbaje en el centro de México, en 1648, fue probablemente hija ilegítima. Cuando cumplió siete años, le rogó a su madre vestirla como un muchacho para poder estudiar en la universidad. Su brillante inteligencia la condujo a la corte virreinal cuando llegó a la adolescencia. Ahí, asombró a los profesores universitarios con su conocimiento de todo lo que había bajo el sol, desde el latín hasta las matemáticas. Ganó elogios y fama, pero pronto se percató de las dificultades de ser una mujer escritora en el México colonial. No sólo tenía que encarar la oposición masculina y el escrutinio eclesiástico, sino que vería socavado su tiempo y amenazada su seguridad. Así que fue a la Iglesia, esperando, quizá, encontrar la protección de la que un día se volvería contra ella. Aun así, su celda en el Convento de San Jerónimo conjuró cualquier atisbo de peligro. Ahí coleccionó más de cuatro mil volúmenes, sus documentos, sus plumas y tinta, sus instrumentos musicales. Ahí pudo escribir sobre todo lo que el sol alumbra, desde una celda donde estaba permitido el conocimiento: ahí pudo desplegar su imaginación y su sabiduría tanto en el solaz como en la disciplina. Ahí, en el mundo de la religión y de las letras, unidos por un momento en el tiempo, ella sería conocida como Sor Juana Inés de la Cruz —la hermana Juana.

Ahí, como escribe Roald Hoffman en un hermoso poema dedicado a ella, "mezcló las tierras", intentó juntar el cielo y la tierra, pero también el alma y el cuerpo, Europa y América, Blanco e Indio, Razón y Misterio, Vida y Muerte. Un Sueño lo contuvo todo junto, un "Primero sueño", un sueño iniciático,

como llamó a uno de sus mejores poemas. En ese sueño pretende ver las cosas tan claras como es posible:

> …sigan tu sombra en busca de tu día
> los que con verdes vidrios por anteojos,
> todo lo ven pintado a su deseo;
>
> que yo, más cuerda en la fortuna mía,
> tengo en entrambas manos ambos ojos
> y solamente lo que toco veo.

Lo que ella ve, con una lucidez casi clínica, es el cruel
juego del amor, ya no disfrazado de metáfora mística, sino casi
proustiano en su agudeza psicológica:

> Al que ingrato me deja, busco amante;
> al que amante me sigue, dejo ingrata;
> constante adoro al que mi amor maltrata,
> maltrato a quien mi amor busca constante.

Ella debe saberlo todo, porque ella tiene "una negra
inclinación al saber". Especialmente debe saber más que cualquier europeo de su tiempo, creando así una tradición para el
escritor latinoamericano, la de saber tanto como cualquier europeo, pero también algo que los europeos no saben: abruma-
dora obligación para el escritor de América Latina. Debemos
conocer a Descartes, pero también el *Popol Vuh*, el libro sagrado
de los mayas. Su conocimiento es admirado en Europa y ella
reconoce esto con tímida coquetería en un poema:

> Vergüenza me ocasionáis
> con haberme celebrado,
> porque sacan vuestras luces
> mis faltas más a lo claro.

Pero ella debe saber más que cualquier hombre:

Hombres necios que acusáis
a la mujer sin razón,
sin ver que sois la ocasión
de lo mismo que culpáis…

Con el favor y el desdén
tenéis condición igual,
quejándoos si os tratan mal,
burlándoos si os quieren bien.

Con todo, esos claros ojos que no serán seducidos por anteojos verdes saben perfectamente que todo en esta vida es "engaño colorido":

…es un afán caduco, y bien mirado,
es cadáver, es polvo, es sombra, es nada.

Sor Juana vio una vez a dos niñas que hacían girar un trompo. Así que hizo que se regara harina sobre el piso y, al perder fuerza el trompo, podía verse su rastro en espiral. El mundo, después de todo, no era circular, sino una espiral. Unas décadas más tarde, el filósofo napolitano Giambattista Vico fundaría la moderna historiografía en tal principio. La Historia está hecha por hombres y mujeres, procede no en una línea recta, no en un círculo, sino en una espiral de constantes cursos y recursos, hacia adelante y hacia atrás, recogiendo lo que los predecesores, otros pueblos, diferentes culturas, han hecho. Sor Juana anticipó ciertamente, en el teatro, en sus villancicos, la naturaleza multicultural del Mundo Americano.

Pero más que esto, ella propuso constantemente la poesía como una alternativa, como la otra voz de la sociedad. Y como nadie en la colonia estaba más silenciado que la mujer, quizá sólo una mujer pudo haber dado una voz a esa sociedad, mientras admitía lúcidamente las divisiones de su corazón y de su mente:

En dos partes dividida
tengo el alma en confusión:
una, esclava a la pasión,
y otra, a la razón medida...

¿Pasión? ¿Razón? ¿Esclavitud? ¿Dónde está la certeza, la fe, la ciega aceptación de los preceptos religiosos, no los de la razón, ni la pasión? ¿Quién fue, después de todo, esta monja presuntuosa, admirada en Europa, congraciada, quizá sexualmente, con la esposa del virrey, de vida cortesana en su celda, admitiendo que "Sufro en amar y ser amada"? ¿Por quién? ¿Cuándo? ¿A qué horas?

Finalmente, su celda monástica no era protección suficiente de la autoridad, masculina y rígidamente ortodoxa, encarnada en su perseguidor, el arzobispo de México, Aguiar y Seijas. A la edad de cuarenta años, fue privada de su biblioteca, de sus instrumentos musicales, de su pluma y su tinta. Fue reintegrada a su silencio y murió, quizá, por deber. Tenía cuarenta y tres años cuando murió, en 1695. No hables más, hermana Juana.

Ella venció a sus silenciadores. Su poesía barroca tiene la capacidad de contener, para siempre, las formas y palabras de la abundancia del Nuevo Mundo, sus nuevos nombres, su nueva geografía, su flora y su fauna nunca antes vistos por los ojos europeos. Porque ella misma deambulaba en su poesía y no era más que el producto de la tierra, "mágicas infusiones / de los indios herbolarios / de mi Patria".

6. Si algo se necesitaba para profundizar y amplificar la cultura europea, india y mestiza de las Américas, era abrazar el universo africano que llegó a nosotros apesadumbrado y sometido sólo para regalarnos libertad y gozo. Desde el Mississippi de Faulkner a la Cuba de Carpentier, a la Isla Dominica de Jean Rhys, a la Santa Lucía de Derek Walcott, a la Martinica de Aimé Césaire, a la Barranquilla de García Márquez, una corriente de reconocimientos, negros, blancos y mulatos dio otro color más al rostro humano de las Américas, y fue el negro.

La Corona española reguló la trata de esclavos para beneficiarse. En 1518, Carlos V otorgó una concesión a uno de sus favoritos flamencos para introducir a cuatro mil esclavos africanos a las colonias españolas. Desde entonces, la población negra de Hispanoamérica crecería a una proporción de ocho mil personas por año, a 30,000 en 1620. A Brasil arribaron los primeros negros en 1538. En los tres siglos siguientes, tres millones y medio de esclavos africanos cruzarían el Atlántico: Portugal importaría al Brasil algunas veces más negros que los indios que encontró ahí. Y hoy, el continente americano tiene la mayor población negra fuera de África. Nacieron en el Nuevo Mundo en medio de dolor y sufrimiento. No debemos olvidar que los hombres, mujeres y niños negros vinieron a las Américas en buques negreros. Incluso antes de embarcar, muchos trataron de cometer suicidio. Una vez a bordo, eran desnudados, marcados en el pecho y encadenados por parejas. Eran vendidos por peso, y ahora viajaban en el espacio de un sepulcro, en lo hondo de las bodegas, apiñados, sin prevenciones sanitarias y en una atmósfera irrespirable, e incluso intentaron revueltas, pero generalmente fracasaron. Pero a donde quiera que llegaron, los esclavos fueron maniatados rígidamente a la economía de la plantación, esto es, al cultivo intensivo y extensivo de los productos tropicales.

La rígida ecuación —esclavos negros más economía de plantación— se complicó por una rivalidad entre grandes poderes para controlar tanto el tráfico de esclavos del África como la fuente de los productos del Nuevo Mundo. Aplastados por estas demandas de la política y el comercio internacionales, los esclavos negros no podían apelar ni siquiera a la conciencia de sus sojuzgadores cristianos. Eran cazados por los gobernantes africanos para su provecho. Eran traídos por comerciantes europeos que proclamaban haberlos liberado de la violencia tribal, mientras la Iglesia cristiana declaraba que habían sido salvados del paganismo. Este grandilocuente ejercicio de hipocresía e injusticia no consiguió destruir el espíritu creativo e incluso rebelde de los esclavos negros en las Américas. Los insurrectos, los prófugos, los saboteadores, solían fracasar en su propia liberación. Otras veces, lograban su libertad: se convertían en capataces, artesanos, granjeros, carreteros. Su labor fue intensa, no sólo en el campo, sino como albañiles y joyeros, pintores y carpinteros, sastres, zapateros, cocineros y panaderos. Difícilmente encontramos una actividad laboral en la vida del Nuevo Mundo que no esté marcada por la cultura africana. En Brasil, llegaron a ayudar en la exploración y conquista del interior. Los regimientos negros con comandantes negros lucharon contra los holandeses y defendieron Río de Janeiro contra los franceses. Fueron esenciales para la conquista, colonización y desarrollo del Brasil. También se sublevaron.

Y, muchas veces, simplemente desaparecieron por los territorios y fundaron asentamientos llamados quilombos. En uno de ellos, Palmares, en Alagoas, Brasil, permanecieron hasta muy entrado el siglo XVII. Con 20,000 pobladores, Palmares se convirtió en un estado africano en el corazón de América del Sur, con su propia tradición africana. Pero, como con los nativos indios, en el encuentro con los europeos los negros se convirtieron, aún más a pecho, en moradores de un Nuevo Mundo creador de una cultura mixta, de una nueva imaginación.

Desde luego, es tan importante como interesante conocer, tanto como se pueda, el origen africano de los negros del Nuevo Mundo. La razón de esto es que fortalece el sentido de continuidad que considero crucial en la identidad del universo latinoamericano que, insisto, es indio, africano y europeo. Pero aún más importante para nosotros es, ciertamente, la nueva cultura creada por los negros de las Américas. Porque de donde quiera en África que ellos provinieran, tan pronto como fueron aglutinados en un puerto de embarque en Senegal, se les forzó a establecer nuevas relaciones, con sus nuevos amos, pero sobre todo con otros esclavos venidos de muchas partes de las costas atlánticas africanas. Todo un nuevo sistema de relaciones, y la cultura que esto implicaba, vino así a depender de los trabajos que los esclavos debían realizar en el Nuevo Mundo, ya fuesen veteranos o recién llegados a la plantación; en este caso, ¿de dónde venían, en qué tipo de embarcación viajaron, a dónde arribaron? En aquel, ¿cuál era ahora su "color", se habían casado con otras etnias o no, eran mulatos, hijos de negra y blanco, o zambos, hijos de negro e india? ¿Y qué tanto habían influido en todos ellos las dos culturas previas a su llegada, la europea y la indígena?

La lengua tuvo que adaptarse con agilidad proteica a estas realidades: eso si uno quería comprender y ser comprendido por los capataces o por los compañeros de labores, también negros, pero de una región distante de la propia; o, desde luego, por la propia recién desposada. ¿Y qué lengua hablarían los hijos?

La cultura negra del Nuevo Mundo fluyó naturalmente hacia el barroco. Porque así como surgió un barroco hispanoamericano, desde Tonantzintla en México hasta el Potosí en el Alto Perú, gracias al encuentro entre el indígena y el europeo, también la fusión de los negros y portugueses creó uno de los mayores monumentos del Nuevo Mundo: el barroco afro-brasileño-portugués de Minas Gerais, la región productora de oro más opulenta del mundo en el siglo XVIII.

Ahí, el mulato Antonio Francisco Lisboa, conocido como Aleijadinho, forjó lo que puede considerarse la culminación del barroco latinoamericano. Aleijadinho fue el hijo de una esclava negra y de un arquitecto portugués blanco. Ambos padres, y el mundo, lo desampararon. El joven sufrió de lepra. Así que en lugar de la sociedad de los hombres y mujeres, se afilió a la sociedad barroca de la piedra. Las doce estatuas de los profetas talladas por Aleijadinho en la escalinata que conduce a la iglesia de Congonhas do Campo eluden la simetría de las esculturas clásicas. Como las figuras italianas de Bernini (¡pero en qué geografía tan absolutamente remota!), éstas son estatuas tridimensionales en movimiento que se precipitan hacia el espectador; estatuas rebeldes, retorcidas en su angustia mística y furor humano, pero también estatuas liberadoras, imbuidas de un sentido nuevo y afirmativo del cuerpo y sus potencialidades.

La redondez del barroco, su negativa a conceder a nadie ni a nada un punto de vista privilegiado, su proclamación del cambio perpetuo, su conflicto entre el mundo ordenado de los pocos y el mundo desordenado de los muchos, son ofrendados por este arquitecto mulato de la Iglesia de Nuestra Señora del

Pilar, en Ouro Preto (literalmente: Oro Negro, la gran capital minera del Brasil colonial). El exterior del templo es un rectángulo perfecto, pero adentro todo es curvo, poligonal, oval, como el orbe de Colón, como el auténtico descubrimiento del huevo. Porque el mundo es circular y puede ser visto desde muchas perspectivas, la visión de Aleijadinho se une a la de los artistas ibéricos y a la de los indoamericanos del Nuevo Mundo. En Congonhas y Ouro Preto, nuestra visión se unifica, vemos con ambos ojos y nuestros cuerpos están completos de nuevo. Paradójicamente, todas estas visiones confluyen en la de un hombre marginado, un joven leproso que, según se decía, trabajaba sólo de noche, cuando nadie podía verlo. Pero ¿acaso no se ha dicho de Brasil mismo que crece de noche mientras los brasileños duermen?

Trabajando de noche, rodeado de sueño, Aleijadinho otorga un cuerpo a los sueños de sus congéneres, hombres y mujeres. Porque no tiene otro modo de hablar con ellos excepto a través del silencio de la piedra.

7. Todos estos perfiles —indígenas, negros, ibéricos y, a través de Iberia, mediterráneos: españoles y portugueses, pero también judíos y árabes, romanos y griegos— fueron amasados en una vasta cultura mestiza, la cultura de las Américas.

Todos estos factores convergieron en las nacientes culturas urbanas del Nuevo Mundo, pues si al comienzo —y por largo tiempo— fue el interior el que proveyó de temas y personajes, espacio y tiempo, finalmente fue la ciudad la que devino protagonista tanto de nuestra novela moderna como de la tradicional. Buenos Aires en Arlt, Borges, Macedonio, Sábato, Cortázar, Bioy Casares; Santiago en los novelistas chilenos; Lima en Vargas Llosa y Bryce Echenique; La Habana en Lezama Lima; la Ciudad de México en Gustavo Sainz y Fernando del Paso.

La tierra en la época colonial latinoamericana estuvo dominada por el poder político central de la gran Ciudad Barroca o, más bien, por un collar de ciudades creadas por la energía española en América con los brazos indios, negros y mestizos, desde California hasta el Río de la Plata: no sólo enclaves fronterizos, no sólo asentamientos, sino grandes puertos —San Juan de Puerto Rico, La Habana, Veracruz, Cartagena de Indias—, ciudades mineras —Guanajuato, Potosí— y soberbias capitales —México, Guatemala, Quito, Lima—, todos nacidos bajo el signo del barroco. La descripción más precisa que tenemos de la vida de una gran metrópolis barroca del Nuevo Mundo es la de Bernardo de Balbuena, un poeta español que arribó niño al Nuevo Mundo y escribió sobre la grandeza de la ciudad de México en 1604.

Solamente en la sección sobre las artes y entretenimientos, Balbuena habla de mil "regalos y ocasiones de contento", incluyendo conversaciones, juegos, recepciones, cacerías y fiestas en jardines, días de campo, saraos, conciertos, visitas, carreras, paseos, "comedias nuevas cada día", modas, la autoridad de palanquines y carruajes, los tocados quiméricos de las damas, los apuros y preocupaciones de los maridos, y todo esto entre joyas, oro y plata, perlas y sedas, brocados y broches, y servidos por criados con librea. Todo capricho que pueda desearse, dice Balbuena, es cumplido.

Estas pretensiones extraordinarias son vueltas a la realidad, notoriamente, por los cronistas de otra capital virreinal, Lima. Mateo Rosas de Oquendo ridiculiza a la oligarquía de Lima, rodeada de "mil poetas de escaso seso, cortesanos de honra dudosa y más fulleros de calzas de los que se podría hacer cuento".

El virrey, dice, está rodeado de "trotamundos y duelistas, embusteros y charlatanes", mientras que los policías eran "ladrones en rueda". Una ciudad, termina por decir, de "soles dañosos y oscuros linajes". Simón de Ayanque, en su propia descripción de la Lima colonial, va más allá y con mayor temeridad: ésta es una ciudad, y que nadie lo olvide, de "indias, zambas y mulatas; chinos, mestizos y negros". "Verás en todos oficios", escribe Ayanque, "chinos, mulatos y negros, y muy pocos españoles", así como a "muchos indios que de la sierra vinieron para no pagar tributo y meterse a caballeros".

Pretensión: la pretensión de ser algo o alguien más, si se era moreno, blanco; si se era pobre, rico; si se era rico, cortesano y europeo. Ésta parece ser una de las marcas distintivas de las sociedades urbanas coloniales, divididas entre ricos y pobres, confrontadas por disputas entre las órdenes eclesiásticas, desgarradas por devaneos pasionales e igualmente apasionadas condenas del sexo y del cuerpo.

Nuestras modernas ciudades, desde 1821 y el triunfo de la Independencia, mientras luchaban por volverse cosmopolitas e industrializadas, no habían superado completamente las contradicciones del periodo colonial, sus extremos de necesidad disfrazada con un barniz de opulencia, o el choque entre sus componentes culturales.

Por eso me gustaría elegir, finalmente, una imagen de una novela moderna latinoamericana, más que una de entre las imágenes espectrales del pasado, un símbolo contemporáneo de la cultura viva de Latinoamérica.

Viene de *Paradiso*, la novela de Lezama Lima en la cual tres jóvenes, en busca de su identidad cultural y afectiva, deambulan por las calles de La Habana en la noche oscura del alma. De pronto, una casa en el centro de la ciudad, en el corazón de la oscuridad, se ilumina por un instante, deslumbrando a los tres muchachos con su esplendor y opulencia.

Es la luz renovada de las artes del pasado, parece decirnos Lezama Lima, que sirve a la función moderna de la polis contemporánea, la ciudad de Latinoamérica. Esta función es recordar que ni la conquista ni la contraconquista de América Latina han concluido, que seguimos oprimidos y suprimimos a nuestros compatriotas latinoamericanos con tanta crueldad —aunque a veces sea sólo la crueldad de la indiferencia— como los conquistadores ibéricos; que debemos continuar dando respuestas culturales a los problemas de nuestra vida cotidiana, política y económica. En Latinoamérica poseemos una continuidad cultural que es nuestra mayor riqueza de cara a la fragmentación y desorganización económica y política. Y esta cultura fue creada por una sociedad civil, por hombres y mujeres que también viven vidas políticas y económicas: la cuestión de América Latina, hoy, es: ¿podemos hacer sentir el peso de la autenticidad de la cultura sobre la vida de la ciudad, sobre nuestras vidas políticas y económicas?

Sí, responde el pensador incluyente, fluido, que es José Lezama Lima, claro que sí, si nos damos cuenta de que una cultura es su imaginación, de que una historia es su memoria y de que una cultura incapaz de crear sus propias imágenes, o una historia incapaz de imaginar su propia memoria, están destinadas a desaparecer.

El pasado es nuestra agenda.

4. De la Colonia a la independencia. Machado de Assis

1. La Corona española prohibió la redacción y circulación de novelas, alegando que leer ficciones era peligroso para una población recién convertida al cristianismo. Lo cual, en otro sentido, constituye un elogio de la novela, considerándola no inocua, sino peligrosa.

Como peligrosa podía ser la palabra poética, si consideramos el caso del escritor máximo de la era colonial, la monja mexicana Sor Juana Inés de la Cruz, elogiada, exaltada, rebajada y al cabo silenciada por la autoridad eclesiástica colonial. Sin embargo, ha sido la poesía la compañera fiel, la sombra a veces, otras el sol de la literatura escrita en castellano en las Américas. De Ercilla a Neruda en Chile, de Sor Juana a Sabines en México, las musas han estado tan presentes como las misas. En el siglo XIX, Rubén Darío basta para comprobar esta fidelidad. Hay otros: con el gran nicaragüense bastaría.

Pero si la poesía es nuestra compañera más constante y antigua, una rival aparece a partir del siglo XVIII para disputarle la primacía de nuestros amores. Esa usurpadora tardía se llama la política de la identidad, la reflexión sobre la nación: la colonia que dejaba de serlo anticipaba la independencia. Manifiesta su seducción, paradójicamente, gracias al afán modernizador de Carlos III en España y su decisión de expulsar a los jesuitas, "dueños absolutos de los corazones y las conciencias de todos los habitantes de este vasto imperio", le escribe el virrey de la Nueva España, Marqués de Croix, a su hermano en carta privada, aunque públicamente se vea obligado a sostener las razones de la monarquía en su trato con las colonias: "de una vez para lo venidero deben saber los súbditos del gran monarca que ocupa el trono de España, que nacieron para callar y obedecer y no para discurrir, ni opinar en los altos asuntos del Gobierno".

El doble discurso virreinal no logró ocultar otras dos cosas. Una, la creciente urgencia hispanoamericana de asentar una identidad propia tal como lo expresó el jesuita peruano Juan Pablo de Viscardo y Guzmán en 1792, al celebrarse el tercer centenario del descubrimiento: "El Nuevo Mundo es nuestra patria, y en ella es que debemos examinar nuestra situación presente, para determinarnos por ella a tomar el partido necesario a la conservación de nuestros derechos propios".

Viscardo y Guzmán escribió estas líneas desde su exilio en Londres, y ello ilustra el otro acontecimiento que acompañó la expulsión de los jesuitas: los intelectuales de la Compañía se vengaron del rey de España escribiendo, desde el destierro, libros que proclamaban la identidad nacional de las patrias añoradas. El padre Clavijero, desde Roma, define la identidad mexicana a partir de la antigüedad precortesiana. El padre Molina, también desde Roma, escribe una historia nacional y civil de Chile, así, con todas sus letras: nacional y civil. Historia, geografía, sociedad, nación propias: la definición jesuita de las nacionalidades hispanoamericanas fortalece a éstas, las aleja de España, pero también las aleja de su posible unidad: precipita el movimiento liberador y propone a los escritores del siglo de la independencia, el XIX, el compromiso de fijar la historia patria y con ello, esclarecer la identidad nacional.

Para trascender estos dilemas y superar estas contradicciones, la clase intelectual hispanoamericana del siglo XIX sigue una vía, tortuosa a veces, y con varias etapas.

Etapa primera. El conde de Aranda (1718-1798), ministro del rey Carlos III, animado por una voluntad modernizante y reformadora, distingue claramente, como nos advierte Carmen Iglesias en su gran ensayo sobre *La nobleza ilustrada*, entre colonias y coronas. Las Indias, añade Iglesias, no eran *colonias* de España, sino parte de la *corona española*. A esa parte americana de la corona le corresponden ahora tres infantazgos (México, Perú y la Costa Firme) a fin de "presenciar la unión con España en una especie de *commonwealth*" (Iglesias). Se precavía así Aranda contra lo que ocurrió: fragmentación, vacíos de poder, guerras civiles.

Etapa segunda. Las Cortes de Cádiz en 1810, con representación igualitaria de los reinos de América, adoptan una constitución liberal. Los reinos de América son considerados parte de España. Cádiz establece principios como la división de poderes y la igualdad civil.

Etapa tercera. El rey Fernando VII es prisionero de Napoleón, España es ocupada, José Bonaparte puesto en el trono y los reinos de América se rebelan en ausencia del rey, de México a Caracas y Buenos Aires.

Cuarta etapa. Restaurado por Napoleón, en 1813 Fernando VII declara la guerra a las independencias y éstas responden con lo que Bolívar llama "la guerra a muerte".

Quinta etapa. Alcanzada la independencia en 1821, el problema se centra en la forma de gobierno. ¿Monarquía constitucional o república? Y si república, ¿de qué clase? ¿Federal o centralista? ¿Unitaria o confederada?

Cualquiera que fuese la opción política, había una realidad social subyacente que se presentía en las revoluciones de independencia como contradicción entre el "país real" y "el país legal". Durante la Colonia, las diferencias de clase rara vez se manifestaron, y cuando lo hicieron fueron velozmente reprimidas. En México, el motín contra la carestía del maíz (1692), precedido por la insurrección de los indios de las minas de Topia (Durango) en 1598, presagiaban la rebelión negra de Yanga en Veracruz y la fundación del pueblo de San Lorenzo de los Negros.

Las rebeliones se sucedieron en el siglo XVIII. Los tzeltales en Chiapas (1712), los comuneros en Paraguay (1717). Y el estado de rebelión constante de los quilombos de afrobrasileños que transmitieron el nombre inglés (kilombo) para sus comunidades. Túpac Amaru encabezó la rebelión indígena del Alto Perú en 1780 y las "comunas" de Nueva Granada se rebelaron en 1781.

El país legal era protegido por la monarquía paternalista de Habsburgos y Borbones. El país real era dominado por terratenientes, caciques y capataces. El lema del país legal era "la ley se obedece". El país real le respondió: "Pero no se cumple".

Las revoluciones de Independencia y la aparición de las nuevas repúblicas potenciaron este estado de cosas, ahondándolo. Formalmente, el país legal, modernizante, progresista, fundado en la imitación de las constituciones y leyes de Francia, Inglaterra y Estados Unidos, era un biombo jurídico formal, detrás del cual persistía el viejo país real. *País legal*: actuando como protector del Perú, San Martín abolió legalmente, en 1821, el tributo indígena. *País real*: nada cambió. Una y otra vez, la desigualdad legal de la era colonial fue sustituida por la desigualdad real, ahora disfrazada de igualdad legal, de la era independiente. En su discurso de Bucaramanga, en 1828, Simón Bolívar denunció a una aristocracia de rango, oficio y dinero que, aunque hablaba de la igualdad, la quería entre las clases altas, no con las bajas.

El país real fue descrito por Sarmiento en el *Facundo* de 1845. Argentina es dos naciones, cada una extraña para la otra: ciudad y campo. En el campo no hay sociedad y su habitante, el gaucho, sólo le debe fidelidad al jefe. El resultado es un mundo donde predomina la fuerza bruta, la autoridad sin límite ni responsabilidad. *Avant la lettre*, Sarmiento nos ofrece, desde 1845, la definición de lo que Max Weber llamaría modernamente patrimonialismo, la forma arcaica de dominación, la ausencia de previsión del sentido del Estado y de la sociedad moderna, a favor del ejercicio irresponsable de la autoridad. Esta obediencia al jefe y no a la ley, define a la vida política en lo que Sarmiento llamó "la barbarie".

Sin embargo, los violadores de la ley la invocan siempre, se envuelven en su toga y se sientan en su trono porque si el cacique local es el dictador nacional en miniatura, éste es también una versión reducida del modelo ontológico del poder entre nosotros: el César romano que requiere del derecho escrito —es decir, no ignorable— para legitimarse y legitimar sus hazañas.

Las clases letradas de las nuevas sociedades intentaron dar respuestas a estas contradicciones mediante formas políticas para una realidad cultural contradictoria y pluralista. ¿Cuánto pueden las ideas, cuanto pueden las palabras para transformar la realidad? No lo sabremos, contestó el siglo XIX, si desconocemos la historia de las nuevas naciones. Es por ello natural que el siglo XIX le pertenezca a los historiadores y educadores, y muy marginalmente a los poetas y novelistas.

En Chile, José Victorino Lastarria se opone al orden colonial y escribe una nueva historia política de la nación (1844). Francisco Bilbao forma un nuevo partido, "La sociedad de la igualdad", publica el *Evangelio americano* por la justicia y la libertad e inventa el término "América Latina" en 1857. Benjamín Vicuña Mackenna inicia la historia urbana con sus libros sobre Valparaíso y Santiago (1869).

En México, José María Luis Mora escribe una *Historia de México y sus revoluciones* en 1836: un verdadero censo de la historia de México, sus leyes, finanzas, política exterior y posibilidades éticas.

Hay otros que navegan entre la política y las letras —Fray Servando Teresa de Mier, José María Heredia, Vicente Rocafuerte, Manuel Lorenzo de Vidaurre—. Pero quizás dos son los ensayistas, educadores e historiadores más importantes: Andrés Bello y Domingo F. Sarmiento.

Andrés Bello, venezolano, maestro de Simón Bolívar, trasladado a Chile en 1859, fue autor de una gramática de la lengua española adaptada al uso de las Américas. Fundó la Universidad Nacional de Chile, fue su primer presidente así como ministro de la oligarquía "ilustrada" gobernada desde la sombra por Diego Portales, el gran organizador de las instituciones chilenas, en épocas dominadas por los dictadores Santa Anna en México y Rosas en Argentina.

Bello mantuvo una famosa polémica con el otro gran escritor y estadista sudamericano, Domingo Faustino Sarmiento, autor de *Facundo, civilización o barbarie*. Este libro es muchas cosas. Biografía del tirano de la Rioja, Facundo Quiroga, capaz de matar a un hombre a patadas y de incendiar la casa de sus propios padres. Es, además, una historia de Argentina, geografía del país y estudio de su sociedad y propone una convicción: el pasado es la barbarie. El presente requiere trascender el pasado colonial y modernizar, cosa que Sarmiento se propuso como presidente de la república entre 1868 y 1874: bancos, comunicaciones, migración europea, desarrollo urbano...

El *Facundo* es uno de los dos grandes libros hispanoamericanos del siglo XIX, ambos argentinos. El otro es el *Martín Fierro* de José Hernández. Las novelas del siglo XIX son apenas un suspiro en medio del vendaval histórico. El cubano Cirilo Villaverde y *Cecilia Valdés* (1839; 1882), costumbrista y romántica. El chileno Alberto Blest Gana y *Martín Rivas* (1862), realista y liberal. La solera aventurera de Manuel Payno en México (*Los bandidos de Río Frío*, 1888-1891). Y una novela por Vicente Riva Palacio de título más inventivo que su contenido: *Monja, casada, virgen y mártir*. En ese orden.

Además de un audaz y fervoroso intento de convertir a la lengua en extremo mortal de la poesía, exploración de posibilidades inéditas —redescubrimiento de América—, afirmación en la negación misma de la continuidad lingüística del castellano, paseo al borde del abismo: el modernismo y Rubén Darío.

El alud de poesía cívica y patriótica, retórica y sentimental afectó incluso a los más severos. Andrés Bello —que no Agustín Lara— proclama: "divina poesía, tú de la soledad habitadora". La reacción fue profunda, sutil e irónica. El poeta nicaragüense Rubén Darío (1867-1916) introdujo los prestigios de Whitman y Poe, de Verlaine y Lautréamont en un verso que adaptase las formas del pasado para trascenderlas. Canta: "En su país del hierro vive el gran viejo, bello como un patriarca, sereno y santo". Pero Verlaine, "liróforo celeste que al instrumento olímpico y a la siringa agreste diste tu acento encantador; ¡Panida!". Pero a la retórica en español: "¡Ya viene el cortejo! Ya se oyen los claros clarines." Y la política: "Hay mil cachorros sueltos del león español. Tened cuidado. ¡Viva la América española!" (T. Roosevelt). Y Darío, finalmente:

Dichoso el árbol, que es apenas sensitivo,
y más la piedra dura porque ésa ya no siente,
pues no hay dolor más grande que el dolor de ser vivo,
ni mayor pesadumbre que la vida consciente.

Lo Fatal

Así como Darío renueva la poesía en castellano (en América y en España), dejando un legado ambicioso y rico a los novelistas, su lenguaje, la novela misma es transformada por un milagro brasileño: José María Machado de Assis.

2. Brasil fue parte del imperio portugués de las Américas y su historia difiere considerablemente de la hispanoamericana. La invasión napoleónica de Portugal, en 1807, obliga a la familia real a refugiarse en Brasil. En 1808 el príncipe regente, don Juan de Portugal, llevó a Brasil las instituciones portuguesas y él mismo asumió el trono de Portugal, Brasil y Algarve en 1816, trasladándose físicamente a Lisboa en 1821, tras designar a su hijo, don Pedro, como regente brasileño. En 1822 Pedro I se convirtió en emperador y Brasil consiguió su independencia sin la sangre y las batallas de la América española.

Al abdicar Pedro I a favor de su hijo el niño Pedro II en 1831, una regencia gobernó a Brasil hasta 1840, cuando Pedro II asumió el trono y lo ocupó hasta 1889, fecha en la que renunció, se exilió y, en febrero de ese mismo año, Brasil se constituyó como república federal (1839-1908).

Doy estos datos para situar a Machado de Assis en un contexto distinto del hispano americano, aunque la filiación nacional del escritor acaso sea menos importante que su filiación literaria, dado que Machado de Assis no pertenece a la corriente romántica y realista de la Hispanoamérica decimonónica, sino que resucita la gran tradición de la Mancha: la tradición Cervantes-Sterne-Diderot.

O sea: Machado de Assis es un milagro. Y los milagros, le dice Don Quijote a Sancho, son cosas que rara vez suceden. No obstante, milagro dado, ni Dios lo quita.

Pero si el milagro es algo que rara vez sucede, ¿no es algo que sucede en comparación con lo que siempre, o comúnmente, sucede?

Más bien, Machado de Assis se refiere al romanticismo y al naturalismo como un corcel agotado. Un hermoso caballo vencido, devorado por las llagas y los gusanos. ¿Cuál fue su nombre original? ¿Rocinante? ¿Clavileño?

Porque la mediocridad de la novela hispanoamericana del XIX no es ajena a la ausencia de una novela española después de Cervantes y antes de Leopoldo Alas y Benito Pérez Galdós. Las razones de esta ausencia llenarían varias páginas: sólo quiero registrar mi asombro de que en la lengua de la novela moderna fundada en La Mancha por Miguel de Cervantes sólo haya habido, después de *Don Quijote*, campos de soledad, mustio collado.

La Regenta, Fortunata y Jacinta, le devuelven su vitalidad a la novela española en España, pero la América española deberá esperar aún, como España esperó a Clarín y a Galdós, a Borges, Asturias, Carpentier y Onetti.

En cambio —y este es el milagro—, Brasil le da su nacionalidad, su imaginación, su lengua, al más grande —por no decir, el solitario— novelista iberoamericano del siglo pasado, Joaquim María Machado de Assis.

¿Qué supo Machado que no supieron los novelistas hispanoamericanos? ¿Por qué el milagro de Machado?

El milagro se sostiene sobre una paradoja: Machado asume, en Brasil, la lección de Cervantes, la tradición de La Mancha que olvidaron, por más homenajes que cívica y escolarmente se rindiesen al *Quijote*, los novelistas hispanoamericanos, de México a Argentina.

¿Fue esto resultado de la hispanofobia que acompañó a la gesta de la independencia y a los primeros años de la nacionalidad? No, repito, si atendemos a las reverencias formales del discurso. Sí, desde luego, si nos fijamos en el rechazo generalizado del pasado cultural independiente: ser negros o indígenas era ser bárbaros, ser español era ser retrógrado. Había que ser yanqui, francés o británico para ser moderno y para ser, aún más, próspero, democrático y civilizado.

Las imitaciones extralógicas de la era independiente creyeron en una civilización Nescafé: podíamos ser instantáneamente modernos excluyendo el pasado, negando la tradición. El genio de Machado se basa, exactamente, en lo contrario: su obra está permeada de una convicción: no hay creación sin tradición que la nutra, como no habrá tradición sin creación que la renueve.

Pero Machado tampoco tenía detrás de sí una gran tradición novelesca, ni brasileña ni portuguesa. Era dueño, en cambio, de la tradición que compartía con nosotros, los hispanoparlantes del continente: tenía la tradición de La Mancha. Machado la recobró: nosotros la olvidamos. Pero, ¿no la olvidó también la Europa post-napoleónica, la Europa de la gran novela realista y de costumbres, sicológica o naturalista, de Balzac a Zola, de Stendhal a Tolstoi? ¿Y no fue nuestra pretensión modernizante, en toda Iberoamérica, reflejo de esa corriente realista que convengo en llamar la tradición de Waterloo, por oposición a la tradición de La Mancha?

En su *Arte de la novela*, Milan Kundera, más que nadie, ha lamentado el cambio de camino que interrumpió la tradición cervantesca continuada por sus más grandes herederos, el irlandés Laurence Sterne y el francés Denis Diderot, a favor de la tradición realista descrita por Stendhal como el reflejo captado por un espejo que se pasea a lo largo de un camino, y confirmada por Balzac como el hecho de hacerle la competencia al registro civil.

¿Y el llamado al juego, al sueño, al pensamiento, al tiempo?, exclama Kundera en un capítulo que titula "La desdeñada heredad de Cervantes". ¿Dónde se fue? La respuesta es, si no milagrosa, sí sorprendente: se fue a Río de Janeiro y renació bajo la pluma de un mulato carioca pobre, hijo de albañil, autodidacta, que aprendió el francés en una panadería, que sufrió de epilepsia como Dostoievski, que era miope como Tolstoi, y que escondía su genio dentro de un cuerpo tan frágil como el de otro gran brasileño, Aleijadinho, también mulato, pero además leproso, trabajando solo y solamente de noche, cuando no podía ser visto. Pero de Brasil, repito, ¿no se ha dicho que el país crece de noche, mientras los brasileños duermen? Prometo: no lo vuelvo a decir.

Machado no. Está bien despierto. Su prosa es meridiana. Pero también lo es su misterio: un misterio solar, el de un escritor americano de lengua portuguesa y raza mestiza que, solitario en el mundo del realismo como una estatua barroca de Minas Gerais, redescubre y reanima la tradición de La Mancha contra la tradición de Waterloo.

La Mancha y Waterloo.

¿Qué entiendo por estas dos tradiciones?

Históricamente, la tradición de La Mancha la inaugura Cervantes como un contratiempo a la modernidad triunfadora, una novela excéntrica de la España contrarreformista, obligada a fundar *otra* realidad mediante la imaginación y el lenguaje, la burla y la mezcla de géneros. La continúan Sterne con el *Tristram Shandy*, donde el acento es puesto sobre el juego temporal y la poética de la digresión, y por *Jacques el Fatalista* de Diderot, donde la aventura lúdica y poética consiste en ofrecer, casi en cada línea, un repertorio de posibilidades, un menú de alternativas para la narración.

La tradición de La Mancha es interrumpida por la tradición de Waterloo, es decir, por la respuesta realista a la saga de la revolución francesa y el imperio de Bonaparte. El movimiento social y la afirmación individual inspiran a Stendhal, cuyo Sorel lee en secreto la biografía de Napoleón; por Balzac, cuyo Rastignac es un Bonaparte de los salones parisinos; y por Dostoievski, cuyo Raskolnikov tiene un retrato del gran corso como único decorado de su buhardilla peterburguesa. Novelas críticas, ciertamente, de lo mismo que las inspira. Iniciadas con el crimen de Sorel, las carreras en ascenso de la sociedad post-bonapartista culminan con la falsa gloria del arribista Rastignac y terminan en el crimen y la miseria de Raskolnikov.

En medio de ambas corrientes, Machado de Assis revalida la tradición interrumpida de La Mancha y nos permite contrastarla, de manera muy general, con la tradición triunfante de Waterloo.

La tradición de Waterloo se afirma como realidad. La tradición de La Mancha se sabe ficción y, aún más, se celebra como tal.

Ésta es la tradición lúdica cuyo abandono Kundera lamenta pero que Machado, inesperadamente, recupera. Las *Memorias póstumas de Blas Cubas*, publicadas en 1881, son escritas desde la tumba por un autor cuya autoría puede ser tan cierta como la muerte misma, sólo que Blas Cubas convierte a la muerte en una incertidumbre cierta y en una certeza incierta, mediante el matiz que introduce, *ab initio*, el tema cervantesco de la ficción consciente de serlo: "Soy un escritor muerto —dice Blas Cubas—, no en el sentido de alguien que ha escrito antes y ahora está muerto, sino en el sentido de un escritor que ha muerto pero sigue escribiendo". Este escritor, para el cual "la tumba es en realidad una nueva cuna", es el narrador póstumo Blas Cubas, el cual, al renovar la tradición cervantina y sobre todo sterniana de dirigirse al lector, lo hace a sabiendas de que, esta vez, el lector tiene que vérselas menos con un autor incierto como el del *Quijote*, o con un autor angustiado por escribir la totalidad de su vida antes de morir, como Tristram Shandy, que con un autor muerto que escribe desde la tumba, que dedica su libro "al primer gusano que devoró mi carne" (nótese el uso del pretérito) y que admite la fatalidad de su situación: "Todos tenemos que morir. Es el precio por estar vivos".

De este modo, Blas Cubas traslada su propio pasado vivo y su propio presente muerto al lector, con mucho del humor de Cervantes, Sterne y Diderot, pero con una acidez, a veces una rabia, que sorprende en personaje y autor tan dulces como Blas Cubas y Machado de Assis, si no nos advirtiesen ambos, desde la primera página, que estas *Memorias póstumas* están escritas "con la pluma de la risa y la tinta de la melancolía".

Ésta me parece la frase esencial de la novela manchega del novelista carioca: escribir con la pluma de la risa y la tinta de la melancolía.

La risa primero.

La admiración de Tristram Shandy por Don Quijote, a la que aludí líneas arriba, se basa en el humor: "Estoy persuadido —leemos en *Tristram Shandy*—, de que la felicidad del humor cervantino nace del simple hecho de describir eventos pequeños y tontos con la pompa circunstancial que generalmente se reserva a los grandes acontecimientos".

Sterne pone de cabeza este humor describiendo los hechos pomposos con el humor de los hechos pequeños. La guerra de la sucesión española, la herencia de Carlos *el Hechizado*, que ensangrentó una vez más los campos de Flandes, es reproducida por el tío Toby de *Tristram Shandy*, privado de luchar en la guerra porque recibió una herida en la ingle, en el césped que antes le sirvió de boliche, entre dos hileras de coliflores. Allí, el tío Toby puede reproducir las campañas de Marlborough sin derramar una gota de sangre.

El humor de Machado va más allá del humor de Cervantes y el de Sterne: el brasileño narra pequeños hechos en breves capítulos con la mezcla de risa y melancolía que se resuelve, en más de una ocasión, en ironía.

Libro epicúreo, lo ha llamado alguna crítica norteamericana. Libro aterrador, añade otra reseña neoyorquina, porque su denuncia de la pretensión y la hipocresía que se esconden en los seres comunes y corrientes es implacable. No, corrige Susan Sontag: éste es solamente un libro de un escepticismo radical que se impone al lector con la fuerza de un descubrimiento personal.

Es cierto: los elementos carnavalescos, la risa jocular que Bajtin atribuye a las grandes prosas cómicas de Rabelais, Cervantes y Sterne, están presentes en Machado. Baste recordar los encuentros picarescos con el filósofo-estafador Quincas Borba, el vodevil de los encuentros con la amante secreta, Virgilia, y la descripción de la manera como ésta usa la religión: "como una ropa interior larga y colorada, protectora y clandestina". Basta evocar los retratos satíricos de la sociedad carioca y de la burocracia brasileña, resueltos en un espléndido pasaje cómico que reduce la política al problema de convertirse en secretario de un gobernador para poder acompañar al interior a su amante, la mujer del gobernador. Así se resuelve administrativamente el problema del adulterio.

En gran medida, el humor de Machado determina el ritmo de su prosa: no sólo la brevedad de los capítulos, sino la velocidad del lenguaje. Esta rapidez como hermana de la comicidad, obvia en la imagen cinematográfica acelerada de Chaplin o Buster Keaton, tiene su antecedente musical en *El barbero de Sevilla* de Rossini, su antecedente poético en el *Eugenio Oneguin* de Pushkin y su antecedente novelesco en *Jacques el Fatalista* de Diderot, del cual extraigo el siguiente ejemplo: El autor conoce "a una mujer bella como un ángel [...]. Deseo acostarme con ella. Lo hago. Tenemos cuatro hijos".

En *Blas Cubas*, así se caracteriza a sí mismo el autor: "¿Por qué negarlo? Sentía pasión por la teatralidad, los anuncios, la pirotecnia".

Y Virgilia, la amante del narrador, es descubierta y descrita en unos cuantos trazos certeros: "Bonita, espontánea, frescamente modelada por la naturaleza, llena de esa magia, precaria pero eterna, que es transmitida secretamente para la procreación".

Sin embargo, la risa rabelaisiana pronto se congela en los labios de la melancolía machadiana.

En *Tristram Shandy* las batallas de la guerra de la sucesión española ocurren en el *jardin potager* del tío Toby, sin derramamiento de sangre. Machado hace hincapié en que el encuentro de risa y melancolía en *Blas Cubas* tampoco desembocará en la violencia. Un párrafo ilustrativo lo indica. Ante la posibilidad de un encuentro de fuerza, el autor promete que no habrá la violencia esperada y que la sangre no manchará la página.

El lector hispanoamericano podría encontrar en esta frase una sublectura histórica del Brasil como la nación latinoamericana que ha sabido conducir los procesos históricos sin la violencia de los demás países del continente. Acaso las excepciones confirmen la regla. En todo caso, en la novela de Machado el rumor del carnaval carioca va quedando lejos y afuera, a medida que la tinta de la melancolía va ganándole espacios a la pluma de la risa.

Vi hace poco un documental de televisión dedicado a Carmen Miranda, que se inicia con la infinita melancolía de las canciones tradicionales de Brasil en la voz de esta mujer excepcional convertida por Hollywood en símbolo estrepitoso del carnaval, la alegría ruidosa y el frutero en la cabeza. Pero a medida que el *clisé* revela la cara de la muerte, el estrépito de la Chica-Chica-Bum se desvanece y retorna la voz auténtica, la voz perdida, la voz de la melancolía. Es como si, desde la muerte, Carmen Miranda exclamase: "¡No me quiten mi tristeza!".

Por eso digo que la frase más significativa del libro de Machado es ésta: "Escrito con la pluma de la risa y la tinta de la melancolía". ¿Pues qué es *Blas Cubas* sino la melancólica historia de un solterón que primero debe sortear los peligros del adulterio y más tarde los de la vejez solitaria y ridícula? "La muerte de un solterón a la edad de sesenta y cuatro años no alcanza el nivel de la gran tragedia", advierte el narrador al final de un recorrido en el que descubre otra unidad olvidada por Aristóteles: la unidad de la miseria humana.

Hay un momento casi proustiano en el que Blas Cubas abandona un baile a las cuatro de la mañana y nos pregunta: "¿Y qué creen ustedes que me esperaba en mi carruaje? Mis cincuenta años. Allí estaban, sin invitación, no ateridos de frío o reumáticos, sino adormilados y exhaustos, anhelando el hogar y la cama". El olvido, nos dice Machado, nos acecha antes de la muerte: "El problema no consiste en encontrar a alguien que recuerde a mis padres, sino en encontrar a alguien que me recuerde a mí". Blas Cubas empieza por imitar a la muerte: "No le gusta hablar porque quiere que todos crean que se está muriendo". Pero sólo la lectura crítica de esta gran novela puede conducirnos a la pregunta literaria, a la pregunta de la tradición que Machado revive y prolonga, la tradición de La Mancha, contestada también, a su manera, por otra gran novela latinoamericana escrita desde la muerte, el *Pedro Páramo* de Juan Rulfo. Esta pregunta es, "¿ser muerto es ser universal?" o, dicho de otra manera, "Para ser universales, ¿los latinoamericanos tenemos que estar muertos?".

Susan Sontag contesta afirmando la modernidad de Machado de Assis, pero advirtiéndonos que nuestra modernidad es sólo un sistema de alusiones halagadoras que nos permiten colonizar selectivamente el pasado. Sabemos que hemos sufrido de una modernidad excluyente, una modernidad huérfana en América Latina —ni *Mother* ni *Dad*— y que estamos empeñados en conquistar una modernidad incluyente, con papá y con mamá, abarcadora de cuanto hemos sido: hijos de La Mancha, parte de la impureza mestiza que hoy se extiende globalmente para crear una polinarrativa que se manifiesta como verdadera *Weltliteratur* en la India de Salman Rushdie, la Nigeria de Wole Soyinka, la Alemania de Günter Grass, la Sudáfrica de Nadine Gordimer, la España de Juan Goytisolo o la Colombia de Gabriel García Márquez. El mundo de La Mancha: el mundo de la literatura mestiza.

Machado no reclama este mundo por razones de raza, historia o política, sino por razones de imaginación y lenguaje, que abrazan a aquéllas.

¡Qué universales, pero qué latinoamericanas, son sentencias como éstas de Machado!:

"Tengo fe completa en los ojos oscuros y en las constituciones escritas".

O esta otra:

"Sólo Dios conoce la fuerza de un adjetivo, sobre todo en países nuevos y tropicales".

La fe en las constituciones escritas devuelve a Machado a la pluma de la risa, pero esta vez dentro de una constelación de referencias y premoniciones asombrosas que nos conducen, nuevamente por la vía cómica, del escritor que no tuvimos los hispanoamericanos en el siglo XIX —Machado de Assis— al escritor que sí tuvimos en el siglo XX —Jorge Luis Borges—. La estrategia borgeana de romper la idea absoluta con el accidente cómico ya está presente en Machado cuando Blas Cubas nos declara su intención de escribir el libro que nunca escribió, una *Historia de los Suburbios* cuya concreción contrasta absurdamente con la abstracción de la filosofía a la moda en el siglo XIX latinoamericano: el positivismo de Comte, el lema de su filosofía trinitaria, *Orden y Progreso*, plasmado en la bandera brasileña y que los científicos porfiristas en México también hicieron suyos, opuesto al accidente cómico de Blas Cubas: escribir una historia de los suburbios y sustituir el orden y el progreso por la invención práctica de un emplasto contra la melancolía.

Y sin embargo, el hambre latinoamericana, el afán de abarcarlo todo, de apropiarse todas las tradiciones, todas las culturas, incluso todas las aberraciones; el afán utópico de crear un cielo nuevo en el que todos los espacios y todos los tiempos sean simultáneos, aparece brillantemente en *Las memorias póstumas de Blas Cubas* como una visión sorprendente del primer Aleph, anterior al muy famoso de Borges, del cual, el suyo, el propio Borges dice: "Por increíble que parezca yo creo que hay, o que hubo, otro Aleph". Sí: es el de Machado de Assis.

"Imagina, lector", dice Machado, "imagina una procesión de todas las épocas, de todas las razas del hombre, todas sus pasiones, el tumulto de los imperios, la guerra del apetito contra el apetito y del odio contra el odio…". Éste es "el monstruoso espectáculo" que ve Blas Cubas desde la cima de una montaña, como el ángel por venir de Walter Benjamin contemplando las ruinas de la historia, "la condensación viviente de la historia", dice el cadáver autoral de Blas Cubas, cuya mente es "un escenario… una confusión tumultuosa de cosas y de personas en las que todo se podía ver con precisión, de la rosa de Esmirna a la planta que crece en tu patio trasero al lecho magnífico de Cleopatra al rincón de la playa donde el mendigo tiembla mientras duerme…". Allí (en el primer Aleph, el Aleph brasileño de Machado de Assis) "podía encontrarse la atmósfera del águila y el colibrí, pero también la de la rana y el caracol".

La visión del Aleph de Machado, su hambre universal, da entonces un color a su pasión literaria, a su forma de dirigirse al lector, "lector poco ilustrado", lector que es "el defecto del libro", pues quiere vivir con rapidez y llegar cuanto antes al final de una obra que es lenta "como un par de borrachos tambaleándose en la noche". Es a este lector nada amable al que Machado dirige sus juegos y conminaciones, más graves acaso que las de Sterne o Diderot, por más que se asemejen formalmente:

Lector, sáltate este capítulo; vuelve a leer este otro; conténtate con saber que éstas son meramente notas para un capítulo vulgar y triste que *no* escribiré; irrítate de que te obligue a leer un diálogo invisible entre dos amantes que tu curiosidad chismosa quisiera conocer; y si este capítulo te parece ofensivo, recuerda que éstas son *mis* memorias, no las tuyas, y que desde el principio te advertí: Este libro es suficiente en sí mismo. Si te place, excelente lector, me sentiré recompensado por mi esfuerzo; pero si te desagrada, te premiaré con un chasquido de dedos, y me sentiré bien librado de ti…

El trato un tanto rudo que Machado le reserva al lector no es ajeno, me parece, a una exigencia comparable a la de los campanazos a la medianoche que escuchó Falstaff. Se trata de despertar al lector, de sacarlo de la siesta romántica y tropical, de encaminarlo a tareas más difíciles y de abocarlo a una modernidad incluyente, apasionada, hambrienta.

Claudio Magris dice algo sobre nuestra literatura que me parece aplicable a Machado. La América Latina, escribe el autor de *El Danubio*, ha dilatado el espacio de la imaginación. La literatura occidental estaba amenazada de incapacidad. Europa asumió la negatividad. Latinoamérica, la totalidad. Pero hoy Europa debe admitir su mala conciencia en la celebración de Latinoamérica. Hoy, todos debemos leer a la América Latina en contra de la tentación de la aventura exótica. Los lectores europeos (y los latinoamericanos también, añadiría yo) deben aprender a hacer la tarea escolar de leer en serio la prosa melancólica, difícil, dura, de los latinoamericanos.

Magris podría estar describiendo, a pesar de la hermosa ligereza total de su escritura, los libros de Machado de Assis. Pero Machado, cuando escribe el primer *Aleph*, también les está exigiendo a los latinoamericanos que sean audaces, que lo imaginen todo.

En Cervantes y en Sterne, los modelos de Machado, el espíritu cómico indica los límites de la realidad. La reproducción de los sitios de batalla de Flandes en un jardín de hortalizas señala, en *Tristram Shandy*, no sólo los límites de la representación literaria, no sólo los límites de la representación histórica, sino los límites de la historia misma. Pues la historia es tiempo y el tiempo, nos dice Sterne al final de su bellísima novela, es fugaz, "se gasta con demasiada prisa; cada letra que trazo me dice con cuánta rapidez la vida fluye de mi pluma —los días y sus horas, más preciosas, mi querida Jenny, que los rubíes en tu cuello, vuelan sobre nuestras cabezas como nubes ligeras en un día de viento, pero nunca regresan… y cada vez que beso tu mano para decir adiós, y cada ausencia que sigue a nuestra despedida, no son sino preludios a la eterna despedida… ¡Dios tenga piedad de nosotros!".

Y en *Don Quijote*, el tono de la novela cambia radicalmente cuando el protagonista y Sancho Panza visitan a los Duques y éstos les ofrecen, en la realidad, lo que Don Quijote, antes, sólo poseía en la imaginación. El castillo es castillo, pero Don Quijote necesitaba que el castillo fuese, primero, venta. Privado de su imaginación, se convierte realmente en El Caballero de la Triste Figura y se encamina, fatalmente, a la muerte: "en los nidos de antaño no hay pájaros hogaño. Yo fui loco y ya soy cuerdo; fui don Quijote de la Mancha y soy agora… Alonso Quijano el Bueno…".

Con razón llamó Dostoievski al *Quijote* el libro más triste que se ha escrito, pues es la historia de una desilusión. Pero es también, añade el autor ruso, el triunfo de la ficción. En Cervantes, la verdad es salvada por una mentira.

Machado de Assis también se ubica entre la fuerza de una ficción que lo incluye todo, como la imaginación latinoamericana quisiera abarcarlo todo, y los límites impuestos por la historia. "Viva la historia, la vieja y voluble historia, que da para todo" exclama desde la tumba Blas Cubas sólo para indicarnos que esta capacidad totalizadora es sólo la del error, que el hombre no es, como dijo Pascal, un carrizo pensante, sino un carrizo errante: "Cada periodo de la vida —dice Cubas— es una nueva edición que corrige la precedente y que a su vez será corregida por la que sigue, hasta que se publique la edición definitiva, que el editor le entrega a los gusanos".

La pluma de la risa y la tinta de la melancolía se unen de nuevo y vuelven a encontrar el origen mismo de su tradición: el elogio de la locura, la raíz erasmiana de nuestra cultura renacentista, la sabia dosificación de ironía que le impide a la razón o a la fe imponerse como dogmas.

Recuerdo el amor de Julio Cortázar por la figura del loco sereno, que el propio Cortázar consagró en varios personajes de *Rayuela*. Machado tiene el suyo, se llama Romualdo y es cuerdo en todo salvo en una cosa: se cree Tamerlán. Como Alonso Quijano se cree Don Quijote; como el tío Toby se cree un estratega militar y el personaje de Pirandello se cree el rey Enrique IV. En todo lo demás, son personas razonables.

Machado atribuye esta locura a la idea fija que, llevada a la acción política, sí puede causar catástrofes: véase, nos indica, a Bismarck y su idea fija de reunificar a Alemania, prueba del capricho y de la irresponsabilidad inmensa de la historia.

Por eso conviene respetar a los locos serenos, dejarlos tranquilos en su espacio, como el ateniense evocado por Machado que creía que todos los barcos que entraban al Pireo eran suyos; como el loco evocado por Horacio y recogido por Erasmo: un orate que se pasaba los días dentro de un teatro riendo, aplaudiendo y divirtiéndose, porque creía que una obra se estaba representando en el escenario vacío. Cuando el teatro fue cerrado y el loco expulsado, éste reclamó:

—No me habéis curado de mi locura, pero habéis destruido mi placer y la ilusión de mi felicidad.

Erasmo nos pide, por esta vía, regresar a las palabras de San Pablo: "Dejad que aquel que parece sabio entre vosotros se vuelva loco, a fin de que finalmente se vuelva sabio… Pues la locura de Dios es más sabia que toda la sabiduría de los hombres".

Los hijos de Erasmo se convierten, en Iberia y en Iberoamérica, en los hijos de La Mancha, los hijos de un mundo manchado, impuro, sincrético, barroco, corrupto, animados por el deseo de manchar con tal de ser, de contagiar con tal de asimilar, de multiplicar las apariencias a fin de multiplicar el sentido de las cosas, en contra de la falsa consolación de una sola lectura, dogmática, del mundo. Hijos de La Mancha que duplican todas las verdades para impedir que se instale un mundo ortodoxo, de la fe o la razón, o un mundo puro, excluyente de la variedad pasional, cultural, sexual, política, de las mujeres y de los hombres.

Machado de Assis, Machado de La Mancha, el milagroso Machado, es un adelantado de la imaginación y de la ironía, del mestizaje y del contagio en un mundo amenazado cada día más por los verdugos del racismo, la xenofobia, el fundamentalismo religioso y otro, implacable fundamentalismo: el del mercado.

Con Machado y su ascendencia manchega y erasmiana, con Machado y su descendencia macedonia, borgeana, cortazariana, nelidiana, goytisolitaria y julianofluvial, continuaremos empeñados los escritores de Iberia y de América en inventar eso que el gran Lezama Lima llamaba "eras imaginarias", pues si una cultura no logra crear una imaginación, resultará históricamente indescifrable.

Machado, el brasileño milagroso, nos sigue descifrando porque nos sigue imaginando y la verdadera identidad iberoamericana es sólo la de nuestra imaginación literaria y política, social y artística, individual y colectiva.

5. Rómulo Gallegos. La naturaleza impersonal

1. En *El Aleph*, Borges reproduce los espacios del mundo, para reducirlos a uno que los contenga a todos; en *El jardín de senderos que se bifurcan* multiplica los tiempos del mundo, pero al cabo sólo puede darles cabida en *La biblioteca de Babel*, una biblioteca que es infinita si se cifra en un libro que es el compendio de todos los demás. Funes lo recuerda todo pero Pierre Menard debe reescribir un solo libro, *Don Quijote de la Mancha*, a fin de que nosotros, los hispanoamericanos, contemos con dos historias universales. Vale decir: con una historia interna y otra externa.

Borges es uno de los autores de la historia interna. Rómulo Gallegos el de una historia externa que, al ser releída, nos proporciona la sensación de estar ante un verdadero repertorio de los temas que muchos de nuestros narradores habrán de retomar, refinar, potenciar y a veces, por fortuna y por desgracia, arruinar.

El tema central de Rómulo Gallegos es la violencia histórica y las respuestas a esta violencia *impune:* civilización o barbarie. Respuesta que puede ser individual, pero que se enfrenta a las realidades políticas de la América Hispánica.

No obstante, el sostén primario de las novelas de Gallegos es la naturaleza; una naturaleza primaria también, silenciosa primero, impersonal.

Voy a ocuparme de una sola novela de Gallegos, *Canaima,* porque me ofrece, en primer término, el mejor ejemplo de esta concepción de la naturaleza anterior a todo, sin tiempo, sin espacio, sin nombres. "Inmensas regiones misteriosas donde aún no ha penetrado el hombre", nos advierte Gallegos en el capítulo primero, "Guayana de los aventureros";

una naturaleza autónoma, que avanza sola como el Orinoco: "El gran río avanza solo". De principio a fin, a pesar de las apariencias, a pesar de las miradas diferentes, "acostumbrados los ojos a la actitud recelosa ante los verdes abismos callados", la naturaleza de *Canaima* mantendrá su virginidad impersonal, será siempre, desesperadamente la selva fascinante de cuyo influjo ya más no se libraría Marcos Vargas. El mundo abismal donde reposaban las claves milenarias. La selva anti-humana… un templo de millones de columnas… océano de la selva tupida bajo el ala del viento que pasa sin penetrar en ella… cementerios de pueblos desaparecidos donde son ahora bosques desiertos.

La vida, si existió aquí, es apenas un recuerdo: será, si llega a existir, apenas un recuerdo cuando desaparezca fatalmente. Será siempre, en resumen, lo que Gallegos llama "el alba de una civilización frustrada".

El reino de la naturaleza americana es para el autor venezolano el de la frustración o retrato de la historia: "Mundo retratado, mundo inconcluso, Venezuela del descubrimiento y la colonización inconclusas."

Y a pesar de, o quizás gracias a ello, es "tierra de promisión": el espacio, el río, la selva, engendran un tiempo aunque sólo sea el tiempo propio de la naturaleza:

"Un paisaje inquietante, sobre el cual reinara todavía el primaveral espanto de la primera mañana del mundo."

2. Podemos contrastar y reunir el tema de la naturaleza en Gonzalo Fernández de Oviedo en el siglo XVI y en Rómulo Gallegos en el siglo XX. Es uno de los múltiples encuentros directos entre las crónicas de fundación y la novelística contemporánea a los que me vengo refiriendo. Oviedo, siguiendo la interpretación de Gerbi en *La disputa del Nuevo Mundo,* es tanto cristiano como renacentista en su tratamiento de la naturaleza americana. Cristiano porque se muestra pesimista ante la historia, renacentista porque se muestra optimista hacia la naturaleza. Por lo tanto, si el mundo de los hombres es absurdo o

pecaminoso, la naturaleza es la razón misma de Dios, y Oviedo puede exaltar la grandeza de las tierras nuevas porque son tierras sin historia: es decir, *tierras sin tiempo*, utopías intemporales.

Canaima es una novela que, cuatro siglos después de Oviedo, nos demuestra cómo fue humanizada esa naturaleza que certificó su salud en la intemporalidad, en la contradicción de querer ser pura Utopía del espacio, cosa material y filológicamente imposible: Utopía es el lugar que no es, *U-Topos*. Pero también es el tiempo que *sí* puede ser. El conflicto es fértil para comprender, con suerte, que sólo podemos crearnos a contrapelo de nuestras ilusiones fundadoras.

Gallegos entiende esto de inmediato cuando nos habla en su primer capítulo de la naturaleza *diferente* de las miradas que miran a la naturaleza. La naturaleza es un punto de vista, y el hombre no sólo ve sino que *se ve* distinto cuando sólo mira o dependiendo de cómo mira a la naturaleza: Marcos Vargas, como espectáculo; Gabriel Ureña, como espectador.

¿Qué historia nos está contando Rómulo Gallegos en *Canaima*? ¿Cómo se humaniza una naturaleza que es inhumana de arranque y terminará por serlo otra vez, como en *La vorágine*: "Se los tragó la selva"? ¿Qué intermedio terrible es éste de los hombres y mujeres sobre la tierra, en la naturaleza? ¿Cómo adquiere ésta, así sea *intermediariamente*, una historia y pasa del espacio al tiempo, aunque termine por perder el tiempo?

Tierra mítica. El autor nos habla de "los viejos mitos del mundo renaciendo en América". *Tierra utópica*, porque es tierra de "promisión". Pero *tierra histórica* porque la Utopía no se ha cumplido y no se ha cumplido porque ha sido violada por el crimen, por la violencia impune. De allí el carácter inacabado de la historia. De allí este texto: *Canaima*.

La violencia histórica rebana a la mitad las páginas de la novela y se instala, sangrante, en el centro mismo del texto. El corazón histórico de *Canaima* es una fecha, una noche en que "los machetes alumbraron el Vichada": la noche del crimen de Cholo Parima, el asesino del hermano de Marcos Vargas, cuando las aguas se tiñeron de sangre, aumentando con la violencia humana el caudal de la violencia natural de un río que

Gallegos nos describe como naciendo del sacrificio: "Una inmensa tierra se exprime para que sea grande el Orinoco."

Gallegos toca en este nivel el problema clásico del origen de la civilización: ¿cómo contestar al desafío de la naturaleza, ser con ella pero distinto a ella?

De la respuesta que demos a esta pregunta dependerá la posición que otorguemos a los seres humanos en la naturaleza misma, sin la cual ningún individuo y ningún grupo humano pueden subsistir. Cuando el hombre, con arrogancia, se llama a sí mismo "el amo de la Creación", está dándole un tinte religioso a un hecho histórico: el hombre, amo de la naturaleza. ¿Dentro de ella? Hölderlin nos advierte que seremos devorados por ella. ¿Afuera de ella? Freud nos advierte que nos sentiremos exiliados, expulsados, huérfanos. ¿Afuera, pero empeñados en reconciliarnos con ella? Adorno considera que tal empresa es imposible. Hemos dañado demasiado a la naturaleza y al hacerlo nos hemos dañado demasiado a nosotros mismos. Pero, acaso, si reconocemos este doble daño, logremos un punto de vista relativo ante la naturaleza. Socialmente, dice Adorno, no podemos dejar de explotar a la naturaleza. Intelectualmente, no le permitimos que hable, le negamos su punto de vista porque tememos que anule el nuestro. La pérdida de la diferencia entre la naturaleza y el hombre sería, como la pérdida de la diferencia entre el objeto y el sujeto, no una liberación, sino una catástrofe. Autorizaría un absolutismo totalitario a fin de imponer la reconciliación como bien supremo. Adorno ve claramente los peligros de un modelo de reconciliación forzada y desconfía de los impulsos románticos que quisieran recuperar la unidad. Tiene razón: la unidad no es el ser. Y ser indiferenciado no es ser uno. No tenemos más camino, quizás, que hacer un valor de la diferencia, lo heterogéneo; lo que Max Weber llama el politeísmo de valores.

La novela iberoamericana de principios del siglo XX, en la que el dato natural es casi constante, confronta primero la naturaleza en el extremo devorador, como exclama Rivera en *La vorágine:* "Se los tragó la selva." Es decir: ocurrió la catástrofe temida por Hölderlin. En Lezama Lima, encontraremos la creación de la contranaturaleza, cuyo artificio autosuficiente, barroco, es como el de ese jardín metálico inventado por el personaje de un momento teatral de Goethe: nuevamente, se trata de probar que somos los amos de la Creación. Podemos *crear* una naturaleza *artificial.* Lezama, claro está, propicia un movimiento barroco que despoja a la fijeza estatuaria de su perfección artificial y la somete al movimiento primero, a la encarnación en seguida, alejándola de la perfección inmóvil. Lezama, que es nuestro gran novelista católico, pero también un poeta pagano, neoplatónico, ubica así el problema de la relación hombre-naturaleza entre dos ideales: la aproximación a Dios, que es la no-naturaleza, y la entrega al hombre, que es la pasión erótica, como parte de la naturaleza, pero distinta de ella, ni devorada, ni exiliada. Julio Cortázar, en fin, dirá mejor que nadie que, entre la naturaleza devoradora y la historia exiliadora, no tenemos otra respuesta que el arte: específicamente el arte de narrar.

Pero *Canaima* de Gallegos, al responder a esta pregunta, la presenta, simplemente, como la historia de un hombre, Marcos Vargas, y su lucha por ser uno con la naturaleza sin ser devorado por ella.

El tema de la naturaleza en Gallegos se presenta de manera muy directa. *Canaima* es la historia de un hombre, Marcos Vargas, sorprendido entre la naturaleza y sí mismo, primero; y entre ser uno con la naturaleza sin ser devorado por ella, en seguida. Gallegos encarna vigorosamente el dilema pero lo simplifica a la vez que lo rebasa. Lo simplifica, reduciéndolo a una dicotomía entre barbarie y civilización, maldad o bondad, virtud o pecado, de la naturaleza o del hombre. Lo rebasa, al cabo, creando verbalmente un espacio hermético y autosuficiente, permitiéndonos escuchar el silencio magnífico y aterrador de una naturaleza supremamente indiferente al hombre y dándole a Marcos Vargas, en cambio, un texto solamente, esta novela, encarnación fugitiva y duradera del verbo posible, realidad única en la que Vargas puede ser uno con la naturaleza sin ser devorado por ella: su libro, como *El extranjero* es el libro de Meursault.

Pero para llegar a esta conclusión, Gallegos debe pasar por el debate de nuestra modernidad y sus avatares progresistas. La historia es el primer camino de la humanización de la naturaleza. Primero la historia fue utopía —espacio— violado por la "violencia impune" que transformó la edad de oro en edad de hierro. Pero si la naturaleza inhumana pudo pasar a la edad de oro, a la utopía del hombre, puede también pasar de la edad de hierro a la edad civilizada, la edad de las leyes y el progreso. La barbarie —violencia impune, edad de hierro— sólo puede superarse a través de la autoridad de la ley.

La historia de *Canaima* sucede en un mundo bárbaro dominado por tiranuelos: los Ardavines, llamados a la manera seudoépica los *Tigres del Guarari,* acompañados de su banda de compinches, "gururas" y parientes: Apolonio, el Sute Cúpira, Cholo Parima: el ejército caciquil y patrimonialista que ha usurpado las funciones de la ley y la política en la América española.

Las fuerzas de la civilización se oponen ineficazmente a ellos. Las encarnan los comerciantes honestos como el padre de Marcos Vargas, los ganaderos decentes como Manuel Ladera, los jóvenes intelectuales como el telegrafista Gabriel Ureña. Y el propio Marcos Vargas cuando llega a trabajar con Ladera. Estamos en presencia de lo que, en México, con grandes esperanzas, Molina Enríquez llamó "las amplias clases medias", protagonistas del extremo positivo de la disyuntiva civilización-barbarie. Son las fuerzas de una nueva edad de oro —la promesa de una ciudad más justa, más civilizada— opuestas a la edad de hierro —la realidad de una ciudad injusta y bárbara, bañada en sangre.

3. La barbarie: estamos en el mundo de los caciques, los jefes políticos rurales que son la versión en miniatura de los tiranos nacionales que gobiernan en nombre de la ley a fin de violar mejor la ley e imponer su capricho personal en una confusión permanente de las funciones públicas y privadas.

No es otra la definición del patrimonialismo que Max Weber estudia en *Economía y sociedad* bajo el rubro de "Las formas de dominación tradicional" y que constituye, en verdad, la tradición del gobierno y ejercicio del poder más prolongado de la América española, según la interpretación de los historiadores norteamericanos Richard Morse y Bradford Burns. Como esta tradición ha persistido desde los tiempos de los imperios indígenas más organizados, durante los tres siglos de la colonización ibérica y republicana, a través de todas las formas de dominación, la de los déspotas ilustrados como el Doctor Francia y Guzmán Blanco, la de los verdugos como Pinochet y las juntas argentinas, pero también en las formas institucionales y progresistas del autoritarismo modernizante, cuyo ejemplo más acabado y equilibrado hasta hace poco era el régimen del PRI en México, vale la pena tener en cuenta que, literariamente, ésta es la tierra común del Señor Presidente de Asturias y el Tirano Banderas de Valle-Inclán, el Primer Magistrado de Carpentier y el Patriarca de García Márquez, el Pedro Páramo de Rulfo y los Ardavines de Gallegos, el Supremo de Roa Bastos, el minúsculo don Mónico de Mariano Azuela y el Trujillo Benefactor de Vargas Llosa.

El cuadro administrativo del poder patrimonial, explica Weber, no está integrado por funcionarios sino por sirvientes del jefe que no sienten ninguna obligación objetiva hacia el puesto que ocupan, sino fidelidad personal hacia el jefe. No obediencia hacia el estatuto legal, sino hacia la persona del jefe, cuyas órdenes, por más caprichosas y arbitrarias que sean, son legítimas.

A su nivel parroquial, es don Mónico echándole encima la Federación a Demetrio Macías en *Los de abajo,* porque el campesino no se sometió a la ley patrimonial y le escupió las barbas al cacique.

La burocracia patrimonialista, advierte Weber, está integrada por el linaje del jefe, sus parientes, sus favoritos, sus clientes: los Ardavines, el jefe Apolonio, el Sute Cúpira, en Gallegos; en Rulfo: Fulgor Sedano. Ocupan y desalojan el lugar reservado a la competencia profesional, la jerarquía racional, las normas objetivas del funcionamiento público y los ascensos y nombramientos regulados.

Rodeado por clientes, parientes y favoritos, el jefe patrimonial también requiere un ejército patrimonial, compuesto de mercenarios, "guaruras", guardaespaldas, "halcones", guardias blancas, la "triple A" argentina.

Para el jefe y su grupo, la dominación patrimonial tiene por objeto tratar todos los derechos públicos, económicos y políticos, como derechos privados: es decir, como probabilidades que pueden y deben ser apropiadas para beneficio del jefe y su grupo gobernante.

Las consecuencias económicas, indica Weber, son una desastrosa ausencia de racionalidad. Puesto que no existe un cuadro administrativo formal, la economía no se basa en factores previsibles. El capricho del grupo gobernante crea un margen de discreción demasiado grande, demasiado abierto al soborno, el favoritismo y la compraventa de situaciones.

Esta "forma tradicional de dominación" afecta todos los niveles del ejercicio del poder en la América Latina. Pero la distancia entre cada uno de estos niveles es inmensa y la función que el cacique se reserva es la de ser el "poder moderador" entre los distantes poderes nacionales y los seres demasiado próximos a la interpretación caciquil del poder.

La "monarquía indiana" de España en América se caracterizó por una distancia, no sólo física, sino política, entre la metrópoli y la colonia y, dentro de la colonia, entre sus estamentos. La Nueva Inglaterra se fundó sobre el autogobierno local y jamás dejó de practicarlo; de allí la transición casi natural a la república en el siglo XVIII. La "monarquía indiana", en cambio, se fundó sobre una pugna persistente entre el lejano poder real y el cercano poder señorial. Madrid nunca admitió los privilegios señoriales reclamados por las novedosas "aristocracias" de las nuevas Españas porque iban a contrapelo de la restauración centralista, autoritaria y ecuménica de los Habsburgo en la vieja España. De asambleas, ayuntamientos o cortes americanas dice desde un principio, desdeñosamente, Carlos V: "Su provecho es poco y daña mucho".

Distancia entre el poder real centralista y el poder señorial local; pero enorme distancia, también, entre la república de los criollos y la república de los indios, para no hablar de la república marginada y encarcelada: la de los esclavos indios y negros. Desde la era colonial, la América española vive la contradicción entre una autoridad central de derecho, obstruyendo el desarrollo de las múltiples autoridades locales de hecho. El resultado fue la deformación de ambas, el empequeñecimiento de la autoridad ausente y el engrandecimiento de la autoridad presente modelada sobre aquélla. "El cacique establece el orden allí donde no llega la ley del centro", me dijo imperiosamente un connotado político mexicano la única vez que lo traté.

El orden caciquil reproduce el sistema imperial de delegaciones y ausencias autoritarias a escala regional o aldeana. José Francisco Ardavín comete los crímenes, pero se los ordena su hermano Miguel, quien se reserva el papel del padre protector de sus propias víctimas y así apacigua la cólera. El cacique oculto, asimilado a la naturaleza, al horizonte, al llano venezolano, es un "hombre que se pierde de vista".

Gallegos clama contra la calamidad de los caciques políticos, que son "la plaga de esta tierra" y que quieren para sí todas las empresas productivas. Nicaragua fue la hacienda de Somoza y Santo Domingo la hacienda de Trujillo. La cadena del poder se basa en una cadena de corrupción: Apolonio el caciquillo menor le roba impunemente su yegua al ranchero Manuelote; los Ardavines, caciques mayores, se la roban a Apolonio. Nadie chista. La palabra muere. La injusticia y la barbarie son generales:

Mujerucas de carnes lacias y color amarillento, asomándose a las puertas al paso de los viajeros; chicos desnudos con vientres deformes y canillas esqueléticas cubiertas de pústulas, que se las chupan las moscas; viejos amojamados, apenas vestidos con sucios mandiles de coleta. Seres embrutecidos y enfermos en cuyos rostros parecía haberse momificado una expresión de ansiedad. Guayana, el hambre junto al oro.

La barbarie y la injusticia son generales y se instituyen en sistema:

> Se liquidaron las cuentas. Bajaron en silencio la cabeza y se rascaron las greñas piojosas los peones que no traían sino deudas; cobraron sus haberes los que habían sido más laboriosos y prudentes o más afortunados; de allí salieron a gastarlos en horas de parranda y al cabo todos regresaron a sus ranchos encogiendo los hombros y diciéndose que el año siguiente sacarían más goma, ganarían más dinero y no volverían a despilfarrarlo. Pero ya todos, de una manera o de otra, arrastraban la cadena del "avance", al extremo de la cual estaba trincada la garra del empresario.

La injusticia y la barbarie, sin embargo, también son individuales. El patrimonialismo es un nombre sociológicamente elegante para el capricho, y el capricho regala la muerte, una muerte gratuita y absurda como la de don Manuel Ladera a manos de Cholo Parima, que establece una cadena de muertes, ojo por ojo, diente por diente, hasta culminar con el simple manotazo sobre una mesa con el que Marcos Vargas, para vengar todas las muertes, cierra el círculo y destruye, de puro miedo, al cacique José Francisco Ardavín, revelándole su condición: estaba hecho de polvo; sólo que nadie lo había tocado. El cacique muere en la confrontación circular con su propio ser.

Pero *Canaima*, decálogo de la barbarie, también quisiera ser el ser el texto de la civilización, el repertorio de las respuestas de la historia civilizada, inseparable para Gallegos del proceso de personalización creciente, de pérdida del anonimato del hombre en la naturaleza.

4. *Civilización:* Nombre y Voz; Memoria y Deseo. Para Gallegos, el primer paso para salir del anonimato es bautizar a la naturaleza misma, nombrarla. El autor está cumpliendo aquí una función primaria que prolonga la de los

descubridores y anuncia la de los narradores conscientes del poder creador de los nombres. Con la misma urgencia, con el mismo poder de un Colón, un Vespucio o un Oviedo, he aquí a Gallegos bautizando:

> ¡Amanadoma, Yavita, Pimichín, el Casiquiare, el Atabapo, el Guainía!… Aquellos hombres no describían el paisaje, no revelaban el total misterio en que habían penetrado; se limitaban a mencionar los lugares donde les hubiesen ocurrido los episodios que referían, pero toda la selva fascinante y tremenda palpitaba ya en el valor sugestivo de aquellas palabras.

La primera cosa que Marcos Vargas averigua de los indios de la selva, en el siguiente capítulo, es que no dicen sus nombres por nada del mundo, porque "creen que entregan algo de su persona cuando dan su nombre verdadero".

En una especie de resonancia simétrica, esto será también lo último que sabremos de Marcos Vargas: ha perdido su nombre al ingresar al mundo de los indios.

La respuesta mínima a la barbarie es la nominación. El protocolo, la cortesía, el respeto a las formas, tiene también el propósito de exorcizar la violencia, como en el encuentro de Manuel Ladera y Marcos Vargas:

> —Ya tuve el gusto de conocer a su padre.
> —Pues aquí tiene al hijo.
> —También he tenido el honor de conocer a misia Herminia, su santa madre de usted.
> —Santa es poco, don Manuel. Pero ya usted me amarró con ese adjetivo para mi vieja.
> —Un buen hijo es ya para mí la mitad de un amigo.
> —No sé si tengo derecho, pues mi vieja hizo sacrificios por mi educación, de los cuales no sacó el fruto que esperaba.
> —Permítame ser su amigo.
> —Quien a buen árbol se arrima.

Todos estos circunloquios tienen por objeto aplazar el uso de la fuerza, anatematizar el capricho, optar por la civilización y permitir que fructifique su respuesta máxima: la salvación ideológica a través de la fidelidad a las ideas de la Ilustración, es decir, a la filosofía del progreso. Ésta es la parte más débil de Rómulo Gallegos, en la que juega el papel de D' Alembert del llano y distribuye buenos consejos para alcanzar la felicidad a través del progreso, como en estas palabras de Ureña a Marcos Vargas:

"Lee un poco, cultívate, civiliza esa fuerza bárbara que hay en ti, estudia los problemas de esta tierra y asume la actitud a la que estás obligado. Cuando la vida da facultades —y tú las posees, repito— da junto con ellas responsabilidades."

Hasta aquí, Gallegos se hace eco del ideal ilustrado del siglo XVIII; pero en seguida, en el mismo parlamento del mismo personaje, el discurso da un giro iberoamericano sorprendente:

"Este pueblo todo lo espera de un hombre —del Hombre Macho se dice ahora— y tú —¿por qué no?— puedes ser ese Mesías." ·

Esta singular mezcla de la filosofía capitalista del *self-made man* y la filosofía autoritaria del hombre providencial revela un conocimiento de la psique de Marcos Vargas que se le escapa al progresista puro, don Manuel Ladera, quien hace el elogio del capital y el trabajo y condena la ilusión del oro y el caucho y el sistema esclavista del cual la ilusión se sirve:

"Lo que el peón encuentra en la montaña es la esclavitud, casi, por la deuda del avance, sin modo de zafarse ya del empresario, ni autoridad que contra él lo ampare... La esclavitud, que a veces le heredan los hijos con la deuda."

Marcos Vargas no está de acuerdo con todo esto. Su respuesta es la del hidalgo español, la del hijo del conquistador Pizarro y no la del hijo del filósofo Rousseau:

"Era posible que desde un punto de vista práctico Ladera tuviese razón; pero la aventura del caucho y del oro tenía otro aspecto: el de la aventura misma, que era algo apasionante: el riesgo corrido, el temor superado. ¡Una fiera medida de hombría!"

Gallegos asume las consecuencias de su contradicción, que son las de nuestra tradición, y, quizás a pesar suyo, nos cuenta la historia de un hombre dotado de todas las posibilidades pero carente de fe en el progreso, que podría ser el Jefe, el Hombre Macho de un patrimonialismo ilustrado, el individuo más singularizado del grupo, y que sin embargo terminará perdido en la selva, aculturado con los indios, anónimo con la naturaleza. Singular destino el de Marcos Vargas, que en realidad no lo es porque el otro destino, individual, machista, que Ureña le diseña es un mito *erzsatz,* en contradicción con la naturaleza colectiva del mito auténtico. Marcos Vargas pregunta a cada instante —y uno recuerda a Jorge Negrete interpretando este papel en una película mexicana de los años cuarenta—: "¿Se es o no se es?". Lo asombroso de *Canaima* es que la pregunta bravucona del macho escondía la afirmación secreta del verdadero mito. Marcos Vargas ingresa al mundo mitológico de los indios y allí deja de ser el macho, el barrunto de jefe, el cacique ilustrado que Ureña soñó para él. Marcos Vargas *es* porque *ya no es.*

Es un personaje excéntrico, el conde Giaffano, quien expresa mejor en *Canaima* la respuesta individualizada a la barbarie. Giaffano es un expatriado italiano que ha ido a la selva venezolana a fin de "desintoxicarse de la inmundicia humana" y que, solo en la selva, cultiva la amistad, el amor y el misterio de sí: las cualidades estoicas, la "intimidad hermética" que para él es la única respuesta a la selva, la única "válvula de escape" de la naturaleza. Confesar esta intimidad, dice Giaffano, es perderla, y perderla es perder "la sensación integral de sí". Giaffano el europeo es lo que Ureña y Vargas nunca pueden ser: un individualista sin tentación de poder o exhibicionismo, un ser privado. Ureña y Vargas en sociedad son, para recordar al dramaturgo mexicano Rodolfo Usigli, *gesticuladores.*

Entre la crítica, la contradicción y la mera insuficiencia, ¿qué le queda a Rómulo Gallegos en su extraño y fascinante palimpsesto del ser y el estar iberoamericanos? Una paradoja suprema para quien tan agudamente ha precisado el papel enmascarado de la legalidad escrita. Esto es lo que queda. Otra vez la palabra escrita, detrás de las máscaras de la apariencia y el poder. El primer nivel de esta respuesta final de la civilización a la barbarie es la nominación de lugares, espacios y gentes que se les asimilan: ríos nombrados como suenan sus aguas, hombres nombrados como suenan sus actos: los Tigres del Guarari, el Cholo Parima, el Sute Cúpira, Juan Solito, Aymará, la india Arecuna.

Pero el segundo nivel es éste, inseparable del tercero: la dramatización de la fuerza de la palabra escrita. El cacique muerto, José Gregorio Ardavín, es casado en pleno *rigor mortis* por el jefe Apolonio con la india Rosa Arecuna. Consumado por escrito el matrimonio, Apolonio exclama: "¡Lo que pueden los papeles, Marcos Vargas!". ¿Dirían otra cosa los Zapata, los Jaramillo, todos nuestros rebeldes campesinos armados, más que con fusiles, con papeles, con títulos de propiedad?

¿Pero dirían otra cosa, también, los poderosos armados de leyes coloniales, constituciones republicanas y contratos transnacionales? El derecho escrito es un arma de dos filos y será Gabriel García Márquez, en *El otoño del patriarca,* quien con mayor lucidez pero con medios más implícitos, explore la doble vertiente de la letra: literatura y ley, palabra y poder. Pero en esta escena de *Canaima,* Gallegos plantea por primera vez el tema en nuestra novela y ello le sirve para llegar, velozmente, al meollo mismo de su trabajo literario, a la única solución posible, a este nivel del conflicto que él, y Sarmiento antes que él, quisieron resolver también en la acción política, pues ambos fueron presidentes de sus países, aunque más afortunado Sarmiento en Argentina que Gallegos en Venezuela.

El tercer nivel, en fin, de la respuesta de la civilización a la barbarie es nada menos que éste, el de Rómulo Gallegos escribiendo esta novela sobre la lucha entre Civilización y Barbarie y demostrando, al hacerlo, que no posee otra manera de trascender dramáticamente el conflicto. ¿Cómo lo resuelve, en efecto, al nivel de la escritura, más allá del didactismo y los sermones?

El derecho más elemental de la literatura es el de nombrar. Imaginar también significa nombrar. Y si la literatura crea al autor tanto como crea a los lectores, también nombra a los tres: es decir, también se nombra a sí misma. En el acto de nombrar se encuentra el corazón de esa ambigüedad que hace de la novela, en las palabras de Milan Kundera, "una de las grandes conquistas de la humanidad". Puede pensarse que este juego de nombrar personajes es anticuado, añade Kundera, pero quizás es el mejor juego que jamás fue inventado, una invitación permanente a salir de uno mismo (de nuestra propia verdad, de nuestra propia certidumbre) y entender al otro.

Cuando el dios de Pascal salió lentamente del lugar desde donde había dirigido el universo y su orden de valores —dice Kundera—, Don Quijote también salió de su casa y ya no fue capaz de comprender al mundo. Hasta entonces transparente, el mundo se convirtió en problema, y el hombre, con él, en problema también. A partir de ese momento, la novela acompaña al hombre en su aventura dentro de un mundo repentinamente relativizado.

La novela es un cruce de caminos del destino individual y el destino colectivo expresado en el lenguaje. La novela es una reintroducción del hombre en la historia y del sujeto en su destino; así, es un instrumento para la libertad. No hay novela sin historia; pero la novela, si nos introduce en la historia, también nos permite buscar una salida de la historia a fin de ver la cara de la historia y ser, así, verdaderamente históricos. Estar inmersos en la historia, perdidos en la historia sin posibilidad de una salida para entender la historia y *hacerla* mejor o simplemente *distinta,* es ser, simplemente, también, víctimas de la historia.

En su momento, Gallegos fue fiel a todas estas exigencias del arte narrativo. Sin él no se habrían escrito *Cien años de soledad, La casa verde* o *Los pasos perdidos.* Pero su valor no es sólo el de un precursor, un padre venerado primero, detestado después y finalmente comprendido. Digo que Gallegos fue siempre fiel al arte de la novela porque, como Don Quijote, como Mr. Pip, como Mitya Karamazov, como Anna Karenina, sus personajes salieron al mundo y no lo comprendieron, sufrieron la derrota de sus ilusiones pero ganaron la experiencia de una gran aventura: la de la verdad relativa.

El conflicto entre civilización y barbarie es resuelto literariamente por Gallegos mediante una asimilación de su personaje, Marcos Vargas, criatura de la palabra escrita, a una dialéctica, es decir, a un movimiento de germinación y contradicción relativas, que primero nos ofrece una visión de la Naturaleza, en seguida una visión de la Historia como su doble cara —Jano de la Utopía y del Poder— y entre ambas, partiendo su cráneo bifronte, coloca la corona de la verdadera visión humana, ni totalmente natural ni totalmente histórica, simplemente verbal e imaginativa. Entre la naturaleza devoradora y el exilio histórico, el arte de la novela crea un tiempo y un espacio humanos, relativos, vivibles y convivibles.

Rómulo Gallegos es un verdadero escritor: se derrota a sí mismo. Derrota su tesis creando los conflictos de Marcos Vargas entre las exigencias de la naturaleza y de la historia; y esos conflictos, inesperadamente, le otorgan otro perfil al personaje.

Marcos Vargas, el conquistador, el hidalgo, el macho, el mesías frustrado, adquiere primero una conciencia de la injusticia y éste es su factor racional: "Desde el Guarampín hasta el Río Negro todos estaban haciendo lo mismo, él entre los opresores contra los oprimidos, y ésta era la vida de la selva fascinante, tan hermosamente soñada."

En el curso de esta reflexión, Marcos Vargas se da cuenta de que conquistar una personalidad es disputársela a la naturaleza, a sabiendas de que se es parte de esa naturaleza. Como en el encuentro de Meursault con el sol árabe en *El extranjero*, como en el encuentro de Ismael con el mar colérico y bienhechor en *Moby Dick*, esta tensión es resuelta en *Canaima* mediante una extraordinaria epifanía.

Marcos Vargas está solo en la selva, en medio de una tormenta tropical, y es allí donde se descubre en la naturaleza, parte de ella, pero diferente a ella, amenazado mortalmente por ella, y sufriendo parejamente en ambas situaciones.

Su grito machista, *¿se es o no se es?*, es devorado por la tormenta, que no lo oye pero que le arrebata sus palabras; se las lleva el viento, son el viento y lo nutren. De ese vendaval estremecedor (el momento descriptivo más alto de la obra de Gallegos) Marcos Vargas saldrá —o más bien, será descubierto— desnudo, empapado, tembloroso y abrazado a un mono araguato que se esconde, temblando y llorando también, entre sus brazos.

Marcos Vargas se va a vivir con los indios. Se casa con una mujer india, Aymará; tiene con ella un hijo mestizo, el nuevo Marcos Vargas, que a los diez años regresa a la "civilización".

La novia de Marcos, la bordona Aracelis Vellorini, se ha casado con un ingeniero inglés.

Ureña está casado con la hermosa Maigualida, la hija de Manuel Ladera, y es un comerciante respetado.

Él recibe en su casa al hijo de Marcos Vargas.

El ciclo se reinicia. La segunda oportunidad levanta cabeza. Pero las tensiones persisten, no se resuelven, no deben resolverse:

Las tensiones entre el Mito y la Ley, entre la Naturaleza y la Personalidad, entre Permanecer y Regresar, entre Civilización y Barbarie.

En medio de estos binomios, el hecho más llamativo de *Canaima* es el destino de los destinos. Ésta es una novela de destinos precipitados, cumplidos inmediatamente en los extremos de Ladera el probo y Parima el criminal —o de destinos, en contraste, eternamente postergados, estáticamente ubicados en contrapunto a la norma de la novela, que es la del destino veloz.

De tal suerte que la fortuna de Marcos Vargas se convierte en un símbolo así de la velocidad del destino al asumir los rostros de la muerte, la desaparición o el olvido, como de su postergación al asumir, contrariamente, la salvaje persistencia de la naturaleza y el poder. En ambos casos, el destino se asemeja a la historia en tanto fuerza inescapable y ciega, pero se asemeja a la naturaleza en tanto ausencia virginal, intocada.

Marcos Vargas alarga la mano para tocar un destino que no sea ni aplastantemente abrupto ni aplastantemente ausente: ingresa al mundo aborigen del mito, cuya postulación es la simultaneidad, el eterno presente.

Gracias a su corona mítica, *Canaima* logra, simultáneamente, reunir y disolver los mundos contradictorios de la naturaleza y el poder hispanoamericanos. Dentro y fuera de la historia, podemos ver el mundo terrible de los Ardavines y el Cholo Parima como nuestro mundo y saber, al mismo tiempo, que su violencia no es privativa de la América española, ya no, después de lo que hemos vivido en nuestro tiempo, *ya no* sólo nuestra.

Rómulo Gallegos, el escritor regionalista, entra a la historia de la violencia del siglo XX. Y esa violencia, lo diré a guisa de conclusión anticipada, es quizás el único pasaporte a la universalidad en las postrimerías de nuestro tiempo.

Rómulo Gallegos, novelista primario y novelista primordial de la América española, india y africana, nos ofrece una salida de la naturaleza, sin sacrificarla. Y un ingreso a la historia, sin convertirnos en sus víctimas.

Faulkner, por el camino de la excepción radical a la filosofía del progreso y del pragmatismo más exitosa del mundo moderno —la de Estados Unidos de América— llegó al umbral de la tragedia: el reconocimiento del valor de la derrota y la hermandad con el fracaso, que es regla, y no excepción, de lo humano. Su experiencia literaria, siendo ejemplar, no suple, en cambio, nuestra experiencia iberoamericana y nuestro camino de hachazos ciegos para salir de la naturaleza primaria, impersonal, descrita por Gallegos.

Por esto es importante Gallegos. Sabemos que hay algo mejor y más importante, quizás, que su obra, que resulta raquítica, simplista y sentimental frente a la de un Faulkner. Pero esa misma obra es insustituible, tan insustituible como nuestro propio padre. Si hemos de llegar a la conciencia trágica que es la libertad más cierta que los seres humanos son capaces de encontrar y mantener, deberemos hacerlo a través de nuestro padre Gallegos y las miserias que con tanta *verecundia* latina —con tanta reverencia paternal— el novelista venezolano nos comunica. Padre nuestro que eres Gallegos. Por tu camino se llega al *Paradiso,* contradictorio, erótico y místico, pagano y cristiano, de Lezama Lima: nuestro propio umbral trágico tan lejos de la naturaleza impersonal de Gallegos, las "inmensas regiones misteriosas donde aún no ha penetrado el hombre".

6. La revolución mexicana

1. La novela mexicana del siglo XX estuvo dominada por el acontecimiento del siglo XX: la revolución social, política y cultural de 1910-1920. *Los de abajo* de Mariano Azuela, *Vámonos con Pancho Villa* de Rafael F. Muñoz y *La sombra del caudillo* de Martín Luis Guzmán dieron testimonio y estética realistas, así como las obras de Francisco L. Urquizo (*Tropa vieja*) y Nellie Campobello, en tanto que la contrarrevolución católica —la "cristiada"— fue novelada por J. Guadalupe de Anda (*Los bragados*). Los intentos de novela intimista del grupo Contemporáneos (Torres Bodet, Novo, Owen) fueron minimizados, si no sustituidos, por una retórica nacionalista creciente y excluyente ("el que lee a Proust se proustituye") y una angustia de la ilusión y la pérdida políticas (José Revueltas). Hasta que dos obras, *Al filo del agua* de Agustín Yáñez y *Pedro Páramo* de Juan Rulfo, cerraron con brillo el ciclo de la revolución y el mundo agrario. La novela urbana pasó a ocupar el centro de la ficción y con ella apareció una literatura muy diversificada temáticamente.

2. La Ilíada descalza: Mariano Azuela

Pregunto: ¿en qué medida la imposibilidad de cumplir la trayectoria del mito a la épica y a la tragedia en plenitud es inherente a las frustraciones de nuestra historia; en qué medida es apenas un pálido reflejo de la decisión moderna, judeo-cristiana primero pero burocrático-industrial en seguida, de exiliar la tragedia, inaceptable para una visión de la perfectibilidad constante y la felicidad final del ser humano y sus instituciones?

Escojo *Los de abajo* de Mariano Azuela para intentar una respuesta que, sin duda, sólo animará, si es aproximadamente válida, una nueva constelación de preguntas. Pero si nos acercamos a la primera hipótesis —la historia de México y de Hispanoamérica, del valiente mundo nuevo—, *Los de abajo* ofrece una oportunidad para comprender la relación entre nación y narración, dada su naturaleza anfibia, épica vulnerada por la novela, novela vulnerada por la crónica, texto ambiguo e inquietante que nada en las aguas de muchos géneros y propone una lectura hispanoamericana de las posibilidades e imposibilidades de los mismos. Épica vacilante de Bernal; épica degradada de Azuela. Entre ambas, la nación aspira a ser narración.

En Gallegos o en Rulfo, un mito germina a partir de la delimitación de la realidad narrativa. La naturaleza lo precede en Gallegos; la muerte, en Rulfo. El mito que pueda nacer de Azuela es más inquietante, porque surge del fracaso de una épica.

Nación y narración: así como la novela española, o su ausencia entre Cervantes y Clarín, es parte de una falta de respuesta verbal al fenómeno de la decadencia que se inicia durante los reinados de Felipe IV y Carlos *el Hechizado*, la novela hispanoamericana, y la mexicana en particular, están ausentes hasta que la nación le da contradicción y oportunidad a la narración con *El Periquillo Sarniento* de Fernández de Lizardi. Participamos de la ilusión rousseauniana, romántica de la nación, sentimental, derivada de la lectura de *Julia, o La nueva Eloísa,* aunque con menos ímpetu lacrimoso que los colombianos y los argentinos: Jorge Isaacs y José Mármol. Encontramos el mejor momento de nuestra narrativa decimonónica en las novelas de aventuras de Payno e Inclán: preludios revolucionarios para México, como lo fueron *Facundo* y el *Martín Fierro* para la Argentina. Pero un nuevo prestigio, visto como deber, ocultó de nuevo a la nación narrada con el biombo del naturalismo zolaesco. Mariano Azuela, en *María Luisa*, participa de esta combinación terrible de lo sentimental con lo clínico. Mundo cosificado y predestinado, en él las piedras no tenían historia, ni la fatalidad grandeza: era un pretexto dramático para animar el progreso, no una visión totalizante del pasado y sus obstáculos y facilidades comunes para alcanzar el verdadero desarrollo, que implica también presencia del pasado.

Mariano Azuela, más que cualquier otro novelista de la revolución mexicana, levanta la pesada piedra de la historia para ver *qué hay allí abajo*. Lo que encuentra es la historia de la Colonia que nadie antes había realmente narrado imaginativamente. Quien se quede en la mera relación de acontecimientos "presentes" en Azuela, sin comprender la riqueza contextual de su obra, no la habrá leído. Tampoco habrá leído a la nación como narración, que es la gran aportación de Azuela a la literatura hispanoamericana; somos lo que somos porque somos lo que fuimos.

Pero cuando digo "la historia de la colonia", debería decir "la historia de dos colonias": Azuela es su Dickens. Stanley y Barbara Stein, los historiadores de la Colonia en la Universidad de Princeton, distinguen varias constantes de ese sistema: la hacienda, la plantación y las estructuras sociales vinculadas al latifundismo; los enclaves mineros; el síndrome exportador; el elitismo, el nepotismo y el clientismo. Pero lo notable de estas constantes es que no sólo revelan la realidad del país colonizado, sino que se reflejan como vicios del propio país colonizador, España.

Historia de dos colonias. Una nación colonial coloniza a un continente colonial. Vendamos mercancía a los españoles, ordenó Luis XV, para obtener oro y plata; y Gracián exclamó en *El Criticón*: España es las Indias de Francia. Pudo haber dicho: España es las Indias de Europa. Y la América española fue la colonia de una colonia posando como un Imperio.

Exportación de lana, importación de textiles y fuga de los metales preciosos al norte de Europa para compensar el déficit de la balanza de pagos ibérica, importar los lujos del Oriente para la aristocracia ibérica, pagar las cruzadas contrarreformistas y los monumentos mortificados de Felipe II y sus sucesores, defensores de la fe. En su *Memorial de la política necesaria*, escrito en 1600, el economista González de Celorio, citado por John Elliot en su *España imperial*, dice que si en España no hay dinero, ni oro ni plata, es porque los hay; y si

España no es rica, es porque lo es. Sobre España, concluye Celorio, es posible, de esta manera, decir dos cosas a la vez contradictorias y ciertas.

Temo que sus colonias no escaparon a la ironía de Celorio. Pues, ¿cuál fue la tradición del Imperio español sino un patrimonialismo desaforado, a escala gigantesca, en virtud del cual las riquezas dinásticas de España crecieron desorbitadamente, pero no la riqueza de los españoles? Si Inglaterra, como indican los Stein, eliminó todo lo que restringía el desarrollo económico (privilegios de clase, reales o corporativos; monopolios; prohibiciones) España los multiplicó. El imperio americano de los Austrias fue concebido como una serie de reinos añadidos a la corona de Castilla. Los demás reinos españoles estaban legalmente incapacitados para participar directamente en la explotación y la administración del Nuevo Mundo.

América fue el patrimonio personal del rey de Castilla, como Comala de Pedro Páramo, el Guarari de los Ardavines y Limón en Zacatecas del cacique don Mónico.

España no creció, creció el patrimonio real. Creció la aristocracia, creció la Iglesia y creció la burocracia al grado de que en 1650 había 400,000 edictos relativos al Nuevo Mundo en vigor: Kafka con peluca. La militancia castrense y eclesiástica pasa, sin solución de continuidad, de la Reconquista española a la Conquista y colonización americanas. En la península permanece una aristocracia floja, una burocracia centralizadora y un ejército de pícaros, rateros y mendigos. Cortés está en México; Calisto, el Lazarillo de Tormes y el Licenciado Vidriera se quedan en España. Pero Cortés, hombre nuevo de la clase media extremeña, hermano activo de Nicolás Maquiavelo y su política *para* la conquista, *para* la novedad, *para* el Príncipe que se hace a sí mismo y no hereda nada, es derrotado por el *imperium* de los Habsburgo españoles, el absolutismo impuesto a España primero por la derrota de la revolución comunera en 1521, en segunda por la derrota de la reforma católica en el Concilio de Trento de 1545-1563.

La América española debió aceptar lo que la modernidad europea juzgaría intolerable: el privilegio como norma, la

Iglesia militante, el oropel insolente y el uso privado de los poderes y recursos públicos.

Tomó a España ochenta años ocupar su imperio americano y dos siglos establecer la economía colonial sobre tres columnas, nos dicen Barbara y Stanley Stein: los centros mineros de México y Perú; los centros agrícolas y ganaderos en la periferia de la minería; y el sistema comercial orientado a la exportación de metales a España para pagar las importaciones del resto de Europa.

La minería pagó los costos administrativos del Imperio pero también protagonizó el genocidio colonial, la muerte de la población que entre 1492 y 1550 descendió, en México y el Caribe, de 25 millones a un millón y en las regiones andinas, entre 1530 y 1750, de seis millones a medio millón. En medio de este desastre demográfico, la columna central del Imperio, la mina, potenció la catástrofe, la castigó y la prolongó mediante una forma de esclavismo, el trabajo forzado, la *mita*, acaso la forma más brutal de una colonización que primero destruyó la agricultura indígena y luego mandó a los desposeídos a los campos de concentración mineros porque no podían pagar sus deudas (Stanley y Barbara Stein, *La herencia colonial de la América Latina*).

3. La losa de los siglos

Valiente mundo nuevo: ¿qué podía quedar, después de esto, del sueño utópico del Nuevo Mundo regenerador de la corrupción europea, habitado por el Buen Salvaje, destinado a restaurar la Edad de Oro? Erasmo, Moro, Vitoria y Vives se van por la coladera oscura de una mina en Potosí o Guanajuato. La Edad de Oro resultó ser la hacienda, paradójico refugio del desposeído y del condenado a trabajos forzados en la mina. La historia de la América española parece escribirse con la ley jesuita del malmenorismo y comparativamente el hacendado se permite desempeñar este papel de protector, patriarca, juez y carcelero benévolo que exige y obtiene, paternalistamente, el trabajo y la lealtad del campesino que recibe del patriarca raciones, consolación religiosa y seguridad tristemente relativa. Su nombre es Pedro Páramo, don Mónico, José Gregorio Ardavín.

Debajo de esta losa de siglos aparecen los hombres y mujeres de Azuela: son las víctimas de todos los sueños y todas las pesadillas del Nuevo Mundo: ¿Hemos de sorprendernos de que, al salir de debajo de la piedra, parezcan a veces insectos, alacranes ciegos, deslumbrados por el sol, girando en redondo, perdido el sentido de la orientación por siglos y siglos de oscuridad y opresión bajo las rocas del poder azteca, ibérico y republicano? Emergen de esa oscuridad: no pueden ver con claridad el mundo, viajan, se mueven, emigran, combaten, se van a la revolución. Cumplen los requisitos de la épica original. Pero también, significativamente, los degradan y los frustran.

Pues *Los de abajo* es una crónica épica que pretende establecer la forma de los hechos, no de los mitos, porque éstos no nutren la textualidad inmediata de *Los de abajo*. Pero también es una crónica novelística que no sólo determina los hechos sino que los critica imaginativamente.

La descripción de los hechos generales es épica, sintética a veces:

> Los federales tenían fortificados los cerros de El Grillo y La Bufa de Zacatecas. Decíase que era el último reducto de Huerta, y todo el mundo auguraba la caída de la plaza. Las familias salían con precipitación rumbo al Sur; los trenes iban colmados de gente; faltaban carruajes y carretones, y por los caminos reales, muchos, sobrecogidos de pánico, marchaban a pie y con sus equipajes a cuestas.

Y a veces yuxtapone la velocidad y la morosidad:

> El caballo de Macías, cual si en vez de pezuñas hubiese tenido garras de águila, trepó sobre estos peñascos. "¡Arriba, arriba!", gritaron sus hombres, siguiendo tras

él, como venados, sobre las rocas, hombres y bestias hechos uno. Sólo un muchacho perdió la pisada y rodó al abismo; los demás aparecieron en brevísimos instantes en la cumbre, derribando trincheras y acuchillando soldados. Demetrio lazaba las ametralladoras, tirando de ellas cual si fuesen toros bravos. Aquello no podía durar. La desigualdad numérica los habría aniquilado en menos tiempo del que gastaron en llegar allí. Pero nosotros nos aprovechamos del momentáneo desconcierto, y con rapidez vertiginosa nos echamos sobre las posiciones y los arrojamos de ellas con la mayor facilidad. ¡Ah, qué bonito soldado es su jefe!

Otras veces, el panorama es presentado curiosamente como primer plano:

De lo alto del cerro se veía un costado de La Bufa, con su crestón, como testa empenachada de altivo rey azteca. La vertiente, de seiscientos metros, estaba cubierta de muertos, con los cabellos enmarañados, manchadas las ropas de tierra y de sangre, y en aquel hacinamiento de cadáveres calientes, mujeres haraposas iban y venían como famélicos coyotes esculcando y despojando.

La caracterización, repetitiva, enunciativa y anunciadora de las calidades del héroe, también es épica: como Aquiles es el valiente y Ulises el prudente, Álvar Fáñez quien en buenhora ciñó espada y Don Quijote el Caballero de la Triste Figura, Pancho Villa aquí es el "Napoleón mexicano", "el águila azteca que ha clavado su pico de acero sobre la cabeza de la víbora Victoriano Huerta". Y Demetrio Macías será el héroe de Zacatecas.

Pero es aquí mismo, al nivel épico de la nominación, donde Azuela inicia su devaluación de la épica revolucionaria mexicana. ¿Merece Demetrio Macías su membrete, es héroe, venció a alguien en Zacatecas, o pasó la noche del asalto bebiendo y amaneció con una vieja prostituta con un balazo en el ombligo y dos reclutas con el cráneo agujereado? Esta duda novelística empieza por parecerse a otra épica, no la epopeya sin dudas de Héctor y Aquiles, de Roldán y del ciclo artúrico, sino la epopeya española del Cid Campeador: la única que se inicia con el héroe estafando a dos mercaderes, los judíos Raquel y Vidas, y culmina con una humillación maliciosa: las barbas arrancadas del conde García Ordóñez. No una hazaña bélica, sino un insulto personal, una venganza.

La rebelión de Demetrio Macías también se inicia con un incidente de barbas —las del cacique de Moyahua— y el más violento adlátere de Macías, *el Güero* Margarito, no deshoja florecillas del campo, sino precisamente su barba: "Soy muy corajudo, y cuando no tengo en quién descansar, me arranco los pelos hasta que me baja el coraje. ¡Palabra de honor, mi general; si no lo hiciera así, me moriría del puro berrinche!".

No es ésta la cólera de Aquiles, sino su contrapartida degradada, vacilante, hispanoamericana. Las estafas de Mío Cid son reproducidas por Hernán Cortés, quien confiesa haberse procurado, como "gentil corsario", los arreos necesarios para su expedición mexicana entre los vecinos de la costa cubana; y estallan vertiginosamente en esta *Ilíada* descalza, que es *Los de abajo*.

Épica manchada por una historia que está siendo actuada ante nuestros ojos —aunque Azuela la da por sabida, no sólo en el sentido de que los hechos son conocidos por el público, sino en el sentido de que lo sabido es repetitivo y es fatal—. Sin embargo, al contrario de la épica, *Los de abajo* carece de un lenguaje común para sus dos principales personajes. Los compañeros de Troya se entienden entre sí, como los paladines de Carlomagno y los sesenta caballeros del Cid. Pero Demetrio Macías y *el Curro* Luis Cervantes no: y en esto son personajes radicalmente novelísticos, pues el lenguaje de la novela es el de asombro ante un mundo que ya no se entiende, es la salida de Don Quijote a un mundo que no se parece a sí mismo, pero también es la incomprensión de los personajes que han perdido las analogías del discurso. Quijote y Sancho no se entienden, como no se entienden los miembros de la familia Shandy, o Heathcliff el gitano y la familia inglesa decente, los Lynton; o Emma Bovary y su marido, o Anna Karenina y el suyo.

¿Qué une al cabo a Macías y a Cervantes? La rapiña, el lenguaje común del despojo, como en la famosa escena en la que cada uno, fingiendo que duerme, ve al otro robar un cofre sabiendo que el otro lo mira, sellando así un pacto silencioso de ladrones. Se ha formado y confirmado el pacto de gobierno: la cleptocracia.

Los hechos son fatales: Valderrama perora:

—¡Juchipila, cuna de la revolución de 1910, tierra bendita, tierra regada con sangre de mártires, con sangre de soñadores... de los únicos buenos!

—Porque no tuvieron tiempo de ser malos —completa la frase brutalmente un oficial ex federal que va pasando.

Y los hechos son repetitivos:

"Las cosas se agarran sin pedirle licencia a nadie", dice *la Pintada*; si no, ¿para quién fue la revolución? "¿Pa' los catrines? —pregunta—. Si ahora nosotros vamos a ser los meros catrines...".

"Mi jefe", le dice Cervantes a Macías, "después de algunos minutos de silencio y meditación".

"Si ahora *nosotros* vamos a ser los meros catrines", dice *la Pintada*.

4. La épica del desencanto

Extraña épica del desencanto, entre estas dos exclamaciones perfila *Los de abajo* su verdadero espectro histórico. La dialéctica interna de la obra de Mariano Azuela abunda en dos extremos verbales: la amargura engendrando la fatalidad y la fatalidad engendrando la amargura. El desencantado Solís cree que la protagonista de la revolución es "una raza irredenta" pero confiesa no poder separarse de ella porque "la revolución es el huracán". La psicología de "nuestra raza —continúa Solís— se condensa en dos palabras: 'robar, matar...'" pero "qué hermosa es la revolución, aun en su misma barbarie". Y, famosamente, concluye: "¡Qué chasco, amigo mío, si los que venimos a ofrecer todo nuestro entusiasmo, nuestra misma vida por derribar a un miserable asesino, resultásemos ser los obreros de un enorme pedestal donde pudieran levantarse cien o doscientos mil monstruos de la misma especie!", pero "—¿Por qué pelean ya, Demetrio? [...] —Mira esa piedra cómo ya no se para...".

Si *Los de abajo* se resignase a esta diversión entre dos extremos que se alimentan mutuamente, carecería de verdadera tensión narrativa; su unidad sería falsa porque la desilusión y la resignación son binomios que se agotan pronto y terminan por reflejarse, haciéndose muecas como un simio ante un espejo. La crítica, por razones obvias, se ha detenido demasiado en estos aspectos llamativos de la obra de Azuela, pasando por alto el núcleo de una tensión que otorga a los extremos su distancia activa en el discurso narrativo.

Azuela rehúsa una épica que se conforme con reflejar, mucho menos con justificar: es un novelista tratando un material épico para vulnerarlo, dañarlo, afectarlo con el acto que rompe la unidad simple. En cierto modo, Azuela cumple así el ciclo abierto por Bernal Díaz, levanta la piedra de la conquista y nos pide mirar a los seres aplastados por las pirámides y las iglesias, la mita y la hacienda, el cacicazgo local y la dictadura nacional. La piedra es esa piedra que ya no se para; la revolución huracanada y volcánica deja, bajo esta luz, de asociarse con la fatalidad para perfilarse como ese acto humano, novelístico, que quebranta la epicidad anterior, la que celebra todas nuestras hazañas históricas y, constantemente, nos amenaza con la norma adormecedora del autoelogio.

En consecuencia, lo que parecería a primera vista resignación o repetición en Azuela, es crítica; crítica del espectro histórico que se diseña sobre el conjunto de sus personajes.

Saint-Just, en medio de otro huracán revolucionario, se preguntaba cómo arrancar el poder a la ley de la inercia que constantemente lo conduce al aislamiento, a la represión y a la crueldad: "Todas las artes —dijo el joven revolucionario francés— han producido maravillas. El arte de gobernar sólo ha producido monstruos."

Saint-Just llega a esta conclusión pesimista una vez que ha distinguido el paso histórico de la revolución mientras se afirma contra sus adversarios, destruye la monarquía y se defiende de la invasión extranjera: éste es el orden épico de la revolución. Pero luego la revolución se vuelve contra sí misma y éste sería el orden trágico de la revolución. Trotski escribió que el arte socialista reviviría la tragedia. Lo dijo desde el punto de mira épico y previendo una tragedia ya no de la fatalidad o del individuo, sino de la clase en conflicto y, finalmente, de la colectividad. No sabía entonces que él sería uno de los protagonistas de la tragedia del socialismo, y que ésta ocurriría en la historia, no en la literatura.

Azuela conoce perfectamente los linderos de su experiencia literaria e histórica y su advertencia es sólo ésta: el orden épico de *esta* revolución, la mexicana, puede traducirse en una reproducción del despotismo anterior porque —y ésta es la riqueza verdadera de su obra de novelista— las matrices políticas, familiares, sexuales, intelectuales y morales del antiguo orden, el orden colonial y patrimonialista, no han sido transformadas en profundidad. El temblor de la escritura de Azuela es el de una premonición fantasmal: Demetrio Macías, ¿por qué no?, puede ser sólo una etapa más de ese destino enemigo, como lo llama Hegel. El microcosmos para reemplazar a don Mónico ya está allí, en la banda de Demetrio y sus secuaces, sus clientes, sus favoritos, el *Güero* Margarito, *el Curro,* Cervantes, Solís, *la Pintada, la Codorniz,* prontos a confundir y apropiarse los derechos públicos en función de sus apetitos privados y de servir el capricho del Jefe.

Mariano Azuela salva a Demetrio Macías del destino enemigo merced a una reiteración de la acción que, detrás de la apariencia fatalista, se asemeja al acto épico de Hegel. La épica es un distanciamiento del acto del hombre ante el acto divino. Pero Azuela, el novelista, permite que su visión trascienda, a su vez, la épica degradada y adquiera, al cabo, la resonancia del mito. Y éste es el mito del retorno al hogar.

Como Ulises, como el Cid, como Don Quijote, Demetrio Macías salió de su tierra, vio el mundo, lo reconoció y lo desconoció, fue reconocido y desconocido por él. Ahora regresa al lar, de acuerdo con las leyes del mito:

Demetrio, paso a paso, iba al campamento.

Pensaba en su yunta: dos bueyes prietos, nuevecitos, de dos años de trabajo apenas, en sus dos fanegas de labor bien abonadas. La fisonomía de su joven esposa se reprodujo fielmente en su memoria: aquellas líneas dulces y de infinita mansedumbre para el marido, de indomables energías y altivez para el extraño. Pero cuando pretendió reconstruir la imagen de su hijo, fueron vanos todos sus esfuerzos: lo había olvidado.

Llegó al campamento. Tendidos entre los surcos, dormían los soldados, y revueltos con ellos, los caballos echados, caída la cabeza y cerrados los ojos.

—Están muy estragadas las remudas, compadre Anastasio; es bueno que nos quedemos a descansar un día siquiera.

—¡Ay, compadre Demetrio…! ¡Qué ganas ya de la sierra! Si viera…, ¿a que no me lo cree…? pero naditita que me jallo por acá… ¡Una tristeza y una murria…! ¡Quién sabe qué le hará a uno falta…!

—¿Cuántas horas se hacen de aquí a Limón?

—No es cosa de horas: son tres jornadas muy bien hechas, compadre Demetrio.

Antes de la madrugada salieron rumbo a Tepatitlán. Diseminados por el camino real y por los barbechos, sus siluetas ondulaban vagamente al paso monótono y acompasado de las caballerías, esfumándose en el tono perla de la luna en menguante, que bañaba todo el valle.

Se oía lejanísimo ladrar de perros.

—Hoy a mediodía llegamos a Tepatitlán, mañana a Cuquío, y luego…, a la sierra —dijo Demetrio.

Pero Ítaca es una ruina: la historia la mató también:

Igual a los otros pueblos que venían recorriendo desde Tepic, pasando por Jalisco, Aguascalientes y Zacatecas, Juchipila era una ruina. La huella negra de los incendios se veía en las casas destechadas, en los pretiles ardidos. Casas cerradas; y una que otra tienda que permanecía abierta era como por sarcasmo, para mostrar sus desnudos armazones, que recordaban los blancos esqueletos de los caballos diseminados por todos los caminos. La mueca pavorosa del hambre estaba ya en las caras terrosas de la gente, en la llama luminosa de sus ojos que, cuando se detenían sobre un soldado, quemaban con el fuego de la maldición.

La historia revolucionaria despoja a la épica de su sostén mítico: *Los de abajo* es un viaje del origen al origen, pero sin mito. Y la novela, en seguida, despoja a la historia revolucionaria de su sostén épico.

Ésta es nuestra deuda profunda con Mariano Azuela. Gracias a él se han podido escribir novelas modernas en México porque él impidió que la historia revolucionaria, a pesar de sus enormes esfuerzos en ese sentido, se nos impusiera totalmente como celebración épica. El hogar que abandonamos fue destruido y nos falta construir uno nuevo. No es cierto que esté terminado, dice desde entonces, desde 1916, Azuela; es posible que estos ladrillos sean distintos de aquéllos, pero no lo es este látigo del otro. No nos engañemos, nos dice Azuela el novelista, aun al precio de la amargura. Es preferible estar triste que estar tonto.

La crítica y el humor salvan, al cabo, a las revoluciones de los excesos del autoritarismo solemne. Azuela nos dio las armas de la crítica. La revolución misma, las del humor. Lo tiene, inherente, una revolución cuyo himno celebra a una cucaracha marihuana.

5. *Martín Luis Guzmán: Un fósforo en la noche*

El protagonista de *Los de debajo*, Demetrio Macías, es un hombre invisible, uno de tantos seres anónimos que hicieron la revolución y murieron en la revolución. El protagonista de *La sombra del caudillo* es otro hombre invisible, el jefe máximo para el que se hizo la revolución y que de ella vive.

Decimos en México que un día la revolución se bajó del caballo y se subió al Cadillac. La novela de Guzmán retrata a una sociedad política intermedia entre el caballo y el Cadillac. Ha terminado lo que se llamó "la fase armada" de la revolución: la lucha contra la dictadura de Victoriano Huerta y luego la guerra entre facciones revolucionarias: Carranza contra Zapata y Villa, Obregón contra Carranza, de la Huerta contra Obregón. La consolidación del régimen Obregón-Calles a partir de 1921 no excluyó las revueltas de militares ambiciosos o insatisfechos (Francisco Serrano, Pablo González, Arnulfo R. Gómez).

Con un pie en el estribo y el otro en el acelerador, el caudillo de Guzmán siempre está, como lo indica el título, en la sombra. Su poder se manifiesta en los personajes que actúan, también ambiguamente, a su sombra. A favor o en contra. El caudillo manipula, frustra, despliega trampas, fomenta rivalidades, obligando, al cabo, a la oposición a manifestarse públicamente —tan públicamente como el caudillo se manifiesta, cual titiritero, en la sombra—. Y, a la luz del día, ofrecerse como blanco para la muerte. Fuera de la sombra, no hay salud, dice implícitamente el caudillo. A la luz del sol, hay un paredón y un pelotón de fusilamiento. O peor: hay la cacería vil de los opositores, como si fuesen animales.

Guzmán retrata a un poder político aún inseguro que se mueve del cambio a la permanencia, de "la bola" a "la institución". Calles no toleró la oposición y mandó matar a sus enemigos. Pero también absorbió a la oposición creando un partido de partidos que sumara facciones a favor de un poder único, presidencial, centralista: el Partido Nacional Revolucionario (PNR) y al cabo, y eternamente, el Partido Revolucionario Institucional, que gobernaría durante siete décadas.

En *La sombra del caudillo* esta transición inicial vive su bautizo como un baño de sangre, violencia y traición, virtudes contrastadas por la prosa límpida de Guzmán. Éste, junto con Alfonso Reyes, había escrito crítica de cine en Madrid con el seudónimo de "Fósforo" y a sus libros —*El águila y la serpiente, La sombra del caudillo*, ambos de 1928— les otorga un castellano límpido. Como si la opacidad de los temas requiriese la luminosidad de la prosa.

Hay en esto, qué duda cabe, una voluntad estética y una percepción visual muy notables que, sin embargo, en su *perfección* misma, le dan a las obras una dimensión académica. La diáfana prosa de Guzmán corona las turbias historias que cuenta. No hay más. No hay contradicción de forma y fondo, porque éste, oscuro, sólo se podría escribir así, luminosamente. La contradicción aparente es superada por la voluntad de estilo. Guzmán aspira a conciliar, clásicamente, el fondo y la forma. Escribe —y muy bien— para una suerte de eternidad lingüística.

Hacía falta voltear el guante, explorar formas nuevas para temas viejos y temas nuevos para formas viejas, trascender la historia para re-encontrar la historia con armas inéditas de la imaginación y el lenguaje.

Había que encontrar la forma universal del tema nacional. Había que dar cuenta de la sociedad más allá de lo que la sociedad es, a lo que la sociedad imagina y cómo imaginamos la sociedad.

6. Agustín Yáñez y el porvenir del pasado

Al filo del agua (1947) de Agustín Yáñez señala el fin de la llamada "novela de la revolución" narrando, sin paradoja, el inicio de la revolución. Yáñez rompe los estilos habituales del realismo (Azuela, Guzmán, Muñoz) introduciendo, en primer lugar, un coro despojado de adornos verbales. El autor lo llama "acto preparatorio" y su voz es la de un coro cuya primera, célebre declaración es: "Pueblo de mujeres enlutadas" para seguir

—siempre el coro — con "pueblo sin fiestas", "pueblo seco, sin árboles ni huertos", "pueblo de sol, reseco…".

Novela coral de arranque, *Al filo del agua* somete su propia continuidad a la norma introductoria del coro que, no hay que olvidarlo, era una liturgia que precedía y representaba la acción trágica. Ésta sería tan variada y disímil como se quisiera de la voz coral, pero, sin ésta, no tendría lugar la acción misma.

Esto es importante para entender tanto la novedad como la importancia de *Al filo del agua*, pues antes de Yáñez la novela mexicana (que era la novela de Azuela y Guzmán) había narrado los hechos de modo directo y continuo, como lo exigió la norma realista. Yáñez presenta no un "nuevo" realismo, sino una ruptura de lo real en la que el tema de la novela presiente el hecho histórico pero lo somete a lo mismo que lo precede: la ignorancia de lo que vendrá. Yáñez logra así una novedad en nuestra literatura. Nos revela el secreto de lo desconocido.

El gran coro con que se inicia *Al filo del agua* —el acto preparatorio— parecería un momento de quietud al borde de la tempestad. Quietud engañosa. La estática del coro contiene cuanto ha de sucederla: la acción, que deja de ser sucesión temporal para convertirse, por arte del coro, en simultaneidad de tiempos. El arte de Yáñez consistiría en decirnos lo que la historia comprueba —1909 a 1910: la revolución se prepara y se inicia— de una manera que la historia desconoce. Como, en efecto, sucede: la historia no tiene bola de cristal que adivine el futuro; la historia no tiene más espejo que el pasado; pero el pasado que evoca una novela se desconoce como tal porque es puro presente narrativo.

El coro de *Al filo del agua*, así, es falsamente estático. Contiene la acción por venir, solo que "la acción" en esta obra no sólo ocurre afuera sino adentro de las personas. Afuera, hay un pueblo "que puso Dios en sus manos", murmura el cura don Dionisio. Los rituales se suceden previsibles y vacíos. Las vidas se suceden: pecado, perdón, dolor, muerte, de acuerdo a calendarios que prohíben la fiesta y son pura mortificación.

Yáñez apela a las técnicas narrativas modernas para introducirse en las mentes afligidas y mudas del "pueblo de mujeres enlutadas". El monólogo interior sirve aquí un doble propósito. Rompe el silencio de un pueblo fatal y da voz a un pueblo mudo. El deseo, la culpa, el miedo, el silencio van adquiriendo una extraña sonoridad, pasan del monólogo interno en rebelión contra el silencio, rompen las supersticiones como el perro que con sus aullidos parte los rezos, niega la obediencia de siglos, mira a los que se van y sienten que escapar del "pueblo de mujeres enlutadas" es posible, llegan los trabajadores del norte, se va y regresa Victoria, "alborotadora de prójimos", el país se mueve, la quietud se rompe, al cabo llegan los revolucionarios y sólo queda en el pueblo el campanero Gabriel —nombre de arcángel—, quien ha celebrado fechas y emociones, amores mudos y ese eterno secreto de lo desconocido.

Gabriel también se va. Don Dionisio el cura ha quedado exhausto. La religión sin fiesta ha sido vencida por la fiesta de la revolución.

Agustín Yáñez ha vencido la linealidad de la historia con la diversidad de las voces de la literatura.

7. Juan Rulfo. Final e inicio

Surgida de "la hegemonía de un lenguaje único y unitario" —el de la Contrarreforma española— que durante tres siglos obstaculizó la importación, redacción, impresión o circulación de novelas, nuestra primera ficción nacional coincide con el triunfo de las revoluciones de independencia: es *El Periquillo Sarniento* de José Joaquín Fernández de Lizardi, en 1816, quien inaugura la novela hispanoamericana en la ciudad y en las contradicciones de la ciudad. Pero en 1816 aún no estábamos preparados para ahondar en el descubrimiento conflictivo de Lizardi y su héroe Pedro Sarmiento, ni indio ni español, sino mestizo; ni católico dogmático ni liberal romántico, sino ambos.

Debimos pasar por mucho romanticismo, mucho realismo, mucho naturalismo, mucho psicologismo, antes de que Pedro Sarmiento le diera la mano a Pedro Páramo.

Pero la novela mexicana es sólo un capítulo de la empresa mayor de la literatura de lengua española, a la que pertenecemos todos, nos-otros y us-tedes, y ésta es una literatura nacida de los mitos de las culturas indígenas, de las epopeyas de la conquista y de las utopías del Renacimiento. Todos juntos surgimos de esta tierra común —esta *terra nostra*—, nos nutrimos de ella, la olvidamos, la redescubrimos y la soltamos a volar con la fuerza de un lenguaje recobrado, que primero fue el de nuestros grandes poetas relámpago, Rubén Darío y Pablo Neruda, Leopoldo Lugones y Luis Palés Matos, César Vallejo y Gabriela Mistral. Gracias a ellos, los novelistas tuvimos un lenguaje con el cual trabajar en la tarea inacabada de la contraconquista de la América española.

Esta contraconquista pasa por un capítulo de identidad nacional representado perfectamente por la novela de la revolución mexicana: la crónica de Martín Luis Guzmán, la vasta comedia de Mariano Azuela —una historia que va desde *Andrés Pérez maderista* hasta *El camarada Pantoja,* pasando por la famosísima *Los de abajo*—, los dramáticos anecdotarios villistas de Rafael F. Muñoz, los aguafuertes cristeros de Guadalupe de Anda, la renovación formal del género por Agustín Yáñez, nos permiten a los mexicanos descubrirnos a nosotros mismos. No hay conocimiento de sí sin crítica de sí.

Juan Rulfo asume toda esta tradición, la desnuda, despoja al cacto de espinas y nos las clava como un rosario en el pecho, toma la cruz más alta de la montaña y nos revela que es un árbol muerto de cuyas ramas cuelgan, sin embargo, los frutos, sombríos y dorados, de la palabra.

En este mismo libro hablo de Bernal Díaz como nuestro primer novelista: el autor de una épica vacilante, incierta de su materia, de sus afectos y de la memoria que es el instrumento único con el que cuentan tanto Bernal como Proust.

Juan Rulfo es un novelista final no sólo en el sentido de que, en *Pedro Páramo,* concluye, consagrándolos y asimilándolos, varios géneros tradicionales de la literatura mexicana: la novela del campo, la novela de la revolución, abriendo en vez una modernidad narrativa de la cual Rulfo es, a la vez, agonista y protagonista.

Imaginar América, contar el Nuevo Mundo, no sólo como extensión sino como historia. Decir que el mundo no ha terminado porque es *no sólo* un espacio limitado, sino un tiempo sin límite. La creación de esta *cronotopía* —tiempo y espacio— americana ha sido lo propio de la narrativa en lengua española de nuestro hemisferio. *La transformación del espacio en tiempo:* transformación de la selva de *La vorágine* en la historia de *Los pasos perdidos* y la fundación de *Cien años de soledad.* Tiempo del espacio que los contiene a todos en *El Aleph* y espacio del tiempo urbano en *Rayuela.* Naturaleza virgen de Rómulo Gallegos, libro y biblioteca reflejados de Jorge Luis Borges, ciudad aural e intransitable de Luis Rafael Sánchez. Para Juan Rulfo la cronotopía americana, el encuentro de tiempo y espacio, no es río ni selva ni ciudad ni espejo: es una tumba. Y allí, desde la muerte, Juan Rulfo activa, regenera y hace contemporáneas las categorías de nuestra fundación americana: la epopeya y el mito.

Pedro Páramo, la novela de Juan Rulfo, se presenta ritualmente con un elemento clásico del mito: la búsqueda del padre. Juan Preciado, el hijo de Pedro Páramo, llega a Comala: como Telémaco, busca a Ulises. Un arriero llamado Abundio lo conduce. Es Caronte, y el Estigio que ambos cruzan es un río de polvo. Abundio se revela como hijo de Pedro Páramo y abandona a Juan Preciado en la boca del infierno de Comala. Juan Preciado asume el mito de Orfeo: va a contar y va a cantar mientras desciende al infierno, pero a condición de no mirar hacia atrás. Lo guía la voz de su madre, Doloritas, la Penélope humillada del Ulises de barro, Pedro Páramo. Pero esa voz se vuelve cada vez más tenue: Orfeo no puede mirar hacia atrás y, esta vez, desconoce a Eurídice. No son ellas esta sucesión de mujeres que suplantan a la madre y que más bien parecen Virgilios con faldas: Eduviges, Damiana, Dorotea *la Cuarraca* con su molote arrullado, diciendo que es su hijo.

Son ellas quienes introducen a Juan Preciado en el pasado de Pedro Páramo: un pasado contiguo, adyacente, como el imaginado por Coleridge: no atrás, sino al lado, detrás de esa puerta, al abrir esa ventana. Así, al lado de Juan reunido con

Eduviges en un cuartucho de Comala está el niño Pedro Páramo en el excusado, recordando a una tal Susana. No sabemos que está muerto; podemos suponer que sueña de niño a la mujer que amará de grande.

Eduviges está con el joven Juan al lado de la historia del joven Pedro: le revela que iba a ser su madre y oye el caballo de otro hijo de Pedro Páramo, Miguel, que se acerca a contarnos su propia muerte. Pero al lado de esta historia, de esta muerte, está presente otra: la muerte del padre de Pedro Páramo.

Eduviges le ha preguntado a Juan en la página 27:

—¿Has oído alguna vez el quejido de un muerto? [...]
—No, doña Eduviges.
—Más te vale [contesta la vieja].

Este diálogo es retomado en la página 36:

—Más te vale, hijo. Más te vale.

Pero entre los dos diálogos de Eduviges, que son el mismo diálogo en el mismo instante, palabras idénticas a sí mismas y a su momento, palabras espejo, ha muerto el padre de Pedro Páramo, ha muerto Miguel el hijo de Pedro Páramo, el padre Rentería se ha negado a bendecir el cadáver de Miguel, el fantasma de Miguel ha visitado a su amante Ana la sobrina del señor cura y éste sufre remordimientos de conciencia que le impiden dormir. Hay más: la propia mujer que habla, Eduviges Dyada, en el acto de hablar y mientras todo esto ocurre contiguamente, se revela como un ánima en pena, y Juan Preciado es recogido por su nueva madre sustituta, la nana Damiana Cisneros.

Tenemos así dos órdenes primeros de la estructura literaria en *Pedro Páramo*: una realidad dada y el movimiento de esa realidad. Los segmentos dados de la realidad son cualesquiera de los que he mencionado: Rentería se niega a enterrar a Miguel, el niño Pedro sueña con Susana encerrado en el baño, muere el padre de Pedro, Juan Preciado llega a Comala, Eduviges desaparece y la sustituye Damiana.

Pero esos segmentos sólo tienen realidad en el movimiento narrativo, en el roce con lo que les sigue o precede, en la yuxtaposición del tiempo de cada segmento con los tiempos de los demás segmentos. Cuando el tiempo de unas palabras —*más te vale hijo, más te vale*— retorna nueve páginas después de ser pronunciadas, entendemos que esas palabras no están separadas por el tiempo, sino que son instantáneas y *sólo* instantáneas; no ha ocurrido nada entre la página 27 y la página 36. O más bien: cuanto ha ocurrido ha ocurrido simultáneamente. Es decir: ha ocurrido en el eterno presente del mito.

Cuando en mi lectura sucesiva entendí que los tiempos de *Pedro Páramo* son tiempos simultáneos comencé a acumular y a yuxtaponer, retroactivamente, esta contigüidad de los instantes que iba conociendo. Pues Rulfo nos invita a entrar a varios tiempos que, si al cabo se resuelven en el mito, en su origen narrativo se resisten a la mitificación. Como en el *Tristram Shandy* de Sterne, o en los *Cuatro cuartetos* de Eliot —para abarcar una gama más amplia—, la sucesión temporal, épica, que por lo menos desde Lessing se le atribuye a la literatura, es correspondida, al cabo, por una presencia simultánea, no sucesiva, en el espacio mental, que es en este caso un espacio mítico.

La historia de Pedro Páramo que le cuentan a Juan sus madres sucesivas es una historia política y psicológica "realista", lineal. Pedro Páramo es la versión jalisciense del tirano patrimonial cuyo retrato es evocado en las novelas de Valle Inclán, Gallegos y Asturias: el minicésar que manipula todas las fuerzas políticas pero al mismo tiempo debe hacerles concesiones; una especie de Príncipe agrario.

Descendiente de los conquistadores de la Nueva Galicia, émulo feroz de Nuño de Guzmán, Pedro Páramo acumula todas las grandes lecciones de Maquiavelo, salvo una. Como el florentino, el jalisciense sabe que un príncipe sabio debe alimentar algunas animosidades contra él mismo, a fin de aumentar su grandeza cuando las venza; sabe que es mucho más seguro ser temido que ser amado. En los divertidos segmentos en los que Rulfo narra los tratos de Pedro Páramo con las fuerzas revolucionarias, el cacique de Comala procede como lo recomendó

Maquiavelo y como lo hizo Cortés: une a los enemigos menos poderosos de tu enemigo poderoso; luego arruínalos a todos; luego usurpa el lugar de todos, amigos y enemigos, y no lo sueltes más. Maquiavelo, Cortés, Pedro Páramo: no está de más poseer una virtud verbal y también una mente capaz de cambiar rápidamente. Pedro Páramo, el conquistador, el príncipe: comete las crueldades de un solo golpe; distribuye los beneficios uno por uno.

Y sin embargo, este héroe del maquiavelismo patrimonial del Nuevo Mundo, señor de horca y cuchillo, amo de vidas y haciendas, dueño de una voluntad que impera sobre la fortuna de los demás y apropia para su patrimonio privado todo cuanto pertenece al patrimonio público, este profeta armado del capricho y la crueldad impunes, rodeado de sus bandas de mayordomos ensangrentados, no aprendió la otra lección de Maquiavelo, y ésta es que no basta imponer la voluntad. Hay que evitar los vaivenes de la Fortuna, pues el príncipe que depende de ella será arruinado por ella.

Pedro Páramo no es Cortés, no es el Príncipe maquiavélico porque, finalmente, es un personaje de novela. Tiene una falla secreta, un resquicio por donde las recetas del poder se desangran inútilmente. La Fortuna de Pedro Páramo es una mujer, Susana San Juan, con la que soñó de niño, encerrado en el baño, con la que voló cometas y se bañó en el río, cuando era niño.

¿Cuál es el papel de Susana San Juan? Su primera función, si retornamos de la frase retomada de Eduviges Dyada a la razón de esta técnica, y si la acoplamos al tremendo aguafuerte político y sociológico del cacique rural que Rulfo acaba por ofrecernos, es la de ser soñada por un niño y la de abrir, en ese niño que va a ser el tirano Páramo, una ventana anímica que acabará por destruirlo. Si al final de la novela Pedro Páramo se desmorona como si fuera un montón de piedras, es porque la fisura de su alma fue abierta por el sueño infantil de Susana: a través del sueño, Pedro fue arrancado a su historia política, maquiavélica, patrimonial, desde antes de vivirla, desde antes de serla. Sin embargo, ingresó desde niño al mito, a la simultaneidad de tiempos que rige el mundo de su novela. Ese tiempo simultáneo será su derrota porque, para ser el cacique total, Pedro Páramo no podía admitir heridas en su tiempo lineal, sucesivo, lógico: el tiempo futurizable del poder épico.

Abierta esta ventana del alma por Susana San Juan, Pedro Páramo es arrancado de su historia puramente "histórica", política, maquiavélica, en el momento mismo en que la está viviendo. La pasión por Susana San Juan coloca a Pedro en el margen de una realidad mítica que no niega la realidad histórica, sino que le otorga relieve y color, tonos de contraste —Rulfo a veces se parece a los maestros del blanco y negro, Goya y Orozco— que, de hecho, nos permiten entender *mejor* la verdad histórica.

Giambattista Vico, quien primero ubicó el origen de la sociedad en el lenguaje y el origen del lenguaje en la elaboración mítica, vio en los mitos la "universalidad imaginativa" de los orígenes de la humanidad: la imaginación de los pueblos *aboriginales*.

La voz de Rulfo llega a esta raíz. Es, a la vez, silencio y lenguaje; y, para no sacrificar en ningún momento sus dos componentes, es, sobre todo, rumor. Claude Lévi-Strauss, en su *Antropología estructural,* nos dice que la función de los mitos consiste en incorporar y exhibir las oposiciones presentes en la estructura de la sociedad en la cual nace el mito. El mito es la manera en que una sociedad entiende e ignora su propia estructura; revela una presencia, pero también una carencia. Ello se debe a que el mito asimila los acontecimientos culturales y sociales. El hecho biológico de dar a luz se convierte, míticamente, en un hecho social. El juego entre realidad sexual y teatralidad erótica de Doloritas Preciado, Eduviges Dyada, Damiana Cisneros y Dorotea *la Cuarraca* en torno al "hijo" narrador, Juan Preciado, es parte de esta circulación entre biología y sociedad que opera el mito-puente.

Hay más: Lévi-Strauss indica que en cada mito se refleja no sólo su propia poética (es decir, la manera en que el mito es contado en un momento o una sociedad determinados) sino que también da cabida a todas las variantes no dichas, de las cuales esta particular versión es sólo una variante más. Vladimir Propp, en la *Morfología del cuento,* distingue una veintena de funciones propias del cuento de hadas ruso. El orden de las mismas puede variar, pero no se encuentra un cuento que no incluya, en una forma u otra, una combinación de varias de estas funciones. ¿Hay mitos nuevos, nacidos de circunstancias nuevas? Harry Levin recuerda que Emerson pidió una mitología industrial de Manchester, y Dickens se la dio; Trotski pidió un arte revolucionario que reflejase todas las contradicciones del sistema social revolucionario, pero Stalin se lo negó. La audiencia actual de telenovelas y novelas "divertidas" o *light* ignora que está leyendo combinaciones de mitos antiquísimos. Sin embargo, sólo la crítica del subdesarrollo sigue manteniendo el mito romántico de la originalidad, precisamente porque nuestras sociedades aún no rebasan las promesas sentimentales de las clases medias del siglo pasado. Todo gran escritor, todo gran crítico, todo gran lector, sabe que no hay libros huérfanos: no hay textos que no desciendan de otros textos.

El mito explica esta realidad genealógica y mimética de la literatura: no hay, como explica Lévi-Strauss, una sola versión del mito, de la cual todas las demás serían copias o distorsiones. Cada versión de la verdad le pertenece al mito. Es decir, cada versión del mito es parte del mito y éste es su poder. El mismo mito —Edipo, pongo por caso— puede ser contado anónimamente, o por Sócrates, Shakespeare, Racine, Hölderlin, Freud, Cocteau, Pasolini, y mil sueños y cuentos de hadas. Las variaciones reflejan el poder del mito. Traten ustedes de contar más de una vez, en cambio, una novela de Sidney Sheldon o de Jackie Collins.

Al contener todos estos aspectos de sí, el mito establece también múltiples relaciones con el lenguaje invisible o no dicho de una sociedad. El mito, en este sentido, es la expresión del lenguaje potencial de la sociedad en la cual se manifiesta.

Esto es igualmente cierto en la antigüedad mediterránea y en la antigüedad mesoamericana, puesto que el mito y el lenguaje son respuestas al terror primario ante la inminencia de la catástrofe natural. Primero hablamos para contar un mito que nos permite comprender el mundo, y el mito requiere un lenguaje para manifestarse. Mito y lenguaje aparecen al mismo tiempo, y los mitos, escribe Vico, son el ingreso a la vasta imaginación de los primeros hombres. El lenguaje del mito nos permite conocer las voces mentales de los primeros hombres: dioses, familia, héroes, autoridad, sacrificios, leyes, conquista, valentía, fama, tierra, amor, vida y muerte: éstos son los temas primarios del mito, y los dioses son los *primeros* actores del mito.

El hombre recuerda las historias de los dioses y las comunica, antes de morir, a sus hijos, a su familia.

Pero el hombre abandona su hogar, viaja a Troya, obliga a los dioses a acompañarle, lucha, convierte el mito en épica y en la lucha épica —que es la lucha histórica— descubre su fisura personal, su falla heroica: de ser héroe épico, pasa a ser héroe trágico. Regresa al hogar, comunica la tragedia a la ciudad, y la ciudad, en la catarsis, se une al dolor del héroe caído y restablece, en la simpatía, los valores de la comunidad.

Éste es el círculo de fuego de la antigüedad mediterránea —mito, épica y tragedia— que el cristianismo primero y la secularidad moderna, en seguida, excluyen, porque ambos creen en la redención en el futuro, en la vida eterna o en la utopía secular, en la ciudad de dios o en la ciudad del hombre.

La novela occidental no regresa a la tragedia: se apoya en la épica precedente, degradándola y parodiándola (*Don Quijote*) pero vive una intensa nostalgia del mito que es el origen de la materia con la cual se hace literatura: *el lenguaje.*

Pedro Páramo no es una excepción a esta regla: la confirma con brillo incomparable, cuenta la historia épica del protagonista, pero esta historia es vulnerada por la historia mítica del lenguaje.

Negar el mito sería negar el lenguaje y para mí éste es el drama de la novela de Rulfo. En el origen del mito está el lenguaje y en el origen del lenguaje está el mito: ambos son una respuesta al silencio aterrador del mundo anterior al hombre: el universo mudo al cual viaja el narrador de *Los pasos perdidos* de Alejo Carpentier, deteniéndose al borde del abismo.

Por todo esto, es significativo que en el centro mismo de *Pedro Páramo* escuchemos el vasto silencio de una tormenta que se aproxima —y que este silencio sea roto por el mugido del ganado.

Fulgor Sedano, el brazo armado del cacique, da órdenes a los vaqueros de aventar el ganado de Enmedio más allá de lo que fue Estagua, y de correr el de Estagua para los cerros del Vilmayo. "Y apriétenle —termina—, ¡que se nos vienen encima las aguas!".

Apenas sale el último hombre a los campos lluviosos, entra a todo galope Miguel Páramo, el hijo consentido del cacique, se apea del caballo casi en las narices de Fulgor y deja que el caballo busque solo su pesebre.

"—¿De dónde vienes a estas horas, muchacho?" —le pregunta Sedano.

"—Vengo de ordeñar" —contesta Miguel, y en seguida en la cocina, mientras le prepara sus huevos, le contesta a Damiana que llega "De por ahí, de visitar madres". Y pide que se le dé de comer igual que a él a una mujer que "allí está afuerita", con un molote en su rebozo que arrulla "diciendo que es su crío. Parece ser que le sucedió alguna desgracia allá en sus tiempos; pero, como nunca habla, nadie sabe lo que le pasó. Vive de limosna".

El silencio es roto por las voces que no entendemos, las voces mudas del ganado mugiente, de la vaca ordeñada, de la mujer parturienta, del niño que nace, del molote inánime que arrulla en su rebozo una mendiga.

Este silencio es el de la etimología misma de la palabra "mito": *mu*, nos dice Erich Kahler, raíz del mito, es la imitación del sonido elemental, res, trueno, mugido, musitar, murmurar, murmullo, mutismo. De la misma raíz proviene el verbo griego *muein*, cerrar, cerrar los ojos, de donde derivan misterio y mística.

Novela misteriosa, mística, musitante, murmurante, mugiente y muda, *Pedro Páramo* concentra así todas las sonoridades muertas del mito. *Mito y Muerte:* ésas son las dos emes que coronan todas las demás antes de que las corone el nombre mismo de México: novela mexicana esencial, insuperada e insuperable, *Pedro Páramo* se resume en el espectro de nuestro país: un murmullo de polvo desde el otro lado del río de la muerte.

La novela, como es sabido, se llamó originalmente *Los murmullos,* y Juan Preciado, al violar radicalmente las normas de su propia presentación narrativa para ingresar al mundo de los muertos de Comala, dice:

—Me mataron los murmullos.

Lo mató el silencio. Lo mató el misterio. Lo mató la muerte. Lo mató el mito de la muerte. Juan Preciado ingresa a Comala y al hacerlo ingresa al mito encarnando el proceso lingüístico descrito por Kahler y que consiste en dar a una palabra el significado opuesto: como el *mutus* latín, *mudo,* se transforma en el *mot* francés, *palabra,* la onomatopeya *mu,* el sonido inarticulado, el mugido, se convierte en *mythos,* la definición misma de la palabra.

Pedro Páramo es una novela extraordinaria, entre otras cosas, porque se genera a sí misma, como novela mítica, de la misma manera que el mito se genera verbalmente: del mutismo de la nada a la identificación con la palabra, de *mu* a *mythos* y dentro del proceso colectivo que es indispensable a la gestación mítica, que nunca es un desarrollo individual. El acto, explica Hegel, es la épica. Pedro Páramo, el personaje, es un carácter de epopeya.

Pero su novela, la que lleva su nombre, es un mito que despoja al personaje de su carácter épico.

Cuando Juan Preciado es vencido por los murmullos, la narración deja de hablar en primera persona y asume una tercera persona colectiva: de allí en adelante, es el *nosotros* el que habla, el que reclama el *mythos* de la obra.

En la Antigüedad el mito nutre a la épica y a la tragedia. Es decir: las precede en el tiempo. Pero también en el lenguaje, puesto que el mito ilustra históricamente el paso del silencio —*mutus*— a la palabra —*mythos.*

La precedencia del mito en el tiempo, así como su naturaleza colectiva, son explicadas por Carl Gustav Jung cuando nos dice, en *Los arquetipos del inconsciente colectivo,* que los mitos son revelaciones originales de la psique preconsciente, declaraciones involuntarias acerca de eventos psíquicos inconscientes. Los mitos, añade Jung, poseen un significado vital. No sólo la representan: *son* la vida psíquica de la tribu, la cual inmediatamente cae hecha pedazos o decae cuando pierde su herencia mitológica, como un hombre que ha perdido su alma.

Recuerdo dos narraciones modernas que de manera ejemplar asumen esta actitud colectiva en virtud de la cual el mito no es inventado, sino vivido por todos: el cuento de William Faulkner "Una rosa para Emilia" y la novela de Juan Rulfo *Pedro Páramo.* En estos dos relatos, el mito es la encarnación colectiva del tiempo, herencia de todos que debe ser mantenida, patéticamente, por todos, pues como lo escribió Vico, *nosotros* hicimos la historia, *nosotros* creamos el tiempo, y si ello es así, si la historia es obra de *nuestra* voluntad y no del capricho de los dioses o del curso de la naturaleza, entonces es *nuestra* obligación mantener la historia: mantener la memoria del tiempo. Es parte del deber de la vida: es mantenernos a nosotros mismos.

Pedro Páramo también contiene su *antes* feliz: la Comala descrita por la voz ausente de Doloritas, el murmullo de la madre: "Un pueblo que huele a miel derramada."

Pero este pueblo frondoso que guarda nuestros recuerdos como una alcancía sólo puede ser recobrado en el recuerdo; es el "Edén subvertido" de López Velarde, creación histórica de la memoria pero también mito creado por el recuerdo.

Pero, ¿quién puede recordar en Comala, quién puede crear la historia o el mito a partir de la memoria? ¿Quién tiene, en otras palabras, derecho al lenguaje en Comala? ¿Quién lo posee, quién no? Steven Boldy, el crítico inglés y catedrático del Emmanuel College, Cambridge, responde en un brillante estudio sobre *Pedro Páramo*: el dueño del lenguaje es el padre; los desposeídos del lenguaje son los demás, los que carecen de la autoridad paterna.

Este pueblo frondoso ha sido destruido por un hombre que niega la responsabilidad colectiva y vive en el mundo aislado del poder físico individual, de la fuerza material y de las estrategias maquiavélicas que se necesitan para sujetar a la gente y asemejarla a las cosas.

¿Cómo ocurre esto? ¿Por qué llega Juan Preciado a este pueblo muerto en busca de su padre?

Ésta es la historia detrás de la épica:

Pedro Páramo ama a una mujer que no pertenece a la esfera épica. Susana San Juan pertenece al mundo mítico de la locura, la infancia, el erotismo y la muerte. ¿Cómo poseer a esta mujer? ¿Cómo llegar a ella?

Pedro Páramo está acostumbrado a poseer todo lo que desea. Forma parte de un mundo donde el dueño de la esfera verbal es dueño de todos los que hablan, como el emperador Moctezuma, que llevaba el título de Tlatoani, el Señor de la Gran Voz, el monopolista del lenguaje.

Un personaje de "Talpa", el cuento de Rulfo, tiene que gritar mientras reza, "nomás" para saber que está rezando y, acaso, para creer que Dios o el Tlatoani lo escuchan.

Pedro Páramo es el padre que domina la novela de Rulfo, es su Tlatoani.

Michel Foucault ha escrito que el padre es el elemento fundamental de la simbolización en la vida de cada individuo. Y su función —la más poderosa de todas las funciones— es *pronunciar* la ley y unir la ley al lenguaje.

La oración esencial, por supuesto, se invoca "en el nombre del padre", y lo que el padre hace, en nuestro nombre y el suyo, es separarnos de nuestra madre para que el incesto no ocurra. Esto lo hace al nombrarnos: nos da su nombre y, por derivación, su ser, nos recuerda Boldy.

Nombrar y *existir*, para el *padre*, son la misma cosa, y en *Pedro Páramo* el poder del cacique se expresa en estos términos cuando Pedro le dice a Fulgor: "La ley de ahora en adelante la vamos a hacer nosotros." La aplicación de esta ley exige la negación de los demás: los *de más,* los que sobran, los que *no-son* Pedro Páramo: "Esa gente no existe."

Pero él —el Padre, el Señor— existe sólo en la medida en que ellos le temen, y al temerlo, lo reconocen, lo odian, pero lo necesitan para tener un nombre, una ley y una voz. Comala, ahora, ha muerto porque el Padre decidió cruzarse de brazos y dejar que el pueblo se muriera de hambre. "Y así lo hizo."

Su pretexto es que Comala convirtió en una feria la muerte de Susana San Juan. La verdad es otra: Pedro Páramo no pudo poseer a la mujer que amó porque no pudo transformarla en objeto de su propia esfera verbal. Pedro Páramo condena a muerte a Comala porque la condena al silencio —la condena al origen, antes del lenguaje—, pero Comala, Susana y finalmente Juan Preciado, saben algo que Pedro Páramo ignora: la muerte está en el origen, se empieza con la muerte, la vida es hija de la muerte, y el lenguaje proviene del silencio.

Pedro Páramo cree que condena a muerte a un pueblo porque la muerte para él está en el futuro, la muerte es obra de la mano de Pedro Páramo, igual que el silencio. Para todos los demás —para ese coro de viejas nanas y señoritas abandonadas, brujas y limosneras, y sus pupilos fantasmales, los hijos de Pedro Páramo, Miguel y Abundio, y Juan Preciado al cabo— lo primero que debemos recordar es la muerte: nuestro origen, y el silencio: *Mu,* mito y mugido, primera palabra nacida del vacío y del terror de la muerte y del silencio. Para todos ellos, la muerte está en el origen, se empieza con la muerte, y acaso es esto lo que une, al cabo, al hijo de Pedro Páramo y a la amada de Pedro Páramo, a Juan Preciado y a Susana San Juan: los murmullos, el lenguaje incipiente, nacidos del silencio y de la muerte.

El problema de Pedro Páramo es cómo acercarse a Susana. Cómo acercarse a Pedro Páramo es el problema de sus hijos, incluyendo a Juan Preciado, y éste también es un problema de la esfera verbal.

¿Qué cosa puede acercarnos al padre? El *lenguaje* mismo que el padre quiso darnos primero y quitarnos en seguida: el lenguaje que es el poder del padre, pero su impotencia cuando lo pierde.

Rulfo opta por algo mejor que una venganza contra el padre: lo suma a un esfuerzo para mantener el lenguaje mediante el mito, y el mito de Rulfo es el mito de la muerte a través de la búsqueda del padre y del lenguaje.

Pedro Páramo es en cierto modo una telemaquia, la saga de la búsqueda y reunión con el padre, pero como el padre está muerto —lo asesinó uno de sus hijos, Abundio el arriero—, buscar al padre y reunirse con él es buscar a la muerte y reunirse con ella. Esta novela es la historia de la entrada de Juan Preciado al reino de la muerte, no porque encontró la suya, sino porque la muerte lo encontró a él, lo hizo parte de su educación, le enseñó a hablar e identificó muerte y voces o, más bien, la muerte como un ansia de palabra, la palabra como eso que Xavier Villaurrutia llamó, certeramente, la nostalgia de la muerte.

Juan Preciado dice que los murmullos lo mataron: es decir, las palabras del silencio. "Mi cabeza venía llena de ruidos y de voces. De voces, sí. Y aquí, donde el aire era escaso, se oían mejor. Se quedaban dentro de uno, pesadas."

Es la muerte la realidad que con mayor gravedad y temblor y ternura exige el lenguaje como prueba de su existencia.

Los mitos siempre se han contado junto a las tumbas: Rulfo va más lejos: va dentro de las tumbas, lado a lado, diálogo de los muertos:

—Siento como si alguien caminara sobre nosotros.
—Ya déjate de miedos. […] Haz por pensar en cosas agradables porque vamos a estar mucho tiempo enterrados.

La tierra de los muertos es el reino de Juan Rulfo y en él este autor crea y encuentra su arquetipo narrativo, un arquetipo íntimamente ligado a la dualidad padre / madre, silencio / voz.

Para Jung, el arquetipo es el contenido del inconsciente colectivo, y se manifiesta en dos movimientos: a partir de la madre, la matriz que le da forma; y a través del padre, el portador del arquetipo, su *mitóforos*. Desde esta ventana podemos ver la novela de Rulfo como una visita a la tierra de la muerte que se sirve del conducto mítico supremo, el regreso al útero, a la madre que es recipiente del mito, fecundada por el mito: Doloritas y las madres sustitutas, Eduviges, Damiana, Dorotea.

¿Hacia qué cosa nos conducen todas ellas junto con Juan Preciado? Hacia el portador del mito, el padre de la tribu, el ancestro maldito, Pedro Páramo, el fundador del Nuevo Mundo, el violador de las madres, el padre de todititos los hijos de la chingada. Sólo que este padre se niega a portar el mito. Y al hacerlo, traiciona a su prole, no puede hacerse cargo de "las palabras de la tribu".

El mito, indica Jung en sus *Símbolos de transformación*, es lo que es creído siempre, en todas partes y por todos. Por lo tanto, el hombre que cree que puede vivir sin el mito, o fuera de él, es una excepción. Es como un ser sin raíces, que carece de vínculo con el pasado, con la vida ancestral que sigue viviendo dentro de él, e incluso con la sociedad humana contemporánea.

Como Pedro Páramo en sus últimos años, viejo e inmóvil en un equipal junto a la puerta grande de la Media Luna, esperando a Susana San Juan como Heathcliff esperó a Catherine Earnshaw en las *Cumbres borrascosas*, pero separado radicalmente de ella porque Susana pertenece al mundo mítico de la locura, la infancia, el erotismo y la muerte y Pedro pertenece al mundo histórico del poder, la conquista física de las cosas, la estrategia maquiavélica para subyugar a las personas y asemejarlas a las cosas.

Este hombre fuera del mito, añade Jung, no vive en una casa como los demás hombres, sino que vive una vida propia, hundido en una manía subjetiva de su propia hechura, que él considera como una verdad recién descubierta. La verdad recién descubierta de Pedro Páramo es la muerte, su deseo de reunirse con Susana. "No tarda ya. No tarda. Ésta es mi muerte. Voy para allá. Ya voy."

Muere una vez que ha dejado a Comala morirse, porque Comala convirtió en una feria la muerte de Susana San Juan:

—Me cruzaré de brazos y Comala se morirá de hambre.
Y así lo hizo.

Al condenar a muerte a Comala y sentarse en un equipal a esperar la suya, Pedro Páramo aparece como ese hombre sin mito del cual habla Jung: por más que la haya sufrido y por más que la haya dado, es un recién venido al reino de la muerte, que es parte de la realidad de la psique.

El poder del padre está dañado porque no cree en el mito —no cree en el lenguaje— y cuando los descubre, es en el sueño de una mujer que no compartirá su sueño —es decir, su mito— con él.

Susana San Juan, en cambio, es protagonista de varios mitos entrecruzados: el del incesto con su padre Bartolomé, y el de la pareja idílica con su amante Florencio. Pero, al cabo, es portadora de uno que los resume todos: el del eterno presente de la muerte. Bartolomé, el otro padre, para poseer a su hija, mata a Florencio.

Privada de su amante, Susana decide privarse de su padre. Pedro Páramo se encarga de Bartolomé San Juan, lo asesina para recuperar a Susana, la niña amada, treinta años después, pero al hacerlo la pierde, porque la pérdida del padre significa, para Susana, precisamente lo que la presencia del padre significa para el pueblo: *ley: protección: lenguaje.*

Al perder a su padre, Susana pierde ley, protección y lenguaje: se hunde en el silencio, se vuelve loca, sólo participa de su propio monólogo verbal cerrado. Niega al padre. En seguida niega al padre religioso, el padre Rentería. En seguida niega a Dios Padre. ¿Cómo puede Susana San Juan, entonces, reconocer jamás al usurpador de la autoridad paterna, Pedro Páramo, si ha dejado de reconocer a Dios, fuente de la autoridad patriarcal?

Ésta es la realidad que Pedro Páramo no puede penetrar ni poseer y ni siquiera puede ser reconocido por Susana porque jamás puede entrar a su universo verbal, un mundo de silencio impenetrable para el poder de Pedro sobre la palabra: "¿Pero cuál era el mundo de Susana San Juan? Ésa fue una de las cosas que Pedro Páramo nunca llegó a saber." Por una vez, el patriarca todopoderoso, el padre, el conquistador, es excluido. De manera que se cruza de brazos y deja que Comala se muera: Susana San Juan se le escapa, hasta en la muerte, a través de la misma muerte.

Enterrada en vida, habitante de un mundo que rechina, prisionera de "una sepultura de sábanas", Susana no hace ningún distingo entre lo que Pedro Páramo llamaría vida y lo que llamaría muerte: si ella tiene "la boca llena de tierra" es, al mismo tiempo, porque "tengo la boca llena de ti, de tu boca, Florencio".

Susana San Juan ama a un muerto: una muerta ama a un muerto. Y es ésta la puerta por donde Susana escapa al dominio de Pedro Páramo. Pues si el cacique tiene dominios, ella tiene demonios. Loco amor, lo llamaría Breton; loco amor de Pedro Páramo hacia Susana San Juan y loco amor de Susana San Juan hacia ese nombre de la muerte que es Florencio. Pero no loco amor de Susana y Pedro.

Por su clima y temperamento, *Pedro Páramo* es una novela que se parece a otra: *Cumbres borrascosas* de Emily Brontë. Es interesante compararlas porque ha habido una pugna necia en torno a la novela de Rulfo, una dicotomía que insiste en juzgarla sólo bajo la especie poética o sólo bajo la especie política, sin entender que la tensión de la novela está entre ambos polos, el mito y la épica, y entre dos duraciones: la duración de la pasión y la duración del interés.

Esto también es cierto de la obra de Emily Brontë, donde Heathcliff y Cathy pertenecen, simultáneamente y en tensión, a la duración pasional de la recuperación del paraíso erótico de la infancia y a la duración interesada de su *posición* social y su *posesión* monetaria. Georges Bataille ve en *Cumbres borrascosas* la historia de la ruptura de una unidad poética y enseguida la de una rebelión de los expulsados del reino original, de los malditos poseídos por el deseo de recrear el paraíso. En cambio, el crítico marxista Arnold Kettle ve en la obra la historia de una trasgresión revolucionaria de los valores morales de la burguesía mediante el empleo de las armas de la burguesía. Heathcliff humilla y arruina a los Lynton manipulando el dinero y la propiedad, los bienes raíces y las dotes matrimoniales.

Ambos tienen razón respecto a Brontë y la tendrían respecto a Rulfo. No son estas novelas reducibles. La diferencia entre ambas es más intensa y secreta. Heathcliff y Cathy están unidos por una pasión que se reconoce destinada a la muerte. La sombría grandeza de Heathcliff está en que sabe que por más que degrade a la familia de Cathy y manipule y corrompa monetariamente a sus antiguos amos, el tiempo de la infancia compartida con Cathy —esa maravillosa instantaneidad— no regresará; Cathy también lo sabe y por ello, porque ella *es* Heathcliff, se adelanta a la única semejanza posible con la tierra perdida del instante: la tierra de la muerte. Cathy muere para decirle a Heathcliff: éste es nuestro hogar verdadero; reúnete aquí conmigo.

Susana San Juan hace sola este viaje y por ello su destino es más terrible que el de Catherine Earnshaw. No comparte con Pedro Páramo ni la infancia ni el erotismo ni la pasión ni el interés. Pedro Páramo ama a una mujer radicalmente separada de él, a un fantasma que, como Cathy con respecto a Heathcliff en *Cumbres borrascosas,* le precede a la tumba pero sólo porque Susana ya estaba muerta y Pedro no lo sabía. Y sin embargo, Pedro la amó, Pedro la soñó y porque la soñó y la amó es un ser vulnerable, frágil, digno a su vez de amor, y no el cacique malvado, el villano de película mexicana, que pudo haber sido. Pedro le debe a Susana su herida; Susana le invita a reconocerse en la muerte.

La muerte, dice Bataille de *Cumbres borrascosas,* es el origen disfrazado. Puesto que el regreso al tiempo instantáneo de la infancia es imposible, el loco amor sólo puede consumarse en el tiempo eterno e inmóvil de la muerte: un instante sin fin. El fin absoluto contiene en su abrazo todas las posibilidades del pasado, del presente y del futuro. La infancia y la muerte son los signos del instante. Y siendo instantáneos, sólo ellos pueden renunciar al cálculo del interés.

En la muerte, retrospectivamente, sucede la totalidad de *Pedro Páramo.* De allí la estructura paralela y contigua de las historias: cada una de ellas es como una tumba; más bien: *es* una tumba, crujiente, mojada y vecina de todas las demás. Aquí, completada su educación en la tierra, su educación para la muerte y el terror, acaso Juan Preciado alargue la mano y encuentre, él sí, ahora sí, su propia pasión, su propio amor, su propio reconocimiento. Acaso Juan Preciado, en el cementerio de Comala, acostado junto a ella, con ella, conozca y ame a Susana San Juan y sea amado por ella, como su padre quiso y no pudo. Y quizás por eso Juan Preciado se convierte en fantasma: para conocer y amar a Susana San Juan en la tumba. Para penetrar en la muerte a la mujer que el padre no pudo poseer. Para vivir el erotismo como una afirmación de la vida hasta la muerte.

Leer a Juan Rulfo es como recordar nuestra propia muerte. Gracias al novelista, hemos estado presentes en nuestra muerte, que así pasa a formar parte de nuestra memoria. Estamos entonces mejor preparados para entender que no existe la dualidad vida *y* muerte, o la opción vida *o* muerte, sino que la muerte *es parte* de la vida: todo *es* vida.

Al situar a la muerte en la vida, en el presente y, simultáneamente, en el origen, Rulfo contribuye poderosamente a crear una novela hispanoamericana moderna, es decir, abierta, inconclusa, que rehúsa un acabamiento —un acabado técnico, inclusive— que la prive de su resquicio, su hoyo, su Eros y su Tánatos.

Literalmente, cada palabra debería ser final. Pero ésta es sólo su apariencia: de hecho, nunca hay última palabra, porque la novela existe gracias a una pluralidad de verdades: la verdad de la novela es siempre relativa. Su hogar, escribe Mijail Bajtin, es la conciencia individual, que por definición es parcial. Su gloria, recuerda Milan Kundera, es la de ser el paraíso transitorio en el que todos y cada uno tenemos el derecho de hablar y ser escuchados.

La novela es el instrumento del diálogo en este sentido profundo: no sólo el diálogo entre personajes, como lo entendió el realismo social y psicológico, sino el diálogo entre géneros, entre fuerzas sociales, entre lenguajes y entre tiempos históricos contiguos o alejados, como lo entendieron y entienden los generadores de la novela, Cervantes, Sterne y Diderot ayer, y Joyce, Kafka, Woolf, Broch y Faulkner en nuestro tiempo. Y Juan Rulfo.

7. Borges: la plata del río

Cuando lo leí por primera vez, en Buenos Aires, y yo sólo tenía quince años de edad, Borges me hizo sentir que escribir en español era una aventura mayor, e incluso un mayor riesgo, que escribir en inglés. La razón es que el idioma inglés posee una tradición ininterrumpida, en tanto que el castellano sufre de un inmenso hiato entre el último gran poeta del Siglo de Oro, que fue una monja mexicana del siglo XVII, Sor Juana Inés de la Cruz, y el siguiente gran poeta, que fue Rubén Darío, un nicaragüense andariego de fines del siglo XIX; y una interrupción todavía más grande entre la más grande novela, la novela fundadora del Occidente, *Don Quijote*, y los siguientes grandes novelistas, Galdós y Clarín, en el siglo XIX.

Borges abolió las barreras de la comunicación entre las literaturas, enriqueció nuestro hogar lingüístico castellano con todas las tesorerías imaginables de la literatura de Oriente y Occidente, y nos permitió ir hacia adelante con un sentimiento de poseer más de lo que habíamos escrito, es decir, todo lo que habíamos leído, de Homero a Milton y a Joyce. Acaso todos, junto con Borges, eran el mismo vidente ciego.

Borges intentó una síntesis narrativa superior. En sus cuentos, la imaginación literaria se apropió todas las tradiciones culturales a fin de darnos el retrato más completo de todo lo que somos, gracias a la memoria presente de cuanto hemos dicho. Las herencias musulmana y judía de España, mutiladas por el absolutismo monárquico y su doble legitimación, la fe cristiana y la pureza de la sangre, reaparecen, maravillosamente frescas y vitales, en las narraciones de Borges. Seguramente, yo no habría tenido la revelación, fraternal y temprana, de mi propia herencia hebrea y árabe, sin historias como *En busca de Averroes*, *El Zahir* y *El acercamiento a Almutásim*.

Decidí también nunca conocer personalmente a Borges. Decidí cegarme a su presencia física porque quería mantener, a lo largo de mi vida, la sensación prístina de leerlo como escritor, no como contemporáneo, aunque nos separasen cuatro décadas entre cumpleaños y cumpleaños. Pero cuatro décadas, que no son nada en la literatura, sí son mucha vida. ¿Cómo envejecería Borges, tan bien como algunos, o tan mal como otros? A Borges yo lo quería sólo en sus libros, visible sólo en la invisibilidad de la página escrita, una página en blanco que cobraría visibilidad y vida sólo cuando yo leyese a Borges y me convirtiese en Borges...

Y mi siguiente decisión fue que, un día, confesaría mi confusión al tener que escoger sólo uno o dos aspectos del más poliédrico de los escritores, consciente, de que al limitarme a un par de aspectos de su obra, por fuerza sacrificaré otros que, quizás, son más importantes. Aunque quizás pueda reconfortarnos la reflexión de Jacob Bronowsky sobre el ajedrez: Las movidas que imaginamos mentalmente y luego rechazamos, son parte integral del juego, tanto como las movidas que realmente llevamos a cabo. Creo que esto también es cierto de la lectura de Borges.

Pues en verdad, el repertorio borgeano de los posibles y los imposibles es tan vasto, que se podrían dar no una sino múltiples lecturas de cada posibilidad o imposibilidad de su canon.

Borges el escritor de literatura detectivesca, en la cual el verdadero enigma es el trabajo mental del detective en contra de sí mismo, como si Poirot investigara a Poirot, o Sherlock Holmes descubriese que Él es Moriarty.

Pero a su lado se encuentra *Borges el autor de historias fantásticas*, iluminadas por su celebrada opinión de que la teología es una rama de la literatura fantástica. Ésta, por lo demás, sólo tiene cuatro temas posibles: la obra dentro de la obra; el viaje en el tiempo; el doble; y la invasión de la realidad por el sueño.

Lo cual me lleva a un Borges dividido entre cuatro:

Borges el soñador despierta y se da cuenta de que ha sido soñado por otro.

Borges el filósofo crea una metafísica personal cuya condición consiste en nunca degenerar en sistema.

Borges el poeta se asombra incesantemente ante el misterio del mundo, pero, irónicamente, se compromete en la inversión de lo misterioso (como un guante, como un globo), de acuerdo con la tradición de Quevedo: "Nada me asombra. El mundo me ha hechizado".

Borges el autor de la obra dentro de la obra es el autor de Pierre Menard que es el autor de Don Quijote que es el autor de Cervantes que es el autor de Borges que es el autor de…

El viaje en el tiempo, no uno, sino múltiples tiempos, el jardín de senderos que se bifurcan, "infinitas series de tiempo… una red creciente y vertiginosa de tiempos divergentes, convergentes y paralelos. Esa trama de tiempos que se aproximan, se bifurcan, se cortan o se ignoran, abarca *todas* las posibilidades. No existimos en la mayoría de esos tiempos; en algunos existe usted y no yo; en otros, yo, no usted; en otros, los dos…".

Y finalmente, *el doble*.

"Hace años —escribe Borges y acaso escribo yo— yo traté de librarme de él y pasé de las mitologías del arrabal a los juegos con el tiempo y con lo infinito, pero esos juegos son de Borges ahora y tendré que idear otras cosas", escribe él, escribo yo y escribimos los dos, Borges y yo, infinitamente: "No sé cuál de los dos escribe esta página".

Es cierto: cuando Borges escribe esta célebre página, *Borges y yo*, el otro Borges es otro autor —la tercera persona, él— pero también es otro lector —la primera persona, yo— y el apasionado producto de esta unión sagrada a veces,.profana otras: Tú, Lector Elector.

De esta genealogía inmensamente rica de Borges como poeta, soñador, metafísico, doble, viajero temporal y poeta, escogeré ahora el tema más humilde del libro, el pariente pobre de esta casa principesca: Borges el escritor argentino, el escritor latinoamericano, el escritor urbano latinoamericano. Ni lo traiciono ni lo reduzco. Estoy perfectamente consciente de que quizás otros asuntos son más importantes en su escritura que la cuestión de saber si en efecto es un escritor argentino, y de ser así, cómo y por qué.

Pero toda vez que se trata de un tema que preocupó al propio Borges (testigo: su célebre conferencia sobre *El escritor argentino y la tradición*) quisiera acercarme, de pasada, a Borges hoy, cuando los linajes más virulentos del nacionalismo literario han sido eliminados del cuerpo literario de la América Latina, a través de unas palabras que él escribió hace unos cincuenta años: "Todo lo que hagamos con felicidad los escritores argentinos pertenecerá a la tradición argentina".

En Argentina, circundado por la llanura chata e interminable, el escritor sólo puede evocar el solitario ombú. Borges inventa por ello un espacio, el Aleph, donde pueden verse, sin confundirse, "todos los lugares del orbe, vistos desde todos los ángulos".

Yo puedo hacer lo mismo en la capilla indobarroca de Tonantzintla, sin necesidad de escribir una línea. Borges debe inventar el jardín de senderos que se bifurcan, donde el tiempo es una serie infinita de tiempos. Yo puedo mirar eternamente el calendario azteca en el Museo de Antropología de la Ciudad de México hasta convertirme en tiempo —pero no en literatura.

Y sin embargo, a pesar de estas llamativas diferencias que, *prima facie*, me exceptúan de tener que imaginar a Tlön, Uqbar u Orbis Tertius pero que imponen la imaginación de la ausencia a un escritor argentino como Borges, un mexicano y un argentino compartimos un lenguaje, sin duda, aunque también compartimos un ser dividido, un doble dentro de cada nación o, para parafrasear a Disraeli, las dos naciones dentro de cada nación latinoamericana y dentro de la sociedad latinoamericana en su conjunto, del Río Bravo al Estrecho de Magallanes.

Dos naciones, urbana y agraria, pero también real y legal. Y entre ambas, a horcajadas entre la nación real y la nación legal, la ciudad, partícipe así de la cultura urbana como de la agraria. Nuestras ciudades, compartiendo cada vez más los problemas, pero intentando resolverlos con una imaginación lite-

raria sumamente variada, de Gonzalo Celorio en México a Nélida Piñon en Brasil, de José Donoso en Chile a Juan Carlos
Onetti en Uruguay.

Sin embargo, consideremos que acaso todos los proyectos de salvación del interior agrario —la segunda nación— han
provenido de la primera nación y sus escritores urbanos, de
Sarmiento en la Argentina a Da Cunha en Brasil a Gallegos en
Venezuela. Cuando, contrariamente, tales proyectos han surgi-
do, como alternativas auténticas, de la segunda nación profunda, la respuesta de la primera nación centralista ha sido la sangre y el asesinato, de la respuesta a Túpac Amaru en el Alto Perú
en el siglo XVIII, a la respuesta a Emiliano Zapata en Morelos en
el siglo XX.

Consideremos entonces a Borges como escritor urbano,
más particularmente como escritor porteño, inscrito en la tradición de la literatura argentina.

Entre dos vastas soledades —la pampa y el océano—,
el silencio amenaza a Buenos Aires y la ciudad lanza entonces
su exclamación: ¡Por favor, verbalícenme!

Borges verbaliza a Buenos Aires en una breve narración,
La muerte y la brújula, donde, en pocas páginas, el autor logra
entregarnos una ciudad del sueño y la muerte, de la violencia y la
ausencia, del crimen y la desaparición, del lenguaje y el silencio…

¿Cómo lo hace?

Borges ha descrito a la muerte como la oportunidad de
redescubrir todos los instantes de nuestras vidas y recombinar-
los libremente como sueños. Podemos lograr esto, añade, con
el auxilio de Dios, nuestros amigos y Guillermo Shakespeare.

Si el sueño es lo que, al cabo, derrota a la muerte dándole forma a todos los instantes de la vida, liberados por la
propia muerte, Borges naturalmente emplea lo onírico para
ofrecernos su propia, y más profunda, visión de su ciudad: Buenos Aires. En *La muerte y la brújula*, sin embargo, Buenos Aires
nunca es mencionada. Pero —sin embargo seguido— es su más
grande y más poética visión de su propia ciudad, mucho más
que en cuentos de aproximación naturalista, como *Hombre de
la esquina rosada*.

Él mismo lo explica diciendo que *La muerte y la brúju-la* es una especie de súcubo en la que se hallan elementos de Buenos Aires, pero deformados por la pesadilla… "Pese a los nombres alemanes o escandinavos, ocurre en un Buenos Aires de sueños: la torcida Rue de Toulon es el Paseo de Colón". Borges piensa en las casas de campo de Adrogué y las llama Triste-le-Roy. Cuando la historia fue publicada, sus amigos le dijeron que en ella encontraron el sabor de los suburbios de Buenos Aires. Ese sabor estaba allí, dice Borges, porque él no se propuso meterlo allí de la misma manera que *El Corán* es un libro árabe aunque en él no aparece un solo camello. Borges se abandonó al sueño. Al hacerlo, logró lo que, nos dice, durante años había buscado en vano…

Buenos Aires es lo que había buscado, y su primer libro de poemas nos dice *cómo* lo había buscado, con fervor, *Fervor de Buenos Aires*. Pero la realidad de Buenos Aires sólo se ha hecho presente, al cabo, mediante un sueño, es decir, mediante la imaginación. Yo también busqué, siendo muy joven, esa ciudad y sólo la encontré, como Borges, en estas palabras de *La muerte y la brújula*: "El tren paró en una silenciosa estación de cargas. [Él] bajó. Era una de esas tardes desiertas que parecen amaneceres".

Esta metáfora, cuando la leí, se convirtió en la leyenda de mi propia relación con Buenos Aires: el instante delicado y fugitivo, como diría Joyce, la súbita realidad espiritual que aparece en medio del más memorable o del más corriente de nuestros días. Siempre frágil, siempre pasajera: es la epifanía.

A ella me acojo, al tiempo que, razonablemente, digo que a través de estos autores argentinos, A de Aira, B de Bianco, Bioy y Borges —las tres Bees, aunque no las Tres Abejas— y C de Cortázar, comprendo que la presencia bien puede ser un sueño, el sueño una ficción y la ficción una historia renovable a partir de la ausencia.

La ficción argentina es, en su conjunto, la más rica de Hispanoamérica. Acaso ello se deba al clamor de verbalización que mencioné antes. Pero al exigir palabras con tanto fervor, los escritores del Río de la Plata crean una segunda historia, tan válida como y acaso más que la primera historia. Esto es lo que Jorge Luis Borges logra en *La muerte y la brújula*, obligándonos a adentrarnos más y más en su obra.

¿Cómo procede Borges para inventar la segunda historia, convirtiéndola en un pasado tan indispensable como el de la verdadera historia? Una respuesta inmediata sería la siguiente: Al escritor no le interesa la historia épica, es decir, la historia concluida, sino la historia novelística, inconclusa, de nuestras posibilidades y ésta es la historia de nuestras imaginaciones.

La ensayista argentina Beatriz Sarlo sugiere esta seductora teoría: Borges se ha venido apropiando, sólo para irlas dejando atrás, numerosas zonas de legitimación, empezando con la pampa, que es la tierra de sus antepasados: "Una amistad hicieron mis abuelos / con esta lejanía / y conquistaron la intimidad de la pampa". En seguida la ciudad de Buenos Aires: "Soy hombre de ciudad, de barrio, de calle…", "Las calles de Buenos Aires ya son la entraña de mi alma" para culminar con la invención de *las orillas*, la frontera entre lo urbano y lo rural que antes mencioné y que le permite a Borges instalarse, orillero eterno, en los márgenes, no ya de la historia argentina, sino de las historias europeas y asiáticas también. Ésta es la legitimación final de la escritura borgeana.

Pero si esta trayectoria es cierta en un sentido crítico, en otro produce un resultado de coherencia perfecta con la militancia de Borges en la vanguardia modernista de su juventud: El proyecto de dejar atrás el realismo mimético, el folklore y el naturalismo.

No olvidemos que Borges fue quien abrió las ventanas cerradas en las recámaras del realismo plano para mostrarnos un ancho horizonte de figuras probables, ya no de caracteres clínicos. Éste es uno de sus regalos a la literatura hispanoamericana. Más allá de los sicologismos exhaustos y de los mimetismos constrictivos, Borges le otorgó el lugar protagónico al espejo y al laberinto, al jardín y al libro, a los tiempos y a los espacios.

Nos recordó a todos que nuestra cultura es más ancha que cualquier teoría reductivista de la misma —literaria o política—. Y que ello es así porque la realidad es más amplia que cualquiera de sus definiciones.

Más allá de sus obvias y fecundas deudas hacia la literatura fantástica de Felisberto Hernández o hacia la libertad lingüística alcanzada por Macedonio Fernández, Borges fue el primer narrador de lengua española en las Américas (Machado de Assis ya lo había logrado, milagrosamente, en la lengua portuguesa del Brasil) que verdaderamente nos liberó del naturalismo y que redefinió lo real en términos literarios, es decir, imaginativos. En literatura, nos confirmó Borges, la realidad es lo imaginado.

Esto es lo que he llamado, varias veces, la Constitución Borgeana: Confusión de todos los géneros, rescate de todas las tradiciones, creación de un nuevo paisaje sobre el cual construir las casas de la ironía, el humor y el juego, pero también una profunda revolución que identifica a la libertad con la imaginación y que, a partir de esta identificación, propone un nuevo lenguaje.

Borges nos enseñó a comprender, en primer lugar, la realidad relativista aunque incluyente del tiempo y el espacio modernos. No puede haber sistemas de conocimiento cerrados y autosuficientes, porque cada observador describirá cualquier acontecimiento desde una perspectiva diferente. Para hacerlo, el observador necesita hacer uso de un lenguaje. Por ello, el tiempo y el espacio son elementos de lenguaje necesarios para que el observador describa su entorno (su "circunstancia" orteguiana).

El espacio y el tiempo son lenguaje.

El espacio y el tiempo constituyen un sistema descriptivo abierto y relativo.

Si esto es cierto, el lenguaje puede alojar tiempos y espacios diversos, precisamente los "tiempos divergentes, convergentes y paralelos" del *Jardín de senderos que se bifurcan*, o los espacios del *Aleph*, donde todos los lugares son y pueden ser vistos simultáneamente.

De este modo, el tiempo y el espacio se convierten, en las ficciones de Borges, en protagonistas, con los mismos títulos que Tom Jones o Anna Karenina en la literatura realista. Pero cuando se trata de Borges, nos asalta la duda: ¿son solamente todo tiempo y todo espacio —inclusivos— o son también nuestro tiempo y nuestro espacio —relativos?

Borges, escribe André Maurois, se siente atraído por la metafísica, pero no acepta la verdad de sistema alguno. Este relativismo lo aparta de los proponentes europeos de una naturaleza humana universal e invariable que, finalmente, resulta ser sólo la naturaleza humana de los propios ponentes europeos —generalmente miembros de la clase media ilustrada—. Borges, por lo contrario, ofrece una variedad de espacios y una multiplicación de temas, cada uno distinto, cada uno portador de valores que son el producto de experiencias culturales únicas pero en comunicación con otras. Pues en Europa o en América —Borges y Alfonso Reyes lo entendieron inmediatamente en nuestro siglo, a favor de todos nosotros—, una cultura aislada es una cultura condenada a desaparecer.

En otras palabras: Borges le hace explícito a nuestra literatura que vivimos en una diversidad de tiempos y espacios, reveladores de una diversidad de culturas. No está solo, digo, ni por sus antepasados, de Vico a Alberdi, ni por su eminente y fraternal conciudadano espiritual, Reyes, ni por los otros novelistas de su generación o próximos a ella. Borges no alude a los componentes indios o africanos de nuestra cultura: Miguel Ángel Asturias o Alejo Carpentier se encargan de eso. Pero quizás sólo un argentino —desesperado verbalizador de ausencias— pudo echarse a cuestas la totalidad cultural del Occidente a fin de demostrar, no sé si a pesar de sí mismo, la parcialidad de un eurocentrismo que en otra época nuestras repúblicas aceptaron formalmente, pero que hoy ha sido negado por la conciencia cultural moderna.

Pero aun cuando Borges no se refiere temáticamente a este o aquel asunto latinoamericano, en todo momento nos ofrece los instrumentos para re-organizar, amplificar y caminar hacia adelante en nuestra percepción de un mundo mutante cuyos centros de poder, sin tregua, se desplazan, decaen y renuevan. Qué lástima que estos mundos nuevos rara vez estén de acuerdo con la tierna aspiración borgeana: "Una sociedad secreta, benévola… surgió para inventar un país".

Entretanto, enigmática, desesperada y despertante, la Argentina es parte de la América española. Su literatura pertenece al universo de la lengua española: el reino de Cervantes. Pero la literatura hispanoamericana también es parte de la literatura mundial, a la que le da y de la cual recibe.

Borges junta todos estos cabos. Pues cuando afirmo que la narrativa argentina es parte de la literatura de Hispanoamérica y del mundo, sólo quiero recordar que es parte de una forma incompleta, la forma narrativa que por definición nunca *es*, sino que siempre *está siendo* en una arena donde las historias distantes y los lenguajes conflictivos pueden reunirse, transcendiendo la ortodoxia de un solo lenguaje, una sola fe o una sola visión del mundo, trátese, en nuestro caso particular, de lenguajes y visiones de las teocracias indígenas, de la contra-reforma española, de la beatitud racionalista de la Ilustración, o de los cresohedonismos corrientes, industriales y aun post-industriales.

Todo esto me conduce a la parte final de lo que quiero decir: el acto propiamente literario, el *acontecimiento* de Jorge Luis Borges escribiendo sus historias.

El crítico ruso Mijail Bajtin, quizás el más grande teórico de la novela en el siglo XX, indica que el proceso de asimilación entre la novela y la historia pasa, necesariamente, por una definición del tiempo y el espacio. Bajtin llama a esta definición el cronotopo —*cronos*, tiempo y *topos*, espacio—. En el cronotopo se organizan activamente los acontecimientos de una narración. El cronotopo hace visible el tiempo de la novela en el espacio de la novela. De ello depende la forma y la comunicabilidad de la narración.

De allí, una vez más, la importancia decisiva de Borges en la escritura de ficción en Hispanoamérica. Su economía e incluso su desnudez retórica, tan alabadas, no son, para mí, virtudes en sí mismas. A veces sólo se dan a costa de la densidad y la complejidad, sacrificando el agustiniano derecho al error. Pero esta brevedad, esta desnudez, sí hacen visibles la arquitectura del tiempo y del espacio. Establecen al cronotopo, con la venia del lector, como la estrella del firmamento narrativo.

En *El Aleph* y en *Tlön, Uqbar, Orbis Tertius*, el protagonista es el espacio, con tantos méritos como el de la heroína de una novela realista. Y el tiempo lo es en *Funes el memorioso, Los inmortales* y *El jardín de senderos que se bifurcan*. Borges, en todas estas historias, observa un tiempo y un espacio totales que, a primera vista, sólo podrían ser aproximados mediante un conocimiento total. Borges, sin embargo, no es un platonista, sino una especie de neoplatonista perverso. Primero postula una totalidad. En seguida, demuestra su imposibilidad.

Un ejemplo evidente. En *La Biblioteca de Babel*, Borges nos introduce en una biblioteca total que debería contener el conocimiento total dentro de un libro total. En primer término, nos hace sentir que el mundo del libro no está sujeto a las exigencias de la cronología o a las contingencias del espacio. En una biblioteca están presentes todos los autores y todos los libros, aquí y ahora, cada libro y cada autor contemporáneos en sí mismos y entre sí, no sólo dentro del espacio así creado (el Aleph, la Biblioteca de Babel) sino también dentro del tiempo: los lomos de Dante y Diderot se apoyan mutuamente, y Cervantes existe lado a lado con Borges. La biblioteca es el lugar y el tiempo donde un hombre es todos los hombres y donde todos los hombres que repiten una línea de Shakespeare *son* Shakespeare.

¿Podemos entonces afirmar que la totalidad de tiempo y espacio existe aquí, dentro de una biblioteca que idealmente debería contener un solo libro que es todos los libros, leído por un solo lector que es todos los lectores?

La respuesta dependería de otra pregunta: ¿Quién percibe esto, quién puede, simultáneamente, tener un libro de Cervantes en una mano, un libro de Borges en la otra y recitar, al mismo tiempo, una línea de Shakespeare? ¿Quién posee esta libertad? ¿Quién es no sólo uno sino muchos? ¿Quién, incluso cuando el poema, como dijo Shelley, es uno y universal, es quien lo lee? ¿Quién, incluso cuando, de acuerdo con Emerson, el autor es el único autor de todos los libros jamás escritos, es siempre diverso? ¿Quién, después de todo, los lee: al libro y al autor? La respuesta, desde luego es: *Tú*, el lector. O *Nosotros*, los lectores.

De tal forma que Borges ofrece un libro, un tiempo, un espacio, una biblioteca, un universo, únicos, totales, pero vistos y leídos y vividos por muchos lectores, leyendo en muchos lugares y en tiempos múltiples. Y así, el libro total, el libro de libros, justificación metafísica de la biblioteca y el conocimiento totales, del tiempo y el espacio absolutos, son imposibles, toda vez que la condición para la unidad de tiempo y espacio en cualquier obra literaria es la pluralidad de las lecturas, presentes o futuras: en todo caso, potenciales.

El lector es la herida del libro que lee: por su lectura se desangra toda posibilidad totalizante, ideal, de la biblioteca en la que lee, del libro que lee, o incluso la posibilidad de un solo lector que es todos. El lector es la herida de Babel. El lector es la fisura en la torre de lo absoluto.

Borges crea totalidades herméticas. Son la premisa inicial, e irónica, de varios cuentos suyos. Al hacerlo, evoca una de las aspiraciones más profundas de la humanidad: la nostalgia de la unidad, en el principio y en el fin de todos los tiempos. Pero inmediatamente, traiciona esta nostalgia idílica, esta aspiración totalitaria, y lo hace, ejemplarmente, mediante el incidente cómico, mediante el accidente particular.

Funes el memorioso es la víctima de una totalidad hermética. Lo recuerda todo. Por ejemplo: siempre sabe qué hora es, sin necesidad de consultar el reloj. Su problema, a fin de no convertirse en un pequeño dios involuntario, consiste en reducir sus memorias a un número manejable: digamos, cincuenta o sesenta mil artículos del recuerdo. Pero esto significa que Funes debe escoger y representar. Sólo que, al hacerlo, demuestra estéticamente que no puede haber sistemas absolutos o cerrados de conocimiento. Sólo puede haber perspectivas relativas a la búsqueda de un lenguaje para tiempos y espacios variables.

La verdad es que todos los espacios simultáneos de *El Aleph* no valen un vistazo de la hermosa muerta, Beatriz Viterbo, una mujer en cuyo andar había "una como graciosa torpeza, un principio de éxtasis", aunque también había en ella "una clarividencia casi implacable", compensada por "distracciones, desdenes, verdaderas crueldades".

Borges: La búsqueda del tiempo y el espacio absolutos ocurren mediante un repertorio de posibilidades que hacen de lo absoluto, imposible o, si se prefiere relativo.

En el universo de Tlön, por ejemplo, todo es negado: "el presente es indefinido... el futuro no tiene realidad sino como esperanza presente... el pasado no tiene realidad sino como recuerdo presente". Pero esta negación de un tiempo tradicional —pasado, presente y futuro—, ¿no le da un valor supremo al *presente* como tiempo que no sólo contiene, sino que le da su presencia más intensa, la de la vida, al *pasado* recordado aquí y ahora, al *futuro* deseado hoy? El repertorio es inagotable.

En *Las ruinas circulares*, pasado, presente y futuro son afirmados como simultaneidad mientras, de regreso en Tlön, otros declaran que todo tiempo ya ocurrió y que nuestras vidas son sólo "el recuerdo o reflejo crepuscular, y sin duda falseado y mutilado, de un proceso irrecuperable".

Estamos en el universo borgeano de la crítica creativa, donde sólo lo que es escrito es real, pero lo que es escrito quizás ha sido inventado por Borges. Por ello, resulta tranquilizador que una nota a pie de página recuerde la hipótesis de Bertrand Russell, según la cual el universo fue creado hace apenas algunos minutos y provisto de una humanidad que "recuerda" un pasado ilusorio.

Sin embargo, pienso que la teoría más borgeana de todas es la siguiente: "La historia del universo... es la escritura que produce un dios subalterno para entenderse con un demonio".

Todo lo cual quiere decir, en última instancia, que cada uno de nosotros, como Funes, como Borges, tú y yo, sus lectores, debemos convertirnos en artistas: escogemos, relativizamos, elegimos: somos Lectores y Electores. El cronotopo absoluto, la esencia casi platónica que Borges invoca una y otra vez en sus cuentos, se vuelve relativo gracias a la lectura. La lectura hace gestos frente al espejo del Absoluto, le hace cosquillas a las costillas de lo Abstracto, obliga a la Eternidad a sonreír. Borges nos enseña que cada historia es cosa cambiante y fatigable, simplemente porque, constantemente, está siendo leída. La historia cambia, se mueve, se convierte en su(s) siguiente(s) posibilidad(es), de la misma manera que un hombre puede ser un héroe en una versión de la batalla, y un traidor en la siguiente.

En *El jardín de senderos que se bifurcan*, el narrador concibe cada posibilidad del tiempo, pero se siente obligado a reflexionar que "todas las cosas le suceden a uno precisamente, precisamente ahora. Siglos de siglos y sólo en el presente ocurren los hechos".

Sólo en el presente leemos la historia. Y aun cuando la historia se presente como la única versión verdadera de los hechos, nosotros, los lectores, subvertimos inmediatamente semejante pretensión unitaria. El narrador de *El jardín...*, por ejemplo, lee, dentro de la historia, dos versiones "del mismo capítulo épico". Es decir: lee no sólo la primera versión, la ortodoxa, sino una segunda versión heterodoxa. Escoge "su" capítulo épico o coexistente, si así lo desea, con ambas, o con muchas, historias.

En términos históricos latinoamericanos, esto quiere decir que el lector de Borges no sólo lee la Conquista sino la Contraconquista, no sólo la Reforma, sino la Contra Reforma y ciertamente, en términos aún más borgeanos, no sólo lee la Revolución, sino también la Contra Revolución.

El narrador de *El jardín...* en verdad, no hace más que definir a la novela en trance de separarse de la épica. Pues la novela podría definirse, por supuesto, como la *segunda* lectura del capítulo épico. La épica, según Ortega y Gasset, es lo que ya se conoce. La novela es el siguiente viaje de Ulises, el viaje hacia lo que se ignora. Y si la épica, como nos dice Bajtin, es el cuento de un mundo concluido, la novela es la azarosa lectura de un mundo naciente: la renovación del Génesis mediante la renovación del género.

Por todos estos impulsos, la novela es un espejo que refleja la cara del lector. Y como Jano, el lector de novelas tiene dos caras. Una mira hacia el futuro, la otra hacia el pasado. Obviamente, el lector mira al futuro. La novela tiene como materia lo incompleto, es la búsqueda de un nuevo mundo en el proceso de hacerse. Es el mundo de Napoleón Bonaparte y sus hijos, Julien Sorel, Rastignac, Becky Sharp. Son los hijos de Waterloo. Pero a través de la novela, el lector encarna también el pasado, y es invitado a descubrir la novedad del pasado, la novedad de Don Quijote y sus descendientes: somos los hijos de La Mancha.

La tradición de La Mancha es la otra tradición de la novela, la tradición oculta, en la que la novela celebra su propio génesis gracias a las bodas de tradición y creación. Cervantes oficia en el inicio mismo de esta ceremonia narrativa, que alcanza una de sus cumbres contemporáneas en la obra de Jorge Luis Borges gracias a una convicción y práctica bien conocidas de sus ficciones: la práctica y la convicción de que cada escritor crea sus propios antepasados.

Cuando Pierre Menard, en una famosa historia de Borges, decide escribir *Don Quijote*, nos está diciendo que en literatura la obra que estamos leyendo se convierte en nuestra propia creación. Al leerlo, nos convertimos en la causa de Cervantes. Pero a través de nosotros, los lectores, Cervantes o, en su caso, Borges, se convierten en nuestros contemporáneos, así como en contemporáneos entre sí.

En la historia de *Pierre Menard autor de Don Quijote*, Borges sugiere que la nueva lectura de cualquier texto es también la nueva escritura de ese mismo texto, que ahora existe en ese anaquel junto con todo lo que ocurrió entre su primer y sus siguientes lectores.

Lejos de las historias petrificadas que con los puños llenos de polvo archivado lanzan anatemas contra la literatura, la historia de Borges le ofrece a sus lectores la oportunidad de re-inventar, re-vivir el pasado, a fin de seguir inventando el presente. Pues la literatura se dirige no sólo a un futuro misterioso, sino a un pasado igualmente enigmático. El enigma del pasado nos reclama que lo releamos constantemente. El futuro del pasado depende de ello.

Creo, con Borges, que el significado de los libros no está detrás de nosotros. Al contrario: nos encara desde el porvenir.

Y tú, el lector, eres el autor de *Don Quijote* porque cada lector crea su libro, traduciendo el acto finito de escribir en el acto infinito de leer.

8. Río arriba. Alejo Carpentier

1. El Siglo de las Luces

Existen obras de arte que proporcionan lo que Henry James llamaba "the sense of visitation": obras abiertas que no esquivan la contaminación a fin de asegurar la correspondencia, la "visita" de un fantasma de la propia obra. Nunca he ocultado mi escaso interés por las obras cerradas, de pretendida autosuficiencia y de segura reducción. Son los coágulos —el aviso de muerte— de la circulación cultural. En cambio, me deleita, me vivifica, leer un cuento de Julio Cortázar como si fuese una película de Alain Jessua o un solo de Coleman Hawkins.

La lectura de Alejo Carpentier siempre me ha provocado una visitación fantásmica —al grado de poder leer y escuchar a un tiempo—: la de Edgar Varèse. Interpretada a menudo, y con justicia, como una cima del realismo mágico y barroco hispanoamericano, la obra de Carpentier no es sólo la cúspide, sino las laderas. Como toda literatura auténtica, la del gran novelista cubano cierra y abre, culmina e inaugura, es puerta de un campo a otro: vale tanto lo que dice como lo que predice. Pero en Carpentier, uno de nuestros primeros novelistas profesionales, esta realización no es puramente intuitiva. Obedece a una estructura nada fortuita en la que, como en los *Desiertos* de Varèse, habría que distinguir dos elementos: el grupo instrumental (piano, viento, bronces, percusiones) y la pista magnética o "sonidos brutos".

La "orquesta", en las narraciones de Carpentier, serían esos elementos tradicionales que él lleva a su patente culminación. El piano es una intriga levemente modulada, un hilo que nos conduce, dentro de un tiempo circular, a la búsqueda de un origen que puede ser un final: el argumento como encuesta que es peregrinar, remontarse.

Los bronces son esa presencia sensual de la naturaleza, víctima y verdugo de los peregrinos, espejo de agua de sus apetencias, selvas de coral y mares de hierba, ciudades que son "gigantescos lampadarios barrocos", hoteles convertidos en cuevas y bosques transformados en catedrales, Haití, Cuba, Santo Domingo, Venezuela, la Guadalupe. Digo naturaleza, pero los cobres de Carpentier son lugares, los del Caribe, remanso y estertor final de la cultura mediterránea que, en su marejada americana, quizás opta, como el brujo Ti-Noel en *El reino de este mundo*, por la metamorfosis en ave. En Carpentier, naturaleza y cultura se unen sólo para transfigurarse, para adivinarse en una elaboración mítica del paisaje perdido entre el caos y el cosmos.

Y los vientos son esos personajes, mujeres atávicas e intelectuales enajenados, primos solitarios, cadáveres ejemplares, madres ciertas y padres inciertos, terroristas acosados, libertadores alegóricos, atambores de la conquista, brujos y cortesanos, esclavos y monarcas negros, mercaderes y revolucionarios, soldados de la "guerra del tiempo" que, sostenidos, *localizados* en los cobres de la naturaleza, son arrebatados, capturados por las percusiones de la historia: descubrimiento y conquista, tiranía y resistencia, revolución: formas de la apetencia y del padecimiento, de la peregrinación inconclusa, de la aspiración, que al cabo se integran en una gran visión dramática de la novela hispanoamericana.

Donde sólo había —Gallegos, Güiraldes, Rivera, Icaza— la percepción aislada de esos elementos, hay desde ahora, en *El reino de este mundo, Los pasos perdidos, El acoso, Guerra del tiempo* y *El Siglo de las Luces*, una integración orquestada de la enorme facticidad hispanoamericana y de los apetitos de justicia y de vida de los hombres insatisfechos del puro estar, mostrenco, sobre la tierra americana. Exigencias, finalmente, de un movimiento dialéctico y de una conciencia trágica, ya no de una declaración sentimental ultrajada. Las novelas de Carpentier son dialécticas porque son trágicas, en el sentido que Lucien Goldman atribuye a Pascal: "la dialéctica trágica responde a la vez *sí* y *no* a todos los problemas que propone la vida del hombre y sus relaciones con los demás hombres y con el universo".

Sí y no. O más bien, sí con no. A primera vista, las estructuras narrativas de Carpentier parecerían tenderse de un génesis a otro. De un amor perdido a un amor encontrado. De una promesa violada a una nueva anunciación. En *Los pasos perdidos*, el narrador abandona a su mujer y a su amante para salir al encuentro, oscuro e inconsciente, de Rosario, mujer primigenia, espejo andrógino de la Tellus Mater capaz de engendrar solitariamente. En *El Siglo de las Luces*, Sofía abandona a Esteban, encarnación de las exigencias puras del ideal revolucionario, para unirse a Victor Hughes, el pragmatista que en medio de las contradicciones concreta una parte mínima del ideal.

Sí y no. Cada génesis, apenas deja de ser el acto inmóvil, el *fiat* de la creación pura, apenas encarna en movimiento, convoca un espectro que le muestra el camino de la historia. El apocalipsis es el escudero de la creación. Victor Hughes, heraldo de la revolución francesa, desembarca en el Nuevo Mundo con dos armas: el Decreto de Pluvioso del Año II que dicta la libertad para los esclavos, y la cuchilla desnuda y filosa de la guillotina: génesis y apocalipsis. "Luciendo todos los distintivos de su Autoridad, inmóvil, pétreo, con la mano derecha apoyada en los montantes de la Máquina, Victor Hughes se había transformado repentinamente en una alegoría. Con la libertad llegaba la primera guillotina al Nuevo Mundo." El personaje de *Los pasos perdidos* remonta el Orinoco hasta sus fuentes paradisíacas, sólo para comprobar que cada año, al dividirse las aguas, el Edén desaparece y, con él, todo paso humano, toda memoria humana anterior a cada catástrofe puntual. El viajero busca la Edad de Oro primigenia, pero ésta ya rememora su propia Edad de Oro perdida. Y sin embargo, esta anulación del tiempo por el tiempo es repetible porque es mítica y es mítica porque es ejemplar, porque es eminentemente presentable. El tiempo primordial prefigura el tiempo total. Toda novela podría titularse, como el excelente libro de Elena Garro, *Los recuerdos del porvenir*. Y la obra entera de Carpentier es una doble adivinación: a la vez, memoria del futuro y predicción del pasado.

El personaje de *Los pasos perdidos* viaja por el río hasta las raíces de la vida, pero no puede encontrarlas —dice Carpentier—, "pues ha perdido la puerta de su existencia auténtica". Esta referencia nos remite a un tercer tiempo. Alejo Carpentier ha dicho que el arte pertenece no a la génesis ni a su apocalipsis gemela, sino a la revelación. La revelación es el tiempo de la historia humana consciente, que a su vez posee un centro solar de aspiraciones: la revolución. Sí y no: tercer tiempo ambiguo, ya no inapelable como la gestación o la catástrofe. La revolución es Victor Hughes, el oportunista, el cínico, el hombre de acción y también el sensualista que, de alguna manera, aun la más terrible, quisiera darle cuerpo a sus ideales. La revolución es Esteban, el joven soñador en La Habana del siglo XVIII —el Siglo de las Luces—, para quien la Idea, nacida de sus secretas lecturas de Voltaire y de Rousseau, es un árbol de aire, un mar de luces. Para Esteban, toda encarnación es inferior a la esperanza. "Esteban se sentía desconcertado ante la increíble servidumbre de una mente vigorosa y enérgica, pero tan absolutamente politizada que rehusaba el examen crítico de los hechos, negándose a ver las más flagrantes contradicciones: fiel hasta el fanatismo… a los dictámenes del hombre que lo hubiese investido de poderes. 'La revolución —dijo Victor lentamente…—, la revolución ha dado un objeto a mi existencia'. 'Contradicciones y más contradicciones —murmuró Esteban—. Yo soñaba con una revolución tan distinta.' '¿Y quién te manda creer en lo que no era? —preguntó Victor—. Una revolución no se argumenta: se hace'."

Frente a la seguridad ciega de Victor, Esteban representa la ambigüedad crítica, como cuando Victor acepta que Francia, en virtud de sus principios democráticos, no puede ejercer la trata de esclavos, pero sí vender en puertos holandeses los esclavos que hayan sido tomados a los ingleses, Esteban sale a cumplir este último encargo en la colonia holandesa de Surinam, dispuesto en seguida a abandonar a la revolución traicionada y a Victor Hughes. Su misión es distribuir secretamente el Decreto de Pluvioso del Año II entre los súbditos del Rey de Holanda. Decide arrojar las copias impresas, bien atadas a grandes piedras, en las honduras del río. Pero antes, en el hospital de Paramaribo, asiste a la mutilación de las piernas de varios esclavos de la colonia, convictos de intento de fuga y cimarronada. Preso de náusea y de espanto, Esteban sale a distribuir el Decreto libertario entre los negros. "Lean esto —les gritó—. Y si no saben leer, busquen a uno que se los lea."

Esteban regresa derrotado a La Habana: "Cuidémonos de las palabras demasiado hermosas; de los Mundos Mejores creados por las palabras. Nuestra época sucumbe por un exceso de palabras. No hay más Tierra Prometida que la que el hombre puede encontrar en sí mismo." Y ahora es Sofía —conocimiento, "gay saber"— quien abandona a Esteban para irse a reunir con Victor Hughes, nombrado por Bonaparte agente en Cayena. Pero en realidad no lo abandona: va a asistir en nombre de Esteban, por el amor de Esteban, al derrumbe trágico de Victor Hughes; por amor a Esteban, para quien el sueño revolucionario es gemelo del sueño de amor con su prima, Sofía va a ser la amante de Victor Hughes. Sí y no: Sofía, sabiduría de la revolución, núcleo de la revelación, amante y enfermera, será quien logre mostrar al verdadero Victor Hughes, no sólo al masón, antimasón, jacobino, héroe militar, Agente del Directorio, Agente del Consulado, sino, detrás de los títulos, a un hombre que es Ormuz y Arimán, que lo mismo podría reinar sobre las tinieblas que sobre la luz. Victor ha abierto las puertas de Cayena a los curas y aplica el nuevo decreto, la Ley del 30 Floreal del Año X, que restablece la esclavitud en las colonias francesas de América. Pero, en medio de las persecuciones de negros, cae abatido por la fiebre que traen a Cayena los esclavos capturados por Napoleón en la batalla de Egipto: "el médico usó un nuevo remedio que, en París, había operado maravillas en la cura de los ojos aquejados por el Mal Egipcio: la aplicación de lascas de carne de ternera, fresca y sangrante. 'Pareces un parricida de tragedia antigua', dijo Sofía, viendo aquel personaje nuevo que, salido de la alcoba donde acababan de curarlo, le hizo pensar en Edipo. Habían terminado, para ella, los tiempos de la piedad."

Testigo de la gloria, de las contradicciones y del derrumbe de Victor Hughes, Sofía sólo renuncia a la piedad cuando la tragedia se cumple en la muerte. Pero no renuncia al conocimiento. Victor Hughes ha vivido para dar fe del abismo trágico entre el anhelo absoluto de la justicia y el uso concreto de la fuerza, de la misma manera que Esteban —ahora, lector de Chateaubriand— purga en el presidio de Ceuta el destino trágico de los hombres perdidos en el abismo entre la esperanza humana y la condición humana. Napoleón Bonaparte ha corrido el telón sobre el Siglo de las Luces con unas palabras: "Hemos terminado la novela de la revolución; toca ahora empezar su Historia y considerar tan sólo lo que resulta real y posible en la aplicación de sus principios." No obstante, Sofía —el conocimiento conciliador, la fraternidad de los opuestos— tenía razón: "Todo resultaba claro… la presencia de Victor era el comienzo de algo que se expresaría en vastas cargas de jinetes llaneros, navegaciones por ríos fabulosos, tramontes de cordilleras enormes. Nacía una época que cumpliría, en estas tierras, lo que en la caduca Europa se había malogrado. Esta vez se jugaría al desbocaire sobre generales, obispos, magistrados y virreyes."

Sí: Victor Hughes, a pesar de todo, trajo la revolución a América, y si esta revolución fracasaba, el movimiento continuaría, contradictorio, a menudo absurdo pero al cabo humano, como humana, renovada, esperanzada, sabia, ayuna de rencor o de derrota, es la exclamación final de Sofía cuando ella y Esteban salen de su encierro en el Palacio de Arcos en Madrid para unirse a la multitud que se levanta contra los franceses en las jornadas de mayo: "¡Vamos allá! ¡Vamos a pelear… por los que se echaron a la calle! ¡Hay que hacer algo!… ¡Algo!".

Deseo subrayar que *El Siglo de las Luces* no es una alegoría que ilustre el destino de las revoluciones. Sabemos que en un proceso revolucionario sólo una etapa es susceptible de ser reducida a *técnica*: la manera de tomar el poder. Pero la transformación de una sociedad jamás ha sido o será codificable: cada revolución es irreversible e irrepetible y los hombres que la hacen, iluminados por un sol nocturno, deben inventarlo todo de nuevo. Si se toma *El Siglo de las Luces* como una crónica histórica, sólo se refiere a la revolución francesa. Pero si no es una alegoría —mera ilustración de verdades sabidas—, sí contiene una simbología —verdadera búsqueda de verdades nuevas—. Y esa simbología nos habla de una conciliación de la justicia y la tragedia. Sí y no: revolución esta vez, y otra vez, y otra más: la libertad es idéntica a una aspiración permanente, la de hombres que viven en la ambigüedad y no la aceptan, sino que mantienen la exigencia de valores humanos absolutos a sabiendas de que la realidad los niega o los impide. La Revolución es la Revelación, es Adivinación que recuerda el origen sagrado del tiempo y formula su destino humano. La revolución histórica es adivinación literaria cuando la escritura, como en la obra de Carpentier, es radicalmente poética: sólo la poesía puede proponer a un mismo tiempo múltiples verdades antagónicas, una visión realmente dialéctica de la vida.

Podemos, ahora, regresar a la visitación de la música de Varèse. Porque el adivinar de Carpentier depende no sólo de la orquestación en virtud de la cual el escritor da tono y serialidad, ritmo y cronocromía —resonancia, en suma— a la afonía americana, sino también de esas pistas magnéticas, de esos "sonidos brutos" que, a contrapelo de la instrumentación tradicional, integran una nueva totalidad narrativa en la que la ficción se hace a sí misma mediante un lenguaje que es reflexión sobre el lenguaje. Sin estas pistas magnéticas, las ficciones de Carpentier podrían haber sido las crónicas y mensajes de la etapa anterior de nuestra novela.

Pero sería injusto limitar esta distinción al estrecho ámbito de la literatura en lengua española de América. Las novelas de Carpentier pertenecen, de pleno derecho, al movimiento universal de la narrativa, movimiento de renovación que sustituye la convención crucial, personajes-argumento (similar al cruce vertical-horizontal de melodía y armonía en la música) por una *fusión* en la que personajes e intriga desalojan el centro para convertirse en resistencias a un lenguaje que se desarrolla, a partir de sí mismo, en todas las direcciones de *lo real.* Así como la música ha ganado el derecho a ser sonido total o la pintura una facultad semejante en el orden visual, la novela reivindica la necesidad evidente de ser ante todo escritura, conexión del lenguaje con todos los niveles y orientaciones, no de la "realidad", sino de "lo real".

Carpentier es el primer novelista en lengua española que intuye esta radicalización y su corolario: todo lenguaje supone una representación, pero el lenguaje de la literatura es una representación que se representa. En *Doña Bárbara*, por ejemplo, el lenguaje, en la medida en que es consciente de sí mismo, aspira a representar directamente la realidad: el llano pretende ser realmente el llano y Santos Luzardo cree que realmente es Santos Luzardo. Pero el cadáver retrospectivo de *Viaje a la semilla* —escojo deliberadamente esta *nouvelle* de Carpentier— carece de esa ingenuidad primaria: sabe que sólo representa una representación anterior. Y sabe que su representación actual no existe fuera de la literatura. Como en Cervantes, en Carpentier la palabra es fundación del artificio: exigencia, desnivel frente al lector que quisiera adormecerse con la fácil seguridad de que lee la realidad; exigencia, desafío que obliga al lector a penetrar los niveles de lo real que la realidad cotidiana le niega o vela.

Gracias a esta representación de la representación, Carpentier revoluciona la técnica narrativa en lengua española: pasamos de la novela fabricada *a priori* a la novela que se hace a sí misma en su escritura. La formación musical de Carpentier no es ajena a esta realización de lo real. Recordemos que *El acoso* se desarrolla de acuerdo con una pauta externa —la ejecución de la *Eroica* de Beethoven— que nos remite a una sinfonía interna —la del personaje acosado— que aún no se cumple, que está en proceso de ser escrita o de ser leída. Al mismo tiempo que la orquesta tradicional sigue religiosamente el pentagrama estudiado, la pista magnética le opone, en un tiempo idéntico, el desarrollo imprevisible de un destino formulado por y dentro de un lenguaje.

Lejano en todo a la improvisación —ya hemos hablado de su profesionalismo— o a la gratuidad —Carpentier cree que las revoluciones culturales no son enemigas de las revoluciones sociales, sino que ambas se complementan e iluminan— el lenguaje de estas novelas cumple también la función obsesiva del autor: designar el mundo anónimo de América, apelar al pájaro y a la cordillera, al árbol y a la madrépora. En Carpentier, el verbo vuelve a ser atribución, y el nombre, fundación.

Cabría ir más lejos. Rousseau afirmaba que se podía hacer una historia de la libertad y de la esclavitud a partir del estudio de las lenguas. Semejante proyecto merecería cumplirse en la América española, zona fértil como pocas para proyectar, en la pantalla del idioma, las imágenes de un divorcio profundo entre lo real y sus signos. "Las palabras no se pronuncian en vano", advierte una cita de pórtico en *El Siglo de las Luces*. Ni siquiera las palabras vanas. Inmenso acarreo y metamorfosis de los gérmenes y cristalizaciones de nuestra lengua, la obra de Carpentier, como la de muchos músicos contemporáneos, se sirve de la melodía para ir más allá de la melodía: Carpentier aprovecha la retórica para trascenderla. En un solo movimiento, que a veces semeja una animación suspendida, el novelista consagra lo que profana y profana lo que consagra. El discurso y el poema, la clamorosa mentira y el verdadero silencio, se unen en un solo lenguaje: el de la tensión entre la nostalgia y la esperanza.

¿Ha significado otra cosa una lengua que lo mismo ha dado las cartas de relación de Cortés que la piramidal y nocturna poesía de Sor Juana, los decretos monstruosos de Rosas que el lúcido humanismo de Lastarria, la caótica demagogia de Perón que la helada razón de Borges? ¿Y qué une todas estas expresiones disímbolas sino el trayecto incumplido de una utopía de fundación, degradada por una epopeya bastarda que quisiera asumir la promesa utópica si no le impidiese el paso la imaginación que transforma la nostalgia en deseo? Todo es lenguaje en América Latina: el poder y la libertad, la dominación y la esperanza. Pero si el lenguaje de la barbarie desea someternos al determinismo lineal del tiempo, el lenguaje de la imaginación desea romper esa fatalidad liberando los espacios simultáneos de lo real. Ha llegado, quizás, el momento de cambiar la disyuntiva de Sarmiento —¿civilización o barbarie?— por la que Carpentier, y con él los mejores artistas de nuestra parte del mundo, parecen indicarnos: ¿imaginación o barbarie?

2. La búsqueda de Utopía

El arte ha caminado una larga avenida en busca de la tierra feliz del origen, de la isla de Nausicaa en Homero, a la visita irónica de Luis Buñuel a una isla de esqueletos y excrementos en su película *La Edad de Oro*, pasando por las arcadias sin penas de Hesíodo, la edad de la verdad y la fe en Ovidio, la primavera cristiana de Dante, la edad de los arroyos de leche en Tasso y, finalmente, su agria desembocadura en el poema de John Donne: "Las doradas leyes de la naturaleza son derogadas...", y su desencantado recuerdo en Cervantes:

> Dichosa edad y siglos dichosos aquellos a quien los antiguos pusieron nombre de dorados, y no porque en ellos el oro, que en nuestra edad de hierro tanto se estima, se alcanzase en aquella venturosa sin fatiga alguna, sino porque entonces, los que en ella vivían, ignoraban estas dos palabras de tuyo y mío. Eran en aquella santa edad todas las cosas comunes; a nadie le era necesario para alcanzar su ordinario sustento, tomar otro trabajo que alzar la mano y alcanzarle de las robustas encinas que liberalmente les estaban convidando con su dulce y sazonado fruto. Las claras fuentes y corrientes ríos, en magnífica abundancia, sabrosas y transparentes aguas les ofrecían... Todo era paz entonces, todo amistad, todo concordia...

La evocación de Cervantes es la del obispo Quiroga: y ambas, a su vez, son la de Ovidio en *Las metamorfosis*:

> En el principio fue la Edad de Oro, cuando los hombres, por su propia voluntad, sin miedo al castigo, sin leyes, obraban de buena fe y hacían lo justo... La tierra... producía todas las cosas espontáneamente... Era la estación de la primavera eterna... Los ríos fluían con leches y néctares... Pero entonces apareció la edad de hierro y con ella toda suerte de crímenes; la modestia,

la verdad y la lealtad huyeron, sustituidas por la traición y la trampa; el engaño, la violencia y la codicia criminal.

Todos ellos hablan de un tiempo, no de un lugar, *Utopos* quiere decir: *no hay tal lugar*. Pero la búsqueda de Utopía se presenta siempre como la búsqueda de un lugar y no de un tiempo: la idea misma de Utopía en América parece marcada por el hambre de espacio propia del Renacimiento.

El Mundo Nuevo se convierte así en una contradicción viviente: América es el lugar donde usted puede encontrar el lugar que no es. América es la promesa utópica de la Nueva Edad de Oro, el espacio reservado para la renovación de la historia europea. Pero, ¿cómo puede tener un espacio el lugar que no es?

El mundo indígena, el mundo del mito, contesta a esta pregunta desde antes de ser conquistado. La utopía sólo puede tener tiempo. El lugar que no es no puede tener territorio. Sólo puede tener historia y cultura, que son las maneras de conjugar el tiempo. Origen de los dioses y del hombre; tiempos agotados, tiempos nuevos; augurios; respuestas del tiempo a una naturaleza amenazante, a un cataclismo natural inminente.

Tomás Moro describe la ironía de esta verdad cuando envía a su viajero utópico, Rafael Hitlodeo, de regreso a Europa. Pero él no habría regresado, nos dice Moro, ni el lector tampoco: "Si usted hubiera estado en Utopía conmigo y hubiera visto sus leyes y gobiernos, como yo, durante cinco años que viví con ellos, en cuyo tiempo estuve tan contento que nunca los hubiera abandonado si no hubiese sido para hacer el descubrimiento de tal nuevo mundo a los europeos".

En su novela *Los pasos perdidos*, Alejo Carpentier concibe su ficción como un viaje en el espacio, Orinoco arriba, hasta las fuentes del río, pero, también, como un viaje en el tiempo. El movimiento de la novela es una conquista del espacio pero también una reconquista del tiempo. El viajero de Carpentier, a diferencia del de Moro, pasa de las ciudades modernas a los ríos de la conquista a las selvas anteriores al Descubrimiento a "la noche de los tiempos", donde "todos los tiempos se reúnen en el mismo espacio".

Viajando hacia atrás, hacia "los compases del Génesis", el Narrador de Carpentier se detiene al filo de la intemporalidad y sólo allí encuentra la utopía: un *tempo* donde *todos los tiempos* coexisten, así como Borges encontró *El Aleph*, el *espacio* donde *todos los espacios* coexisten. Su narrador, como el de Tomás Moro, ha estado en Utopía y ha vivido su tiempo perfecto, un instante eterno, una Edad de Oro que no necesita ser recordada o prevista.

Tanto Moro como Carpentier quisieran permanecer en Utopía. Pero ambos sucumben a la racionalización de sus culturas modernas: deben regresar y contar sobre Utopía a fin, dice Moro, de "hacer el descubrimiento de tal nuevo mundo a los europeos"; a fin, dice Carpentier, más de cuatro siglos después, de comunicarle la existencia de Utopía a "un joven de alguna parte", que "esperaba tal vez mi mensaje, para hallar en sí mismo, al encuentro de mi voz, el rumbo liberador".

Pues si la utopía es el *recuerdo* del tiempo feliz y el deseo de reencontrarlo, es también el *deseo* del tiempo feliz y la voluntad de construirlo.

"No regresar" es el verbo de la utopía de la edad de oro original.

"Regresar" es el verbo de la utopía de la ciudad nueva donde reinará la justicia.

Los narradores, el de Tomás Moro y el de Alejo Carpentier, están divididos por esta doble utopía: se debaten entre encontrar lo perdido y conservarlo, o regresar, comunicar, reformar, liberar. El protagonista de *Los pasos perdidos* comete, al cabo, "el irreparable error de desandar lo andado, creyendo que lo excepcional puede serlo dos veces".

3. Utopía: espacios y tiempos

Los pasos perdidos de Alejo Carpentier repite el viaje más antiguo de los hombres del Viejo Mundo en busca del Mundo

Nuevo, la peregrinación "al vasto país de las Utopías permitidas, de las Icarias posibles". Es también el descubrimiento de que la Utopía consiste en "barajar las nociones de pretérito, presente, futuro". Empezando con un desplazamiento en el espacio, el viaje utópico termina con un desengaño y también con una sabiduría. *U-Topos* es el lugar que no es; pero si no es espacio, es tiempo. La pureza europea de una concepción utópica a escala espacial mínima, con el continente, por decirlo así, a la mano, es desvirtuada por la inmensidad del espacio americano. He aquí la paradoja: el tiempo de la Utopía sólo puede ser ganado después de recorrer un inmenso espacio que la niega; recorrer y vencer, neutralizar, eliminar. Utopía se da en *Canaima* como espacio pero debe convertir la selva, el río, los escenarios de Gallegos, en tiempo.

Ello es difícil, porque el espacio americano parece indomable. Europa convierte la naturaleza en paisaje. Entre nosotros, priva el asombro del gran poema de Manuel José Othón, por algo titulado *Idilio salvaje*. Aunque el poeta hable de "paisaje", una pintura de Poussin o de Constable sería devorada por "el salvaje desierto", el "horrendo tajo" de esta "estepa maldita" de bloques arrancados por el terremoto, "enjuta cuenca de océano muerto". En este "campo de matanza", parecen ser el dolor y el miedo lo único que, humanamente, se dibuja entre la pura extensión del espacio. Pero la nota dominante es, una vez más, la de una naturaleza agreste, que nos domina con su grandeza:

> Mira el paisaje: inmensidad abajo,
> inmensidad, inmensidad arriba...

El paisaje es raro en la literatura hispanoamericana; los jardines, artificiales evocaciones del mármol. El espíritu civilizado de José Donoso convierte al paisaje en personaje en *Casa de campo* (1978). Se trata, sin embargo, de una nueva manera del idilio salvaje: un paisaje fabricado, monstruoso, que transforma a la naturaleza domeñada en un sofoco. Ha huido el oxígeno de la naturaleza, jardín artificial, y del diálogo, que lo es de niños igualmente artificiales —robots voluntarios y voluntariosos, Midwich Cuckoos del campo chileno—. Eco de la sabiduría paisajística de Rugendas y de la retratística de Monvoisin, la de Donoso es salvajemente artificial, como la del jardín de Goethe. Es una nostalgia del mundo primitivo, intocado, del primer amanecer. El hecho de que lo pueblen niños, artificiales también, prolonga la sensación de inocencia imposible: en *Casa de campo*, David Copperfield ha llegado a la isla desierta del Señor de las Moscas sin más defensa que su buena educación inglesa. Sabe comerse con etiqueta a sus semejantes.

José María Velasco, el gran paisajista mexicano, acaso tenga un equivalente literario en la prosa transparente de Alfonso Reyes. Pero en nuestras novelas, de Payno a Altamirano a Azuela a Rulfo ("la llanura amarguísima y salobre… el peñascal, desamparado y pobre" de Othón parecen descritos para *El Llano en llamas* y *Pedro Páramo*), la naturaleza no es paisaje: es augurio o nostalgia de algo que no es domeñable. La pintura mexicana, de los bosques impenetrables de Clausell a los volcanes del Doctor Atl a los cielos en llamas de Orozco y los pedregales de Siqueiros, abunda en naturaleza, no en paisaje. Pero el "idilio salvaje", si en su segundo término implica naturaleza impersonal, espacio inhumano, "selva selvaggia" que conduce al infierno, anuncia también el idilio que rescata tiempo, perdido, pasado y, acaso, feliz.

En *Los pasos perdidos*, la búsqueda de este lugar anterior y feliz —Utopía— crea su propio tiempo, y éste se revela no como un tiempo cualquiera. O más bien: no el tiempo lineal de la lógica progresista. Carpentier identifica la empresa utópica con la empresa narrativa: ambas pretenden conjugar las nociones del tiempo y trascender la discreción sucesiva del lenguaje y de las horas de la racionalidad positiva. Vencer al espacio —el monstruo de la pura inmensidad— y crear el tiempo.

El primer anticipo de esta intención, en *Los pasos perdidos*, la primera de muchas simetrías a las que Carpentier recurre para enriquecer la realidad empobrecida, el tiempo de los relojes, es, clásicamente, la representación dentro de la representación: esa cajita china o muñeca rusa, esa cebolla narrativa que permite a Shakespeare en *Hamlet* y a Cervantes en el retablo de

Maese Pedro, como a Julio Cortázar en el relato *Instrucciones para John Howell*, introducir la representación dentro de la representación a fin de que ésta —poema, drama, ficción— se contemple a sí misma —si tiene el valor de hacerlo—. El espectador/lector es invitado a hacer lo mismo, aun a costa de una pesadilla sublime, similar a la de esos personajes cómicos del *Discreto encanto de la burguesía* de Luis Buñuel, frustrados en su supremo intento francés de sentarse a gozar de una buena comida y que, cuando al cabo lo logran, apenas se llevan las cucharas soperas a la boca, ven al telón levantarse ante sus narices y se dan cuenta de que están en un escenario teatral, frente a una sala colmada y un público que espera de ellos diálogos ingeniosos, acaso picantes, mientras fingen comer sus pollos de cartón. El terror de saberse representado —y el nuestro de saberlos representados— echa a perder las digestiones estomacales pero facilita las digestiones mentales.

El objeto del "teatro dentro del teatro" en *Los pasos perdidos* es el de "hacer coincidir nuestras vidas". Carpentier se refiere aquí a dos vidas, las de una pareja mal avenida, el narrador y su esposa, la actriz Ruth. ¿Cómo hacer coincidir, en efecto, sus tiempos, si ella vive más en la realidad de un drama teatral sobre la Guerra de Secesión norteamericana que en la realidad de su marido el narrador musicólogo? Además, la obra teatral es un éxito prolongado que "aniquilaba lentamente a los intérpretes, que iban envejeciendo a la vista del público dentro de sus ropas inmutables".

Como el Narrador no puede hacer coincidir su tiempo con el de Ruth su mujer, parte a la América del Sur con su amante francesa, Mouche, que sí comparte el tiempo y los intereses del Narrador. Sobra decir que ésta es una ilusión y que la relación de la pareja Narrador-Ruth es sólo una premonición de la pregunta y la relación, erótica/utópica, central a la novela, que se hace presente cuando el Narrador conoce, en el Orinoco, a Rosario. La pregunta banalmente doméstica de Nueva York se convierte en la pregunta esencial de un lugar que los mapas de la memoria utópica llaman Santa Mónica de los Venados: ¿cómo hacer coincidir los tiempos del Narrador y Rosario?

El Narrador llega a una ciudad hispanoamericana que sólo puede ser Caracas. En el Nuevo Mundo hispano "conviven Rousseau y el Santo Oficio, la Virgen y *El capital*", pero cuando una insurrección aísla al hotel donde habita el Narrador y se interrumpen los servicios de luz y agua, las alimañas salen por las coladeras y los bichos van subiendo desde los sótanos.

El Narrador quiere ir más lejos. No viene en busca de la prolongación caricaturesca de la modernidad norteamericana en la modernidad hispanoamericana, sino de una realidad *aboriginal:* el treno, la unidad mínima de la música. Vale decir: busca el mito de mitos, la palabra de palabras, el sonido del cual, en un lamento ritual —la trenodia—, nacen todos los demás. Pero ese mito sonoro está oculto en el corazón de las tinieblas, en la entraña de una naturaleza tupida. El Narrador hace caso omiso de la extensión en el espacio; más que un obstáculo, éste es una invitación que le identifica con los primeros descubridores del Mundo Nuevo, le permite reincidir en su asombro —el de Colón y Bernal, Solís y Balboa— y adquirir otro sentido de las proporciones. Las montañas crecen, el prestigio humano cesa y los seres, ínfimos y mudos, sienten que ya no andan entre cosas a su escala. "Estábamos sobre el espinazo de las Indias fabulosas, sobre una de sus vértebras."

Ya conocemos esta naturaleza impersonal: es la de *Canaima.* Pero el novelista cubano va a permitir que la naturaleza se revele como tiempo y se despoje de su pura extensión. Carpentier, musicólogo él mismo, se asemeja a ciertas grandes obras musicales modernas —pienso en Varèse, Stravinsky, el Debussy del *Martirio de San Sebastián*— que parecen identificarse como una extensión sólo para conjugar un tiempo. Asimismo, en *Los pasos perdidos*, en el extremo de la naturaleza, en el surtidor oscuro de los ríos, las bestias y la flora, la selva va a revelarse como *una nación escondida.*

Un hombrecito de cejas enmarañadas conocido como el Adelantado, acompañado de su perro Gavilán, le dice al Narrador en una taberna de Puerto Anunciación, allí donde se dejan atrás las tierras del caballo para ingresar a las tierras del perro:

Cubriendo territorios inmensos —me explicaba—, encerrando montañas, abismos, tesoros, pueblos errantes, vestigios de civilizaciones desaparecidas, la selva era, sin embargo, un mundo compacto, entero, que alimentaba su fauna y sus hombres, modelaba sus propias nubes, armaba sus meteoros, elaboraba sus lluvias: nación escondida, mapa en clave, vasto país vegetal de muy pocas puertas. [...] Para penetrar en ese mundo, el Adelantado había tenido que conseguirse las llaves de secretas entradas: sólo él conocía cierto paso entre dos troncos, único en cincuenta leguas, que conducía a una angosta escalinata de lajas por la que podía descenderse al vasto misterio de los grandes barroquismos telúricos.

El Adelantado es, sin intención peyorativa alguna (todo lo contrario), el Retrasado: sabe cómo ir adelante porque ha estado allí antes y quizás en compañía de Rafael Hithloday, el viajero utópico de Tomás Moro, quien en 1517 nos advierte que para entrar a Utopía se requiere hacer un pasaje peligroso a través de canales

que sólo los utopianos conocen, de tal suerte que los extranjeros sólo pueden entrar a esta bahía guiados por un piloto utopiano. Pues aun para los habitantes apenas si existen entradas seguras, salvo si marcan su pasaje con ciertos signos en la costa.

No margino el encanto narrativo de Carpentier: hay en esta novela un elemento mágico, infantil, digno de Stevenson y Verne, pues para regresar a la Isla del Tesoro o llegar al centro de la tierra, también se requiere un conocimiento secreto, un mapa, una memoria. Utopía está en el recuerdo y es necesario recordar para regresar a una tierra que no es en el espacio sino en el tiempo. Las claves de *U-Topos* deben ser claves en el tiempo y el recuerdo del tiempo se llama mito, "el recuerdo vivo de ciertos mitos", como escribe Carpentier.

La catalizadora de este mundo mítico, de este recuerdo, es una mujer: Rosario. Mujer estupefacta, sentada en un contén de piedra junto al río, envuelta en una ruana azul, con un paraguas dejado en el suelo, con la mirada empañada y los labios temblorosos, mujer recobrada de las tinieblas, resucitada, que parecía regresar de muy lejos, mira al Narrador "como si mi rostro fuese conocido", da un grito y se agarra de él, implorando "que no la dejaran morir de nuevo".

Hay una antigua hechicera que habita las más viejas ficciones terrenales, la isla de Circe de Homero y la Tesalia del *Asno de oro* de Apuleyo, los páramos escoceses de *Macbeth* de Shakespeare y las calles españolas de *La Celestina* de Rojas, pero también los pasmados salones nupciales de Dickens, donde Miss Havisham se muere entre las reliquias de unos velos rasgados y un pastel devorado por las ratas, y en los palacios venecianos de Henry James donde ella, la hechicera anciana, guarda los secretos de la palabra y la historia: esta mujer —la mujer— es "el conducto hacia los ritos primeros del hombre". La hechicera es dueña de las claves esotéricas. Rosario pertenece a esta estirpe. Y esotérico —*eso-theiros*— significa introducir, hacer entrar. El "esoterismo", en este caso, es en apariencia el del ingreso a la selva, a la naturaleza; pero en realidad —como en Moro— es el ingreso a Utopía, el lugar que no es en el espacio pero que, acaso, tenga *lugar* en el *tiempo*. Para "hacer entrar", pasando del espacio al tiempo, de *topos* a *cronos*, hay que vencer los muros de lo que los sentidos llaman "realidad".

Paralelamente al encuentro con la hechicera, Carpentier se empeña, por estas razones, en un proceso de desrealización de la naturaleza que lleva a sus consecuencias finales la pugna entre naturaleza y naturalismo:

> Al cabo de algún tiempo de navegación en aquel caño secreto, se producía un fenómeno parecido al que conocen los montañeses extraviados en las nieves: se perdía la noción de la verticalidad, dentro de una suerte de desorientación, de mareo de los ojos. No se sabía ya lo que era del árbol y lo que era del reflejo. No se sabía ya

si la claridad venía de abajo o de arriba, si el techo era de agua, o el agua suelo; si las troneras abiertas en la hojarasca no eran pozos luminosos conseguidos en lo anegado. Como los maderos, los palos, las lianas, se reflejaban en ángulos abiertos o cerrados, se acababa por creer en pasos ilusorios, en salidas, corredores, orillas inexistentes. Con el trastorno de las apariencias, en esa sucesión de pequeños espejismos al alcance de la mano, crecía en mí una sensación de desconcierto, de extravío total, que resultaba indeciblemente angustiosa. Era como si me hicieran dar vuelta sobre mí mismo, para atolondrarme, antes de situarme, en los umbrales de una morada secreta.

Sin embargo, esta sensación de desplazamiento y extrañeza es acompañada por otra sensación de asimilación constante: lo que más asombra al viajero narrador es "el inacabable mimetismo de la naturaleza virgen". "Aquí todo era otra cosa, creándose un mundo de apariencias que ocultaba la realidad, poniendo muchas verdades en entredicho".

De Cristóbal Colón a José Eustasio Rivera, de Américo Vespucio a Rómulo Gallegos, por poderosa y descomunal que sea, la naturaleza americana, por ser naturaleza, se parece a sí misma. A partir de Carpentier, la naturaleza ya no se parece a la naturaleza. Es puro espacio sin tiempo. Engaña, es un espejismo. Pero detrás del vasto engaño del espacio se esconde una vasta apertura del tiempo. La desrealización naturalista permite que el objetivo estético de Carpentier —el inventor del "realismo mágico" — se cumpla al imponerse el tiempo al espacio merced a estos pasos recuperados: el paso de la naturaleza "naturalista" a la naturaleza "enajenada" a la naturaleza puramente metafórica, mimética.

La irrupción del tiempo en *Los pasos perdidos* ocurre en el capítulo XXI, cuando el misionero fray Pedro habla del "poder de andarse por el tiempo, al derecho y al revés". Éste no es un espejismo: es simplemente la realidad de otra cultura, de una cultura distinta: los indios me resultaban, en su ámbito, en su medio, absolutamente dueños de su cultura. Nada era más ajeno a su realidad que el absurdo concepto de salvaje. La evidencia de que desconocían cosas que eran para mí esenciales y necesarias, estaba muy lejos de vestirlos de primitivismo.

La otra cultura es el otro tiempo. Y como hay muchas culturas, habrá muchos tiempos. Como posibilidades ciertamente; pero sólo a condición de reconocerlos en su origen, de no deformarlos *ad usum ideologicum* para servir al tiempo progresivo del Occidente, sino para enriquecer al tiempo occidental con una variedad que es la de las civilizaciones en la hora —previstas por Carpentier, por Vico, por Lévi-Strauss, por Marcel Mauss, por Nietzsche— en que sus configuraciones salen de las sombras y se proponen como protagonistas de la historia.

Por ello el tiempo de *Los pasos perdidos,* apenas es descubierto, comienza a retroceder con la velocidad de una cascada que asciende a su origen:

> El tiempo ha retrocedido cuatro siglos. Ésta es misa de descubridores [...]. Acaso transcurre el año 1540 [...]. Los años se restan, se diluyen, se esfuman, en vertiginoso retroceso del tiempo [...], hasta que alcanzamos el tiempo en que el hombre, cansado de errar sobre la tierra, inventó la agricultura [...] y, necesitado de mayor música, inventó el órgano al soplar en una caña hueca y lloró a sus muertos haciendo bramar una ánfora de barro. Estamos en la Era Paleolítica [...]. Somos intrusos [...] en una ciudad que nace en el alba de la Historia. Si el fuego que ahora abanican las mujeres se apagara de pronto, seríamos incapaces de encenderlo nuevamente por la sola diligencia de nuestras manos.

Éste es el sistema narrativo que Carpentier emplea en una de las obras maestras del relato hispanoamericano, *Viaje a la semilla,* en que las candelas de un velorio, en vez de agotarse, empiezan a crecer hasta apagarse, enteras, mientras que el hombre velado se incorpora en su féretro y la vida se reinicia retrospectivamente, de regreso a la juventud, la niñez y el útero. El cuento es así una cuenta: la cuenta al revés de los lanzamientos al espacio, diez-nueve-ocho hasta cero. Pero éste es un lanzamiento al tiempo; y si en el cuento es la propia narración la que se cuenta hacia atrás, en la novela el conducto de este remontarse al revés, de este *countdown* o *conto alla rovescia*, es Rosario, quien inmersa en el tiempo y ausente en el espacio, no reconoce la lejanía: "A ella no le importa dónde vamos, ni parece inquietarse porque haya comarcas cercanas o remotas. Para Rosario no existe la noción de *Estar lejos* de algún lugar."

Esto es así porque Rosario vive en el tiempo: "Este vivir en el presente, sin poseer nada, sin arrastrar el ayer, sin pensar en el mañana, me resulta asombroso."

Y le resulta asombroso al lector. El esfuerzo del narrador por remontarse en el tiempo y conjugar pretérito, presente y porvenir, le es privativo y le es necesario porque él quiere *llegar* a Utopía. Pero para Rosario, que ya *está* en Utopía, el ayer y el mañana son innecesarios. El Narrador triunfa sobre el tiempo profano, consecutivo. Rosario ya está instalada en el tiempo mítico, simultáneo y sagrado.

El encuentro del Narrador y Rosario crea un doble movimiento en la novela: el del narrador hacia atrás, que es el ritmo mismo de la novela, "retrocediendo hacia los compases del Génesis"; y el de Rosario, que si para nosotros y el Narrador es un movimiento también hacia atrás, hacia un pasado original, para ella misma no es sino un eterno presente inmóvil. El Narrador tiene que ser moviéndose, si no hacia el futuro, entonces hacia el pasado. Rosario no tiene que moverse. Ya es, ya está. El Narrador encuentra a Rosario y cree que ella lo acompañará en su viaje al origen. No sabe que Rosario *ya está allí* y no puede abandonar su estar primigenio, so pena (como la Ayesha de Rider Haggard o la tibetana en los *Horizontes perdidos* de James Hilton y otras heroínas de los romances populares) de convertirse en polvo al traspasar el umbral de su tiempo sagrado al tiempo común y corriente, newtoniano, sublunar.

Este doble movimiento, antes de divorciarse de nuevo, se funde en un paso a "la noche de las edades". Todos los tiempos, aquí, se reúnen en un mismo espacio que es cancelado por la abundancia real del tiempo que lo ocupa totalmente. En ese instante, anterior a la semilla y al fuego, donde los perros son anteriores a los perros, y los cautivos lo son de otros cautivos, "hay una forma de barro endurecida al sol":

> Una especie de jarra sin asas, con dos hoyos abiertos de lado a lado y un ombligo dibujado en la parte convexa [...]. Esto es Dios. Más que dios: es la Madre de Dios. Es la madre primordial [...], "el secreto prólogo".

La naturaleza convertida en cultura es mucho más terrible que la naturaleza retratada, "naturalista", "verosímil". Veremos en Lezama Lima cómo el barroco, llevado a sus consecuencias finales, convierte el artificio en otra naturaleza, más natural que el artificio de lo natural "nacido sustituyendo", como dice el autor de *Paradiso*. En Carpentier, si de eso se trata, "lo que se abre ante nuestros ojos es el mundo anterior al hombre". Si lo que queremos es la naturaleza virgen, hela aquí en toda su terrible soledad; no el cromo naturalista y complaciente de una naturaleza que nos sobrecoge porque, de todos modos, somos capaces de verla, de estar en ella, sino una naturaleza radicalmente sola, sin testigos humanos y, por ello, posible.

> Aquí [...] aunque la abeja trabaje en las cavernas, nada parece saber de seres vivientes [...]. Estamos en el mundo del Génesis, al final del Cuarto Día de la Creación. Si retrocediéramos un poco más, llegaríamos adonde comenzara la terrible soledad del Creador —la tristeza sideral de los tiempos sin incienso y sin alabanzas, cuando la tierra era desordenada y vacía, y las tinieblas estaban sobre la faz del abismo.

Llevado a este extremo, el paso de la novela vuelve a desdoblarse. No se puede ir más lejos hacia atrás; Carpentier acaba de mostrarnos el abismo de la nada. Ahora, ¿permaneceremos para siempre al filo del alba, en el mito del origen o le daremos otro contenido al origen, convirtiéndolo en historia? Pero, ¿puede sobrevivir el mito del origen si se convierte en historia, en movimiento hacia el futuro? Tal es el dilema de toda utopía: permanecer en el origen feliz del pasado, o avanzar hacia la ciudad feliz del futuro.

4. Edad de Oro

El movimiento de la novela se descompone en dos utopías. La actividad temporal más señalada de la Utopía es la fundación de la ciudad; pero esta primacía le es disputada por otra actividad opuesta: la búsqueda de la Edad de Oro.

La contradicción es evidente, pues la fundación de la ciudad utópica introduce la historia y el movimiento hacia adelante, introduce la política, en tanto que la Edad de Oro es un mito que vive, como Rosario la mujer que lo encarna, en un presente absoluto e inmóvil.

Esta contradicción eterna de la Utopía es resuelta por la Edad Moderna mediante una inversión temporal. Si antes la Edad de Oro estaba en el origen y los actos míticos tendían a recordar y restablecer ese momento privilegiado en el que la salud tenía lugar, el cristianismo, al introducir a la divinidad en la historia mediante una promesa de redención, sitúa al Paraíso en el porvenir. El Renacimiento inicia el proceso de secularización de la Edad de Oro en el Nuevo Mundo, y el Siglo de las Luces lo confirma como estandarte de la modernidad: no hay salida sino en el futuro; el pasado es, por definición, bárbaro, nos informa Voltaire.

Pero el Narrador de *Los pasos perdidos*, como el viajero utópico de Tomás Moro, ha estado en Utopía y ha vivido su tiempo perfecto, instante eterno, Edad de Oro que no necesita ser recordada ni prevista. Primero, toma la "gran decisión de no regresar allá": decide permanecer en la Edad de Oro. Pero en seguida las racionalizaciones de su cultura se le imponen y decide regresar: "Un joven, en alguna parte, esperaba tal vez mi mensaje, para hallar en sí mismo, al encuentro de mi voz, el rumbo liberador", dice el Narrador de Carpentier. Lo mismo dijo, más de cuatro siglos antes, el Narrador de Tomás Moro, y al llegar al reino indio de Michoacán bajo el brazo del obispo, Vasco de Quiroga lo repitió: "Si usted hubiera estado en Utopía conmigo y hubiera visto sus leyes y gobiernos, como yo, durante cinco años que viví con ellos, en cuyo tiempo estuve tan contento que nunca los hubiera abandonado si no hubiese sido para hacer el descubrimiento de tal nuevo mundo a los europeos" (*Utopía*, libro primero).

Nuestra cultura prometeica, persuasiva, ideológica, no puede estar tranquila si no catequiza a alguien: el Viajero de Moro y el Narrador de Carpentier regresan a persuadir, sermonear, transformar a sus contemporáneos occidentales. Éstos, sin duda, los escucharán y regresarán a Utopía —a colonizarla, si son de derecha; a hacer turismo revolucionario, si son de izquierda.

"No regresar" es el verbo de la Utopía de la Edad de Oro original.

"Regresar" es el verbo de la Utopía de la Ciudad Nueva y Justa.

El Narrador de *Los pasos perdidos* está dividido por la doble utopía: entre encontrar lo perdido, y comunicar, regresar, reformar, liberar. Comete, al cabo, "el irreparable error de desandar lo andado, creyendo que lo excepcional puede serlo dos veces".

Alejo Carpentier da cuenta de la esperanza y de la tristeza, en su novela, de una comunidad colocada por encima del individuo y del Estado, porque contiene y perfecciona los valores de ambos.

Los pasos perdidos es una novela que J. B. Priestley dijo que quisiera haber escrito y que Edith Sitwell consideró perfecta: ni le falta ni le sobra nada, dijo la escritora inglesa. Más que perfección, una palabra que no me gusta porque elimina el riesgo de la creación y el margen de la verdadera recreación, que es el del error del creador que nuestra lectura puede asumir y suplir patéticamente, yo hablaría de totalidad. No una totalidad monolítica —falsa totalidad política y literaria— sino una totalidad fugitiva, de niveles complejos, disímiles y a veces contradictorios.

Los niveles más evidentes de *Los pasos perdidos* son el erótico, el lingüístico, el musical y el mítico-utópico.

El erotismo es el del cuerpo, no en su naturaleza natural —Carpentier, a diferencia de muchos novelistas actuales, no da clases de anatomía— sino en su representación y, aun, en su representación de una representación. Ésta es la "concertada ferocidad" de los amantes:

> Esta vez enmendamos las torpezas y premuras de los primeros encuentros, haciéndonos más dueños de la sintaxis de nuestros cuerpos. Los miembros van hallando un mejor ajuste; los brazos precisan un más cabal acomodo. Estamos eligiendo y fijando, con maravillados tanteos, las actitudes que habrán de determinar, para lo futuro, el ritmo y la manera de nuestros acoplamientos. Con el mutuo aprendizaje que implica la fragua de una pareja, nace su lenguaje secreto. Ya van surgiendo del deleite aquellas palabras íntimas, prohibidas a los demás, que serán el idioma de nuestras noches. En invención a dos voces, que incluye términos de posesión, de acción de gracias, desinencias de los sexos, vocablos imaginados por la piel, ignorados apodos —ayer imprevisibles— que nos daremos ahora, cuando nadie pueda oírnos. Hoy, por vez primera, Rosario me ha llamado por mi nombre, repitiéndolo mucho, como si sus sílabas tuvieran que tornar a ser moldeadas, y mi nombre en su boca ha cobrado una sonoridad tan singular, tan inesperada, que me siento como ensalmado por la palabra que más conozco, al oírla tan nueva como si acabara de ser creada. Vivimos el júbilo impar de la sed compartida y saciada, y cuando nos asomamos a lo que nos rodea, creemos recordar un país de sabores nuevos.

Este tipo de acoplamiento representativo es el que caracteriza otro aspecto del erotismo de *Los pasos perdidos*: su cópula intertextual, la introducción de un texto en otro. Las crónicas de Castillejos y Fernández de Oviedo, los diarios de Colón y Vespucio, las cartas de Cortés y la bitácora de Pigafetta son como amantes verbales de la novela de Carpentier, y el fruto de esta unión, el texto hijo de los otros textos, pudiera ser una simple frase sensual, un instante en que una nube pasa sobre los protagonistas y "comenzaron a llover mariposas sobre los techos, en las vasijas, sobre nuestros hombros".

Esas mariposas que llueven de una nube son descendientes de la erótica maravillada de los cronistas y descubridores: su intertextualidad contemporánea se prolonga en Malcolm Lowry y Gabriel García Márquez.

Y de este nivel proviene el siguiente, el lingüístico, pues Carpentier propone, como es sabido, una operación intertextual inmediata de rescate de nuestra lengua y sus riquezas perdidas. Pero esta operación es inseparable de la función nominadora de su texto, ya que Carpentier, como Colón y Oviedo, reclama para sí la tarea de "Adán poniendo nombre a las cosas".

En la construcción textual de *Los pasos perdidos*, esta nominación adánica de los árboles, los ríos, los peces y los panes del Nuevo Mundo, que ya notamos en la obra de Gallegos, se presenta en medio de un silencio "venido de tan lejos" que en él la palabra es una creación obligada. Así, el silencio virgen de la naturaleza abismal del cuarto día del Génesis le da a la palabra una resonancia musical, pues es en la música donde el silencio es visto, ante todo, como un valor: el silencio es la matriz del sonido.

El silencio total es roto, al nivel musical de la novela, por una "pavorosa grita sobre un cadáver rodeado de perros mudos". Al Narrador esa grita le resulta horrible, hasta que se da cuenta de que la horrenda fascinación de la ceremonia sólo revela que, ante la terquedad de la Muerte que se niega a soltar su presa, la Palabra se descorazona y cede el lugar a la expresión musical mínima, unitaria: ensalmo, estertor, convulsión: el Treno. Con el Narrador, acabamos de asistir al nacimiento de la

Música. Y la música nace cuando la Palabra muere porque no sabe qué cosa decirle a la muerte.

Hay aquí una prodigiosa asimilación de los varios niveles verbales de la novela. Pues si el Treno que tan dramáticamente descubre el Narrador es la palabra célula que se transforma en música al necesitar más de una entonación vocal, más de una nota para alcanzar su forma, no es otro el límite y la función del mito formado, según Lévi-Strauss, por *mitemas* que son la unidad mitológica mínima surgida del orden del lenguaje pero que lo trasciende con el *algo más* que en el lenguaje representa la frase o en la música el treno. No es otro el límite y la función del lenguaje verbal mismo, formado por el ascenso de unidades inferiores mínimas a unidades superiores que completan la unidad anterior.

La unidad de la función verbal, mítica y musical en *Los pasos perdidos* es ilustrada maravillosamente por este encuentro con el nacimiento de la música, con el treno que crea la música con el propósito de devolverle la vida a un muerto. Sin embargo, la hermandad del discurso filosófico de *Los pasos perdidos* con sus procedimientos lingüísticos y míticos no estaría completa sin una identidad fundamental de aquellos con esta otra realidad: la de la música en su intención de romper la sucesión lineal, la simple causalidad, situando al auditor en el centro de una red inagotable de relaciones sonoras. El auditor aparece entonces como constructor de un nuevo mundo multidireccional de elementos sonoros liberados, en el que todas las perspectivas son igualmente válidas.

La Utopía auténtica de *Los pasos perdidos* de Alejo Carpentier está aquí, en esta posibilidad, que su sustancia lingüística, erótica, musical y mítica nos ofrece, de construir una historia y un destino con diversas lecturas libres. Es una manera, superior y radical a un tiempo, de definir el arte.

Dicho todo lo anterior, regreso una vez más a la experiencia narrativa de *Los pasos perdidos*, compartiéndola con su Narrador explícito aunque no único:

Cada paso, lo hemos visto, le acerca a los orígenes físicos de la selva y del río, pero también a los orígenes históricos. Sin

embargo, es muy poderosa la sensación de que ocurre una separación, como si ganar el espacio fuese una pérdida de tiempo,
pero ganar los pasos del tiempo significase, a la postre, aceptar
la pérdida de las huellas naturales. El Narrador apuesta a que
recobrar los pasos perdidos en el tiempo no comporte la pérdida del espacio, gracias a una triple construcción del tiempo en
el mito, la utopía y la historia. Pero este encuentro total, sin
pasos perdidos ni en el reino de Topos ni en los dominios de
Cronos, se revela imposible. La historia explota y niega a la
naturaleza; el mito exige presencia constante; y la utopía es un
mito perverso que no se contenta con el eterno presente del cual
arranca, sino que quisiera "tener la chancha y los veintes": su
salud está en el pasado, en la edad de oro; pero su dinámica está
en el futuro, la ciudad feliz del hombre en la Tierra.

Los pasos perdidos de Alejo Carpentier es, en realidad,
un encuentro con el verdadero elemento re-ligador (re-ligioso
en este sentido prístino) que permite tener presentes todas estas
realidades del espíritu humano; su memoria, su imaginación,
su deseo. Esta re-liga es la re-ligión de las palabras: el lenguaje.
Viaje en el tiempo, viaje en el espacio, uno amenaza con anular
al otro y sólo el lenguaje lo impide.

De allí la construcción verbal de la novela, en tres movimientos que son tres parejas de verbos: Buscar y Encontrar;
Encontrar y Fundar; Permanecer o Regresar. Las dos primeras
series son un continuo; la última pareja, un divorcio, una opción. La primera serie verbal (Buscar y Encontrar) lleva al Narrador de la ciudad de Topía a la ciudad de Utopía, del espacio
civilizado y fijo a la ciudad indivisible. Es un viaje a lo largo del
espacio de Canaima, un inmenso espacio que debe ser recorrido, colonizado, neutralizado, eliminado, según el caso, para
transformar a Canaima en un lugar y un momento en el que
coinciden espacio y tiempo. Pero, ¿cómo transformar a la naturaleza en tiempo, sin devastarla a ella o corromperlo a él? Es
el problema propuesto por Rómulo Gallegos: el tiempo, esta
vez, ¿será Utopía, o sólo un nuevo capítulo en la historia de la
violencia impune? Sólo la peregrinación del Narrador —Buscar
y Encontrar— esbozará la respuesta.

La selva que recorre el Narrador revela que tiene una historia, sólo que ésta es una historia oculta, una historia que espera ser descubierta. No se trata ya del descubrimiento utópico de lo temporal, de la utopía sin historia del cronista Fernández de Oviedo. Tampoco de la fatal corrupción de la naturaleza auroral por la violencia descrita por Gallegos. A la nación escondida, el Narrador entra acompañado de una pareja erótica de su pareja verbal: *busca* con Mouche, su joven amante, compañera en la búsqueda activa, curiosa, del Occidente; *encuentra* con Rosario, la mujer del presente eterno, la que ya está allí, esperándolo, al parecer desde siempre. Rosario posee las llaves de Utopía: son las llaves del mito. El Narrador no puede compartir su tiempo —el descubrimiento del mito, el inminente regreso a Utopía— con su amante moderna. Necesita a la mujer que libera la imaginación mítica: Rosario. La encuentra escribiéndola, como Dante encuentra a Virgilio, evocado por la palabra, en la selva oscura y en la mitad del camino de la vida.

Acompañado de Rosario, el Narrador entra a otro tiempo. Pero entrar a otro tiempo se revela como un paso sinónimo a entrar a otra cultura. Con Rosario, el Narrador se dirige a los ritos iniciales de la humanidad. En todas las obras de Carpentier, es sumamente clara la conciencia de que a culturas distintas corresponden tiempos distintos. *Los pasos perdidos* lo dice claramente:

> Aquellos indios que yo siempre había visto a través de relatos más o menos fantasiosos, considerándolos como seres situados al margen de la existencia real del hombre, me resultaban, en su ámbito, en su medio, absolutamente dueños de su cultura. Nada era más ajeno a su realidad que el absurdo concepto de salvaje. La evidencia de que desconocían cosas que eran para mí esenciales y necesarias, estaba muy lejos de vestirlos de primitivismo.

La modernidad es una civilización, es decir, un conjunto de técnicas que pueden perderse, o ser superadas. Pero también existe una modernidad de la cultura, y ésta es contemporánea a los diversos tiempos del ser humano. Se puede vivir en un "siglo XIII" de la civilización técnica del Occidente, que sin embargo es la actualidad más plena, menos desposeída, de quienes la viven. Carpentier escribió las primeras novelas hispanoamericanas en que esta modernidad comprensiva (y generosa) se hace explícita. En *Los pasos perdidos*, ello ocurre en el instante en que el Narrador se despoja del tiempo lineal de Occidente como se despoja de Mouche y, con Rosario, parte a descubrir la pluralidad de los tiempos. Rosario está inmersa en el tiempo y ausente en el espacio: no reconoce la distancia; vive en el más pleno de los presentes; le exige, sin duda, demasiado al Narrador: le exige ser Otro, el que no es él. La propia belleza narrativa de la obra, su movimiento acelerado hacia adelante, dirigiéndose al texto que leemos linealmente, sucesivamente (como desesperadamente lo hace notar otro Narrador, el del *Aleph* de Borges) en tensión con el movimiento regresivo de la novela, convirtiéndose en pasado a medida que remonta el espacio en busca del tiempo original, es un movimiento que carece de sentido para Rosario, como no sea el de representar el centro inmóvil del movimiento, el más peligroso equilibrio. Rosario está en el centro de una narración dinámica; el Narrador debería renunciar a narrar para acompañarla plenamente, para ser su constante pareja carnal. Pero si deja de narrar, el Narrador dejaría de ser.

Por ello, al pasar a la segunda serie verbal de *Los pasos perdidos*, el Narrador, enamorado de Rosario y del eterno presente, se propone una actividad que conjugue su movimiento con la *stasis* de su amante. Ha *encontrado*; ahora va a *fundar*. *Encontrar* el eterno presente del mito; sobre él, *fundar* la ciudad de Utopía, la nueva ciudad del hombre. El Narrador llega al alba misma del tiempo y allí encuentra la actividad temporal que identifica tiempo e historia: la fundación de la ciudad. El verbo buscar se funde (se funda) con el verbo encontrar. Encontrado el tiempo, fundamos el tiempo: fundamos la ciudad como un espacio del tiempo. Sólo que, habiendo llegado al origen del tiempo, el Narrador continúa portando un doble movimiento. Si éste, en la primera serie verbal de la composición, fue doble (buscar y encontrar, progresión en el espacio, regresión en el tiempo), también lo es en la tercera serie, la final. La segunda, Encontrar y Fundar, es lo más cerca que el Narrador está de la unidad mítica simbolizada por Rosario. Su carga fáustica, en seguida, vuelve a ser una opción, una disyuntiva, un ejercicio de la libertad: *Permanecer* o *Regresar*. Como Prometeo, el Narrador de *Los pasos perdidos* es hombre suficiente para saber que la libertad que no se ejercita, se pierde; la carga de la libertad es usarla; y se pregunta el filósofo: ¿hubiera sido más libre si no la hubiera usado?

Es el dilema del Narrador de Carpentier. Es el dilema, lo hemos visto, de Utopía. La ciudad perfecta es el lugar que no es: no tiene sitio en el espacio. ¿Puede tenerlo en el tiempo? Es la esperanza del Narrador. Espera capturar la Utopía en el Tiempo, congelarla, junto con su descubrimiento de la música, del lenguaje y de la pasión de su amor con Rosario. Pero a nadie le es otorgado tanto. Prometeo lo supo siempre; a Fausto le costó su alma aprenderlo. El Tiempo no obedece al Narrador; el Tiempo no se detiene obsequioso; el Tiempo se mueve, se escapa a la traza de la ciudad, se precipita en el génesis y antes del génesis, en un "mundo" sin nombre, sin ciudad, sin Rosario, incluso sin Dios: "la tristeza sideral de los tiempos sin incienso y sin alabanzas, cuando la tierra era desordenada y vacía, y las tinieblas estaban sobre la haz del abismo".

Y así el Narrador, habiendo encontrado la comunidad ideal, no puede retenerla. Si se mueve un paso más hacia atrás, desaparece en la prehistoria, en el pasado absoluto. Si se mueve un paso hacia adelante, desaparece en la historia, en el futuro absoluto, por definición siempre más lejos, nunca alcanzable. Y en ambos casos pierde a la mujer, pierde a Rosario.

Utopía aparece entonces como tiempo, sí, pero sólo un instante en el tiempo, una posibilidad deslumbrante de la imaginación. *U-Topos*, el espacio imposible, resulta ser un tiempo igualmente imposible, un doble paso perdido: los dos tiempos de Utopía se excluyen mutuamente, la ciudad del origen no puede ser la ciudad del futuro; ni ésta, aquélla. La edad de oro no puede estar en dos tiempos, el pasado remoto y el remoto futuro. No la vamos a recuperar; vamos a vivir con los valores conflictivos de la libertad, heterogéneos, jamás unitarios de nuevo. Más vale saberlo. Más vale aceptarlo, no con resignación, sino como un desafío...

Entre Permanecer o Regresar, el Narrador de Carpentier usa su libertad para el viaje de retorno. Pero no regresa con las manos vacías. Ha descubierto el origen de la música, ha escuchado las posibilidades, éstas sí sin límite, de la imaginación humana, de la capacidad del saber humano. Estamos en la historia. Vivimos en la *polis*. Seres históricos y políticos, sólo lo somos valiosamente si nos sabemos, cada uno de nosotros, portadores únicos, irremplazables, de una memoria y de un deseo, unidos por la palabra y por el amor.

5. *Novela y Música*

Alejo Carpentier trajo muchos de estos valores humanos e intelectuales a la novela hispanoamericana. Fue un musicólogo como su narrador: autor de una historia de la música en Cuba; de una deliciosa fantasía, *Concierto barroco*, en la que un indiano de México, perdido en el carnaval de Venecia en el siglo XVII, asiste a un concierto dirigido por Vivaldi con monjas que tocan el instrumento de su nombre —Sor Rebekah, Sor Laúd— y que culmina su noche de carnaval sentado sobre la tumba de Stravinsky en la isla mirando el paso del entierro con góndola de Richard Wagner. Pero, sobre todo, Carpentier es el autor de un breve relato maestro, *El acoso*, que narra la persecución de un revolucionario cubano por la policía del dictador Machado durante el tiempo que toma la ejecución, en un teatro de La Habana, de la *Quinta Sinfonía* de Beethoven. La novela coincide con los movimientos musicales y culmina, dentro del propio teatro, cuando reina el silencio: cuando muere el lenguaje, dentro y fuera del texto.

La belleza formal y la tensión narrativa de *Los pasos perdidos* obedecen también, en gran medida, al movimiento musical que he observado en las tres series verbales que arman, mueven y dan su conflicto al libro. Carpentier era un hombre extraordinariamente alerta a los movimientos en el arte y la ciencia contemporáneos, y sus novelas no sólo deben leerse tomando en cuenta el pasado histórico evocado con tanta fuerza en *Los pasos perdidos*, *El reino de este mundo*, *El Siglo de las Luces* o *Guerra del tiempo*, sino a la luz de las creaciones contemporáneas de la poesía y de la música. De esta manera, en Carpentier se da un encuentro cultural de primera importancia en sí mismo y para la literatura en lengua española de las Américas. La vitalidad del tiempo en Carpentier es igual a la vitalidad del lenguaje, y en ello el novelista cubano participa de la visión de Vico, para quien entender el pasado no era posible sin entender sus mitos, ya que éstos son la base de la vida social. Para Vico, el mito era una manera sistemática de ver el mundo, comprenderlo y actuar en él. Las mitologías son las historias civiles de los primeros hombres, que eran todos poetas. Los mitos eran las formas naturales de expresión para hombres y mujeres que un día sintieron y hablaron en maneras que hoy sólo podemos recuperar con un esfuerzo de la imaginación. Éste es el esfuerzo de Carpentier en *Los pasos perdidos*, haciéndose eco de la convicción del filósofo napolitano: somos los autores de nuestra historia, empezando con nuestros mitos, y en consecuencia somos responsables del pasado que hicimos para ser responsables de un futuro que podamos llamar nuestro.

Carpentier, musicólogo y novelista, actualiza la historia como creación nuestra mediante narraciones en las que la libertad del lector es comparable a la del auditor de una composición de música serial, situado en el centro de una red de relaciones sonoras inagotables, que le dan a quien escucha la libertad de escoger maneras múltiples de acercarse a la obra, haciendo uso de una escala de referencias tan amplia como lo quieran tanto el autor como el auditor. Éste no crea, pues, el centro: *es* el centro, que no le es impuesto por el autor, quien se limita a ofrecer un repertorio de sugerencias. El resultado puede ser una escritura y una lectura, una composición y una audición tan revolucionarias como el pasaje, digamos, de las operaciones en secuencia de la computación, originadas por Von Neumann en los años cuarenta, a las operaciones previstas para la quinta generación de computadoras, que serán simultáneas y concurrentes. Comparablemente, en la música serial, como en el descubrimiento del treno por el Narrador de *Los pasos perdidos*, no hay centro tonal que nos permita predecir los momentos sucesivos del discurso. Julio Cortázar llevará a su punto de experimentación más alto, entre nosotros, esta narrativa multidireccional en la que el auditor/lector/espectador (Cortázar tiene más presente el cine que Carpentier, y su referencia musical más clara será el *jazz*) puede crear su propio sistema de relaciones con y dentro de la obra.

Pero habrá sido Alejo Carpentier quien primero trajo este espíritu y estas perspectivas a la novela hispanoamericana, enriqueciéndola sin medida. Es bueno leer a Carpentier recordando que con él nuestra novela entró al mundo de la cultura contemporánea sin renunciar a ningún derecho propio, pero tampoco ancilarmente, sino colaborando con plenitud en la creación de la cultura contemporánea —moderna y antigua, cultura de muchos tiempos, entre otras cosas, gracias a novelas como las de Carpentier—. El *lag* cultural que fue nuestro debate decimonónico —la llegada tardía a los banquetes de la cultura occidental, que lamentó Alfonso Reyes— no fue un problema para Carpentier o para los novelistas que le sucedieron. Si había retraso cultural, no fue colmado mediante declaraciones de amor a Francia, odio a España o filiaciones con uno u otro bando de la Guerra Fría, sino de la única manera positiva: creando obras de arte de validez internacional.

Las construcciones narrativas de Alejo Carpentier, sus usos de la simultaneidad de planos, junto con su fusión de lenguajes en tiempos y espacios múltiples, ofreciendo oportunidad de construcción a los lectores, son parte indisoluble de la transitoria universalidad que estamos viviendo.

En un libro que clama por ser reeditado, Eugenio Ímaz, uno de los grandes intelectuales de la emigración republicana española a México, nos recuerda que *U-Topía* es el lugar que no es porque no hay lugar en el tiempo. Por lo tanto, concluye el autor de *Topía y Utopía*, puede haber Utopía, el no lugar, en un ahora concreto. Pues si Utopía no tiene lugar en el mundo, tiene todo el tiempo del mundo. Carpentier diría: todos los tiempos del mundo, y la América española, más que un espacio inmenso, es una superposición de tiempos vivientes, no sacrificables. Decir esto, y decirlo con la belleza literaria con que el gran novelista cubano lo hace, es precisamente lo que debe decirse cuando entramos a un nuevo siglo que será lo que será por la manera como entienda la pluralidad de los tiempos humanos.

Es Alejo Carpentier quien, en la novelística hispanoamericana, dice por primera vez que la utopía del presente es reconocer el tiempo de los demás: su presencia. En *Los pasos perdidos*, *El reino de este mundo*, *El Siglo de las Luces*, *Guerra del tiempo*, *Concierto barroco*, *El arpa y la sombra*, *El acoso* y *El recurso del método* Carpentier nos ofrece el camino hacia la pluralidad de los tiempos que es el verdadero tiempo de la América española: condición de su historia, espejo de su autorreconocimiento y promesa patética de su lucha por un porvenir de justicia.

Entre la búsqueda de la Edad de Oro y la promesa de la Ciudad Nueva del hombre, la literatura de Alejo Carpentier se tiende como un puente verbal que nos permite conjugar aquel pasado y este porvenir en un presente al menos: el de la lectura de sus maravillosas novelas, fundadoras de nuestro presente narrativo.

9. Onetti

Hago una pausa biográfica para recordar a Juan Carlos Onetti en Montevideo. Vestía pijama y bata de baño. Vivía con su esposa. Tenía una mirada dormida, ausente y un verbo despierto, presente. La esposa se enfadaba con él.

—Dejá el vaso de whisky. Trabajá.

Onetti, sin soltar el vaso, me indicaba que saliéramos. Lo acompañé. Con bata, pijama y vaso, llegamos a otra casa situada a cuadra y media de la primera. Allí vivía la amante de Onetti.

Él contaba su biografía. Había sido portero, mesero, billetero de eventos deportivos. Luego vendió falsos Picassos. Muchos creían que era irlandés y se llamaba "O'Netty". Él se dejaba querer...

—Dejá el vaso de whisky —dijo ahora la amante y juntos regresamos al hogar de Onetti, a cuadra y media de distancia.

Volví a encontrarlo en Nueva York. Durante una famosa reunión del P.E.N. Club convocada por Arthur Miller. La estrella era Pablo Neruda, admitido en Estados Unidos gracias a las gestiones de Miller en contra de las "listas negras" que el gobierno de Washington había fabricado y que incluía a partidarios de un "segundo frente" contra Hitler en la Segunda Guerra Mundial. Algunos escritores latinoamericanos resentían el estrellato nerudiano. Onetti no: iba a todas partes, se fotografiaba con Neruda, el mundo se le resbalaba, iba a conferencias y desconcertaba al conferenciante omiso o equivocado con un grito súbito:

—Y Shakespeare, ¿qué?

Cuento lo anterior para situar a Onetti en un reino muy particular del humor, que es el del Río de la Plata. Hablo aquí de Borges y de Bioy, de Bianco y de Cortázar. Siendo de esta familia, Onetti lo es más de la casa de Roberto Arlt, en la medida en que ambos son, declaradamente, escritores porteños, y Buenos Aires es una ciudad única: no se parece a nada porque es de todas partes. Buenos Aires es ciudad española pero también italiana. Es ciudad judía, rusa y polaca. Es ciudad de putas francesas y padrotes que las acompañan. Es la ciudad del tango y el tango sólo se parece a sí mismo. No sólo es "un pensamiento triste que se baila" (Borges). También es un melodrama arrabalero, en el que la alegría no muestra la cara y a lo sumo "Uno busca lleno de esperanza...". Sólo que la esperanza muere "triste, fané y descangallada" en madrugadas de cabaret. Admirable esfuerzo el de la gran Tita Merello para darle humor al tango. Sólo le da más extrañeza.

Onetti trasciende estas "influencias" porque, como todos los novelistas de los que hablo en este libro, ni influye ni es influyente. *Crea*, y al hacerlo continúa y lleva más allá a una *tradición*. El escritor pertenece a una tradición y la enriquece con una nueva creación. Se debe a la tradición tanto como la tradición se debe al creador. La cuestión de las "influencias" pasa a ser, de este modo, parte de la facilidad anecdótica.

Entonces Céline se hace presente: la prosa del peligro inminente, la amenaza aplazada, el crimen y la transfiguración. La truculencia. Lo que no hay en Onetti es el antisemitismo de Céline: Onetti tiene demasiado humor para ser ideólogo racista. En cambio, admite la ya citada tradición porteña de Arlt. Sólo que amplía de manera magistral el escaso registro anterior y despliega una verdadera sinfonía del Río de la Plata en sus dos orillas, Buenos Aires y Montevideo. Sólo que la música casi no se escucha porque la metrópoli de Onetti es un pueblo del río, la modesta Santa María, tan modesta como el Yoknapatawpha de Faulkner o la Aracataca de García Márquez. Y es que la ubicación en lo mínimo permite la expansión a lo máximo y Onetti crea una "saga de Santa María" que incluye novelas como *La vida breve* (1950), *El astillero* (1961) y *Juntacadáveres* (1965).

Me limito a *La vida breve* porque es no sólo el inicio de la saga, sino porque aquí Onetti libera toda su imaginación narrativa en una obra, que si no es la fuente bautismal de la narrativa urbana de Hispanoamérica (Lizardi, Machado de Assis, *La sombra del caudillo*, otros rioplatenses como Mallea y Marechal, chilenos como Manuel Rojas), sí la re-orienta lejos de la agri-cultura campesina a una agria-cultura urbana donde la temática tradicional, viva aún en Carpentier, García Márquez y Vargas Llosa, ha sido des-terrada, no por el naturalismo, no por el realismo, sino por la realidad. Y en Onetti, la realidad es algo más que sí misma. No es sólo la realidad visible, sino la in-visible. Y no sólo la invisibilidad de lo subjetivo inexpresado, sino la visión *otra* del mundo onírico.

El sueño es protagonista de *La vida breve* gracias a que también lo son la vida cotidiana y la imaginación. El sueño en Onetti es soñado porque hay vida de todos los días y hay vigilia de la imaginación. Los personajes van y vienen, trabajan, viajan, aman, odian, hablan. También imaginan: son ellos y son, más que ellos, lo que pudieran o quisieran ser de acuerdo con su imaginación. Luego duermen y sueñan. ¿Dónde se encuentra la frontera entre la vida diaria, la imaginación, el sueño? Ésta es la pregunta de Onetti y para contestarla apela a la vida diaria, a la imaginación y al sueño en un grado, si no superior, sí distinto al de los otros escritores rioplatenses aquí citados.

Es menos naturalista que Arlt. Es más realista que Borges. Le da sueños y pesadillas el mundo de Arlt. Le da calles, bares, apartamentos al de Borges.

El lumpenproletariado políglota es la carne de la prosa de Arlt-Onetti. La clase letrada de ascendencia franco-británica, su espíritu. Onetti condensa carne y espíritu del Río de la Plata para escribir una prosa en la que el habla de la calle le sirve al lenguaje de los sueños y, éste, al vocabulario de la imaginación.

La "saga de Santa María" cuenta las historias de tres personajes.

Uno, Brausen, pertenece a una modestísima clase de trabajadores ancilares.

El segundo, Arce, aspira a una suerte de pureza a través del crimen.

El tercero, Díaz-Grey, es un médico que practica su profesión en Santa María.

Díaz-Grey se ve perturbado por la intromisión de una mujer, Elena, que lo visita con pretextos médicos pero con insinuantes ofrecimientos carnales.

Arce se inmiscuye poco a poco en la vida de su vecina, la Queca, una atarantada mujer, bisexual y dipsómana.

Brausen está casado con una mujer que fue joven y bella y que ahora ha perdido un pecho.

Díaz-Grey debe soportar la aparición del marido de Elena, cuya permisividad sexual respecto a su esposa tiene que serle ocultada ambiguamente al doctor a fin de que su apetito y su curiosidad sexuales, tan bien dominados, empiecen a agrietarse y acaben por ceder.

Arce se compromete cada vez más con el mundo fatídico de la Queca, donde la tentación debe imponerse a la promiscuidad, la curiosidad a las evidencias y el ansia romántica a la vulgaridad sin reparos.

Brausen trabaja a ratos, a veces para un productor de cine, Stein, cuyas fantasías artísticas nada pueden contra sus intereses mercantiles. Brausen sigue a Stein a restoranes y cabarets mientras la mujer del productor, La Mami, evoca una vida imaginaria en París, canta *chansons d'amour*, juega a las cartas y cuenta con la desidia nostálgica de Stein, que la conoció y la quiso cuando no era vieja y gorda, sino joven y esbelta como las canciones.

Díaz-Grey es llevado fuera de horarios y obligaciones a un mundo donde la casualidad y el sinsentido se unen en el enorme bostezo de la nada: ni el rigor profesional ni el placer sexual se le dan ya a Díaz-Grey, vigilado, como por dos fantasmas, por la pareja de Elena y su marido.

Arce no sabe si entrar al mundo fugitivo y sin sentido de la Queca. La disponibilidad física y moral de la mujer lo incita por su facilidad pero también por su inaccesibilidad. ¿Hay un misterio en la transparencia lúbrica de la Queca?

Brausen deja que su mujer se vaya a visitar a su familia de provincia, toma taxis, ve a Stein y siente que la vida se le escapa de las manos.

¿Cómo recuperar la existencia?

¿Cómo salvarse de la rutina, del hastío, del *self-pity*, de la autocompasión que lo acecha?

Una pared lo separa de la Queca.

Un río lo separa de Díaz-Grey.

Una ciudad, Buenos Aires, lo separa de sí mismo.

Brausen es un puritano sin alcohol, tabaco o sexo.

Brausen es el hombre-negación.

En cambio, Arce es pura afirmación física. Quiere pegarle a la Queca hasta matarla.

En cambio, Díaz-Grey empieza a sentir que ya no es dueño de su propia voluntad.

Arce y Díaz-Grey se sienten *creados*, sin autonomía. ¿Quién es, entonces, el creador? ¿Quién les comunica la energía contagiosa que les permite existir, hablar, moverse en *La vida breve*?

Díaz-Grey empieza a sustituir al desconocido creador. Entra a través de Elena y su marido a un territorio que no es el de ellos a fin de liberarse de ellos.

Arce decide matar a la Queca para probar su propia autonomía. Se le adelanta Ernesto, joven y torvo amante de la Queca, quien le da muerte a la mujer y exime de la obligación a Arce, para quien matar a la Queca era un auto de pureza.

Cuando Ernesto se le adelanta, Arce es despojado de su acción. Se revela como un hombre al cabo pasivo, tan pasivo como Brausen, abandonados ambos —Brausen y Arce— a una suerte de fícticia camaradería. Uno se reconoce en el otro. Reconocen un territorio compartido y se dan cuenta de que viven vidas paralelas, existencias simultáneas. Brausen ha inventado un doble llamado Arce y juntos Brausen y Arce ingresan a un mundo que es y no es de ellos. Un orbe donde les espera Díaz-Grey, revelado al fin, cuando camina al encuentro de Brausen y Arce, como el tercer rostro de la misma persona: Brausen, inventor de Arce y Díaz-Grey, en la medida en que cada uno siente que despierta de un sueño que incluía al sueño soñado y en el que Brausen-Arce-Díaz-Grey había soñado que soñaba el sueño de la novela llamada *La vida breve* escrita por un autor que firma "Onetti" pero que podría ser "O'Netty". Como Cervantes también es Saavedra y ambos son Cide Hamete y el autor del *Quijote* es un desconocido que abandonó el manuscrito en un basurero...

Como Onetti puede ser O'Netty.

Onetti-O'Netty pertenece también, de esta manera, a la tradición cervantina del autor indeterminado, múltiple o desconocido y del género de géneros: picaresca y épica, urbana y ya no pastoral, migrante y no sólo morisca, bizantina siempre. La novela que se sabe novela porque se lee a sí misma y se sabe leída por lectores.

Novela, en suma, soñada. No dejo de lado, en el capítulo de las ascendencias de Onetti, dos de las grandes obras oníricas de la literatura. *La vida es sueño* de Calderón de la Barca, donde Segismundo es condenado a soñar. Pero, ¿es el sueño el equivalente de la vida? ¿Desde cuándo sueña Segismundo? ¿Desde siempre? ¿Desde hace unos minutos? ¿Y hasta cuándo soñará? Segismundo, condenado a soñar, no puede poseer nada, salvo el sueño en el que vive.

La otra es *El príncipe de Homburgo* de Heinrich von Kleist, donde la acción dramática conduce al sueño final que la redime y renueva. Como explica Marcel Brion, el "sonambulismo" del príncipe de Homburgo autoriza un "despertar" lúcido y activo. Porque, ¿es el despertar otra forma, inesperada, del sueño? ¿Nos movemos, hablamos, como sonámbulos en "la vida cotidiana"? ¿Y cuánta parte de la vida la vivimos durmiendo?

Son estas cuestiones, el lector lo entiende, de la pregunta universal de la literatura. ¿Cuáles son los límites entre lo real y lo ficticio? ¿Cuáles, entre lo ficticio y lo soñado? ¿Cuáles, entre lo soñado y lo imaginado?

Las obras de Juan Carlos Onetti reviven estas interrogantes de la creación para todos nosotros, los escritores y lectores latinoamericanos de hoy y de mañana.

10. Julio Cortázar y la sonrisa de Erasmo

1. Abundan en la obra de Cortázar lo que el autor argentino gustaba de llamar "los locos serenos". Ésta es la genealogía de Erasmo. Los hombres, escribe Erasmo en el *Elogio de la locura*, son los seres que exceden sus límites. "Todos los demás animales se contentan con sus limitaciones naturales. Sólo el hombre trata de dar el paso de más". Por ello, está loco. Tan loco como Don Quijote tratando de vivir puntualmente cuanto ha leído, o Pierre Menard, en el cuento de Borges, intentando re-escribir, con la misma fidelidad, el texto de Cervantes. Tan locos como los Buendía, re-inventando la alquimia en *Cien años de soledad*, o como Talita y Traveler caminando por los tablones del manicomio en *Rayuela*.

Pues hay muchas maneras de estar loco y no todas ellas son una calamidad. He recordado la locura serena de un griego evocado por Horacio en una de sus epístolas y por Erasmo en *Moriae Encomium*. Este hombre estaba tan loco que se pasaba los días dentro de un teatro, riendo, aplaudiendo y divirtiéndose, porque creía que una obra se estaba representando en el escenario vacío. Cuando el teatro fue cerrado y el loco expulsado, éste reclamó: "No me habéis curado de mi locura; pero habéis destruido mi placer y la ilusión de mi felicidad."

Un loco se ríe de otro loco, dice Erasmo, y cada uno le da placer al otro. Pero si observamos de cerca, veremos que el más loco es el que ríe más. Y quizás, el que ríe el último.

Los hijos de Erasmo van, así, del *Don Quijote* de Cervantes a Pierre Menard, autor del *Quijote*, de Borges. En el camino, reconocemos a otras víctimas de una locura fascinante que acaban por engañar a un mundo fascinado. El tío Toby de *Tristram Shandy*, que en la novela de Laurence Sterne reproduce las campañas del duque de Marlborough en Flandes en su huerta de hortalizas, como si sólo la miniatura de dos hileras de coliflor pudiese contener una locura política y militar que, de otra manera, sería insoportable. Jacques, el fatalista de Diderot, y su Amo, empeñados en recorrer las hosterías de Francia sin poder nunca iniciar o terminar una historia, condenados a ofrecerse y ofrecernos un repertorio de posibilidades infinitas para cada evento evocado, y siendo, por ello, más libres que la conciencia de su fatalidad. Encontramos a las nietas de Don Quijote, la Catherine Moorland de Jane Austen y la Emma Bovary de Gustave Flaubert, condenadas a creer, como Don Quijote, en lo que leen: novelas de caballerías en La Mancha, novelas góticas en Bath, novelas románticas en Yonville. Reconocemos al Mister Micawber de Dickens, que confunde sus grandes esperanzas con las realidades de su vida manirrota; al príncipe Myshkin de Dostoievski, un idiota porque le da crédito a la parte buena del hombre; y al cura itinerante de Pérez Galdós, Nazarín, loco porque cree que cada ser humano puede ser Cristo en su vida diaria y que, en realidad, es el loco de San Pablo: "Dejad que aquel que parece sabio entre vosotros se vuelva loco, a fin de que finalmente se vuelva sabio", dice el apóstol en una de las epístolas a los corintios. Pues la locura de Dios es más sabia que toda la sabiduría de los hombres. ¿Es Dios el loco que ríe más y ríe el último?

Los hijos de Erasmo se convierten, en España y la América española, en los hijos de La Mancha, los hijos de un mundo sincrético, barroco, corrupto, animados por el deseo de manchar con tal de ser, de contagiar con tal de asimilar, de multiplicar las apariencias y las realidades, de duplicar las verdades e impedir que se instale un mundo ortodoxo, de la fe o de la razón, o un mundo puro, excluyente de la variedad cultural o nacional. Las armas de la ironía, el humor y la imaginación fueron, son y serán las del erasmismo en el contrapunto al mundo mítico, épico y utópico de la tradición hispanoamericana.

2. Dualidad de la verdad, ilusión de las apariencias, elogio de la locura. Este correctivo renacentista a la ortodoxia de la fe y la unidad del lenguaje, pero también a la dictadura de la razón y su lenguaje lógico, contribuyó, en la tradición novelística de Europa, a mantener vivos los valores del humanismo crítico de Erasmo de Rotterdam. Pero esta crítica humanista coincidió, naturalmente, con un apogeo de la afirmación del personaje de la novela, caracterizado hasta la minucia por Dickens, explorado hasta la entraña por Flaubert, descrito hasta el último pagaré por Balzac y hasta la última copa por Zola. El problema que se plantea, radicalmente, a partir de Kafka, es el de la muerte del personaje tradicional de novela, agotado por el sociologismo, el naturalismo, el sicologismo y otras virulencias realistas. Pero agotado, sobre todo, por la historia de nuestro tiempo: historia de crímenes cometidos en nombre de la felicidad y el progreso, que vació de contenido las promesas del humanismo renacentista, del optimismo dieciochesco y del progreso material de los siglos industrial y postindustrial.

Dickens sabe hasta el último detalle quién es Micawber. Flaubert sabe que él es Madame Bovary —y suponemos que Madame Bovary no sabe que ella es Flaubert—. Pero Samsa sólo sabe que un día amanece convertido en insecto. El hombre de Kafka se ve en el espejo y descubre que ha perdido su cara. Nadie lo recuerda. Pero puede ser ejecutado porque es desconocido: porque es otro. Es la víctima de la dialéctica de la felicidad, de la perfectibilidad y el progreso, que fue la razón de ser de la modernidad.

Desde el corazón de la modernidad europea, un gran novelista poskafkiano, el checoslovaco Milan Kundera, asume lúcidamente la herencia de su compatriota, preguntándose: "¿Cuáles son aún las posibilidades del hombre en un mundo en el que las determinaciones externas se han vuelto tan aplastantes que los móviles interiores han dejado de tener peso alguno?". En Proust todavía, se trata, dice Kundera, de dar "el máximo de información sobre un personaje", conocer su pasado y otorgarle "una total independencia respecto al autor". Nada de esto es válido después de Kafka. En *El castillo* o *El proceso*, el mundo no se asemeja a ninguna realidad conocida; es sólo "una posibilidad extrema y no realizada del mundo humano"; esto es lo que importa, no el pasado, el aspecto físico o las motivaciones psicológicas de los múltiples K de Kafka, que carecen de todos esos atributos de la novela realista del pasado.

Hay, sin embargo, una frase particularmente llamativa de Kundera en su *Arte de la novela*, en la que nos dice que "Don Quijote es casi inimaginable como ser viviente". No obstante, pregunta Kundera: ¿existe un personaje más vivo que él? Tiene razón. Lo que pasa es que, con el tiempo, la figura de Don Quijote se convirtió en arquetipo, portador, en el sentido junguiano, de la memoria y la imaginación tribales; encarnación imaginaria del subconsciente colectivo. Pero no siempre fue así. Ser inimaginable, dice Kundera: ¿qué era Don Quijote antes de convertirse en arquetipo? Era una figura, como lo son hoy los antihéroes de Kafka o los no-personajes de Beckett; era un desamparo sorprendido, una empresa, una posibilidad. Los innombrables, los llama Beckett. Las "figuras" las llamó ya Novalis: "Los hombres viajan por senderos distintos. Quienquiera que les siga y compare esta diversidad de caminos verá la aparición de maravillosas imágenes; son las figuras que parecen pertenecer al gran manuscrito del diseño".

Tenemos el sentimiento de haber agotado al personaje como carácter psicológico y descriptivo. Anhelamos nuevos arquetipos para nuestro mundo que ha perdido las máximas ilusiones del progreso, quedándose en la condena del crimen, aunque sin la salvación de la tragedia. Y nos enfrentamos, en todas las artes, a lo que hemos olvidado o todavía no sabríamos nombrar; las figuras de ese "gran manuscrito del diseño", que nadie ha leído por completo: el revés de la trama, la figura —Henry James— en el tapete.

Este sentimiento de la figura misteriosa, inacabada, nacida de la ruptura del personaje tradicional y sus signos; esta figura en estado de génesis o metamorfosis, es una de las realidades de la literatura contemporánea. Voy a limitarme a mirarla en la obra del escritor hispanoamericano que, de manera más explícita, une su obra a la exploración del personaje exhausto y de la figura evasiva. Me refiero a Julio Cortázar, en cuyas ficciones observamos constantemente la manera en que los arquetipos traducen a las figuras mediante nuevas formas de la memoria y de la imaginación.

3. Entre todas las maravillosas historias de Julio Cortázar —donde las casas son tomadas, paulatina aunque inexorablemente, por figuras olvidadas o inanimadas; donde la gente olvida su destino apenas se presenta a comprar sus boletos en las estaciones de ferrocarril; donde una galería comercial en Buenos Aires conduce a una galería comercial en París, con circulación en doble sentido; donde una figura sufre un accidente automovilístico en una ciudad europea y se encuentra en seguida sobre una mesa de operaciones que en realidad es una piedra de sacrificios en México; y donde una víctima de los aztecas se descubre a sí misma como una figura nueva en un inimaginable espacio blanco rodeado de hombres enmascarados con brillantes navajas blancas en las manos—: entre todas estas historias, quiero escoger la llamada *Instrucciones para John Howell*.

En ella, un inocente espectador en Londres descubre que no existen espectadores inocentes. Howell es compelido a entrar en la obra de teatro que está mirando porque la heroína de la pieza le murmura secretamente: "Ayúdame; van a matarme". Howell entiende estas palabras como una súplica para entrar en la vida de la mujer. Pero esto sólo es posible si entra al escenario de la mujer.

La súplica de la mujer se convierte de esta manera en una instrucción —en una dirección de escena que decide la vida y la muerte de John Howell.

Escojo esta historia, porque me parece la más precisa contraparte de la historia del loco en el teatro contada por Horacio y recogida por Erasmo. Pero ahora, nadie se atrevería a llamar "loco" a John Howell. Olvidado, separado, fuera del texto tradicional; desamparado, eso sí: figura naciente, no personaje concluido, ni arquetipo asimilado. Figura nueva que, como todas las de Julio Cortázar, nos advierte, igual que Erasmo en el umbral de su modernidad, sobre las insuficiencias, peligros y comicidades de la *nuestra*.

El profesor mexicano Frank Loveland ha comentado que, irónicamente, los proyectos para el mundo de la naturaleza iberoamericana, el mundo rural, la pampa, la selva, la montaña, han venido de la ciudad. Le han sido impuestos por el mundo urbano moderno a un mundo rural visto como un universo primitivo. Esto es cierto del escritor-estadista argentino Domingo F. Sarmiento, pero también de novelistas contemporáneos como Rómulo Gallegos, Alejo Carpentier y Mariano Azuela, todos ellos portadores, convencidos como el venezolano, escépticos como el cubano, desolados como el mexicano, de proyectos de modernización. Como dije de Gallegos, todos son, empero, escritores —no sólo ideólogos— que admiten la operación dialógica mediante la cual sus tesis son derrotadas. Esto es aún más cierto de Rulfo y García Márquez, puesto que sus visiones del "interior" nacieron de la empatía poética. En Cortázar, en cambio, no hay que establecer distancia alguna, pues se trata de un escritor plenamente urbano sorprendido criticando, desde adentro, a nuestras sociedades modernas.

Lo que Cortázar comparte con todos los escritores que acabo de citar, es la necesidad de nombrar y de dar voz. Es una necesidad que se inicia con la relación entre el poder y el lenguaje, con la necesidad de arrancarle la palabra al poder (el Tlatoani, el Dueño de la Gran Voz: Moctezuma) y otorgársela a la mujer, la madre de sus hijos (Malinche y sus descendientes). Es una necesidad impuesta por los límites con que la épica, portadora del poder, pone sitio al mito, portador del lenguaje. En la época colonial, los poemas barrocos de Sor Juana y las crónicas del Inca Garcilaso recobraron las voces del silencio. Pero la revolución en la literatura moderna, especialmente en la novela del siglo XX, también permitió a los escritores de la América española y portuguesa descubrir y aplicar técnicas de lenguaje que aceleraron el proceso de darle más nombre y más voz al continente en gran parte anónimo y silencioso. No es necesario añadir que, lejos de ser una imitación gratuita de las técnicas de la ficción contemporánea, son éstas las que, al explorar más de un tiempo, más de una cultura y más de un mito subyacente en Europa y Estados Unidos, descubrieron lo que los pueblos de la América ibérica supieron siempre, pero que sus escritores, orientados (occidentalizados) a las formas del realismo narrativo, no habían descubierto como nuestra realidad universal: el mito, la epopeya, el barroco, y la ironía, el humor, la sonrisa erasmiana frente a la posibilidad humana. Culturas múltiples portadoras de tiempos diferentes.

Esta imaginación crítica de la modernidad no tiene mejor representante en nuestra novela que el argentino Julio Cortázar.

La conjunción de textos tradicionales (los mitos prehispánicos, las crónicas de Indias) y novedades técnicas posrealistas del Occidente (Joyce, Faulkner, Kafka, Broch, Woolf) ha permitido potenciar como nunca antes el discurso narrativo de Iberoamérica, dando cabida a su pasado, su presente, sus aspiraciones, su multitud de tradiciones, su *heteroglosia*: los lenguajes en conflicto —europeos, indígenas, negros, mestizos— del continente. Todo ello nos permitió ensanchar y sacar a luz una multitud de realidades que no cabían en el estrecho túnel del realismo, e insertarlas en una visión histórica inseparable de los usos del lenguaje. La novela del Occidente pasó de la narrativa lineal, disparada al futuro y dicha en primera persona (la novela como la crónica del Yo, del Ego incluso: Stendhal; y no sólo del Nombre sino del Re-Nombre: Montaigne; la narrativa de la Confesión personal: de San Agustín a Rousseau) a una perspectiva más colectiva, más plural, por vía de James Joyce y su recuperación, en *Ulises* y *Finnegan's Wake*, de la filosofía de Vico, con su amplia visión del lenguaje como una empresa popular, común, que se origina con las civilizaciones mismas. Civilización significa ante todo lenguaje, y el lenguaje es una creación social.

Por la naturaleza misma de su hipérbole física y de su carga histórica, la novela moderna de Iberoamérica incluye la voz única pero la trasciende constantemente. La *conflación* de voces es un procedimiento constante en García Márquez y en Vargas Llosa; las dimensiones colectivas de la memoria y la muerte son los verdaderos protagonistas de muchas narraciones de Rulfo; la dimensión cultural de los personajes es esencial en *Paradiso* de Lezama Lima, como lo es la fuerza épica, histórica, en Azuela, o la vasta impersonalidad de la selva y del río en toda una nómina de novelistas, de Rivera a Gallegos a Carpentier.

Pero los dos argentinos, Borges y Cortázar, son quienes mejor señalan la universalidad del dilema. Borges lo trasciende dándole a sus relatos los rostros de civilizaciones enteras, vastas *summas* de saber y pasajes instantáneos en el tiempo y el espacio. Pero Cortázar le da su dimensión más humana y dinámica. Cortázar se da perfecta cuenta de que el sicopersonaje del realismo ha muerto, pero se rehúsa a darle muerte al personaje sin rostro al que ahora contemplamos con una mezcla de horror y piedad. Cortázar maneja figuras, no personajes ni arquetipos, pero a sus figuras les da su verdadero poder, que es el poder de devenir, de estar siendo, de no acabar. Ésta es la definición misma de la figura, en proceso de metamorfosis, siendo, estando, privada de su conformación tradicional. Cortázar, como ningún otro narrador contemporáneo en nuestra lengua, insufla a las figuras con una veneración incomparable, como la que requieren, para crecer, los frágiles retoños de un jardín.

Las casas, en las narraciones míticas de Cortázar, son tomadas; hay escaleras por las que sólo se puede subir, y otras por las que sólo se puede bajar, ventanas para mirar hacia fuera y otras, exclusivamente, para mirar hacia adentro; podemos, en un cuento de Cortázar, mirar nuestro propio rostro en un acuario, poseído de nuevo por la naturaleza, burlándose de nosotros, o podemos asistir a un teatro londinense, ver el primer acto arrellanados en la butaca, pasearnos durante el intermedio y entrar con desenfado al segundo acto, preguntándonos cuáles serán las palabras de nuestro diálogo…

Todo esto requiere, para ser narrado, un lenguaje extraordinariamente creativo y flexible. Cortázar tiene conciencia de ello, como lo demuestra en la novela que es, quizás, el repertorio más crítico e incitante de la modernidad urbana de la América española, porque se funda en la necesidad de inventar un lenguaje para nuestras vidas actuales. Un lenguaje que sea fiel a la premisa cortazariana, tal y como la enuncia Lezama

Lima en su gran ensayo sobre *Rayuela*: el hombre es creado incesantemente y es creador incesantemente.

4. La estructura literaria de *Rayuela*, dividida entre un allá, París, y un acá, Buenos Aires, diseña un juego de utopías que está en el origen de nuestra cultura. Si en el siglo XVI América fue la utopía de Europa, en el siglo XIX América devolvió el favor, convirtiendo a Europa en nuestra Utopía. No cualquier Europa, sin embargo, sino la Europa progresista, democrática, liberal que ya era, según nuestras ilusiones, lo que nosotros, a partir de la Independencia, íbamos a ser. Esto, como lo hicieron bien explícito Domingo Faustino Sarmiento, Esteban Echeverría y Victorino Lastarria, excluía a España, representante de un pasado oscurantista. La Europa moderna, en cambio, era la utopía que muchos iberoamericanos oponen a la "barbarie" campesina (Sarmiento) o al "negro invierno" colonial (Lastarria). Y aunque el repudio del pasado indio, agrario y español se extienda de México a Buenos Aires, es la Argentina el país que con más entusiasmo abraza la identificación salvadora con la utopía europea.

Concurren a ello el hecho de que en el Cono Sur los gobiernos republicanos independientes niegan la carga indígena y alimentan la inmigración europea. Las campañas de los generales Bulnes en Chile y Roca en Argentina tienen el propósito de exterminar o aislar a los indios. Son paralelas a las campañas contra los indios del *Far West* norteamericano. "Gobernar es poblar", dijo famosamente el ideólogo liberal argentino Juan Bautista Alberdi. Pero primero hay que despoblar las regiones indígenas, abriéndolas, en cambio, a la inmigración blanca. En 1869, la población de Argentina era de apenas dos millones de habitantes. Entre 1880 y 1905, casi tres millones de inmigrantes llegaron al país.

Estos ires y venires de la Utopía americana y europea constituyen el trasfondo humorístico de *Rayuela*. Dos movimientos se encuentran en sus páginas, comentándose entre sí con ironía. Uno es el movimiento de la novela definida como desplazamiento, abandono del hogar, orfandad mítica, salida épica al mundo y regreso trágico al hogar. El comentario y los matices en torno a este viaje clásico son, lo hemos visto, el periplo inevitable de la novela moderna, en busca de la circularidad perdida, rebelándose contra la asimilación al tiempo futurizable y progresista de la modernidad: orinándose en su cuna. De Ulises a *Ulises*, de *Don Quijote* a *Lolita*, la novela desplaza, muda de lugar, se mueve en busca de otra cosa: del vellocino de oro de Jasón al vellocino sexual de la ninfeta de Nabokov. Novela es insatisfacción; la búsqueda de lo que no está allí (el oro de Stevenson y Dumas, la sociedad y la fama de Stendhal, el absoluto de Balzac, el tiempo de Proust, el reconocimiento de Kafka, los espacios de Borges, la novela de Faulkner, el lenguaje de Joyce). A fin de alcanzar lo que se busca, la novela da a su desplazamiento todos los giros imaginables: distorsión, cambio del objeto del deseo, reagrupamiento de la materia, sustitución de satisfactores, disfraz del sueño erótico convertido en sueño social, triunfo de la alusión reemplazada, traslación de la inmediatez a la mediatez. Desplazamiento: abandonar la plaza, alejarse del hogar, en busca de otra realidad: invención de América por Europa pero también de Europa por América.

Rayuela se inscribe con particular goce destructivo en la misma tradición de la cual proviene. Es una épica decidida a burlarse de la imposible circularidad trágica, sustituyéndola por una circularidad cómica.

Épica burlesca de unos argentinos que buscan su utopía en Europa, la circularidad de *Rayuela* se diseña como un juego infantil, que es una búsqueda del cielo lúdico pero, más allá del juego, aunque sin abandonarlo, es la búsqueda de una utopía: la Isla final, el Kibbutz del Deseo, como las designa el autor. La conductora del juego es una mujer, la Maga. Pero ella misma es una ausencia; la novela se inicia con la pregunta de esa ausencia: "¿Encontraría a la Maga?". La mujer deseada, buscada, ausente, justifica tanto la peregrinación novelesca como la erótica. La Maga conduce el espíritu del desplazamiento, literal y metafórico, sobre los puentes del Sena (estando ella presente) o sobre unos tablones entre dos ventanas en un manicomio en

Buenos Aires (estando ella ausente). Ausencia y presencia del personaje conductor. Lezama Lima ha hecho notar que, en *Rayuela*, Cortázar hace visible la manera como dos personajes, sin conocerse, pueden establecer el contrapunto —es decir, la dinámica— de una novela. Esta dinámica es la de una serie de idas y venidas, actuadas por dos series de expatriados: Oliveira y la Maga, argentinos exiliados en París, y en Buenos Aires, Talita y Traveler (a quien le daba rabia llamarse así, él que nunca viajaba), guardianes de manicomio, exiliados interiores y dobles de la Maga y Oliveira, a los que desconocen. Pero, cuando se conocen, se rebelan contra la novela que los contiene: se niegan a formar parte de ella.

Esta rebelión a partir de la coincidencia de los personajes es, en cierto modo, una celebración de su *desconocimiento* anterior; pero también un *reconocimiento* de su pertenencia a un universo verbal y su rechazo del mismo. La esencia cultural, social, histórica, digamos, de *Rayuela*, es la historia de un fracaso. Ni Oliveira y la Maga, en París, ni Traveler y Talita, en Buenos Aires, van a encontrar la utopía, el cielo de la Rayuela.

En Buenos Aires, la utopía del inmigrante, la paradoja revelada por la literatura, es que la autenticidad de la Argentina es la falta de autenticidad; la realidad de la Argentina es una ficción y la esencia nacional de la Argentina es la imitación de Europa. Pero si Europa es la utopía, entonces, en Cortázar, el Occidente aparece como un baratillo de ideas usadas; la razón europea es un burdel de vírgenes, si esto fuese posible; la sociedad europea es "un callejón sin salida al servicio de la Gran-Infatuación-Idealista-Realista-Espiritualista-Materialista del Occidente, S.R.L." De la historia, Oliveira *dice* que quizás haya un reino milenario, pero si alguna vez llegamos a él, ya no lo podremos *llamar* así; de la inteligencia, *dice* que el solo hecho de *hablar* sobre algo en vez de hacerlo demuestra que está mal; del amor, Oliveira *dice* que no puede ser vivido porque debe ser *nombrado*.

Historia, razón, inteligencia, amor, son todas ellas no sólo realidades, sino realidades verbales, dichas, en primer lugar, por el protagonista de una novela, Oliveira. ¿Quién querrá unirse a él en tan despiadada negación de una realidad que es imposible porque también lo es en el lenguaje del cual depende para manifestarse? Hacer visible *de otra manera*: quizá éste es el objeto del desplazamiento de *Rayuela*, pero su autor está capturado en el mismo círculo vicioso que denuncia, en el mismo callejón sin salida del lenguaje correspondiente a una civilización en quiebra. ¿Qué puede hacer el narrador de *Rayuela* sino declararse, como lo hace, "en guerra con la palabra, en guerra, todo lo que sea necesario aunque haya que renunciar a la inteligencia"?

Renuncia, primero, al basurero de las palabras, a favor de los actos. Pero escribir, ¿no es también una acción? ¿Dejar de escribir dejaría de ser para Oliveira, una in-acción? Y como *escribe* Italo Calvino, ¿no es el culto de la acción, en primerísimo lugar, un viejísimo mito literario? Concedido: Oliveira deberá escribir a fin de que sus acciones sean descritas. Pero él lleva muy lejos la des-cripción para convertirla en des-escritura. Si no puede renunciar a la dicha y desdicha de decir, al menos lo hará des-escribiendo, ante nuestras miradas, una nueva novela que sea portadora de un contralenguaje y de una contrautopía. ¿Cómo? Llevando al lenguaje más allá de los personajes sicológicos, el realismo, el verismo sicológico, la fidelidad histórica y todas las otras convenciones de una tradición exhausta, la de la realidad denunciada en *Rayuela*. ¿Cómo? Permitiendo que en una novela, en vez de contar con todos los satisfactores del realismo social y del psicologismo compensatorio, nos contemplemos en el desamparo radical de las figuras en proceso de constituirse.

De allí, para volver al punto inicial de mi argumento, la brillante división formal de *Rayuela*. La primera parte, "Del lado de allá", París, es la verdadera patria, el modelo original, ¡ay!, pero sin los defectos del original argentino; la segunda parte, "Del lado de acá", es Buenos Aires, la patria falsa, ¡ay!, pero sin las perfecciones del original francés. Entre las dos orillas del puente, entre las dos ventanas del manicomio unidas por los tablones, hay un destierro, no sólo como exclusión del espacio, sino también de tiempos. Poco tiempo en Europa, que ha tenido tanto. Todo el tiempo del mundo en Argentina, que tiene tan poca historia y en cambio es rica en "horarios generosos, casa abierta, tiempo para tirar por el techo, todo el futuro por delante, todísimo, vuf vuf vuf…".

Tener todo el tiempo del mundo es la más pobre de las riquezas; pero no tener tiempo porque ya lo gastamos, ya lo perdimos, es también un desamparo.

En este doble destierro, que también es un doble destiempo, comienzan a dibujarse las figuras desconocidas de *Rayuela*. Su presencia en la novela va acumulando cuanto han sido y llevan dicho. Pero, al cabo, sólo serán viables —Oliveira, la Maga, Talita, Traveler— si se dan cuenta de que, como quiere Cortázar, aparte de nuestros destinos, formamos parte de figuras que aún desconocemos. Cortázar, en las palabras de Lezama Lima, destruye un espacio para construir un espacio; decapita el tiempo para que el tiempo salga con otra cabeza. Habiéndolo hecho, quizás ha cumplido con su parte y puede incitar a sus dos parejas, la de acá y la de allá, a entrar en la novela a condición de que no sean personajes tradicionales, sino parte de las figuras "que aún desconocemos".

¿Cómo formamos parte de las figuras desconocidas, que aún se están haciendo, nosotros, capturados en la historia, la razón, el amor, la acción y la pasividad, el lenguaje de las dos utopías enfermas? ¿Cómo, capturados, de este lado o de aquél, aquí o allá? ¿Cómo, sin embargo, hermanados al cabo en nuestro destierro —ésta es la conciencia trágica de la comedia de *Rayuela*—, en esa misma historia, esa misma razón, ese amor…? ¿Cómo?

Cortázar propone dos caminos. El primero es más triste que el otro, pues es la avenida verbal: el reconocimiento de que sólo con el lenguaje, burlado, criticado, insuficiente, mentiroso, podremos crear *otro* lenguaje, un antilenguaje, un contralenguaje. He hablado, citando a Lezama, del encuentro creador de las dos orillas, el lado de allá y el lado de acá, Europa y América, que siguió a la conquista. Lezama lo llama la contraconquista. Sobre *Rayuela*, el escritor cubano, tan cercano a Cortázar, nos hace ver, asimismo, que la novela está recorrida por "un idioma ancestral, donde están los balbuceos del jefe de la tribu". Este lenguaje tribal solemniza, *abueliza*, pertenece a la otra familia, la que aprieta desde abajo el tubo dentífrico. Pero la intuición de Lezama es que este lenguaje de la tradición, consagrado, honrado, acaso ceñido a la perfección del mármol que el propio Lezama invoca para identificar perfección, fijeza, inmovilidad, muerte, debe, como en *Paradiso*, precipitarse en la vida como en una alberca, y revelarse como un mero "balbuceo" frente al otro lenguaje, el de la nueva familia, la que se da cuenta de su espantoso desamparo filológico y responde a las leyes de la tribu con el lenguaje de la burla destemplada y de lo grotesco, desacralizando cualquier situación o diálogo.

Dos familias verbales, la solemne y la burlona, la ancestral y la gestante. Lezama tiene razón al decir que Cortázar posee el pulso necesario para regir las conversaciones en los dos idiomas, "entre el jefe de la tribu y el almirante náufrago". Marinero en tierra, Alberti, pero esta vez en una tierra singular entre todas: la pampa, retrato del horizonte, rostro sin rostro, ausencia de facciones, espacio en receso continuo ante la mirada, espacio-Tántalo de la Argentina. Allí cae de narices, con su gran cara de palo, Oliveira, Buster Keaton de la pampa, Colón sin océano, bocabajo sobre la más plana de las tierras, loco sereno de la tradición erasmista. ¿Qué piensa allí el loco sereno? ¿Cómo elogiará, a finales del segundo milenio, a la locura?

Quizás Oliveira, portador del primer lenguaje que lo dejó remando en tierra firme, inunda ahora la pampa con el océano verbal del segundo lenguaje. Su drama es que no puede renunciar a las palabras aun cuando se dispone a des-escribir, a ser des-escritor. No es el primer "escritor" en tal predicamento. En su famoso ensayo sobre Rabelais, Bajtin describe al *segundo* lenguaje como un lenguaje cómico, paródico, carnavalesco, una forma de mascarada verbal, un reprocesamiento cómico de todos los niveles del lenguaje. Pero la aparición de este segundo lenguaje cómico requería, como escribió Victor Shklovsky sobre el *Tristram Shandy* de Sterne, que su propio artificio sea revelado, que la técnica misma, la armazón, el esqueleto, la maquinaria de la novela, se vuelvan evidentes. Al hacer patente la técnica misma de la novela, en contra de todos los buenos consejos de las abuelitas literarias, el novelista desampara su texto: lo revela como un texto sin refugio, tan a la intemperie como las figuras o su lenguaje balbuceante: "Almirantes náufragos". Pero sólo de este desamparo radical pueden surgir, al cabo, las nuevas figuras, su nuevo lenguaje y su nuevo texto.

La lección de Shklovsky es la de Cortázar en *Rayuela*. Su lenguaje de ritmos, onomatopeyas, retruécanos, neologismos y heteroglosia radical se opone a todas las formas del "buen gusto" literario. Lo motiva un hambre múltiple, pulsante. Cortázar creía que para desafiar a la sociedad, primero había que desafiar a la realidad. Y esto sólo se hacía revelando las insatisfacciones desautorizadas, proyectando los deseos no dichos, admitiendo las bromas más escandalosas, retirando los tablones, re-escribiendo y re-ordenando el mundo, re-presentándolo en su esqueleto funcional, haciendo gala de la indiferencia a la ficción abuelizante del buen decir y el esconder la tramoya y el embelesar narrando. A la Sara García del buen gusto abuelesco, Cortázar le suelta una Scherezade desnuda, fascinante, narrando desesperadamente para salvarse de la muerte. Primera novelista, contadora púbica, la he llamado en *Cristóbal Nonato*, Scherezade es la Maga y encuentra en Rayuela a su califa sin *parné*, su almirante en tierra, Oliveira. Entre los dos, para salvarse de la muerte común que les acecha, de esa vida que "se agazapa como una bestia de interminable lomo para la caricia" (Lezama), de ese dinosaurio que al despertar *sigue allí*, según la brevísima ficción de Augusto Monterroso, inventan esta novela y la ofrecen al mundo desnuda, desamparada, la materia de múltiples lecturas, no sólo una: un texto que puede leerse, como lo indica su tabla de instrucciones, de mil maneras.

Oliveira, estando allí y acá, desamparado, gana su texto revelando que es un texto, una ficción, la urdimbre verbal de la cual acaso nazcan nuevas figuras, alargando la mano para tocar emociones y palabras aún no registradas. Pero haciendo todo esto en colaboración con el Lector. La cualidad elíptica de las narraciones de Cortázar es su manera de indicar que somos dueños de la posibilidad de reordenar la historia, invitando al lector, como la actriz de *Instrucciones para John Howell,* a entrar en la historia, crearla conmigo, ser corresponsable de la historia. Entrar, finalmente, al tiempo, invitar a los demás a entrar en mi tiempo. Entrar al tiempo del otro, más que a su espacio, es la mejor manera de conocer realmente al otro. Quizás la casa está tomada; pero fuera de ella podemos, sin refugio, compartir el tiempo en la calle. Sólo conociendo al otro podemos todos —europeos e iberoamericanos— finalmente conocernos a nosotros mismos. Podemos ser nosotros solamente con los demás. Ganamos a la Rayuela: vencemos a la utopía.

Pues si *Rayuela* es una invitación a re-crear el lenguaje de nuestra modernidad, detrás de su texto, empero, se levanta el espectro de cuanto hemos sido. Texto del contralenguaje de la América española, desciende de la contraconquista que a su vez responde a la conquista, desde la primera generación americana, con arquitectos, pintores, poetas, artesanos, memorialistas y utopistas; cocineros, bailarinas, cantantes, amantes...

Cortázar culmina, en cierto modo, el proyecto de la contraconquista creando este contralenguaje capaz de escribir, re-escribir y aun des-escribir nuestra historia. Su concepto ferozmente exigente de una modernidad iberoamericana se basa en el lenguaje porque fuimos fundados y luego corrompidos por el lenguaje del siglo XVI —América como utopía sin lugar o tiempo primero, como hacienda, fundo, estancia enseguida— y ahora deberemos expandir nuestro lenguaje, liberarlo de las ortodoxias y convertirlo en tiempo y espacio de una metáfora inclusivista, que dé admisión a todas las formas verbales, porque nosotros tampoco sabemos, como Don Quijote, *dónde* se encuentra *la verdad*.

Pero si esta empresa de la modernidad ha de ser *más verdadera*, al cabo, que las anteriores de nuestra historia, ello sólo será posible si, de nueva cuenta, admitimos en su seno la tradición erasmista, a fin de que el proyecto modernizante no se convierta en un nuevo absoluto, totalitarismo de izquierda o de derecha, beatería del Estado o de la empresa, modelo servil de una u otra "gran potencia", sino surtidor relativista, atento a la presencia de múltiples culturas en un nuevo mundo multipolar.

5. Erasmo sigue siendo, en muchos sentidos, el padre intelectual de la democracia en España y en Hispanoamérica. Es la liga entre el idealismo de Moro y el realismo de Maquiavelo. Admite, con Maquiavelo, que lo real y lo ideal rara vez coinciden sino que, más bien, constantemente difieren. Para la utopía, esta divergencia es insoportable. Pero Erasmo no es un utopista. Admite la divergencia, y sólo quiere angostarla un poco, a fin de que la vida sea más vivible. Los escritores entienden bien a Erasmo. No es posible lograr una identidad total entre las palabras y las cosas. Y, acaso, semejante identidad no sea, ni siquiera, deseable. Pero el esfuerzo vale la pena. El intento de re-unir las palabras y las cosas, aun cuando fracase siempre, crea una nueva y maravillosa realidad en el mundo: la obra de literatura.

Por todo ello asimilo a Julio Cortázar a la tercera gran tradición fundadora de nuestra cultura: la de Erasmo de Rotterdam. Lezama nota en seguida el divorcio que Cortázar hace suyo: la "grotesca e irreparable escisión entre lo dicho y lo que se quiso decir, entre el aliento insuflado en la palabra y su configuración en la visibilidad". Es la diferencia entre Maquiavelo y Moro, entre Topía y Utopía. Para evitar las trampas de los absolutos —esto *es*, esto *debe ser*— Cortázar nos presenta a un testigo de su operación intelectual: el loco sereno, un narrador irónico, el observador de la locura de Topía y Utopía, pero él mismo visto como un loco por ambas. Erasmo/Cortázar invita al lector, como dice Lezama, a saltar sobre el autor, formando un nuevo centauro. El lector, "castigado y favorecido por dos dioses a la vez, se queda ciego, pero se le otorga la visión profética". Los narradores (y las narraciones) de Cortázar, los más radicalmente modernos de la América española, se conectan sin embargo, por el atajo erasmista, a las prosas de nuestra fundación. Ajenos a la épica, participan de y enriquecen esa "visión profética" que se expresó, desde el origen, como un "bestiario de Indias". Bestiario, en efecto, se llama uno de los hermosos libros de cuentos de Cortázar, y en él encontramos la descendencia más reciente de lo que vieron, oyeron o soñaron Fernández de Oviedo, Pedro Mártir, Juan de Cárdenas, Gutiérrez de

Santa Clara, López de Gómara y otros cronistas de Indias: le-
viatanes y sirenas, lobos marinos, manatíes con tetas de mujer
y tiburones con dos vergas...

El bestiario fantástico de Cortázar incluye conejitos
blancos vomitados a deshoras; ajolotes que nos miran, con nuestro propio rostro, desde los acuarios municipales; y aun anima-
ciones bestiales como un suéter del que nunca jamás podemos
desprendernos; o un acompañante inmencionable que lo mismo
puede ser persona, cosa o animal...

Lo notable de este bestiario es que sabemos que nos está
mirando. Nos observa y en esto se asemeja a las presencias más
significativas de la narrativa cortazariana: los locos serenos, de
estirpe erasmiana, que están allí para poner en tela de juicio
todos los proyectos de la razón, de la historia y sobre todo del
lenguaje apenas se sientan satisfechos de sí mismos y picados
por el deseo de imponerse como la Verdad a los demás.

El licenciado Juan Cuevas, don Ceferino Piriz el célebre
orate uruguayo, la pianista y pudibunda ninfómana Berthe Tré-
pat, ese viejo temible que acaricia una paloma en el descenso a
la *morgue*... Todos estos locos solitarios y serenos miran las
aventuras de la lógica y de su portador, el lenguaje, y hacen
signos de advertencia. Interrumpen la acción, la multiplican
con su sinrazón irónica, su elogio de la locura, su insatisfacción
permanente, su búsqueda de lo que no está allí, conduciéndo-
nos al aparente desenlace de *Rayuela*, la odisea de la búsqueda
de la Maga por Oliveira y el encuentro con Talita, la doble de
la Maga, en Buenos Aires. Pero la doble de la Maga —"lógica-
mente"— está acompañada del doble de Oliveira, el sedentario
Traveler, que sólo se había movido de la Argentina "para cruzar
a Montevideo". Las figuras que antes no se conocían se conocen
y ponen en jaque la existencia misma del libro que las contiene:
Rayuela. Ignorándose, promovieron la dinámica inicial de la
novela. Al conocerse, amenazan con precipitarla hacia lo que la
niega, es decir: la conclusión, inaceptable para la novela abierta
que Cortázar está escribiendo ante nuestros ojos. Al conocer a
su doble, Oliveira tiene que *actuar*: sus opciones son el asesinato o la locura. De otra manera, habría que aceptar que nuestra

vida, al no ser singular, carece de valor y de sentido; que otro, que soy yo, piensa, ama y muere por mí y que acaso soy yo el doble de mi doble y sólo vivo su vida.

Oliveira intenta el asesinato por el terror. No un verdadero asesinato, pues matar al doble sería suicidarse, sino un atentado que abra las puertas de la locura. O, por lo menos, que haga creer a los demás que uno se volvió loco y queda, por ello, dispensado de actuar, incluso de esa acción disfrazada que es la escritura. Muertos para los demás, dejamos de ser el doble de nadie o de tener duplicación alguna. La locura, en la medida en que es una des-aparición, una in-visibilidad, mata también al doble, privado de su modelo. Allí, en el manicomio, se puede creer que los locos serenos, Juan Cuevas o Ceferino Piriz, son tan dignos de atención intelectual como Aristóteles o Heidegger: ¿qué hacen, al cabo, sino multiplicar la realidad inventando cuanto les parece que falta en el mundo? ¿Y qué ha hecho la novela? ¿Y qué ha hecho el novelista que ha hecho la novela que ha hecho a Oliveira que ha hecho a su doble que ha hecho un loco de Oliveira?

¿Encontraría a la Maga? Oliveira, convencido de que "un encuentro casual era lo menos casual de nuestras vidas", ha decidido recorrer este inmenso periplo, de París a Buenos Aires, de una rayuela a otra, en busca de lo que, al cabo, él mismo llama "una concreción de nebulosa": la Maga. La nebulosa concreta, claro está, es la novela misma, la niebla, la *nivola* o *nubela* de Unamuno: "¿Encontraría a la Maga?": la magia de la nube, la Maga de la nebulosa, es la búsqueda de la Maga, o sea, la búsqueda de la novela. Incapaz de cerrarla, porque no ha encontrado a la Maga y no hay novela sin la Maga. Oliveira, desde su manicomio rioplatense, nos refiere a la tabla de instrucciones que nos remite, a su vez, a una reiniciación de la novela, búsqueda, multiplicación de la realidad e insatisfacción perpetua, por el atajo de un capítulo 62 donde el *alter ego* de Cortázar, Morelli, teoriza sobre la novela y abre dos caminos: uno, el de acompañar para siempre a Oliveira en su búsqueda de la Maga; otro, el de escribir la siguiente novela abierta: *62, modelo para armar*.

Y en medio, sólo unos momentos de ternura leve, escuchando con los ojos cerrados un disco de *jazz*, oyendo "el fragor de la luna apoyando contra su oreja la palma de una pequeña mano un poco húmeda por el amor o por una taza de té". *Il faut tenter de vivre.*

Julio Cortázar y *Rayuela* colocan a la novela hispanoamericana en el umbral mismo de la novela potencial: la novela por venir de un mundo culturalmente insatisfecho y diverso.

11. José Lezama Lima. Cuerpo y palabra del barroco

> Oh! that this too too solid flesh would melt, Thaw,
> and resolve itself into a dew...
> *Hamlet*, I.ii.129

1. Las eras imaginarias

El poeta y novelista cubano José Lezama Lima representa otra línea de fuerza de nuestra historia cultural: la del barroco, que he descrito como una contracción entre la utopía perdida y la épica perversa del Nuevo Mundo, en la medida en que ambas, en su postulación americana, descansan sobre la idea del espacio, del hambre de espacio y de la liberación del mismo, que Edmundo O'Gorman propone como estímulos de la invención de América.

Pero la figura del barroco sólo se vuelve plenamente identificable y comprensible, en nuestro tiempo, gracias a su inserción dentro del concepto de las eras imaginarias propuesto por Lezama Lima en *La expresión americana*. Nadie, como él, ha visto más claramente que, si bien nuestra historia política puede ser considerada como una serie de fragmentaciones, la historia cultural presenta una continuidad llamativa. Aun cuando las pugnas políticas, en sí mismas fragmentarias, tratan de proyectar su propia ruptura en la vida cultural (negación del mundo indio por los españoles; negación de los mundos español, indio y mestizo por la modernidad independiente), el concepto de las eras imaginarias nos da la oportunidad de restaurar la continuidad que, disfrazada a menudo, fingiendo muerte muchas veces y mimetizándose otras con el silencio, siempre supo mantenerse mediante ese mismo silencio mimético y sus apariciones, fantasmales aquí, clamorosas allá, en el sincretismo del barroco y la constancia de la cultura popular: música, gestos, muebles, artesanías, cocina, erotismo, lenguaje, ropa, creencias, imágenes, derechos consuetudinarios... En suma, lo que Lezama Lima llama la *contraconquista* de lo puramente europeo por lo indo-afro-iberoamericano, y lo que Vico, antes que nadie, llamó la sociedad civil, la historia hecha y mantenida por hombres y mujeres.

En esta amplitud se circunscriben las eras imaginarias de Lezama. Es su manera de decir que las culturas son su imaginación, no sus archivos. "Si una cultura no logra crear un tipo de imaginación", escribe Lezama, resultará históricamente indescifrable. Para Lezama, la verdadera historia consiste en saber cuándo se impuso la imaginación como historia. Una humanidad "dividida por eras correspondientes a su potencialidad para crear imágenes" le permitiría a la memoria adquirir la plenitud de la forma. Esta plenitud, sin duda, incluye la forma trágica; y restaurarla, entre nosotros, tiene que ser el resultado de la imaginación.

Esta imaginación, aplicada a las eras de la vida americana, le permite a Lezama concatenar nuestra vida en la continuidad de los mitos, indígenas y europeos; de la conquista y de la contraconquista; del barroco y de la utopía; del desierto romántico (Miranda y fray Servando) y del arraigo estanciero (Hudson y Güiraldes) antes de abrirnos de nuevo a la errancia, corrido y recorrido del charro y el gaucho, portadores de una vida popular que subsume y continúa todas las manifestaciones anteriores hasta fijarlas en esa *forma* de la circunstancia, esa *imaginación* del suceso que es el arte contemporáneo a partir de José Guadalupe Posada.

Quizás la más conflictiva de nuestras eras imaginarias sigue siendo la que abarca la conquista, porque en ella es eliminada la instancia trágica a favor del sueño utópico y la energía épica, canceladas ambas a su vez por la explotación colonial y la evangelización cristiana. La ausencia de oportunidad trágica en la cultura hispanoamericana conduce a un maniqueísmo que intenta darle razón al conquistador o al conquistado, obviando el conflicto de valores y permitiéndonos convertir el conflicto de culturas en mascarada política. Criollos y mestizos han concluido la obra de los conquistadores españoles, sometiendo al indígena a explotaciones peores que las de la Colonia. El liberalismo y las sucesivas modernizaciones despojaron a las comunidades indias de los techos legales y de las protecciones mínimas defendidas por la Corona. Pero estos mismos criollos y mestizos —nosotros mismos— hemos sido los más estridentes denunciadores de la obra de España en América y los más hipócritas defensores de una cultura indígena cuyos monumentos serán siempre una recriminación si sus hombres y mujeres vivos no reciben más justicia que nuestras palabras de defensa y nuestros actos de ofensa.

Cité, en el capítulo dedicado a Bernal Díaz, a María Zambrano. Es tiempo de recordarla de nuevo cuando escribe que el conflicto trágico no alcanza a serlo si consiste sólo en una destrucción, si de la destrucción no se desprende algo que la rescate, que la sobrepase. De no ser así, la tragedia sería nada más que el relato de una catástrofe.

De la catástrofe de la conquista nacimos nosotros, los indo-afro-iberoamericanos, y creamos la cultura que Lezama Lima llama de la contraconquista. Esa cultura, por todas las razones y hechos que he evocado, excluyó la dimensión trágica capaz de dotarnos de la conciencia y la voluntad que tanto Lezama como Zambrano nos proponen para ser completos. Algún día, quizás, sabremos ver nuestra historia como un conflicto de valores en el cual ninguno es destruido por su contrario sino que, trágicamente, cada uno se resuelve en el otro. La tragedia sería así, prácticamente, una definición de nuestro mestizaje.

Tanto Scheler como Zambrano nos advierten que este proceso requiere tiempo para que la catástrofe se transforme en conocimiento, y la experiencia en destino. Lezama Lima intenta acelerar el paso: restaurar la visión trágica en la imaginación americana y, para ello, sólo conoce un camino verdadero. Éste es el conocimiento poético.

2. El conocimiento poético

La novela moderna de la América española es inseparable de un trabajo poético ininterrumpido, por lo menos, desde el siglo XVI. No hay verdaderos conjuntos narrativos en la América española antes de la segunda mitad del siglo XIX; en cambio, nunca carecimos de una tradición poética y hoy podríamos afirmar que detrás de cada novelista hispanoamericano hay muchos poetas hispanoamericanos de ayer y de hoy.

El novelista José Lezama Lima es su propio poeta y esto es justo en un escritor que crea su propia forma y pretende ofrecernos una novela que es un mito que crea su propio mito. (No fue otra la hazaña de Franz Kafka: en busca de los mitos escondidos, inventó un nuevo mito que es el de Kafka buscando los mitos escondidos.)

La poética de Lezama es una conjugación barroca del tiempo, la palabra y el cuerpo encarnado. Poesía es el nombre de la unidad de esas tres *sobreabundancias*. Y en Lezama la poesía es conocimiento. No método de conocimiento, no algo *como* el conocimiento, sino el conocimiento *mismo*. ¿Cómo se llega a él? No sin admitir que en el corazón de todo saber se enfrentan la relación de causa y efecto, y las realidades que se dispensan de la causalidad.

"Con ojos irritados se contemplan la causalidad y lo incondicionado", escribe Lezama en *Las eras imaginarias*. "Se contemplan irreconciliables y cierran filas en las dos riberas enemigas." Schopenhauer habla del hombre sobrecogido cuando empieza a poner en duda los modos puramente causales de la experiencia, y en esta suspensión de la ley de la causalidad radica Nietzsche "la esencia de la embriaguez dionisiaca". Sócrates combate a la tragedia porque percibe en ella una ausencia del principio de causalidad que para el filósofo resulta irracional y absurda. Tiene razón: la ley empírica y moral no tolera una experiencia circular o recurrente que niega la individuación porque la somete a un proceso constante de reintegración con el todo. La tragedia, nos explica Nietzsche, transforma a la previa cultura épica sin despojarla de su validez y otorga a los mitos que históricamente preceden a la épica y a la tragedia su forma más expresiva: es decir, lejos de cancelarlos, los conduce a una suerte de perfección. Las tres realidades se suceden históricamente, pero también se sostienen históricamente como una promesa actualizada de unidad. Éste es el círculo de fuego —mito, épica, tragedia y renovación a través del mito— al que tantas veces me he referido en este libro.

Pero cuando la religión exige fundamentos históricos y racionales a fin de justificarse e imponerse dogmáticamente, los mitos mueren y con ellos su culminación trágica. Sospecho que la razón de esta sinrazón es que, como lo resume una frase del *Prometeo* de Esquilo, para la tragedia cuanto existe es a la vez justo e injusto, e igualmente *justificado* en ambos casos. Esto es intolerable para una religión —o un Estado— que necesitan señalar a los culpables a fin de hacer creíble su bondad e inocencia: su propia justicia.

El sacrificio subsecuente es el de un conocimiento poético que Lezama Lima quisiera resucitar, como si fuese los cuerpos mudos y helados de las estatuas, mediante las formas verbales. La verdadera historia, para Lezama, es la imagen del mundo que conocemos a través del mito. No la cronología visible, sino la invisible. La suma de mitos crea las *eras imaginarias* donde tiene lugar la otra realidad, la historia oculta. La apuesta de Lezama, claramente, es a favor del hermano pobre de la historia, la Cenicienta de la voluntad racional y fáustica del Occidente: las formas no-racionales e intuitivas del conocimiento.

En efecto, el poeta venezolano Guillermo Sucre ha llamado a la de Lezama "estética de la intuición" que descarta lo causal para intentar la síntesis creadora, pero que se apoya, para acercarse a la segunda realidad, en lo más concreto del mundo: *el cuerpo*. Lezama identifica la imagen, la metáfora y la analogía verbales *con* el cuerpo. Es la concreción corpórea la que avasalla y quiebra las compuertas de la causalidad.

Además, el cuerpo en Lezama, dice Sucre, es "un cuerpo que se sabe imagen". Explica Lezama en *Analecta del reloj*: "En toda metáfora hay como una intención suprema de lograr una analogía, de tender una red para la semejanza, para precisar cada uno de los instantes de un parecido".

De esta manera, la metáfora, que es el encuentro de dos imágenes —de dos carnalidades verbales que se reconocen como tales— tiende a su vez hacia la analogía, echa redes a fin de encontrar la semejanza de las cosas, es decir, su verdadera identidad. En la metáfora, el lenguaje y la realidad pierden su carácter incompleto o fragmentario y se convierten no sólo en lenguaje y realidad en cuanto tales, sino también en todo lo que evocan o provocan. En la metáfora el mundo de la realidad inmediata, sin dejar de serlo, puede convertirse en el mundo de la imaginación.

Para Proust, la verdad comienza cuando el escritor toma dos objetos diferentes y propone su relación, su analogía, en una metáfora. "La belleza de una cosa está en otra cosa", nos dice en *El tiempo recuperado*. "El mediodía en Combray está en el rumor de sus campanas". El camino de Proust es el de Lezama, el único novelista de lengua española que se ha acercado, en la suya, a la materia interna de *En busca del tiempo perdido*.

La novela moderna nace cuando Don Quijote sale de su aldea al mundo y choca con el mundo porque en las lecturas de su aldea todo se asemeja y en la anchura de los caminos del mundo nada se parece. A partir de entonces el novelista carga con la inquietud de restaurar la semejanza sin sacrificar la diferencia. Para Proust, este trabajo oculto detrás de los placeres de los días procede, a su vez, de la resolución de la metáfora en epifanía, que es el siguiente paso del conocimiento poético y, acaso, su apogeo. Las instancias son famosas, comienzan con las epifanías de la magdalena, los campanarios de Martinville, la lectura de George Sand en la voz de la madre, los manzanos en flor, los espinos. Finalmente, al culminar la obra, las anteriores culminan también en la triple metáfora de los adoquines del patio de Guermantes, el rumor de las cucharillas y la blancura de las servilletas. Metáfora es encuentro: las imágenes finales de *El tiempo recobrado* tienden sus redes analógicas de regreso a las imágenes iniciales, Venecia, los árboles, la playa de Balbec, recuperando el tiempo pasado para abrirse a la epifanía final (epifanía: manifestación, aparición) del minuto liberado del orden del tiempo. Es decir, todo culmina cuando el tiempo y su lenguaje cesan de estar sometidos a la sucesión causal, se manifiestan, aparecen, como identidad del conocimiento y de la poesía.

Así la epifanía literaria nos revela que la poesía es conocimiento y que éste es, como diría Vico, un "conocimiento auroral". La poesía es la identidad original de lenguaje e historia, cuando ambos eran, nos dice Benedetto Croce hablando de la *Ilíada*, "el mismo documento". Ahora historia y lenguaje están separados y sólo su aparición auroral —la poesía— puede volver a reunirlos, como en un principio. ¿Es esto posible en un mundo, como lo llama Adorno, *demasiado dañado*? Lezama Lima, en *Paradiso*, intenta esta reunión heroica, pasando por todas las operaciones que constituyen el arsenal poético: imagen y analogía, metáfora y epifanía.

Doy a la epifanía, para hablar de Lezama y *Paradiso*, el mismo valor que James Joyce en *Stephen Hero*:

> Por epifanía, entendía una súbita manifestación espiritual surgida en medio de los discursos y los gestos más ordinarios, así como en el centro de las situaciones intelectuales más memorables. Pensaba que al hombre de letras le correspondía notar esas epifanías con cuidado extremo, puesto que ellas representan los instantes más delicados y los más fugitivos.

El movimiento poético de Lezama en *Paradiso*, análogo en mucho al del alma atada a la materialidad de las cosas en la filosofía de Plotino, intenta en primer lugar animar, mediante el lenguaje, a la materia, transformando a las estatuas en cuerpo y encontrando la equivalencia de ese cuerpo ideal, materia que aspira a Dios, en tres cuerpos concretos, individualizados y parlantes, dentro del mundo de una novela.

Son los cuerpos de sus tres personajes protagónicos. Foción o el caos; Fronesis o el orden; Cemí o la iluminación que conduce a los tres, superando, tanto el caos como el orden, a la epifanía de *Paradiso*. Ésta es la imagen final de la casa en ascuas de La Habana, bañando de luz a los cuerpos por un instante —el minuto fuera de la causalidad, el tiempo imaginario— antes de dispersarse en la materia, la cotidianidad y la muerte.

Quisiera seguir de cerca el complejo movimiento que para alcanzar la epifanía paradisíaca se manifiesta verbalmente en la novela de Lezama: hasta el momento, no creo que la novela americana escrita en español haya manifestado, asimismo, mayor complejidad, más belleza espiritual y lingüística.

3. Contraconquista y barroco

Las epifanías de *Paradiso* ocurren mediante una salida al mundo distinto del escenario "realista", un tránsito directo del orden de la causalidad al orden de lo oculto, lo latente, lo posible o lo olvidado, esa estética de la intuición de la cual habla Sucre. Es un camino poético, arduo a veces, pero que obedece a la profunda convicción del escritor: las culturas son su imaginación. Lezama Lima sugiere que desviemos el énfasis puesto en la historia de las culturas y lo pongamos, en cambio, en las "eras imaginarias". ¿Qué entiende por esto? "Si una cultura —escribe en *La cantidad hechizada*— no logra crear un tipo de imaginación", será, con el paso del tiempo, "toscamente indescifrable". Propone, por ello, una historia de la humanidad "dividida por eras correspondientes a su potencialidad para crear imágenes".

En *La expresión americana* —una de las grandes exploraciones de la cultura de nuestro continente, al lado de las de Sarmiento, Reyes, Martínez Estrada y Mariátegui— Lezama imagina los tiempos de la América ibero-indo-africana a partir de su encarnación en los mitos prehispánicos, el "doble asombro" de la conquista, el barroco colonial, el "calabozo" de la independencia y la cultura popular del siglo XIX. Observa una sucesión, como ya lo indiqué, del fabulador indio al cronista español, y de éste al señor barroco, al desterrado romántico y al amo estanciero. Pero la fijeza decimonónica de éste es puesta en movimiento, de nuevo, por la cultura popular: el charro mexicano, el gaucho argentino: *corrido* y *recorrido* que culminan en una nueva imagen: la de José Guadalupe Posada, que a su vez anuncia un nuevo movimiento, sin nombre todavía, porque es el nuestro, el de lo que estamos siendo.

Julio Ortega tiene razón cuando llama a Lezama "el teórico menos traumático de la cultura hispanoamericana, a la que entendió como una solución de continuidades, siempre como una realización, nunca como un problema". Pero el sentido de la continuidad de Lezama dista mucho de ser un alejamiento o una indefinición. Todo lo contrario; significa un acercamiento efectivo, corpóreo, dinámico, a cada etapa de la continuidad cultural o "eras imaginarias" de nuestras tierras. Pero estos mismos adjetivos nos indican ya que, entre todos esos momentos de la imaginación, Lezama es más adicto a uno, el barroco, y lo emplea no sólo como preferencia intelectual sino, precisamente, como forma de su creación artística.

Ambas —la referencia y la forma— se reúnen, al cabo, porque Lezama es, también, un escritor católico, y si su estética del barroco exige una encarnación artística, reclama, al mismo tiempo, una razón moral, filosófica, espiritual. Inmerso en la civilización católica de la América española (contrarreformista y cerrada a la modernidad), Lezama busca con lúcida desesperación una salida, más acá de la ñoñez del catolicismo beato y de cromo, más allá de nuestra identificación contemporánea de la modernidad con el protestantismo capitalista, al que cubrimos, sin embargo, con una capa de piedad sansulpiciana, mojigata, para consumo esporádico y para quedar bien, como dice en alguna página Emmanuel Mounier, con nuestras reputaciones, más que con nuestras conciencias.

El catolicismo radical, comprometido, de Lezama, lo es porque confronta cuanto lo niega y, con suerte, lo que sólo negándolo lo afirma, lo revela y lo hace nuestro, parte de nuestras "eras imaginarias". Lezama, como dice Julio Ortega, busca continuidades. Escribe, por ejemplo, que el renacimiento español se cumple en América. "Por lo americano, el estoicismo quevediano y el destello gongorino tienen soterramiento popular." No debe verse en la cultura de la América española una copia sino una mimesis que no implica ni inferioridad ni pereza. América es un centro de incorporaciones y en esto continúa a España. Yo creo que la potencia también, pues España misma fue, al cabo, el máximo "centro de incorporaciones" del occidente europeo: Iberia celta, fenicia, griega, romana, judía, goda, árabe, gitana…

El Renacimiento recibe el caos de la descomposición del mundo teológico y piensa de nuevo en Arcadia: la edad de oro, utopía, el buen salvaje… No es un pensamiento innecesario. Le da alas al testimonio de que "en un escenario muy poblado como el de Europa en los años de la Contrarreforma, ofrecemos con la conquista y la colonización una salida al caos europeo, que comenzaba a desangrarse".

Se desangró en las guerras de religión. Y desangró al mundo indígena americano. Pero la incorporación de la América india al Occidente —cito al novelista y ensayista mexicano Héctor Aguilar Camín—, "pese a su crueldad y sus terribles consecuencias demográficas, no pudo darse sino por la simbiosis del conquistador con las civilizaciones previas". Lo que Aguilar Camín dice de México puede extenderse a Iberoamérica: "El asentamiento colonial de Nueva España no se propagó sobre el territorio exterminado a los antiguos pobladores". Esta realidad contrasta con la colonización de Angloamérica y sobre todo con la expansión de la república norteamericana hacia el Pacífico, basada en el exterminio de indios. "La formula de la colonización estadounidense fue exterminar para afianzarse, arrasar para ocupar". No nació de esta experiencia una civilización indo-anglo-americana; pero tampoco quedaron rastros, en el Caribe, de una civilización indo-americana. La esclavitud, en ambos casos, suplió a la muerte. En el Caribe nace la cultura —o la "era imaginaria"— afro-americana. Con ella nace también el barroco, respuesta a los insoportables vacíos históricos, carta de la fundación del Caribe y de la hermandad de sus espíritus, escriban éstos en español, francés o inglés. El barroco es como una corriente de identificación que fluye de las bocas del Orinoco, por las "islas de la corriente", hasta el delta del Mississippi. Los peces que nadan en esta agua son reconocibles por su colorido barroco: Alejo Carpentier, Gabriel García Márquez, Luis Palés Matos, Jean Rhys, Jacques Roumain, Édouard Glissant, Aimé Césaire, William Faulkner… Del sur de los estados angloamericanos al norte del confín bolivariano.

Pero en el Sur norteamericano, el barroco tarda muchísimo en manifestarse, como sentido de cultura sincrética, hermanada en el fracaso, solidaria con la derrota, excepción al triunfalismo sin fisuras de la *polis* norteamericana. El nombre de este barroco es el de un gran escritor, William Faulkner, peyorativamente acusado por el crítico Allen Tate de incurrir en una especie de "gongorismo sureño". Lezama tenía razón: en *Absalón, Absalón,* en *El sonido y la furia,* el "destello gongorino" adquiere raíz barroca en el Sur norteamericano.

En cambio, el ascenso de "nuestro señor barroco" en Hispanoamérica es veloz y deslumbrante. Se identifica con lo que Lezama llama la contraconquista: la creación de una cultura indo-afro-iberoamericana, que no cancela, sino que extiende y potencia la cultura del occidente mediterráneo en América.

Es un barroco doloroso: se ofrece como una cancelación sincrética, el refugio de los antiguos dioses, el repositorio de los tiempos aborígenes. La angustia torturada de las estatuas iberoafricanas de Aleijadinho en Congonhas do Campo, los paraísos indígenas contenidos en los espacios cristianos de Quito y Oaxaca, los balcones que cuelgan como jaulas en Lima y La Habana, fueron fabricados por los artesanos indios, negros y mestizos que sólo podían expresarse con arcilla y color. La obra de Sor Juana Inés de la Cruz amplía aún más esta idea: el barroco también fue el refugio de la mujer y, por ser el de *esta* mujer, se identificó con la protección de la palabra, con la *nominación* misma que he venido señalando como uno de los centros de la narrativa hispanoamericana.

Es un barroco, sin embargo, pleno, no "degenerescente". Representa, escribe Lezama,

tanto en España como en la América española, adquisiciones de lenguaje, tal vez únicas en el mundo, muebles para la vivienda, formas de vida y de curiosidad, misticismo que se ciñe a nuevos módulos para la plegaria, maneras del saboreo y del tratamiento de los manjares, que exhalan un vivir completo, refinado y misterioso, teocrático y ensimismado, errante en la forma y arraigadísimo en las esencias.

Barroco indoibérico de Tonantzintla, la Capilla del Rosario en Puebla, las iglesias del arquitecto indígena Kondori en Perú y Bolivia, los *Comentarios reales* del Inca Garcilaso de la Vega. Barroco iberoafricano: la arquitectura y la estatuaria de Aleijadinho en Ouro Preto. Barroco mestizo: la poesía de Sor Juana. Barroco criollo: la pintura, la etiqueta, el mobiliario, la arquitectura y, quizás, hasta el erotismo del Virreinato, evocado por Fernando Benítez en *Los demonios en el convento*. La contraconquista se manifiesta rápidamente a través de la cultura del barroco, en todos los órdenes. No es, como en el Sur de Norteamérica, un futuro tardío. Es la era imaginaria que sigue a la del cosmos indígena, destruido o soterrado. Es la contracción de la utopía vencida por la épica.

Lezama Lima exclama en uno de los poemas de *Enemigo rumor*:

Ah, que tú escapes en el instante
en el que ya habías alcanzado tu definición mejor...

Extrema y dolorosa paradoja que iluminará toda la densidad narrativa de la novela de Lezama Lima, *Paradiso*, así como su extensión. Pues si en el poema que cito Lezama le dice a la fugitiva del instante,

Ah, mi amiga, si en el puro mármol de los adioses
hubieras dejado la estatua que nos podía acompañar,

en la novela este deseo se cumple sólo para exigir, como la muerte exige la vida, el movimiento que nos hace perder lo que quisimos.

Era imaginaria, suma de tradiciones indígenas, africanas y europeas en el Nuevo Mundo, respuesta de la contra-conquista a la conquista, el barroco americano sería, para Lezama, distinto y superior al barroco europeo. Como éste, es arte de desplazamientos y corporeidades: movimiento y encarnación, pluralidad y desorden, cambio y encuentro.

Pero la diferencia del barroco americano no es sólo histórica —contracción de utopía y épica, llenando un vacío particular a nosotros— sino intrínseca. Lezama ve en el barroco europeo una acumulación sin tensión; afirmación discutible, desde luego. Pero en el americano encuentra lo que llama un "plutonismo", o sea, un fuego originario que primero rompe los fragmentos y luego los unifica.

En su examen de la arquitectura barroca del constructor indio Kondori, Lezama ve claramente el encuentro de las hojas de la selva americana con la trifolia griega, del son de las charangas con las violas de gamba, de las semilunas incaicas con los acantos corintios. Recomponer, reincorporar, lo roto. Dijimos que no fue otra la misión, despreciada o invisible, a veces, de la policultura española. Que esta misión, interrumpida por la expulsión de los judíos y de los árabes en la Península misma, haya sido recuperada y extendida en América por nuestro barroco, sí que es una causalidad distintiva.

Una vez establecida esa virtud, conviene saber cómo encarna. Es decir: cómo adquiere cuerpo, pues no hay barroco que, precisamente porque reúne opuestos en movimiento y llena vacíos intolerables, no requiera de una corporeidad que le dé forma al movimiento y rostro a lo que antes carecía de ello o era sólo mirada frontal, icónica, sin tensión.

Pero el cuerpo es la sede de Eros. ¿Cómo se aviene entonces con una cultura espiritual, católica, que en la naturaleza y el cuerpo ve la tentación y la caída? Lezama opone al cuerpo caído el cuerpo resurrecto, promesa del cristianismo. Y en esta tensión construye su gran novela, *Paradiso:* novela barroca, erótica, católica, que no sería nada de esto sin un cuerpo o sin los cuerpos, que permitan encarnar el movimiento, la tensión, la paradoja de ser, a un tiempo, materia y espíritu, corrupción y resurrección.

4. El cuerpo del barroco

La lectura de la novela de Lezama nos permite darnos cuenta de que una buena mitad de la obra conjuga la realidad inmediata del texto con una aproximación a los problemas del cuerpo. Ante todo, Lezama quiere hacernos entender que sin el cuerpo no habría literatura. Pero también nos pregunta, con esperanza, si puede haber al cabo, sin literatura, cuerpo vivo, consciente de sí. El cuerpo aparece primero como estatua congelada en el espacio y la narrativa inicial del libro consiste en observar el paso de la estatua —perfección, "definición mejor"— a la fluidez y la encarnación. Del espacio ocupado por la estatua al tiempo vivido por el cuerpo: la mediación es el verbo y la imagen, la poesía y la pintura.

Como la fugitiva del poema de Lezama, el cuerpo alcanza por un momento su definición mayor en la estatua, pero a cambio de la fijeza escultórica. El barroco de Lezama define su belleza en esta muerte perfecta que es su negación. El poeta lo define como "un remolino de coincidencias que se detienen en la escultura". Este afán de suspender la abundancia típica del barroco en el instante inmóvil de la estatua, le lleva a concebir el grupo de un concierto barroco como una naturaleza muerta: "Las parejas al danzar se trocaban en árboles escarchados… La luz blanqueaba tan excesivamente a las parejas que aun los ceñidos de paños negros eran velones helados."

El barroco interno del cuerpo también es como una escultura, un "árbol bronquial"; hasta la sombra es barroca, su mejor calidad es escultórica; y si la arquitectura tiene un rostro, como la escalera de la Universidad, el hombre tiene una arquitectura escultórica, como Alberto Olaya cuando se detiene con indiferencia en la inquietud de una esquina, "como una estatua", advierte Lezama, como un "soldado bloque de arena", retocado por la niebla costera.

El verbo rector de esta vena pétrea de *Paradiso* nos es dado por el autor en la página 90 de la edición de Era, cuando conjuga el verbo inglés congelar: *freeze, froze, frozen.*

Pero la fijeza helada está convocando la metamorfosis, pues cuanto hemos leído es un "como si", es la comparación del símil y no la identidad de la metáfora. Lezama retrasa hasta más allá de la mitad de la novela el grito de guerra del barroco, "se rechaza el *horror vacui*", porque teme, y nos convence de ello, que el horror del vacío no sea el origen del barroco, sino sólo una de sus etapas. Después de la fijeza escultórica, realidad primera de la perfección en Lezama, viene el movimiento; movimiento obligado del espectador alrededor de la estatua que de esta manera pretende crear el movimiento de la misma. No fue otro el caso del barroco histórico, que primero fue arquitectura, en seguida escultura y sólo después pintura, y pintura arquitectónica y escultural. Ortega y Gasset llama a Velázquez el pintor que libera a la pintura de la escultura y Foucault va más lejos cuando hace notar que Velázquez, en *Las Meninas*, obtiene la incorporación del espectador al cuadro pero también del cuadro al espectador. El pintor de *Las Meninas* nos mira sólo porque ocupamos el lugar de su modelo. Su mirada nos saluda y al mismo tiempo nos despide. Pero al mirar al vacío, también acepta tantos modelos como espectadores existen. El sujeto y el objeto, dice Foucault, invierten sus funciones hacia lo infinito.

No puede concebirse apertura mayor para el carácter inacabado del barroco, única calidad capaz de admitir no sólo la pluralidad de lecturas sino el sincretismo constante de los elementos que componen el discurso —leído o mirado— y el ejercicio de sustitución y condensación permanente de lo inseguro e inacabado. Reciprocidad pura, dice Foucault de Velázquez, y podría decirlo de Lezama porque en la novela, como en el cuadro, todas las líneas, todas las miradas, convergen en algo inaccesible, exterior al cuadro (al libro) pero reflejado en la profundidad de cada mirada (y de cada palabra). Si el mundo es visto primero como estatua, el mundo, como las estatuas, está siendo visto por personajes dotados de reciprocidad: ven, se ven y son vistos. Esta múltiple visión es la que anima a las estatuas, pero para Lezama su plena incorporación de los diversos puntos de vista tiene que ocurrir en un medio dinámico, que es el de la pintura. En la escala de la materia inanimada a la materia dotada de espíritu, Lezama nos introduce primero, nos hace pasar de la escultura a la pintura, que es como un paso de la piedra al agua.

La abuela Munda aparece en la escalera, nos dice el autor, como "pura composición velazqueña". Todos los personajes de *Paradiso* empiezan a ser como retratos retocados, Holbein retocado por Murillo, limosneros cuyas sonrisas son tocadas por la luz de Rembrandt. Lezama invoca ejemplos de lo inacabado y recíproco para ir dotando a los personajes, que antes tenían una arquitectura pétrea, de una naturaleza pictórica. Es decir: la novela describe la manera como los personajes van ocupando un lugar en el espacio y un instante en el tiempo, haciéndose de esta manera narración cronotópica, y no psicológica o descriptiva.

El tiempo, como una sustancia líquida, va cubriendo como un antifaz los rostros de los ancestros más alejados, o por el contrario, ese mismo tiempo se arrastra, se deja casi absorber por los juegos terrenales, ya agranda la figura hasta darle la contextura de un Desmoulins, de un Marat con los puños cerrados, golpeando las variantes, los ecos, o el tedio de una asamblea termidoriana. Parece que van a desaparecer después de esas imprecaciones por debajo del mar, o helarse definitivamente cuando reaccionan como las gotas de sangre que le sobreviven, pegando un gran manotazo a la estrella que se refleja en el espejo del cuarto de baño; pero son momentos de falsa abundancia, muy pronto los vemos que se anclan en el estilismo, buscando el apoyo de una bastonera; tropiezan con una caja de lápices de colores; sus ojos, como puertas que se han abierto sopladas por un Eolo sonriente, se fijan en un vajillero, retroceden, están temerosos de que el airecillo que les abrió la puerta aviente los cristales, y están apoyados en un sombrero circasiano de carnaval, cubierto de escarcha y de plumoncillos. ¿Fue ése el único gesto de aquellas largas vidas que adquirió relieve? O, por el contrario, el brutal aguarrás del tiempo los fue reduciendo, achicándolos, hasta depositarlos en ese solo gesto, como si fuese una jaula con la puerta abierta para atrapar a un pájaro errante. Rostros conservados tan sólo por el ceremonial del saludo.

Aquí, el tiempo es un "brutal aguarrás" que reduce, achica y aprisiona en el espacio fijo. El tiempo es prisionero del espacio y aparece primero en *Paradiso* como inserto en ese espacio carcelario; el "engendro satánico del barroco carcelario", dice Lezama, como si su aguarrás fuese el de Piranesi, el dramático grabador de prisiones. Y aun cuando el tiempo es descrito al principio de la novela, como por un descuido humanista de Lezama, como "tiempo ya hecho por el hombre", la frase no nos convence, el tiempo de Paradiso está demasiado inserto en lo que el autor llama "el monstruo de la extensión" y reclama un contenido específico para darle valor al movimiento, para oponerse a la concreción inmóvil de la estatua como algo más que la descripción del movimiento, otra vez, en el espacio, y entenderlo como movimiento en el tiempo.

¿Cómo trascender el espacio congelado, escultórico, arquitectónico, de una entropía consumada: mundo muerto, inánime? ¿Cómo resucitarlo? ¿Qué contenido darle al movimiento del tiempo? ¿Qué dirección darle a la imagen inacabada y abierta de la pintura "velazqueña"?

La respuesta de Lezama es erótica y contradictoria. Por una parte, sólo Eros puede besar el cuerpo de la estatua y darle vida; y la estatua deja de serlo cuando se mueve, sí, pero sobre todo cuando habla. Cuerpo y palabra son indisociables en Eros. Lezama, en *Paradiso*, como *Las Meninas* en el análisis de Foucault, establece la reciprocidad pura en el hecho mismo de que la animación, la jugosidad, la fluidez de los cuerpos aparece como un hecho verbal, sin más comprobación que las palabras del poeta. Las estatuas se animan pero también se animalizan. Una nube pestífera escapa de la axila de un gendarme londinense y se aposenta como una divinidad en el cuerpo del doctor Copek, el médico civil, cubano-danés, en el séquito del coronel Cemí. Los príncipes prisioneros que recuerdan la mente marcial del coronel eran "introducidos en unos alargados sacos de piel de saurio". Esta imagen del cuerpo ceñido por el cuero, su homólogo muerto, nos prepara para la imagen de transición en la que el coronel recuerda una de las noches de Scherezade —la primera cuentista— en la que un rey de las

Islas Negras confiesa que "era hombre de la cabeza a la cintura, y que tenía la otra mitad de mármol negro".

Para el coronel será un rumor sensual, el del agua, el que venga a reemplazar en los cuerpos a la impresión visual: una especie de impresión palpatoria, una infinita sexualidad engendrada por el recuerdo de un tacto imposible. La prisión de cuero, el sexo de mármol, son las inexactitudes de quien a ciegas reconstruye los cuerpos, palpando el agua y escuchando "el rumor de las cascadas filtradas por los muros de una cárcel".

Imagen, metáfora y analogía son los instrumentos de Lezama para asimilar el cuerpo a los elementos anti-pétreos, fluidos, ígneos: es decir, todo aquello que, no siendo el cuerpo, puede animarlo porque el cuerpo no rehuye una comparación verbal con lo que no es él, como el niño Cemí en la escena de la piscina en la que el agua y el asma, el líquido y la respiración, amenazan con ahogarlo, destino peligroso si no recordásemos que las estatuas no respiran.

Y no hablan. Pues para convencernos de que la estatua se ha convertido en cuerpo, la palabra es tan necesaria como el movimiento. La palabra —el discurso poético— le da tiempo al cuerpo.

Cuerpo y palabra: Plotino dijo que la materia sólo es comprensible en términos de irrealidad y de negatividad. ¿Por qué? Porque en rigor, de Dios sólo se puede decir *lo que no es*. Y si Dios es definible negativamente, dice el filósofo de *Las Enéadas*, con mayor razón el cuerpo, la materia. El cuerpo, en particular, es la prisión del alma: otra vez Piranesi, otra vez las cárceles metafóricas, otra vez O'Gorman, otra vez el calabozo como símbolo de la lucha por la independencia: calabozos de Francisco Miranda y de fray Servando Teresa de Mier, evocados por Lezama en *La expresión americana*; y cueva de Platón, donde la sombra es realidad; y torre de Segismundo, prisión donde la vida es sueño. Cuerpos capturados dentro de la cueva, la torre, el calabozo, la hostia… El cuerpo debe liberarse del cuerpo —su prisión, su hostia— para regresar a Dios. El sacramento eucarístico es símbolo de esta paradoja. Un cuerpo prisionero comulga con otro cuerpo contenido en una forma circundada para participar de una liberación mutua. ¿Libera nuestra saliva a Cristo de su prisión eucarística, tanto como el cuerpo divino libera nuestra alma prisionera de un cuerpo caído, anunciando su propia redención?

Lezama, novelista caótico, es supremamente sensible al misterio de la inserción de la divinidad en la historia por medio del cuerpo de Cristo. Se propone animar la carne porque si su movimiento es, como dicen los maniqueos, sede del Dios malo (si el cuerpo es pecado y prueba de la naturaleza caída del hombre), *también* es la promesa de la resurrección del hombre en su cuerpo. Y si esto no es cierto, Cristo no es cierto.

De aquí a la identificación de la carne con el verbo no hay sino un paso, y si al principio José Eugenio Cemí ve la morada de sus vecinos como un poliedro, pronto la figura geométrica cede ante la pintura inacabada de "un plano de luz amasada y subdividida", y finalmente estas realidades, transformadas en palabras, transforman a lo real con frases que se van "caminando como un ciempiés, con rabo de cabeza de serpiente y cabeza con entrantes y salientes de llave, de contracifra" para "entregarle a los laberintos de… Cronos". La palabra le otorga a la pintura el don del tiempo. El tiempo le otorga al cuerpo el don de la palabra.

Cuerpo y tiempo: allí están los elementos que la palabra va a concertar animadamente en *Paradiso*, negando el puro monstruo de la extensión de la primera libertad barroca. El espacio que liberó al hombre renacentista también lo empequeñeció y fue su segunda cárcel, más grande que la anterior. La cárcel nueva del humanismo que le abrió las puertas de las ciudades sin muros de la modernidad. Monstruo de la pura extensión, cárcel de la arquitectura pétrea, perfección fugitiva de la estatua, movimiento inacabado de las miradas, cuerpos que dicen frases para abrir con sus cabezas la llave de las puertas que siempre están cerradas: las del tiempo que fue o será.

Siendo: José Eugenio Cemí, el coronel, ha muerto y su madre piensa en "una palabra que recorriese de nuevo su cuerpo congelado".

La pregunta implícita es ésta: ¿puede reencarnar el cuerpo muerto?; ¿puede el verbo asegurar la resurrección?; ¿puede la palabra animar al cuerpo inerte?

Lezama parte de la experiencia misma del barroco como obligación de multiplicar los puntos de vista sobre los objetos girando en torno a ellos, despojándolos de su valor absoluto, frontal, de icono. Hay que girar alrededor de una estatua de Bernini para que la estatua *sea*. Frontalmente, carece de verdadero *ser*. ¿Pero ese ser incluye el paso de lo inánime a lo animado? ¿Incluye, realmente, la encarnación de la estatua?

Paradiso de José Lezama Lima es en primer lugar una novela donde las estatuas giran y encarnan patéticamente. El primer capítulo de la novela no es sino una evocación espectral del cuerpo en el espacio, del cuerpo en el lugar del hogar y de su hambre por contar con algo más que un lugar: contar un tiempo, el tiempo vivido como una *casa* propia-una cosa propia.

Hay un cuerpo enfermo, el del niño Cemí, cubierto de ronchas y surcos de violenta coloración, hay el temor de cruces pintadas en el cuerpo y el temor de que nadie quiera besarlo, el cuerpo cubierto de lamparones y sus funciones elementales: el niño Cemí orina un agua anaranjada, sanguinolenta casi y los ángeles le aprietan la esponja del riñón hasta dejarlo exhausto.

Hay una cocina cubana, habanera, inagotable, natillas y flanes y dulces y albaricoques para llevar la casa "hacia la suprema esencia", que es la de alimentar, restaurar el cuerpo.

Hay la decisión fundamental de la Nana Baldovina: misteriosamente, hay que responsabilizarse del cuerpo.

Y a partir de la responsabilidad del cuerpo, su hambre y su alimento, su enfermedad y su salud, se puede fraguar un relato —una vida— "que se [abre] interminable" y diseña "desembarcos en países no situados en el tiempo ni en el espacio".

Pero para liberar al cuerpo y darle tiempos y espacios donde desembarcar, es preciso romper una camisa de fuerza, la de "la elemental y grosera ley de simetría". A la causalidad y la pura extensión, viene ahora a añadirse la simetría como cárcel del cuerpo, del tiempo y de la palabra. ¿Cómo trascenderla? Lezama nos propone un viaje textual.

5. Palabra y cuerpo

Recorre el cuerpo: ésta es la función primera de la palabra en Lezama, y *Paradiso* nos ofrece mil ejemplos de ello. Escojo uno solo. Durante una velada familiar, para preparar el ambiente, el tío Demetrio saca de su cartera una carta que le envió Alberto Olaya cuando aún se encontraba en Isla de Pinos. Alberto está presente y se molesta de que se dé lectura a lo que juzga "una sencilla algazara para alegrar a un tío ausente". Pero el tío Demetrio le dice al niño Cemí que se acerque y oiga bien la carta del tío Alberto para que lo conozca más, adivine su alegría y oiga, por primera vez, "el idioma hecho naturaleza, con todo su artificio de alusiones y cariñosas pedanterías".

Esta autodefinición de Lezama Lima no es gratuita: le permite a Cemí sentir que algo "muy fundamental había sucedido y llegado hasta él". El tío Alberto, tan a la mano, tan diabólico, tan presente, tenía sin embargo otra presencia, contigua pero tan vibrante como la actual. No un *döppelganger*, no un *espectro*, sino una presencia idéntica aunque vecina, que es su *palabra*. Alberto Olaya es siempre dos: es él y su palabra. Al cabo, es un representante de la historia dentro de la historia: indica la posición duplicada de todo personaje de novela. No hay seres reales en una ficción, sin la realidad de la palabra. Benveniste llega a decir que el personaje es sólo un nombre; y su acción, un verbo. Julio Cortázar trata de adivinar, más allá del agotado personaje psicológico, una figura: es decir, el anuncio de un nuevo personaje posible. No es casual que tanto Cortázar como Lezama nos obliguen a pensar: ¿Cuál es el espectro, cuál el doble: el personaje, de la palabra: o la palabra, del personaje? En todo caso, el naturalismo —el realismo plano— es la verdadera ilusión novelesca, la *mentira* de la *ficción*. En *Paradiso*, los personajes tienen siempre un doble, que es su palabra; pero la palabra es, además, la *naturaleza* del personaje.

Así, la multiplicación del personaje "Alberto Olaya" no es sólo un procedimiento romántico: es una necesidad barroca, íntimamente ligada, en Lezama Lima, a su concepto del tiempo y el espacio, y a la posición del individuo —del hombre americano— en él.

Leo, para llegar a estas certitudes provisionales, *La expresión americana* y recuerdo al maravilloso ser humano que fue Lezama, el gordísimo Lezama Lima, sentado como un buda tropical en una cervecería del Parque Almendares de La Habana, ordenando esos postres cubanos que abundan en *Paradiso*, el tocinillo de cielo, los cascos de guayaba con queso, diciéndome estas cosas que ahora repito, mientras parecía esperar un palanquín portado por efebos para llevarle a su angostísima casa de la calle Trocadero. El palanquín nunca llegó y Lezama trasladó como pudo su corpulencia por los laberintos barrocos de La Habana vieja citando a Plotino mientras entraba a su casa de libros acumulados y se colaba caminando de lado entre los anaqueles repitiendo las palabras del filósofo del cuerpo enemigo: "La característica del espíritu es el movimiento de una cosa a la otra; al contrario de la mente, el espíritu no posee el ser como totalidad, sino por partes; y su continuo movimiento de una a otra parte produce el tiempo, que es la vida del espíritu en movimiento".

Por esta apertura filosófica y sensual de Plotino, comienza a llenarse *Paradiso*, texto primero de la perfección de la estatua inmóvil, con figuras premonitorias del movimiento y el cambio: del tiempo y de la historia. Característicamente en un arte de secretos sincréticos cuya historicidad, como dice Lezama, es la de ser *el arte de la contraconquista*, el arte de los sacerdotes indios y los hechiceros negros disfrazados dentro de la Iglesia cristiana, tiempo e historia se manifiestan en *Paradiso* como metamorfosis primero y sus oficiantes como brujos. Las hermanas Rialta y Leticia, la madre y la tía de José Cemí, son comparadas a las "hechiceras de la Tesalia", fuente de *Las metamorfosis* latinas de Apuleyo. La nana-bruja, Mamita, es una figura mítico-mágica que expresa sus temores con palabras que brotan del "miedo que la petrificaba". Y hay un mendigo sentado a la entrada de una iglesia en Cuernavaca que pide auxilio "por amor de Dios", pase o no pase nadie frente a él: "Al entrar a la iglesia, le sorprendió que unas veces coincidía con el ruego del limosnero con el pase frente a él de la persona rogada, y otras parecía allí sentado para medir con diferente compás el tiempo de otra eternidad."

El tiempo de otra eternidad. Así como no se conforma con un cuerpo natural que no sea animado por la ficción verbal; así como no se conforma con un espacio vacío, Lezama rechaza el tiempo positivista, único, absoluto, newtoniano, "fluyendo equitativamente desde sí mismo y por sí mismo" (*Principia*, 1687). Pero rechaza también el lenguaje de este tiempo, que es el lenguaje propositivo que nos lleva, al cabo, al silencio de Wittgenstein. Más allá del silencio, nos recuerda el filósofo vienés, está el lenguaje irreducible a razón, que es el de la poesía y el mito. Lenguaje múltiple de un tiempo y un espacio múltiples también, que Lezama concibe para compartirlo con la novela moderna de Hispanoamérica, a partir del barroco —"nuestro señor barroco", el "primer americano que va surgiendo dominador de sus caudales".

Tiempos, espacios, lenguajes múltiples. Dos tiempos, múltiples tiempos, tiempos simultáneos, únicos capaces de dar cabida a la expresión americana, a esa "sobreabundancia" que Lezama, bajo el signo del barroco, opondrá a la causalidad simple del mundo racional, y que será la más segura instancia de su humillación erótica en el umbral de lo trágico, latente en esta cultura nuestra, prisionera de la utopía, que jamás lo tuvo.

El tiempo de otra eternidad, doble, múltiple, simultánea, se manifiesta en el maravilloso arranque del capítulo VI, donde la vieja abuela Mela se extiende "como una gorgona sobre los nódulos del tiempo" y, a los noventa y cuatro años, sabe y nos comunica un tiempo inmenso que es errancia evaporada para la carne del espejo. Tiempo que se escapa de su propia sucesión para situarse en planos "favoritos, tiránicos", en el que "las sombras y los vivientes estaban a la altura que habían alcanzado el siglo anterior". Tiempo de genealogía y memoria, tiempo disfrazado, como los danzantes de los carnavales latinoamericanos, de La Habana y Huejotzingo, Río y Panamá, donde no basta la alegría del instante, sino que la máscara acarrea el misterio del pasado y lo representa.

A partir de la aparición de este tiempo, que es al cabo el de *Paradiso*, se vuelve imposible distinguirlo, o distinguir la palabra y el cuerpo encarnados, *del texto mismo* de la novela que es un espacio ocupado por el cuerpo verbal. De la ocupación pasa Lezama a la apropiación de los tiempos por el cuerpo verbo-espacio. Pero de esta operación nace, al cabo, el Nombre de *otra cosa*. La suma no es unidad y el cuerpo verbal incorpora tiempo y espacio sólo para alcanzar algo distinto. Como en Plotino y su deseo de la unidad-en-la-diversidad, compartido idealmente con la Antigüedad clásica, esa pasión, en Lezama, es el hambre del Uno, y como en el filósofo, en el novelista la pasión se manifiesta mediante el doble movimiento. El primero es la multiplicación, la sobreabundancia que nos aleja de la unidad, pero que es su producto. El segundo es el movimiento de regreso a la unidad. La pasión por la unidad perdida no rehuye al universo material que forma en sí mismo, como lo acabamos de ver, una unidad en la que coexisten la bondad y el mal. El mal, sin embargo, sólo es atributo del mundo material porque el mal puramente espiritual es impensable. Pero el mundo material no deja de ser, por ello, la mejor imagen posible del mundo del espíritu *al nivel* de la materia.

No es ésta una tautología disfrazada. Es el anuncio de la realidad total que no puede serlo si no toma en cuenta el mal y el sufrimiento externos como elementos necesarios de la unidad. *Paradiso* es una novela que merece ser leída con *Las Enéadas* de Plotino en una mano y *El nacimiento de la tragedia* de Nietzsche en la otra. La materia deja de ser el mal apenas la ilumina la forma, y la forma de la materia no se puede separar de su conducto hacia Dios, que es el erotismo, nos dice Plotino. Y para Nietzsche, la razón lo explica todo, salvo lo inexplicable. Corresponde al arte no explicar sino afirmar la totalidad de lo real, incluyendo lo real-inexplicable.

La poesía, lo vimos desde un principio, es para Lezama el conocimiento mismo. Se llega a él mediante las imágenes, la metáfora que las reúne y la epifanía que resuelve el conocimiento en experiencia: la más alta, indistinguible de lo que se sabe y lo que se siente. Vimos, asimismo, cómo en Proust, para llegar a la epifanía, es necesario llegar a "un minuto liberado" de la sucesión causal del tiempo y el lenguaje. Recordaba, finalmente, que las epifanías de *Paradiso* ocurren también gracias a una salida al mundo distinto del escenario "realista", un tránsito directo del orden de la causalidad al orden de lo oculto, lo latente, lo posible o lo olvidado. Sólo así puede entenderse lo que, en términos tradicionales, pasa por "argumento" en *Paradiso*.

6. *Familias: cercanas y lejanas*

Como la obra de Proust, *Paradiso* es una crónica familiar, y el camino de la "familia cercana", piensa el coronel Cemí, era "el único camino para llegar a la otra familia lejana, hechizada, sobrenatural". Lezama apela más de una vez a la técnica de la novela bizantina, tan empleada por Luis Buñuel en sus películas y por Juan Goytisolo en sus novelas, para pasar de un relato a otro dentro del primero. Estos relatos dentro de relatos prefiguran las epifanías de pasaje. El tío Alberto Olaya entra a un cine y trasciende el espacio de la sala, las butacas y la pantalla, para crear un tiempo nuevo, una relación secreta e insospechada con un paisaje temporal de luces, ratones y puertas que se abren sobre antiguos reinos olvidados.

El joven Cemí repite la experiencia de su tío. Entra años más tarde a un cine a ver una versión del mito de Tristán e Isolda filmada por Jean Cocteau con el título *El eterno retorno* y regresa, sin salir del cine, a la pareja de Lucía y Fronesis en un parque. Pero también es perfectamente posible que la pareja, sin abandonar el parque, haya entrado al cine donde Cemí los mira. Las dos realidades quedan soldadas. El lector no está acostumbrado a que se dé semejante salto mortal. Deja de ser el lector pasivo; crea lo que lee; cree en lo que lee.

Detrás de cada realidad hay otra, muchas realidades y más acá, en verdad más acá, están la muerte, los muertos. El modo, pero también la realidad de esta reunión metafórica, es lo que Lezama Lima define como la *sobrenaturalidad*. La define en la experiencia de José Cemí: "Esa visibilidad de la ausencia, ese dominio de la ausencia, era el más fuerte signo de Cemí. En él lo que no estaba, estaba: lo invisible ocupaba el primer plano en lo visible, convirtiéndose en un visible de una vertiginosa posibilidad".

La sobrenaturaleza conduce a una *sobreabundancia* cuyo nombre es Dios. Pero su paradoja es que el camino de la primera a la segunda pasa por el pecado y la muerte. El cuerpo es la sede de la caída y la patria de la muerte. Pero es objeto de ceremonia y homenaje. ¿Por qué? Porque va a resucitar. Y si no es así, Dios no existe.

Este argumento de Lezama Lima corre como una coronaria hacia el corazón de *Paradiso* (como lo ha hecho notar uno de sus mejores críticos entre nosotros, Ramón Xirau) acarreando la frase de la fe. No se necesita creer en lo que es cierto porque es posible. Dios, asimismo, existe porque es absurdo, porque es increíble, porque inscribe la muerte en el destino de todos pero promete la resurrección final para que todos se asemejen al destino de Cristo.

La adivinanza de la resurrección es el juego —todos los juegos— del cuerpo en *Paradiso*: los cuerpos imitan la resurrección, la ensayan mediante la fiesta, el carnaval, la rebelión política, la rapsodia verbal. Ensayo individual y colectivo, premonitorio y memorioso, adivinanza de la resurrección pero recuerdo de la muerte, sólo una visión coincidente puede percibir su realidad. Una visión simultánea y sucesiva, como la del hombre que sale a regalar la muerte (porque le espera y aún no la tiene).

Esta peligrosa epifanía, transfiguración del individuo en la fiesta y en la muerte, es decisiva para poner a José Cemí, el muchacho, el joven hombre, en marcha. Esto le dice a José Cemí su madre Rialta:

> Óyeme lo que te voy a decir: no rehúses el peligro, pero intenta siempre lo más difícil. Hay el peligro que enfrentamos como una sustitución, hay también el peligro que intentan los enfermos, éste es el peligro que no engendra ningún nacimiento en nosotros, el peligro sin epifanía.

Pero cuando el hombre, a través de sus días, ha intentado lo más difícil, sabe que ha vivido en peligro, aunque su existencia haya sido silenciosa, aunque la sucesión de su oleaje haya sido mansa, sabe que ese día que le ha sido asignado para su transfigurarse, verá, no los peces dentro del fluir, lunarejos en la movilidad, sino los peces en la canasta estelar de la eternidad. La muerte de tu padre fue un hecho profundo, sé que mis hijos y yo le daremos profundidad mientras vivamos, porque me dejó soñando que alguno de nosotros daríamos testimonio al transfigurarnos para llenar esa ausencia.

Y Lezama el narrador concluye: "Sé que ésas son las palabras más hermosas que Cemí oyó en su vida, después de las que leyó en los Evangelios, y que nunca oirá otras que lo pongan tan decisivamente en marcha".

Lo extraordinario es que la epifanía, siendo el hecho más profundo, es también el más instantáneo, el más fugitivo: "Cuando con dos dedos de su mano derecha apresó el grillo, vio que lo que se había escapado era su sueño".

Si la eternidad y el instante son el mismo tiempo y son el tiempo de Lezama, lo cierto es que también la paciencia y el instante se acomodan a la identidad con el ser presente. En el capítulo IX leemos sobre "la alegría de saber que una persona está en nuestro ámbito, que es nuestro amigo, ha ganado también su tiempo, ha hecho también del tiempo un aliado que lo robustece y lo bruñe, como la marea volviendo sobre las hojas del coral".

Ganarse el tiempo, en Lezama, es reconocer que el instante es el aspecto temporal de la metáfora, que la metáfora es la analogía de un instante y que en ella, literariamente, se reúnen dos términos, pero también, temporalmente, dos tiempos, disímbolos. El instante de Swan será su paciencia, y la paciencia de Job su instante; la vida de Julien Sorel su muerte, y la muerte de Sydney Carton su vida; el pecado de San Agustín su salvación, y la salvación de Raskolnikov su pecado; la locura de Don Quijote será su razón, y la razón de Iván Karamazov su locura. Escapar del mal de la materia, iniciar el ascenso de vuelta a la unidad, pasa por esta identidad de los contrarios, por este rechazo de la moral maniquea.

No es otro el sentido de la actividad del trío que concentra la escritura mediata, la realidad textual segunda de *Paradiso*, una vez animados por el barroco los cuerpos y su texto inmediato: la actividad literaria y humana de Cemí, Fronesis y Foción. Los tres jóvenes habaneros son los actores de un sufrimiento que quiere rebelarse para buscar la totalidad *metacausal*. Ésta se construye severamente, mediante pérdidas y ganancias mutuas, y bajo una interrogante enorme del destino:

¿Nos parecemos a Dios?

¿Resucitarán nuestros cuerpos?

¿Somos mortales porque seremos inmortales?

Una juventud que quema las manos y una inteligencia no menos ardiente asisten a los tres protagonistas en la construcción de sus destinos, pero éstos sólo son comprensibles si detrás del verismo de su mundo de adolescentes habaneros reconocemos, por una parte, la voz colectiva, barroca, en la que un *nosotros* vastísimo, el del palimpsesto intelectual y la síntesis lingüística de la contraconquista, habla con ellos. Por la otra parte, sin embargo, debemos reconocer la suma de las eras *imaginarias* que acompaña toda individuación y le permite, si lo quiere, rebasar la causalidad para ir a la poesía trágica, "la raíz", dice Lezama, "donde no hay pureza ni impureza".

Foción es *el caos* que alimenta *el orden de Fronesis*. *Cemí* es "dominio de la ausencia", "*visibilidad de la ausencia*". Los tres jóvenes personajes nos revierten el orden/desorden barroco del principio pero con un sentido nuevo, lleno de tiempo, ya nunca más el "puro monstruo de la extensión". Foción, Fronesis y Cemí —el caos, el orden y la visibilidad de la realidad *otra*— caminan por los caminos del Eclesiastés: senderos que parecen derechos y tienen finalidad, rectitud, propósito, pero que no se salvan por ello de la muerte, sino que conducen, como los caminos tortuosos, a la misma muerte.

En el instante a la vez lúcido y estúpido de la adolescencia, esto se sabe, y la única rebelión posible tiene una pasión expresa para unos, tácita para otros. Se trata de buscar "una sucesión de la criatura más allá de toda causalidad de la sangre y aun del espíritu, la creación de algo hecho por el hombre, totalmente desconocido aún por la especie".

Vana ilusión, esperanza terca, pues si el nombre de esa creación es la obra de arte, ¿cómo conciliar su novedad radical con la convicción de que "lo que es tan sólo novedad se extingue en formas elementales"? Entre Foción y Fronesis, entre el caos y la lucidez, la rebelión de los jóvenes sufre porque no puede traducirse en una obra que repita —el verbo mismo es un contrasentido— los atributos creativos de Dios. Si la obra de arte es la criatura sin causalidad, su precio es uno que Dios no pagó: el del sufrimiento. El precio de Prometeo. La frontera de Plotino. ¿Y la pasión de Jesús?

Nietzsche sostuvo que en la rebelión no hay sufrimiento porque el sufrimiento es de esclavos. Fronesis no está de acuerdo con él y nos dice que Nietzsche sólo conoció el Renacimiento y el mundo clásico imaginado por el Renacimiento. Lezama se coloca en la perspectiva medieval, cristiana, y percibe la rebelión como sufrimiento: "El sufrimiento —dice Fronesis— es prometeico... el hombre sufre porque no puede ser un dios, porque no es inmutable. El cumplimiento de todo destino es sufrimiento".

El artista adolescente puede creer que la única respuesta a la mutabilidad y diferencia del hombre es crear una obra de arte que "abarque la totalidad de la conducta del hombre". Pero la rebelión necesaria para hacerla sufre, porque el rebelde no se puede parecer a Dios —no pude crear algo desconocido por la especie— y tiene que sucumbir a la tradición, pagar el precio de la historia, que es un reconocimiento del vasto "nosotros" que, visto con los ojos de este sufrimiento, de esta deuda, es el portador verdadero del "verbo" que, a su vez, es la "sobrenaturaleza que fecunda la ciudad".

La plenitud estética es vista entonces por Cemí y Fronesis en la "profundidad relacionable entre la espera y el llamado".

Los dos jóvenes deben esperar, en otras palabras, una "anunciación" que les diga a los dos: eres naturaleza, pero naturaleza que "tiene que alcanzar sobrenaturaleza y contranaturaleza, avanzar retrocediendo y retroceder avanzando". Entre la génesis y la muerte de todo lo que es en la naturaleza, incluyéndolos a ellos, los artistas adolescentes no tienen más remedio que "estar siempre escuchando, acariciar y despedirse". Es parte de su creación; la espera, la caricia y la separación.

Ésta es la "superficie reconocible" del arte y de la vida. Por lo común, nos ciega a la actividad humana más plena, la que, entre las caricias de la espera y las del adiós, reconoce la cercanía de pecado y memoria, de cuerpo y de arte. El sentido agustiniano de Lezama es muy intenso en estos pasajes. El gran capítulo erótico de *Paradiso* es gozosamente estéril, como el follaje plateresco de una iglesia colonial. Pero los sentidos permanecen en nosotros siempre, y no sólo en el acto excepcional del acoplamiento carnal, y si los sufrimos como un pecado aun cuando no los empleamos (o no los empleamos *más*), es porque la salud de los sentidos está en la conjunción y no en la soledad del cuerpo individuado.

Fronesis habla de los once órganos de los sentidos, incluyendo los orificios inmencionables. Sus palabras quisieran persuadir a Foción de que la multiplicación de los sentidos es la multiplicación del pecado. De esta manera, quisiera inducir el orden en el caos de su amigo. Entre los dos —orden reductivista de uno, desorden proliferante del otro— Cemí, portador de la ausencia visible, elimina la culpa de los actos sensuales porque el único pecado sería la memoria del pecado, no un acto presente de los sentidos: "El recuerdo de un acto —dice Cemí—... es su culpabilidad, pues todo acto tiene que ser puro, sin reminiscencia, sin devenir, a menos que transcurra en la noche perniciosa".

El acto que es puro se llama amor. Esto es lo que Cemí ve antes de que, desde el *caos* o desde el *orden*, lo puedan ver Foción o Fronesis, calificándolo: despojándolo de la potencial pureza de ser acto erótico encaminado a la reunión con Dios. Pero si el amor no es pecaminoso, añade Cemí, no es sólo porque se dirige a Dios, intención que puede o no alcanzarse, sino porque, invariablemente, se siembra en la muerte. Entiendo que Lezama nos dice que estamos divididos, hemos perdido la unidad, no sólo con Dios, sino con nosotros mismos, con nuestra sexualidad mixta, previa al dualismo sexual. Perdida la androginia, olvidado el Uno sexual capaz de fecundarse a sí mismo, nos vemos obligados a escoger entre el pecado que es el recuerdo de lo que hemos vivido, y el amor que nos permite ser lo que éramos pero que también nos promete, fatalmente, la muerte. Hemos matado "lo que hemos sido" para llegar a ser "lo que no éramos".

Cemí se salva de este vértigo, cercano al caos de Foción, con una reflexión cercana, a su vez, al orden de Fronesis. Recuerda que para Santo Tomás dos eran los pecados contra el Espíritu Santo: "La envidia de la gracia fraterna y el temor desordenado de la muerte."

El protagonista de *Paradiso* comprende que la gracia fraterna —en primer término la que le une a sus dos amigos y a los tres entre sí— va a ser combinada y acaso vencida por el temor desordenado de la muerte. Admite, en el centro más oscuro pero más cierto de su juventud, que sólo la aceptación ordenada de la muerte suprime las contradicciones del espíritu, supera la repetición del pecado y permite participar de la gracia fraterna.

Si esto es posible, ni el amor ni la muerte son pecado, en ninguna de sus formas. Saberlo es la primera condición para "no dejarse enmurallar —teme Cemí— en un laberinto menor", sino descubrir la categoría de las segundas realidades, de la sobreabundancia.

En Lezama Lima, los seres privilegiados para entrar a ese laberinto y conocer esa realidad total que es ella misma pero también todas sus contradicciones, todas sus oposiciones, todas sus latencias, son nuestros viejos conocidos los nietos de Erasmo, los hijos de Don Quijote, los hermanos de Oliveira y Pierre Menard: los locos, los entusiastas, los poetas, los niños, los enamorados.

El padre de Foción, el doctor Foción, es un loco inocente que recibe una clientela inexistente reunida en el consultorio vacío por su mujer Celia, transformada para la ocasión en la enfermera "Eudoxia", su Dulcinea de buen decir. Su hijo, "rodeado de la locura, creció sin pecado original". Pierde su inocencia: la tentación aparece en forma de "arenga clandestina", "larvas", "esqueletos en el desierto", "lluvia de arenas". La tentación de Foción es el *caos* que lo distancia de la locura inocente del padre, pero lo acerca a la lucidez de Fronesis, un *loco ordenado* que es capaz de recibir el caos de Foción y transformarlo en imagen, semejanza, don poético.

Casi por un contagio de lo que Foción dejó de ser, Fronesis ingresa a la estirpe de los entusiastas, de los iluminados, que es nuevamente la de Erasmo y Don Quijote y el juglar del rey Lear, pero con una descendencia aún más conflictiva, más demoníaca y más angelical; de temibles parejas.

Heathcliff y Micawber, Alyosha y Mishkin, el capitán Ahab y el niño oscuro Pip, Bringas y Nazarín, los innumerables K, de Kafka; la señorita Rosa y el idiota Benjie. Buster Keaton, el loco inocente, el payaso triste, el entusiasta invencible. Colindan así los mundos erasmianos de Lezama y Cortázar.

Todo el problema para Fronesis consiste en saber si, alimentado por el caos nacido de la tentación de Foción convertida en entusiasmo receptivo y lucidez demente de Fronesis, éste será capaz de heredárselas a Cemí. Pues el que es capaz de la sobreabundancia, de la recepción de la realidad segunda, es el único preparado para procrear la pluralidad sin sacrificio de la unidad. El rostro del hombre es uno solo, dice Lezama Lima, pero cada rostro del hombre es diverso.

7. El umbral trágico

A través de estos complejísimos movimientos de la palabra, el tiempo y el cuerpo, Lezama hace tres cosas en *Paradiso*.

En primer lugar, reintegra el catolicismo hispanoamericano al arte, lo arranca de su degenerado pietismo sansulpiciano y sus cromos del calendario. No es éste el catolicismo bobo de Santa Teresita del Niño Jesús, sino una entrada a fondo en el problema de la cultura católica, sus contradicciones entre la fe y la práctica, su asociación mortal con los enemigos políticos y económicos del Espíritu Santo, su asimilación a las ideologías que lo secularizan por el atajo del optimismo futurizable y de la negación de la tragedia. Para Lezama, todo esto oculta el problema verdadero de la fe: *visible* tiene que volverse *invisible* o no hay fe.

La frase de Tertuliano "es cierto porque es imposible" es la frase del creyente y Lezama la convierte también en la frase del poeta: fuera del racionalismo positivista en cualquiera de sus formas, el poeta asocia la fe a la operación poética análoga, que consiste en descubrir la relación entre las realidades invisibles, ocultas, que componen la realidad verdadera.

El poema es verdadero aunque no sea realista.

Y lo invisible no es lo irreal.

En segundo lugar, Lezama convierte a la novela hispanoamericana en movimiento poético con sus leyes propias, un movimiento alimentado por una voracidad que incluye las formas proteicas, sincréticas, afortunadas, mutantes e inacabadas, siempre inacabadas del barroco (el cuerpo-el espacio-el tiempo-el verbo) jugando con las figuras, redisponiéndolas, sintiéndose un poco Copérnico: "Voy a formular las leyes de las cosas perdidas o sumergidas por un azar oscuro".

Y en tercer término, a buscar esta restauración heroica de todo lo perdido o sumergido por un azar oscuro, Lezama coloca por vez primera a nuestra novela en el umbral mismo de la tragedia. Intensa restauración de todo lo olvidado, la obra de Lezama implica una decisión de conocernos a nosotros mismos, pero no sólo en la individuación socrática donde Nietzsche vio la muerte de lo trágico, sino en la totalidad colectiva, la suma de las eras imaginarias y que no son sino esa "oda, elegía, epitafio surgidos de una amarga reserva de no-derrota" de la que nos habla Faulkner.

El conocimiento trágico no evade las contradicciones que la lógica no tolera. A la lógica le interesa tener razón; a la tragedia, que tengamos destino. Sepamos, como quiere Hegel, que el conocimiento del yo es el conocimiento de un yo enemigo. Lo trágico, advierte Max Scheler, es el conflicto entre el valor positivo y el sujeto mismo que lo posee. Este conflicto y este reconocimiento culminan en una reconciliación de los valores en conflicto. En la tragedia, dice Hegel, la necesidad aparece como una mediación. No la enemiga de la libertad, sino su mediadora.

El conflicto es sufrimiento, toda acción es sufrimiento, y Clitemnestra exclama en la Orestiada: "Si pudiésemos poner fin al sufrimiento, ¡qué alegría! La brutal pezuña del espíritu ha golpeado nuestro corazón. ¿Puedes aceptar la verdad?".

Ésta es la verdad que Iván Karamazov no querrá aceptar: que la verdad pueda pasar por el sufrimiento. Por ello prefiere la justicia a la verdad y abre la avenida de la tragedia moderna, la que no se atreve a decir sus nombres: nihilismo y totalitarismo.

Lezama no es Dostoievski, pero ya no es Colón, ni es Copérnico al cual se compara, ni Locke en el trópico, ni Rousseau en el llano, ni Comte en el altiplano, ni Marx en la pampa. Su conflicto contradictorio entre la fe cristiana y la sensualidad pagana, entre la historia visible y la invisible, entre lo que sabemos y lo que olvidamos, entre la naturaleza y la sobrenaturaleza y la contranaturaleza, es un conflicto de valores que se determina al alto nivel trágico de dos necesidades justas, aunque opuestas. La tragedia es la mediación entre dos valores en conflicto a fin de restaurar una realidad, una colectividad más libre y armoniosa, que no sacrifique ninguna de sus partes. Este conflicto de Lezama no es, ciertamente, el conflicto elemental entre el bien y el mal, el progreso y el retraso, la justicia y la injusticia. Ni los resuelve ni los deja atrás: como en la tragedia analizada por Nietzsche, contiene e integra todas las formas que aquí hemos estudiado, en una forma nueva y superior, pero sin cancelarlas.

En *Paradiso* habla el poeta que es *un* nosotros y habla *un* nosotros que es el poeta. El conocimiento contradictorio de nosotros mismos, trágico y cristiano, que Lezama opone a nuestra persistencia utópica y a nuestra fe en la modernidad a fin de integrarlas a nuestra continuidad histórica, ocurre dentro de la realidad concreta de una cultura, un habla, una manera de caminar, una cocina, un lecho: *Paradiso* también es una vida hispanoamericana, habanera, pero en profundidad y extensión: un cuadro verdadero, no un cuadro realista. Y también un cuadro triste.

La amistad se pierde. La promesa de la juventud se disipa. La trinidad Fronesis-Foción-Cemí se dispersa. Cemí, el héroe de la novela, será un intelectual burócrata más de las administraciones patrimoniales de los descendientes de Maquiavelo en América y la culminación simbólica de la novela ocurre en la página 393 (edición de Era) cuando Foción, en una gran pavana barroca, la pavana de La Habana para los tres infantes difuntos, diría Guillermo Cabrera, gira alrededor de un árbol que es Fronesis ausente para siempre.

Cemí lo sabe porque es el dueño de la ausencia.

La dispersión es la oscura noche del alma de San Juan y los tres amigos separados la recorren. Pero súbitamente, al final de la novela, en el centro de La Habana oscura se ilumina una casa. Cemí, deslumbrado, se sorprende de la totalidad de esa iluminación.

La ilumina la sobrenaturaleza.

La ilumina el fuego trágico: ésta es una casa cuya unidad es asegurada por una simpatía universal en la que todo mal y todo sufrimiento ocupan sus lugares como elementos necesarios del gran caos y el gran orden del universo.

La ilumina el llanto de Casandra sobre los cuerpos ausentes, invisibles, de los tres amigos, su gracia fraterna y su destino mortal:

"Moriremos", dice la hermana visionaria en la *Orestiada*.

"Moriremos, pero no sin algún honor de los dioses."

8. *Paradiso: retorno y resumen*

En una mano tenemos el libro de Plotino y en la otra el de Nietzsche, ¿dónde tendremos el de Lezama? Seguramente en un suntuoso atril barroco, sus páginas movidas por el viento de esos tiempos, dobles, múltiples, simultáneos, cuyas manos manchadas de oro y barro dejan en cada párrafo una huella digital: la del "primer americano", que va surgiendo "dominador de sus caudales" y que se llama Nuestro Señor el Barroco.

De todo este vasto acarreo participa *Paradiso*. Aunque quizás nadie, como el novelista cubano, ha llevado a conclusiones más ciertas, terribles y contradictorias la dialéctica americana del barroco. Arte devorador, desesperado en su virginidad natural, su sueño utópico, su corrupción épica por saberlo todo, por decirse *soy tiempo e historia y no sólo extensión y violencia*, el de Lezama es como el de Sor Juana que él describe en *La expresión americana:*

> Los quinientos polémicos volúmenes que Sor Juana tiene en su celda…: muchos "preciosos y exquisitos instrumentos matemáticos y musicales", el aprovechamiento que hace para "Primero sueño" de la quinta parte del *Discurso del Método:* el conocimiento del *Ars Magna*, de Kircherio (1671), donde vuelve a las antiguas súmulas del saber de una época, todo ello lleva su barroquismo a un afán de conocimiento universal.

Pero esta universalidad va unida a otra forma de la abundancia y la proliferación: la del erotismo barroco, desgaste opuesto a la economía productiva, placer pródigo pero estéril que Lezama resume en esta exclamación:

> ¡Un ángel más! ¡Qué trabajo inútil!

En el célebre capítulo VIII de *Paradiso*, todas las formas del placer y el acoplamiento sexuales que Lezama acumula son improductivas. El semen se derrama como las cornucopias doradas de una iglesia colonial, como el licor del lánguido y serpentino Farraluque se vierte en una escena de homosexualismo inconsumado sobre el pecho del joven Adolfito, "inundándolo de una savia sin finalidad".

La fertilidad erótica se muestra inmediatamente, no puede esperar nueve meses. Negación de la frugalidad capitalista y de la simplicidad protestante, el barroco es un instante eterno, una gota de semen detenida a medio camino entre el oro y el orín, corriendo por un miembro viril que Lezama, con un delirio de sustitución barroca que ni siquiera Faulkner supera, llama "el aguijón del leptosomático macrogenitoma".

No conozco resumen más perfecto de la cultura hispanoamericana que la escena de ese capítulo VIII donde el guajiro Leregas, dueño del atributo germinativo más tronitonante de la clase, balancea sobre su cilindro carnal tres libros en octavo mayor: toda una enciclopedia, todo el saber acumulado del mundo, sostenido como un equilibrista sobre la potencia fálica de un guajiro cubano. Simbólicamente, poco más hay que decir sobre la América hispánica.

12. García Márquez. La segunda lectura

1. La liberación, a través de la imaginación, de los espacios simultáneos de lo real es, para mí, el hecho central de la gran novela de Gabriel García Márquez, *Cien años de soledad*. Pues si el enorme éxito hispanoamericano de esta obra podría explicarse, a primera vista, por un reflejo inmediato de reconocimiento, su equiparable éxito internacional nos hace pensar que hay algo más allí que el gozoso descubrimiento de una identidad (y aun de varias: ¿quién no ha re-encontrado, en la genealogía de Macondo, a su abuelita, a su novia, a su hermano, a su nana?) y que *Cien años de soledad*, sin duda uno de los libros más divertidos que se hayan escrito en América Latina, no agota en esa primera lectura (diversión y reconocimiento) sus significados. Más bien, éstos exigen una segunda lectura que equivale a la verdadera lectura. Esa exigencia es el secreto medular de esta novela mítica y simultaneísta: *Cien años de soledad* supone dos lecturas porque supone, también, dos escrituras. La primera lectura coincide con una escritura que suponemos cierta: un escritor llamado Gabriel García Márquez está relatando linealmente, cronológicamente, la historia de las genealogías de Macondo, con hipérbole bíblica y rabelaisiana: Aureliano hijo de José Arcadio hijo de Aureliano hijo de José Arcadio. La segunda se inicia en el momento de terminar la primera: la crónica de Macondo ya estaba escrita en los papeles de un taumaturgo gitano, Melquíades, cuya aparición como personaje, cien años antes, resulta idéntica a su revelación como narrador, cien años después. En ese instante, suceden dos cosas: el libro se reinicia, pero esta vez la historia cronológica ha sido revelada como una historicidad mítica, simultánea. Digo historicidad y mito: la segunda lectura de *Cien años de soledad* funde de ma-

nera cierta y fantástica el orden de lo acaecido (la crónica) con el orden de lo probable (la imaginación) de modo que aquella fatalidad es liberada por este deseo. Cada acto histórico de los Buendía en Macondo es como un eje veloz en torno al cual giran todas las posibilidades desconocidas por la crónica externa y que, sin embargo, son tan reales como los sueños, los temores, las locuras, las imaginaciones de los actores de la historia.

Me refería, en las notas sobre Carpentier, al trayecto de una utopía de fundación a una epopeya bastarda que la degrada si no interviene la imaginación mítica para interrumpir la fatalidad y recobrar la libertad. Uno de los aspectos de la novela de García Márquez es que su estructura corresponde a la de esa historicidad profunda de la América española: la tensión entre Utopía, Epopeya y Mito. El Nuevo Mundo fue concebido como la Utopía. Al perder la ilusión geocéntrica, destruida por Copérnico, Europa necesitaba crear un espacio nuevo que confirmase la extensión del mundo conocido. Giuseppe Cocchiara ha sugerido que América y los aborígenes americanos, antes de ser descubiertos, fueron inventados. Es decir: fueron deseados, fueron necesitados. América es ante todo la posibilidad renovada de una Arcadia, de un nuevo principio de la historia cuyos presupuestos antiguos habían sido destruidos por la revolución coperniciana. La *Utopía* de Tomás Moro encarnó en las fundaciones de los misioneros cristianos, de la California al Paraguay. Pero este sueño —en el fondo, una representación de la inocencia— fue negado de inmediato por la Epopeya, prueba de la necesidad histórica. Cortés y Pizarro corrompieron el sueño sometiéndolo a las exigencias abstractas del mandato imperial hispánico —Plus Ultra— y a las exigencias concretas de un hambre de voluntad individual: la del *homo faber* renacentista. La Utopía, de esta manera, fue sólo un puente ilusorio entre el geocentrismo medieval y el antropocentrismo renacentista.

Me parece que no es un azar que las dos primeras partes de *Cien años de soledad* equivalgan a esa oposición de origen. La fundación de Macondo es la fundación de la Utopía. José Arcadio Buendía y su familia han peregrinado en la selva, dando vueltas en redondo, hasta encontrar, precisamente, el lugar donde fundar la nueva Arcadia, la tierra prometida del origen: "Los hombres de la expedición se sintieron abrumados por sus recuerdos más antiguos en aquel paraíso de humedad y silencio, anterior al pecado original". Como la Utopía de Moro, Macondo es una isla de la imaginación: José Arcadio cree que está rodeada de agua. Y a partir de la Isla, José Arcadio inventa al mundo, señala a las cosas con el dedo, luego aprende a nombrarlas y, finalmente, a olvidarlas. Pero, hecho significativo, en el momento en que el Buendía fundador se da cuenta de "las infinitas posibilidades del olvido", debe apelar por primera vez a la escritura. Les cuelga letreros a los objetos, descubre el conocimiento reflexivo, él que antes conocía por adivinación, y se siente obligado a dominar al mundo con la ciencia: lo que antes sabía naturalmente ahora sólo lo conocerá gracias a la ayuda de mapas, imanes y lupas. Los fundadores utópicos eran adivinos; sabían reconocer el lenguaje del mundo, oculto pero pre-establecido; no tenían necesidad de crear un segundo lenguaje, les bastaba abrirse al lenguaje de lo que era.

Michel Foucault indica, en *Las palabras y las cosas*, que el saber moderno rompe su antiguo parentesco con la divinidad —deja de *adivinar*—. La divinidad supone signos que le son anteriores. En el conocimiento moderno, el signo sólo significa dentro del propio conocimiento —inmediato, comprobable— y el drama de esta ruptura obliga a buscar afanosamente las prolongaciones que puedan volver a comunicarnos con el mundo que nos pre-existe. Foucault cita como ejemplos la sensibilidad en Malebranche y la sensación en Berkeley. Más tarde, y hasta hoy, esos puentes serían, discutiblemente, la historia y el psicoanálisis.

Pero José Arcadio Buendía, al abandonar la adivinación por la ciencia, al pasar del conocimiento sagrado al ejercicio hipotético, abre las puertas a la segunda parte de la novela: la Epopeya, transcurso histórico en el que la fundación utópica de Macondo es negada por la necesidad activa del tiempo lineal. Esta parte transcurre, básica y significativamente, entre los treinta y dos levantamientos armados del Coronel Aureliano Buendía, la fiebre de la explotación del plátano y el abandono final de Macondo, la Utopía de fundación explotada, degradada y al cabo asesinada por la Epopeya de la historia, la actividad, el comercio, el crimen. El diluvio —el castigo— deja detrás de sí un "Macondo olvidado hasta por los pájaros, donde el polvo y el calor se habían hecho tan tenaces que costaba trabajo respirar".

Allí quedan los sobrevivientes, Aureliano y Amaranta Úrsula, "recluidos por la soledad y el amor y por la soledad del amor en una casa donde era casi imposible dormir por el estruendo de las hormigas coloradas". Entonces empieza a abrirse el tercer espacio del libro, el mítico, cuyo carácter simultáneo y renovable no será aclarado hasta la parrafada final, cuando sepamos que esta historia ya estaba escrita por el gitano Melquíades, el adivino que acompañó a Macondo en su fundación, y que para mantenerla viva debe, sin embargo, apelar a la misma treta de José Arcadio Buendía: la escritura. De allí, la profunda paradoja de la segunda lectura de *Cien años de soledad*: todo era conocido, antes de que sucediese, por la adivinación sagrada, utópica, mítica, fundadora de Melquíades, pero nada será conocido si Melquíades no lo consigna mediante la escritura. Como Cervantes, García Márquez establece las fronteras de la realidad dentro de un libro y las fronteras de un libro dentro de la realidad. La simbiosis es perfecta. Y una vez que se realiza, se inicia la lectura mítica de este libro hermoso, alegre, triste, sobre un pueblo que prolifera, inclusivo, partenogenético, con la riqueza de un Yoknapatawpha suramericano.

Como en Faulkner, en García Márquez la novela es autogénesis: toda creación es un hechizo, una fecundación andrógina del creador y en consecuencia un mito, un acto fundamental. La representación del acto de la fundación. *Cien años de soledad*, al nivel mítico, es ante todo una interrogación permanente: ¿Qué sabe Macondo de sí mismo? Es decir: ¿Qué sabe Macondo de su creación? La novela constituye una respuesta totalizante: para saber, Macondo debe contarse toda la historia "real" y toda la historia "fictiva", todas las pruebas del notario y todos los rumores, leyendas, maledicencias, mentiras piadosas, exageraciones y fábulas que nadie ha escrito, que los viejos han contado a los niños, que las comadres han susurrado al cura, que los brujos han invocado en el centro de la noche y que los merolicos han representado en el centro de la plaza. La saga de Macondo y los Buendía incluye la totalidad del pasado oral, legendario, para decirnos que no podemos contentarnos con la historia oficial, documentada; que la historia es, también, todo el Bien y todo el Mal que los hombres soñaron, imaginaron y desearon para conservarse y destruirse.

Como toda memoria mítica, ab-original, la de Macondo es creación y re-creación en un solo instante. El tiempo de esta novela es la simultaneidad. Esto sólo lo sabemos en la segunda lectura, y entonces adquieren todo su significado el hecho original de que un día José Arcadio Buendía decida que siempre será lunes de allí en adelante y el hecho final de que Úrsula diga: "Es como si el tiempo diera vueltas en redondo y hubiéramos vuelto al principio". El recuerdo repite los modelos, las matrices del origen, de la misma manera que, una y otra vez, el coronel Buendía fabrica pescaditos de oro que vuelve a fundir para volverlos a fabricar para… Para renacer continuamente, para asegurar con actos rituales, severos, entrañables, la permanencia del cosmos. Semejante mitificación no es gratuita: los hombres se defienden, con la imaginación, del caos circundante, de las selvas y los ríos del inmenso, devorador magma suramericano. La naturaleza tiene dominios. Los hombres tienen demonios. Endiablados, como la raza de los Buendía, fundadores y usurpadores, creadores y destructores, Sartoris y Snopes en una sola estirpe.

Auténtica revisión de la utopía, la épica y el mito latinoamericanos, *Cien años de soledad* domina, demonizándolo, el tiempo muerto de la historiografía a fin de entrar, metafórica, mítica, simultáneamente, al tiempo total del presente. Un galeón español está encallado en la montaña, los hombres se tatúan el miembro viril, un furgón lleno de campesinos asesinados por la compañía bananera cruza la selva y los cadáveres son arrojados al mar; un abuelo se amarra para siempre a un árbol hasta convertirse en tronco emblemático, chamánico, labrado por la lluvia, el polvo y el viento; llueven flores del cielo; al mismo cielo asciende Remedios, la Bella. En cada uno de estos actos de ficción, mueren el tiempo positivista de la epopeya (esto sucedió realmente) y el tiempo nostálgico de la utopía (esto pudo suceder) y nace el tiempo presente absoluto del mito: esto está sucediendo.

Pero hay algo más simple, más claro y más profundo a la vez. Lévi-Strauss ha indicado que un sistema mítico tiene por objeto establecer relaciones de homología entre las condiciones naturales y las condiciones sociales. Y es en este nivel donde *Cien años de soledad* se convierte en una terrible metáfora del abandono y el miedo del hombre sobre la tierra: el abandono y el miedo de regresar a la naturaleza anónima e inhumana, el terror de engendrar un hijo con cola de cerdo e iniciar el regreso al origen absoluto: a la nada. Pareja edénica, los primos José Arcadio y Úrsula son peregrinos que huyen del mundo original de su pecado y su temor para fundar un segundo paraíso en Macondo. Pero la fundación —de un pueblo o de un linaje— supone la repetición del mismo acto de acoplamiento, de aprovechamiento, de incesto, con la tierra o con la carne. Lévi-Strauss añade que el canje matrimonial es un mediatizador entre la naturaleza y la cultura opuestas. El matrimonio crea una segunda naturaleza, mediatizada, sobre la cual el hombre puede influir. De allí los numerosos mitos sobre acoplamiento de hombre y animal, de matrimonio de mujer y bestia, doble metáfora del dominio natural y del incesto prohibido, violación y pecado que sin embargo son la condición de una sinonimia expresada por la palabra yoruba para el matrimonio, que lo mismo designa a éste que a la comida, la posesión, el mérito, la ganancia y la adquisición. Creo que por aquí nos acercamos al más profundo significado de *Cien años de soledad*: esta novela es una larga metáfora, prolongada en un largo siglo de aconteceres, que sólo designa el acto instantáneo del amor carnal entre el primer hombre y la primera mujer, José Arcadio y Úrsula, que fornican temerosos de que el fruto de su incesto sea un hijo con cola de cerdo, pero que fornican para que el mundo se mantenga, coma, posea, adquiera, merezca, sueñe y sea, con todos los peligros que esto supone.

¿Niega el mito, como insiste Philip Rahv, a la historia? Sí, a la historia muerta, opresora, fáctica, que García Márquez deja atrás para situar, dentro de una novela, el triple encuentro del tiempo latinoamericano. Encuentro del pasado vivo, matriz, creador, que es tradición de ruptura y riesgo: cada generación de los Buendía conocerá a un hijo muerto en una revolución —una gesta— que jamás termina. Encuentro del futuro deseado: el hielo llega por primera vez a la tórrida selva de Macondo en medio del asombro ante lo sobrenatural: la magia y la utilidad serán inseparables. Encuentro del presente absoluto en el que recordamos y deseamos: una novela vivida como la larga crónica de un siglo de soledad en Colombia, pero leída como la fábula consignada, precariamente, en los papeles peripatéticos de Melquíades. El documento secular de Macondo son las cuartillas instantáneas de un brujo mitómano que mezcla indisolublemente las relaciones del orden vivido con las relaciones del orden escrito.

A través de este desdoblamiento, *Cien años de soledad* se convierte en el *Quijote* de la literatura latinoamericana. Como el Caballero de la Triste Figura, los hombres y mujeres de Macondo sólo pueden acudir a una novela —esta novela— para comprobar que existen. La creación de un lenguaje novelesco como prueba del ser. La novela como acta de conocimiento, como negación de los falsos documentos del estado civil que hasta hace poco encubrían nuestra realidad. Lenguaje-ficción-verdad contra léxico-oratoria-mentira: *Cien años de soledad* contra las arrogantes cartas de relación de los conquistadores, contra las incumplidas leyes de Indias de los monarcas, contra las violadas constituciones de los libertadores, contra los humillantes convenios de los opresores. Contra todos los textos que nos disfrazan, un signo novelesco que nos identifica indeleblemente, como esas cruces del Miércoles de Ceniza que jamás se borrarán de las frentes de los treinta y siete hijos naturales de Aureliano Buendía: cruz de tierra quemada, negro signo de bautizo y también blanco de la muerte para los fusiles de las dictaduras y las oligarquías que gracias a esa cruz de carne reconocerán siempre, y siempre asesinarán, a los hijos rebeldes —bastardos— del patriarca.

Contra los crímenes invisibles, contra los criminales anónimos, García Márquez levanta, en nuestro nombre, un verbo y un lugar. Bautiza, como el primer Buendía, como Alejo Carpentier, todas las cosas de un continente sin nombre. Y crea un lugar. Sitio del mito: Macondo. García Márquez, fabulista, sabe que la presencia se disuelve sin un sitio (lugar de resistencias) que sea todos los sitios: un lugar que los contenga a todos, que nos contenga a todos: sede del tiempo, consagración de los tiempos, lugar de cita de la memoria y el deseo, presente común donde todo puede recomenzar: un templo, un libro. *Cien años de soledad* reinicia, reactualiza, reordena —hace contemporáneos— todos los presentes de una zona de imaginación hispanoamericana que durante mucho tiempo pareció perdida para las letras, sometida a la pesada tiranía del folklore, del testimonio naturalista y de la denuncia ingenua. No es la menor de las virtudes de García Márquez que en su obra transforme el mal en belleza y en humor. La mitad negra de la historia latinoamericana emergía en las novelas de Gallegos, Rivera e Icaza como la encarnación de un mal aislado, impenetrable, tremendista, finalmente ajeno y definido. García Márquez se da cuenta de que nuestra historia no es sólo fatal: también, de una manera oscura, la hemos deseado. Además, convierte el mal en humor porque, deseado, no es una abstracción ajena a nuestras vidas: es lo otro, lo que podemos ver fuera de nosotros pero como parte de nosotros, reducido a su encuentro irónico, proporcional, azaroso, con nuestras debilidades cotidianas y nuestras representaciones imaginarias.

2. En *Cien años de soledad*, García Márquez nos condujo de una utopía de fundación a una épica corruptora al alba de un mito que nos permitió recordar nuestra historia en el presente; nombrarla y escribirla. Esta realización la logró el escritor gracias a una perspectiva, irónica y humanizante, sobre el proceso histórico total de Iberoamérica.

La técnica literaria de *Cien años de soledad* está poéticamente radicalizada en *El otoño del patriarca*. A fin de incluir toda la experiencia del pasado en el presente, García Márquez intenta una conflación poética de tiempos y personajes. Como en la otra novela, en ésta encontramos todo lo que ha sido dicho, presentado como un *diciéndose*: la historia oficial pero también el rumor, la maledicencia, el chisme, el sueño y la imaginación, tejidos en una sola urdimbre verbal, una red inconsútil, un continuo sin puntuación, dividido sólo por las comas: una sola y larga frase en la que la primera persona del singular (el Yo) se colapsa en una primera persona del plural (el Nosotros) antes de cursar a través de una tercera persona del singular (Él o Ella) y desembocar en otra segunda persona del singular (Tú: el lector).

Todo se reúne, la separación es vencida, el pueblo está en el palacio, el balcón es abolido, se apagan las candilejas. La línea divisoria entre el escenario y el auditorio desaparece en la prosa carnavalesca que Bajtin le atribuye a Rabelais. La de García Márquez es también una gran prosa crítica, democrática, igualitaria, no un ejercicio gratuito. Pues si históricamente nos conduce, desde el pasado, desde una utopía fundadora (el Macondo original) a las perversiones épicas (el Macondo histórico) al recuerdo del mito (el Macondo solitario), tanto en *Cien años de soledad* como en *El otoño del patriarca* nos ubica en un nuevo territorio del presente, donde aquella experiencia alcanza un grado de intensidad poética que nos permita verla con absoluta claridad.

Gracias a la visión así ganada, podemos, en seguida, despegarnos de los hechos, entenderlos en perspectiva histórica y asimilarlos a nuestra conflictiva modernidad. Hicimos la historia; mantenerla es nuestra obligación; pero la historia aún no termina, nos corresponde a todos continuarla, y el escritor sólo puede afectar el orden del lenguaje, un lenguaje que recibe del pasado, contextualmente asediado, determinado por las voces de los demás y por la pluralidad de lenguajes que confluyen en todo sistema social.

Con ello, un escritor como García Márquez cumple plenamente su función literaria y social. Nos deja, sin embargo, en el umbral de la continuidad histórica. Su imaginación, su palabra, han transformado esa historia. Podemos verla de manera nueva y más creativa. He hablado de utopía, épica y mito. Pero la lectura de *El otoño del patriarca* me permite cambiar, enriquecer, poner al día estos términos y preguntarme, leyendo a Antonio Gramsci mientras leo a García Márquez, si hemos leído equivocadamente tanto a Moro como a Maquiavelo, y si no podríamos, como lo sugiere el escritor y político italiano, hacer una nueva lectura de la utopía *hacia* el poder, entendiendo a Maquiavelo como el autor de una utopía dinámica, no meramente como el escritor político que describe lo que es, sino como el visionario de un deber ser realista.

El tema maquiavélico de la conquista de América es el tema de la liberación de energías de hombres nuevos que no podían heredar, sino que debían ganar sus reinos mediante una mezcla de necesidades y libre albedrío. Pero la visión del maquiavelismo como utopía, y no sólo épica del engrandecimiento personal, es la novela teórica que propone Gramsci. El autor de las *Noterelle sull'Machiavello* distingue el tema de la novedad en *El príncipe*, pero en vez de radicarla en el terreno de lo que es (Maquiavelo como el autor que describe las maneras reales del poder), argumenta que es una obra dirigida *hacia* lo que debe ser; describe una utopía dinámica sobre la manera como el Príncipe debe ser si desea dirigir a su pueblo a la fundación de un nuevo Estado.

El Príncipe maquiavélico, en la interpretación gramsciana, trabaja sobre un pueblo pulverizado e incomunicado a fin de organizar su voluntad colectiva. Trata de persuadir al pueblo de la necesidad de aceptar a un jefe fuerte que sabe lo que quiere y cómo obtenerlo, logrando que el pueblo acepte esta dinámica con entusiasmo.

Éste hubiese sido, por ejemplo, el problema de los conquistadores españoles si, en el caso de los imperios teocráticos, México y Perú, hubiesen ganado para sí el poder en lugar de Moctezuma o Atahualpa. ¿Cómo convertir el poder autocrático y vertical del déspota indígena en poder del príncipe renacentista, dueño de su voluntad y liberado de su fatalidad? Quizás la única respuesta posible es esta idea gramsciana del maquiavelismo como utopía dinámica: como un deber ser realista.

La conquista —en sí misma y como vencedora de los poderes indios— está en la base de la relación del hombre y la mujer iberoamericanos con el poder, esa preocupación que, en formas diversas, hemos observado en las novelas de Gallegos, Azuela, Rulfo y García Márquez. ¿Pudieron los conquistadores, habiendo conquistado a los indios, conquistar también a la corona de España? ¿Pudieron, como los colonizadores de la Nueva Inglaterra, ser los padres de su propia democracia local? Portadores de una ambición individualista, debieron escoger entre el individualismo como democracia y el individualismo como derecho señorial. Escogieron lo segundo. Facilitaron así la respuesta de la corona. Comportándose como lo que sus antepasados habían sido, es decir, como hidalgos ociosos, caprichosos y explotados, imbuidos de ambiciones feudales, obligaron a la corona a responder, limitándolos, sujetándolos a leyes paternalistas abstractas —la legislación de Indias— y a actos de precariedad concretos en lo que a sus títulos y posesiones se refiere.

Cortés no tuvo tiempo ni ocasión de enfrentarse seriamente a la posibilidad gramsciana de la utopía dinámica. Muchas de sus cartas delatan, sin embargo, esta ambición: mover e integrar a una comunidad nueva, gobernada por hombres nuevos de la clase media española. ¿Individualismo democrático o señorío feudal? En todo caso, la corona, que acababa de derrotar al feudalismo español en nombre de la unidad monárquica y el absolutismo, no iba a permitir su resurgimiento en el Nuevo Mundo, y nada indica que hubiese respetado una orientación democrática en el proceso de colonización. Acababa de derrotar, también, a los comuneros de Castilla. Cortés derrotó a Moctezuma, pero la corona derrotó a Cortés. La autoridad monárquica desplazó al conquistador, humillándolo a veces, premiándolo otras, nulificándolo, como factor político, siempre. Recordemos que las *Cartas de Relación* de Cortés a Carlos V fueron prohibidas en 1527, y que en 1553 se prohibió, asimismo, la exportación al Nuevo Mundo de las crónicas de la conquista. La empresa popular, ascendente, cantada por Bernal Díaz, se convierte en empresa exclusiva del poder monárquico.

Gramsci hace una distinción fundamental entre la política de Maquiavelo en Italia y la de Bodino en Francia. La primera ocurre en el *momento de fuerza*, en la ciudad-estado de los Médicis. La segunda, en el *momento del equilibrio*, en la nación-estado de Enrique IV y Luis XIII, cuando la vida política y económica de la nación se centraliza y es puesta en manos de gestores de la clase media en ascenso: Mazarino y Colbert. Bodino puede invocar los derechos de las clases medias —el tercer estado— porque los problemas básicos de la fundación, la unidad y el equilibrio han sido resueltos en Francia. Maquiavelo debe invocar los derechos de la revolución porque todo —la unidad territorial, la identidad nacional, la sociedad desembarazada del feudalismo— aún estaba por obtenerse en Italia.

García Márquez en *El otoño del patriarca* nos ofrece la imagen del último déspota, anónimo, confundido con sus dobles y al cabo muerto y picoteado por los buitres. El último tirano patrimonialista, arcaico, previo al tiempo de la violencia revolucionaria, pero previo, también, al tiempo del equilibrio democrático. Los gobernantes del siglo pasado debieron enfrentar o soslayar el mismo problema: ¿cómo salir de la anarquía y crear naciones viables, cómo crear Estados nacionales en lugar de republiquetas balcánicas? ¿Cómo llenar el vacío dejado por el Estado imperial español y llenado por los caciques, los curas y los militares? Para bien o para mal, respondieron a estos problemas Juárez y Díaz en México, Portales en Chile, Rosas y Mitre en Argentina, y en Guatemala, Justo Rufino Barrios. Algunos, como Rosas, prolongaron en la fuerza unificadora los gérmenes de la anarquía y la violencia. Otros, como Juárez y Barrios, crearon instituciones de Estado básicas para dejar atrás el personalismo castrense. Otros, como Portales, trataron de darle fisonomía de Estado a una sociedad económicamente dinámica, cada vez más democrática y diversificada. Otros, como Mitre y Díaz, quisieron crear una fachada de progreso moderno sin transformar el país real.

Al cabo, dirigentes como Obregón y Calles en México, Castro en Cuba y los sandinistas en Nicaragua, tuvieron que definir el momento de la violencia como el momento de la fundación revolucionaria a fin de obtener la unidad territorial, la identidad nacional y la viabilidad institucional. Las tres revoluciones del siglo XX en Hispanoamérica son, sin embargo, distintas. En México, la sociedad propiciada por la revolución acabó por rebasar a sus padres: el Partido y el Estado. En Cuba, las transformaciones sociales no han encontrado equivalencia política a la altura de los nuevos factores de educación, salud y trabajo. Un personalismo prolongado no puede, al cabo, suplir o contener la dinámica social de Cuba. En Nicaragua, una dirección política ágil quiso, al mismo tiempo, crear un Estado nacional, inexistente antes de la revolución, defenderse de una guerra impuesta desde afuera y romper el círculo de la fatalidad histórica como país títere de Estados Unidos. De la tensión y conflictos de hoy nacerá lo que Nicaragua, antes, tampoco tuvo: una sociedad civil moderna a pesar de los obstáculos del personalismo político y la política de recámara. Luego, la revolución se dividió y un solo individuo se reservó el poder, eliminando a las otras opciones del sandinismo y regresando al autoritarismo personalista y excluyente del pasado.

La sociedad civil existe ya en México, donde el problema es renovar la dinámica política para hacerla consonante con la dinámica social. Tuvimos por largo tiempo un Estado fuerte y una sociedad débil. Luego, una sociedad cada vez más fuerte le restó espacios al Estado corporativo. En Argentina, en cambio, una sociedad civil bastante fuerte aún debe crear instituciones políticas consonantes con ella. Chile tiene una sociedad civil democrática que sucumbió, sin embargo, a la dictadura militar pero supo retomar la tradición democrática. Escojo sólo tres ejemplos para hacer la pregunta: ¿puede la América española alcanzar, por la vía revolucionaria o por la vía evolutiva, pasando por la violencia o evitándola, invocando a Maquiavelo o a Bodino, algo más allá de la simple fuerza o del mero equilibrio: la dinámica del desarrollo con justicia y democracia?

Del otoño del patriarca pasamos a la primavera del tecnócrata. Nos faltaba pasar por los inviernos del desarrollo sin justicia y por los infiernos de la deuda, la inflación y el estancamiento en todos los órdenes. La verdadera primavera democrática pasará por estas pruebas. No podrá ser, otra vez, una ilusión de bienestar para pocos aplazando el bienestar de la mayoría. Se han aprendido muchas lecciones. El nuevo modelo de desarrollo, como democracia política pero también como justicia social, será exigente para todos los actores de nuestra vida política: de derecha y de izquierda. Impondrá obligaciones a todos. Requerirá un esfuerzo sin antecedentes en nuestra historia. No habrá modernidad que no tome en cuenta la totalidad cultural de nuestros países. No habrá modernidad por decreto. Nadie cree ya en un país ideal divorciado del país real. Gracias a libros como *El otoño del patriarca*, todos sabemos que hay otra escritura, la de la imaginación, que revela el poder del deseo y también la voluntad de cambio. La ley abstracta nunca volverá a estar sola en Hispanoamérica. ¡Lo que pueden las palabras!: las del poder pero, desde ahora, también las del escritor y su comunidad.

Gabriel García Márquez, en su obra, ha encarnado las posibilidades de nuestra imaginación como posibilidades de nuestra sociedad. Y de nuestras contradicciones. ¡Lo que pueden las palabras! A veces, a pesar de sí mismas.

13. Un tiempo sin héroes. Vargas Llosa

La visión de la justicia es absoluta; la de la tragedia, ambigua. Es esta presencia de ambas exigencias uno de los hechos que dan su tono, su originalidad y su poder a la nueva novela hispanoamericana. Obras como *La ciudad y los perros* y *La Casa Verde* poseen la fuerza de enfrentar la realidad latinoamericana, pero ya no como un hecho regional, sino como parte de una vida que afecta a todos los hombres y que, como la vida de todos los hombres, no es definible con sencillez maniquea, sino que revela un movimiento de conflictos ambiguos.

Juan Rulfo en *Pedro Páramo*, Augusto Roa Bastos en *Hijo de hombre* y Gabriel García Márquez en *El coronel no tiene quien le escriba* son escritores que convierten en literatura mítica los temas tradicionales del *hinterland.* La localidad y los personajes, en apariencia, son los mismos de las novelas tradicionales. Sólo que ahora la selva y el río son un telón de fondo legendario: la naturaleza ha sido asimilada y el proscenio lo ocupan hombres y mujeres que no desempeñan un papel ilustrativo, sino que realmente son totalidades traspasadas por el lenguaje, la historia y la imaginación. Novelas como *El Siglo de las Luces* y *Rayuela* indican un grado aún más alto de complejidad. En la dinámica de la novela de Carpentier, el conflicto de Esteban es un nudo de arbitrios en el que la opción política afecta o es afectada por la opción erótica que afecta o es afectada por la opción moral que afecta o es afectada por la opción política. Los cómicos personajes de Cortázar también representan una ambigüedad antimaniquea: la Maga y Oliveira, Talita y Manú son seres que simplemente existen, son, hacen y se dejan hacer, sin ataduras discursivas al bien o el mal.

En *La ciudad y los perros* de Mario Vargas Llosa, una ciudad latinoamericana, Lima, es el escenario de otro drama de disyuntivas personales: el de las justificaciones externas y los motivos internos de un grupo de cadetes y oficiales en una escuela militar para denunciar, castigar, absolver o guardar silencio. El caso de Vargas Llosa es particularmente interesante. Después de haber escrito una primera novela de radical modernidad tanto formal como *contenutista* (para emplear ese monstruoso vocablo de la crítica italiana, y sin admitir que semejante distinción, como lo veremos en relación con el propio Vargas, sea válida), regresa al más tradicional de los temas latinoamericanos —el hombre asediado por la naturaleza— en *La Casa Verde*. Señalo, desde luego, que semejante retorno es sólo parte de un afán totalizador que quisiera medir, doblegar, resistir esa permanencia del trasfondo inhumano de la América Latina con las armas de un lenguaje que lo traspasa en todos los sentidos. *La Casa Verde* puede servir como el ejemplo de una novela que no existiría fuera del lenguaje y que, al mismo tiempo, y gracias al lenguaje, reintegra la permanencia de un mundo inhumano a nuestras conciencias y a nuestras palabras.

"Lima la horrible", diría Sebastián Salazar Bondy. Y un siglo antes, en *Moby Dick*, Melville: "Y no es enteramente el recuerdo de sus antiguos terremotos, ni la sequedad de sus cielos áridos, que nunca llueven; no son estas cosas las que hacen de la impasible Lima la ciudad más triste y extraña que se pueda imaginar. Sino que Lima ha tomado el velo blanco, y así se acrecienta el horror de la angustia". No sé si Mario Vargas Llosa recordó el texto de Melville al redactar *La ciudad y los perros*. Pero de su novela se levanta esa tristeza y ese horror que simbolizan apenas las vidas de los cadetes del Colegio Militar Leoncio Prado: Alberto, el Esclavo, el Jaguar, el Boa, el serrano Cava, el Rulos; los oficiales: Gamboa, Pitaluga, Huarina; el coronel-director del plantel; la muchacha Teresa; el ladrón Higueras, que al final de cuentas, viven un drama de todos los hombres, el de la justicia.

En la prosa oblicua de Vargas Llosa laten, como corazones gemelos, dos símbolos: el plantel militar, ese microcosmos que es centro de enseñanza, cuartel y cárcel, y la ciudad abierta. Esta polarización afecta y revela, de inmediato, una estructuración semejante de la vida y del lenguaje. En el microcosmos, el todo precede a las partes; en el macrocosmos, la relación se invierte. En el primer caso, el lenguaje está subordinado a las estructuras previas sincrónicas; en el segundo, representa la libertad caótica de la diacronía. Pero el cuartel es sólo la sociedad en miniatura; la sociedad es el cuartel gigantesco, la prisión social de la que hablaba William Blake. Los capítulos iniciales de la novela presentan de inmediato esta tensión: las escapatorias, los juegos sadistas, los robos de exámenes, el contrabando de cigarros y alcohol, el lenguaje todo de los adolescentes son un intento de introducir dentro del plantel la vida libre que imaginan afuera en la ciudad.

Ser libre es también ser adulto y ser adulto, en la imaginación del adolescente, es exponerse al peligro y mostrarse fuerte. Vargas Llosa, a este nivel, demuestra, como Musil en *Törless*, que el fascismo es un momento fatal de la adolescencia —su tentación misma—. El fascista adulto prolonga su adolescencia. Encarcelados en el colegio, los muchachos "sólo escuchan sus propias maldiciones y su sangre exaltada que quiere abrirse paso hacia la luz por las sienes y los pechos".

Pero *La ciudad y los perros* no es un *bildungsroman* en la tradición de Samuel Butler y Thomas Mann (aunque sí posee la distinción de ser en cierto modo un *bildungsroman* colectivo). Si bien es una extraordinaria novela de la adolescencia y si es cierto que contiene la línea de desarrollo de las narraciones de la crisis juvenil, *La ciudad y los perros* no se detiene en la evidencia del dolor del crecimiento. Su visión es más original y, nuevamente, cercana a la de Blake: el adolescente es *otro*, ante sí mismo y ante los demás, y se venga de esa distancia. ¿Cómo? Para Gombrowicz, que es realmente el maestro moderno y extremo del tema, "cuando es el adulto (*l'Ainé*) quien forma al joven (*le Cadet*), todo va muy bien desde el punto de vista social y cultural. Pero si el adulto es sometido al adolescente, ¡qué tinieblas!, ¡cuánta vergüenza, cuánta perversidad! ¡Y cuántas trampas en el camino!" La obra de Gombrowicz gira en torno a esta obsesión: madurar significa corromper; el adulto quiere que el adolescente madure a fin de que se corrompa, de que participe de la podredumbre del adulto. En la obra de Vargas Llosa, los adolescentes, pretendiendo ser autónomos y rebeldes, en verdad sacrifican su amenazante libertad de juventud parodiando al mundo de los mayores. Pero Vargas Llosa va más lejos: los jóvenes están inventando el mundo adulto. El adolescente no es ingenuo: realmente inventa la realidad, la introduce en el mundo de los adultos y, al convertirse él mismo en adulto, sólo vive esa pálida copia de su imaginación juvenil. La adolescencia no se puede conservar; la madurez, no vale la pena conservarla. En realidad, los oficiales del colegio son quienes parodian, solemne e inconscientemente, la vida de los adolescentes. En realidad, los oficiales se han detenido para siempre en la tentación fascista de la "sangre exaltada". En realidad, unos se han formado a otros: "Creado por la forma, el hombre es creado desde afuera: vale decir, es deformado, es inauténtico. Ser un hombre significa jamás ser uno mismo. El hombre es un productor constante de forma: la secreta" (Gombrowicz, prefacio a *Cosmos*). Nos hacen. Hacemos.

Existe en *La ciudad y los perros* una transposición del tema en los pasajes que protagoniza una perra, la Malpapeada. El bruto, el compañero silencioso, puede recibir toda la crueldad y toda la ternura secretas, los grandes absolutos que el adolescente trae al mundo. Crueldad: el Jaguar le pasa a la perra las ladillas que le pegaron en las pocilgas de Huatita, hasta que a la pobre Malpapeada la dejan "como una bandera peruana, roja y blanca, blanca y roja, yeso y sangre", de tanto andarse frotando contra la pared de la cuadra. Ternura: "En las noches se me montaba encima y se revolcaba, sin dejarme dormir, hasta que le metía los dedos al cogote y la rascaba un poco. Entonces se quedaba tranquila… ah bandida, eso sí que te gusta, ¿no?, ven acá que te rasque la crisma y la barriguita. Y ahí mismo se ponía quieta como una piedra pero en mi mano yo siento que está temblando de gusto".

El mundo de *La ciudad y los perros* es ritual, en el sentido profundo que a este término atribuye Lévi-Strauss: el rito como el gran juego biológico y social entre los vivos y los muertos, entre los jóvenes y los viejos, entre el mundo animado y el inanimado, entre los amos y los siervos. Pero si en su primer nivel la novela de Vargas es un rito de iniciación, pronto se convierte en un rito de la justicia. Nuevamente, es la Malpapeada la que nos permite transitar de un tema a otro: "Yo creía que sólo la Malpapeada no dormía pero después me contaron que todos los perros son igualmente desvelados. Al comienzo me daba recelo, también un poco de susto. Basta que abriera los ojos y ahí mismo la veía, mirándome y a veces yo no podía dormir con la idea de que la perra se pasaba la noche a mi lado sin bajar los párpados, eso es algo que pone nervioso a cualquiera, que lo estén espiando, aunque sea una perra que no comprende las cosas pero a veces parece que comprende".

El adolescente es visto, vigilado, y bajo esta mirada de los otros representa la parodia ritual que inventa la realidad: la trágica realidad paródica y ritual del amor, los celos, la denuncia, las leyes, la compensación. Ricardo Arana, El Esclavo, muere en unas maniobras de los cadetes en campo abierto, con una bala de fusil en la espalda. ¿Qué cosa compensa Alberto al denunciar al Jaguar, el hombre fuerte de la pandilla del quinto año, como el asesino del Esclavo? ¿La muerte del amigo perseguido, burlado y despreciado por todos? ¿Su propio sentimiento de inferioridad frente al Jaguar fuerte y mandón? En todo caso, al delatar sin pruebas al Jaguar, Alberto pone en movimiento la ambigüedad de una justicia que sólo puede expresarse en absolutos para ser tal justicia.

La imaginación del adolescente —su entrega al rito primario, iniciático— choca con la razón de los oficiales, para los cuales el rito es secundario, derivativo, político: el buen nombre del colegio exige que la muerte del Esclavo sea considerada como un simple accidente. Pero hay un tercer factor: el teniente Gamboa, para quien la justicia exige una investigación. Alberto, para probar que no miente, delata también el contrabando de tabaco y alcohol, los robos de cuestionarios, las escapatorias nocturnas. El juego de la justicia, el juego de la compensación, no conoce fin: como una Medusa, cada decisión unitaria de la justicia hace saltar dos nuevas serpientes de su propia cabeza. Cada afirmación procrea otra negación y una afirmación contraria. El silencio de Alberto es comprado por el terror: se le confronta con los papeles pornográficos que hace circular en la escuela. Todo el quinto año es castigado por sus faltas a la disciplina. Todos los muchachos creen que el Jaguar los denunció: atribuyen al jefe ese poder arbitrario de decidir lo justo. El Jaguar se venga de la delación de Alberto. Los muchachos se vengan de la supuesta delación del Jaguar. El teniente Gamboa, por el pecado de buscar una verdad que no puede coexistir con las exigencias gorgónicas de la justicia política, es castigado con el envío a una remota comandancia amazónica. Las razones políticas del Coronel-Director —mantener la reputación del colegio— triunfan sobre todo.

La justicia, al absolver a todos, ha condenado a todos. Pero en realidad, ¿denunció Alberto al Jaguar por amor al Esclavo o porque el Jaguar le quitó el amor de Teresa? ¿Asesinó realmente el Jaguar al Esclavo, como lo confiesa finalmente a Gamboa, para vengar una denuncia anterior, o sólo quiere asumir el papel terrible que la justicia y el azar le ofrecieron? ¿Cree Gamboa realmente en la justicia, o desempeña, a su vez, un papel externo que compense su mala conciencia interna? ¿Cree realmente el Coronel en el valor de la reputación del plantel, o sólo está asegurando su empleo y eventual promoción ante el Ministerio de la Guerra?

Si la visión de la justicia es la de la compensación, en *La ciudad y los perros* se han cumplido todas las formas externas de la retribución y sólo ha quedado, silenciosa y escondida, la tragedia de la ambigüedad. Ha quedado a salvo la premisa de la justicia: la continuidad entre el pensamiento y la acción. Todos los personajes saben dónde están: en el abismo entre lo que se sabe y lo que se hace.

El rito es el puente entre ambos: la doble ilusión de permanencia y continuidad. Pero en *La Casa Verde*, el papel que juega el rito en la anterior novela de Vargas Llosa es asumido por la palabra. Y la palabra es aquí oscuro centro solar de una novela de antifonías, estereométrica, que sólo puede ser leída a los niveles múltiples y opuestos de su inmersión en el lenguaje.

La estructura de *La Casa Verde* es idéntica a todo lo que pre-existe a la obra. Esas pre-existencias estructurales son de diversos órdenes: una lengua anterior a los personajes y a la narración, que se impone a ellos y que, fatalmente, revela la naturaleza inmóvil de un sistema arcaico y anacrónico: el del feudalismo peruano. Sistema y lengua nos informan sobre una sincronía anti-histórica de la vida peruana y latinoamericana, es decir, sobre una permanencia de los estados del sistema. En el polo opuesto, el del cambio, el habla, como oposición radical a los polos estructurales, inmóviles, cobra un rango revolucionario. Lo que se dice espontánea, históricamente, en contra de lo que debe decirse jerárquica, anti-históricamente, define no sólo una honda oposición dramática de mundos y personajes, sino que establece todo un proceso dinámico: es la acción misma de la novela, que acaba por integrar una diacronía polarizante.

Sin embargo, indicaba ya que en *La Casa Verde* los polos no se consumen en sí, no se mantienen aislados: la novela obliga a superar el designio del ghetto, tanto del historicismo como del estructuralismo, toda vez que, para ser, la literatura requiere que el proceso se conecte con el sistema, lo afecte, de la misma manera que exige la conexión, la afección del habla con la lengua. Estos enchufes son, respectivamente, el evento y el discurso. A través del evento, el sistema, que significativamente es anónimo, se personaliza: yo, tú, él, nosotros, ustedes y ellos se apropian del sistema neutro y a-histórico, lo tiñen, por así decirlo, de presencia individual y colectiva. No es fortuita la constante recurrencia de Vargas Llosa, en *La Casa Verde* y en *Los cachorros*, a los pronombres alternados con el propósito de convertir el sistema en evento, al evento en proceso y, por vía de un nuevo evento de la palabra, regresar con una doble carga de cambio al sistema y, así, afectarlo.

Novela de imágenes, *La Casa Verde* polariza sus significantes: su mundo se tiende, como un tenso arco, entre la selva y la ciudad, entre Santa María de Nieva y Piura, entre el convento y el burdel. Esta polarización de la imagen revierte, como significado tácito, a la oposición entre estructura y cambio. Santa María de Nieva es un mundo petrificado, jerárquico, antihistórico, "un pueblucho con calatos, mosquitos y lluvias que lo pudren todo, comenzando por las gentes"; Piura es un mundo maleable, horizontalizado, histórico: "Las puertas de Castilla y la Mangachería están abiertas para los indios que emigran de la sierra y llegan a la ciudad hambrientos y atemorizados, para los brujos expulsados de las aldeas por los curas, para los mercaderes de baratijas que vienen a tentar fortuna en Piura". El signo de Santa María es el convento; el de Piura, el burdel. En cierto modo, *La Casa Verde* es la historia de una peregrinación del convento al burdel. En el camino (y subrayo *en el camino: La Casa Verde* no es ajena a la pasión del autor por las novelas de caballería y su dinámica de correrías, de aventuras, de peregrinaciones seculares) tienen lugar múltiples aventuras del tiempo y el espacio, similares a las aventuras del lenguaje que es la acción de la novela. Esta peregrinación es idéntica a una contaminación —de tiempos, de espacios, de lenguajes y, en sentido estricto, de enfermedades sociales y físicas— que crea un segundo arco de tensión en la obra: del claustro al abandono, del seno materno a la desolada bastardía. Bonifacia, bastarda, es recogida por las monjas de Santa María; escapa del convento para casarse con el sargento Lituma; termina en la Casa Verde, el prostíbulo de Piura, explotada por el Sargento Fushía, bastardo, ladrón y contrabandista, quien concibe la isla huambisa donde se esconde y desde donde planea sus operaciones como un seno materno: "Me parece que la isla es la única patria que he tenido". Andar por el río es una aventura, un riesgo y una premonición: "¿Siempre vas a estar de un lado a otro por el río?... ¿No has pensado que un día te puedes morir en la lancha?" Pero esta premonición, que en el fondo es un deseo de libertad, no se cumple; como Bonifacia, ahora llamada la Selvática, termina en la Casa Verde con mayúsculas, Fushía también retorna al claustro, a la casa verde con minúsculas: una choza de la selva donde, baldado, inútil, sin sexo, devorado por la lepra y la pestilencia, desdentado, chillón, Fushía, el macho latinoamericano, descubre que sólo es Fushía, el bastardo latinoamericano.

Mundo de la bastardía, de los hijos-de-puta: "A las lavanderas que vuelven del río, a las criadas del barrio de Buenos Aires que van al Mercado, las atrapan entre varios, las tumban sobre la arena, les echan las faldas por la cara, les abren las piernas, uno tras otro se las tiran y huyen. Los piuranos llaman atropellada a la víctima, y a la operación fusilito, y al vástago resultante lo llaman hijo de atropellada, fusiloquito, siete leches."¿Quién es mi padre?, pregunta sin cesar Juan Preciado en el *Pedro Páramo* de Rulfo; ¿quién es mi madre?, clama la Japonesita en otro burdel, el de José Donoso en *El lugar sin límites*. Una gran carcajada anónima les contesta, a ellos como a los bastardos que pueblan la Casa Verde: hijos de atropellada, fusiloquitos, siete leches, madre puta, padre desconocido. Y sin embargo el padre tenía un nombre: Pedro Páramo, Don Anselmo el arpista, Hernán Cortés, Francisco Pizarro. Y la madre era anónima. Pero los bastardos sólo conocen realmente a su madre, jamás a su padre: son a-pátridas. En *La Casa Verde*, como en *Cien años de soledad*, *Pedro Páramo*, *El lugar sin límites* y *Los pasos perdidos*, la novela latinoamericana se ofrece como un nuevo impulso de fundación, como un regreso al acto de la génesis para redimir las culpas de la violación original, de la bastardía fundadora: la conquista de la América española fue un gigantesco atropello, un fusilico descomunal que pobló al continente de fusiloquitos, de siete leches, de hijos de la chingada.

Para fundar de nuevo, Vargas Llosa corrompe, implacablemente; contamina, saludablemente, todos los niveles de esta existencia latinoamericana degradada, significativamente, entre la misa y la parranda. A las jerarquías, opone una delirante confusión verbal en la que el pasado es narrado en presente y el presente en pasado; en la que la coincidencia interna de la situación en la escritura, aunque no en el espacio y en el tiempo, asimila, hermana, revela una condición común patibularia y bastarda, des-jerarquiza a los hombres polares: el bandido Fushía y el probo gobernador don Julio; en la que las formas verbales asumen indiscriminadamente todo el caudal simultáneo del habla y el gesto, a fin de operar esa ruptura de las oposiciones entre cambio y estructura: "Tú pasaron cerca y en caballos chúcaros, qué tales locos, van hasta el río, ahora regresan, no tengas miedo chiquito, y ahí su rostro girando, interrogando, su ansiedad, el temblor de su boca, sus uñas como clavos y sus manos por qué, cómo y su respiración junto a la tuya. Ahora cálmala, tú yo te explico, Toñita, ya se fueron, iban tan rápido, no les vi las caras y ella tenaz, sedienta, averiguando en la negrura, quién, por qué, cómo".

Esta totalidad de gesto y lenguaje que nos ofrece Vargas Llosa, sin embargo, no tiene sólo el propósito de desjerarquizar las formas verbales latinoamericanas nivelándolas en una acción común. Ésta, finalmente, nos remite a la más honda y cierta aspiración de personalidad; es el signo de la individualidad intransferible (el "I-Am", diría Faulkner) que pugna por darse a conocer, por establecer sus derechos al sueño, la ternura, la presencia íntegra, en su mundo que nivela a los hombres con el estigma de la bastardía, el fatalismo de la miseria y la impersonalidad de la naturaleza. Como dice el Mono, "a uno siempre le gusta descubrir qué secretos, qué costumbres se traen de sus tierras". Descubrir qué secretos: ésta es, sin duda, una de las claves de *La Casa Verde* y de uno de sus más riesgosos y atractivos aspectos: la aceptación del melodrama como uno de los ejes de la convivencia latinoamericana. Para decirlo provocativamente: se podría filmar, con *La Casa Verde*, una mala película mexicana con Rosa Carmina en el papel de la Selvática, Julio Aldama como Fushía, Fernando Soler como el arpista y Arturo de Córdova como el Padre García. Vargas Llosa no ha esquivado el problema del "contenido" melodramático de unas vidas que, de otra manera, no sabrían afirmar su ser. El desamparo, el sentimiento de inexistencia que, en el lenguaje, encuentra sus *outlets* populares en formas tan variadas como el diminutivo, el circunloquio, el *caliche* o *totacho* secreto de las barriadas, la agresión escatológica y porno, en la acción se expresa en la bravuconada, el machismo, la sensiblería, el melodrama. Rubén Darío lo sabía: sólo un latinoamericano pudo acumular la gigantesca y sublime cursilería verbal del *Responso a la muerte de Paul Verlaine* y, al mismo tiempo, alcanzar la perfección quevedesca de *Lo fatal. El derecho de nacer* de Félix B. Caignet sigue siendo el más fiel espejo de cierta realidad sensible, inmediata, de la América Latina. Cuando se carece de conciencia trágica, de razón histórica o de afirmación personal, el melodrama las suple: es un sustituto, una imitación, una ilusión de ser. Vargas Llosa no pasa por alto esta evidencia, pero sólo para enfrentarla a cuanto la niega: precisamente, a la tragedia, a la razón, a la historia, a la personalidad. Hay el momento magnífico en que Fushía, ante Aquilino, tiene conciencia de su tragedia: de que ya "ni siquiera soy hombre". Hay los extraordinarios encuentros de Anselmo y Toñita, descubrimiento mutuo de la personalidad. Y hay el movimiento permanente del lenguaje tratando de crear un contexto racional e histórico que, nuevamente, es vencido o superado por la conciencia trágica.

Pues estas vidas debatidas y debatibles, tendidas en arco entre el convento de Santa María de Nieva y el prostíbulo de la Mangachería, finalmente descubren que ni la selva era la quietud ni la ciudad el movimiento. Una *inmovilidad* sofocante permea la totalidad del mundo peruano, y Vargas Llosa reitera esta imagen en ambas zonas de la polaridad escogida. En la selva, "nubes espesas y oscuras, *inmóviles* sobre las lupunas, vaciaron agua negra dos días seguidos y toda la isla se convirtió en un charco fangoso, la concha en una niebla turbia y muchos pájaros caían muertos a la puerta de la cabaña". En la Casa Verde de Piura, "un humo *inmóvil*, transparente, flotaba entre el techo y los bailarines, y olía a cerveza, humores y tabaco negro". Aquilino *siempre* va a estar de un lado a otro por los ríos; la Chunga *siempre* va a estar sentada, rigiendo el burdel de su padre. Y, como dice el Joven en la asimilación final, personal, de los aparentes opuestos. "Trato igual a todas las mujeres. Habitantes o monjas, para mí no hay diferencia."

Incendiar la Casa Verde es la revolución. Pero el Prostíbulo-Fénix renacerá de sus cenizas y seguirá devorando a sus pupilas, las pupilas del convento de la Madre Angélica seguirán alimentando al prostíbulo de la Chunga; serán las pupilas de la Casa Verde. Porque dice esto, la novela de Vargas Llosa no es nunca un ejercicio panfletario, sino una creación literaria que, a la pregunta de Reátegui, "¿No quiere usted que esta tierra sea habitable?", contesta con la totalidad conflictiva de lo que somos, una totalidad cuestionada por un lenguaje que ya contiene todas las posibilidades de lo que podemos ser.

A este "podemos ser" responde, cuestionándolo, Vargas Llosa en una serie de grandes novelas que culminan, las más recientes, con *La Fiesta del Chivo* (2000) y *El sueño del celta* (2010). Destaco *Conversación en la Catedral* (1969) y *La guerra del fin del mundo* (1981), para concentrarme en *La Fiesta del Chivo*, toda vez que rememora el propósito de aquella vieja conversación en un pub londinense y culmina la preocupación literaria con el tirano genérico en García Márquez y en Carpentier. En *El otoño del patriarca* (1975), los modelos son Franco y Salazar primordialmente, aunque no quedan fuera resabios de dictadores latinoamericanos del pasado, del presente y del futuro. En *El recurso del método* (1974) el modelo es el hombre fuerte venezolano Antonio Guzmán Blanco, un contradictorio personaje que confiscó los bienes de la Iglesia, creó el sistema de educación primaria y apoyó la educación superior... pero también gobernó con mano dura, no frenó la corrupción y padeció de una vanidad tan ancha como el río Orinoco. Carpentier enfoca un rasgo semicómico de Guzmán Blanco: sus periódicas retiradas del poder para gozar de la vida en Francia y decorar, nostálgicamente, su piso parisino como una selva tropical, con papagayos y todo. Aunque el poder le importaba más que París: apenas estallaba una rebelión en Venezuela, Guzmán Blanco regresaba —lenta pero seguramente, en barco— a retomar el poder y acentuar la tiranía.

Roa Bastos, en contraste, escoge a un tirano individual —el doctor Francia— y Vargas Llosa a otro más contemporáneo, Rafael Leonidas Trujillo, el sátrapa dominicano. Sólo que Roa Bastos puede hallar elementos de redención en la figura de Francia y Vargas Llosa no los admite en la de Trujillo. Si Francia es explicable a la luz de la inestabilidad post-independiente del siglo XIX, Trujillo no es explicable, ni admisible, en pleno siglo XX: Es una sangrienta anacronía.

Iniciado por Valle Inclán en *Tirano Banderas* (1926), el tema del abuso del poder, el autoritarismo despótico y la distancia entre la ley y la práctica se continúa con los Ardavines de Gallegos, el don Mónico de Azuela, el Pedro Páramo de Rulfo, el Caudillo de Guzmán y, ya citados, los dictadores de Roa Bastos, García Márquez y Carpentier. La diferencia en Vargas Llosa es que no apela a un seudónimo literario o a una figura simbólica, sino que nos refiere a un dictador concreto, personalizado, con nombre, apellido y fechas certificables de nacimiento y muerte: Rafael Leonidas Trujillo Molina, Benefactor de la Patria Nueva, Restaurador de la Independencia Financiera y Primer Periodista de la Nación, aunque los dominicanos, para no meterse en aprietos, lo llamaron "Mr. Jones" o "Mr. Jackson".

Esta salubre denominación —las cosas por su nombre— no significa que Vargas Llosa se limite a un ejercicio periodístico acerca de los treinta años de la dictadura trujillista. Los datos están ahí, biográficos, exactos, lúgubres, pero el marco novelesco los reduce (o eleva) a testimonios de una realidad atroz, en tanto que la misma realidad es cercada (y revelada) por la imaginación narrativa, que se propone, a su vez como parte de una realidad más ancha, que incluye a la realidad de la invención literaria.

De esta manera, conocemos al detalle el horror de la opresión trujillista. A los enemigos "los echamos a los tiburones, vivos como usted mandó". Las prisiones son hoyos de tortura en los que la sevicia del tirano es ampliada por la sevicia y los rencores de cada torturador. Los enemigos del régimen son fusilados por doce bandidos que a su vez serán fusilados para que no queden testigos. Racimos de hombres desnudos son vejados, torturados, asesinados... Trujillo cuenta con una corte de aduladores, asesinos y subordinados. Johnny Abbes, a quien se le puede atribuir todo lo malo: "Para que un gobierno dure treinta años, hace falta un Johnny Abbes que meta las manos en la mierda". Ladrón de cadáveres ayer, asesino de sospechosos hoy, maricón, casado con una "horrible y aguerrida mexicana", Lupita, "que andaba con pistola en la cartera".

"Soy el perro de usted", le dice a Trujillo.

Henry Chirinos, llamado "el constitucionalista beodo", "la inmundicia viviente", come atragantado, dueño de una "insolente fealdad", autor de poemas, acrósticos y oraciones fúnebres. Es el-hombre-que-nunca-suda: no necesita ventilador. Sus labios son del color de la ceniza; sus palabras exhalan vaho.

Y está, al cabo, Agustín Cabral, "experto en imperdonables": trampas, triquiñuelas, intrincadas traiciones. Le atribuye a Trujillo que "los dominicanos descubrimos las maravillas de la puntualidad". Es el padre de Urania. Y está, más allá del bien y del mal, Joaquín Balaguer, que sabe lo conveniente y no se entera de lo inconveniente. Sabe callar. Es más jesuita que los jesuitas: actúa como si creyera…

Trujillo veja a sus colaboradores. Se especializa en humillar a quienes, cultos, universitarios, le sirven. Atiza la lucha de facciones trujillistas, neutralizando a sus colaboradores. ¿Ha leído a Maquiavelo? Como Hernán Cortés en la conquista de México, ni falta que le hace. Su instinto lo conduce a ejercer un principado vengativo, sangriento, que sin embargo, como lo dijo *El Príncipe*, sangra a su vez por varios costados. Como todos los tiranos patrimonialistas, Trujillo es el benefactor no sólo de la Patria, sino de su familia. Su madre, "la excelsa matrona", "madre del perínclito varón que nos gobierna" y la Prestante Dama, mujer de Trujillo, una vieja "gorda y pendeja", mujercita de "medio pelo y dudoso vivir, apodada La Españolita".

¡Ah! Y faltan los hijos del dictador, Radhamés y Ramfis, así nombrados, en honor de la *Aída* de Verdi. Radhamés es "brutito" y Ramfis el niño mimado, nombrado coronel a los siete años, elevado a general a los diez, enviado a la Academia militar de Fort Leavenworth, donde no recibe el trato que se merece ("general Trujillo") y regresa a la patria a ser festejado como héroe: nombrado Jefe del Estado Mayor Conjunto de las Fuerzas Armadas. Crece rodeado de "dos o tres amigos que lo festejan, adulan, sirven y medran a su costa". Hace regalos a las actrices que seduce —Kim Novak, Zsa Zsa Gabor— equivalentes a la ayuda militar de Estados Unidos a la República Dominicana. Y el propio benefactor, Padre de la Patria Nueva, ¿qué hace?, ¿qué no hace? Nunca suda. Disimula. Controla sus corajes. Se blanquea la tez mulata. Tiene centenares de uniformes, casas grandes y casas chicas multiplicadas. Le gusta "hacer chillar a las hembritas". Confía en que su régimen será eterno, ¿o no lo ha bendecido el propio Cardenal Primado de Nueva York, Francis Spellman? ¿No cuenta con el apoyo norteamericano? Luego de servir como mandadero, entra a la Guardia Nacional durante la ocupación norteamericana y es elevado a Coronel, protegido por el Mayor Watson: "¡Trujillo piensa como un *marine*!". Golpe de Estado mediante, llega al poder desde 1930 y ya no lo suelta. Asesina impunemente a siete mil trabajadores haitianos en 1937 y a decenas de miles de ciudadanos dominicanos hasta el fin de la Dictadura. Sin él, la República Dominicana sería "país horda, tribu, caricatura". ¡Qué pena, para un gobernante tan superior, tener una familia, "el error de mi vida", la calamidad incomparable, "sin otro horizonte que el trago, las penas y tirar"! Es a pesar, no gracias a ellos —la horda, la tribu—, que el régimen se sabe eterno. "¿Quién iba a pensar que un día la Tierra podría dejar de girar alrededor del Sol?".

Esta "fe" le permite al dictador sobrellevar sus propias miserias personales. La próstata infectada. La incontinencia. Mearse en los pantalones. No controlar el esfínter. No poder "hacer chillar a una hembrita".

Y no poder evitar, tampoco, la muerte.

La muerte del tirano: la anticipan los valientes, impacientes, mal preparados opositores que preparan la celada final para asesinar a Trujillo. Y lo consiguen de manera desorganizada, bravos, dispuestos, ellos mismos, a morir en el intento. Del país de "picoteros, vampiros y pendejos" despreciado por el dictador, surgen los locos justicieros que lo matan y lo mandan a un lecho de hielo, como si el frío pudiera resucitarlo. Ha perseguido a los curas, ha perdido el respaldo de Washington, ha dejado un vacío que llena el hombrecito Balaguer y la transitoria posición de Ramfis como jefe del ejército. Todo es apresurado, todo es pasajero. Lo entendió desde siempre la Prestante Dama "la terrible, la vengadora" y la astuta dama, que fue acumulando millones de dólares en los bancos suizos, últimos beneficiarios de la rapiña trujillista. La Dama nunca reveló los millones de las cuentas suizas. Murió en la pobreza, en Panamá, y llevaron a enterrarla en un taxi.

La novela de Vargas Llosa no es periodismo: no revela nada que no se haya publicado sobre la tiranía trujillista. Tampoco es historia: demasiados dominicanos sufrieron o se aprovecharon de las tres décadas de Trujillo como para esfumarlas en el pasado.

Es novela, novedad, y también nivela, nube y niebla unamunianas gracias a una presencia que comunica los hechos, la distancia, los humaniza, los vuelve novedosos y novelables. La presencia es la de Urania, hija del senador Agustín Cabral, el "cerebrito" del régimen y ahora un vegetal humano, despojado de voluntad, a quien su hija abandonó, protegida por las monjas, para salvarse del destino de Rosalía Perdomo, de tantas otras muchachas violadas por Trujillo, por los Trujillos, por las bandas de los Ardavines, los Pedro Páramo, los hijos de patriarcas y los descendientes del tirano Banderas: las legiones del poder sin ley de la América Latina.

Urania Cabral se salva. Se va a Nueva York a llevar una vida propia, como profesionista independiente, lejos de la fatalidad de la fuerza bruta. Regresa a reconocer a su padre inválido. Regresa a contar esta novela a su tía Adelina, a sus primas Lucinda y Manolita, es decir, a todos nosotros, los lectores de una novela de Mario Vargas Llosa que no sólo cuenta lo que ya sabíamos sino lo que no sabíamos: el efecto de esta historia en el alma de una mujer, Urania, que escapa de la historia para contar la historia, desde el marco de una personalidad hecha para la historia pero sacada de la historia para contarla —Urania Cabral— dándole un marco personal, protagonista, que renueva y hace inteligible la historia.

14. José Donoso, del boom al búmerang

1. Mario Vargas Llosa llamó a José Donoso el más literario de los autores del boom latinoamericano de la novela. ¿Qué significó, con la perspectiva de los años, aquella tan traída y llevada generación cuyas obras iniciales fueron publicadas entre mediados de los cincuenta y mediados de los setenta?

En primer lugar, las novelas del boom dejaron atrás las necias alternativas establecidas por dos alas de una preceptiva igualmente dogmática. Nacionalismo o cosmopolitismo. Realismo o fantasía. Compromiso o formalismo. Y encasillamiento en estrechos géneros: novela urbana o rural, novela indigenista, novela proletaria, novela histórica, etc.

La novela del boom recuperó la amplitud de la tradición literaria. Hizo suyos a los padres de la nueva novela, Borges y Carpentier, Onetti y Rulfo. Reclamó para sí la gran línea poética ininterrumpida de Hispanoamérica, de la lírica náhuatl a los poetas del barroco colonial a los grandes contemporáneos, Neruda y Vallejo, Huidobro y Lezama Lima... Le dio a la novela rango no sólo de reflejo de la realidad, sino de creadora de más realidad... Amplió espectacularmente los recursos técnicos de la narrativa latinoamericana; radicó sus efectos sociales en los dominios del lenguaje y la imaginación y alentó una extraordinaria individualización de la escritura, más allá de la estrechez de los géneros. Por si fuera poco, el boom amplió espectacularmente el mercado de la lectura en América Latina e internacionalizó la literatura escrita desde México y el Caribe hasta Chile y Argentina.

La generación del llamado "boom" trascendió muchas limitaciones.

Pero no sólo amplió el género e internacionalizó a la novela latinoamericana. Digo que asumió nuestra tradición.

(¿No dijo Alfonso Reyes, cuando le preguntaron acerca de las influencias en Juan Rulfo y Juan José Arreola: dos mil años de literatura?). La novela no refleja realidad: crea realidad. El efecto social de la novela se da primero en términos de lenguaje e imaginación. Todo se vale: los géneros se someten a la personalización del autor.

Nadie superó aquellas oposiciones o afirmó estas posiciones de manera más natural que José Donoso. Nadie hizo más patentes las rígidas jerarquías sociales en Latinoamérica —la crueldad del sistema clasista en Chile, antecedente de la temática tratada con tanto brillo por Isabel Allende en *La casa de los espíritus*.

En Donoso, nada es lo que parece ser. Todo está a punto de ser *otra cosa*. El disfraz, la homonimia, incluso el trasplante de órganos; el maquillaje, como ha notado Juan Villoro: todo ello le sirve a Donoso para escenificar una revuelta escrita bajo los signos gemelos de la destrucción y de la recreación, inestables ambos, pasajeros como en la gran poesía barroca de nuestra lengua: "Soy un fue y un será y un es cansado".

He citado a Claudio Magris cuando indica que hay que aprender a leer de nuevo a la América Latina; hacer la tarea escolar de penetrar en serio en la prosa melancólica, difícil, dura del continente suramericano.

Añade Magris de las literaturas del mundo que la europea es amenazada de incapacidad, la norteamericana de negatividad y la latinoamericana de totalidad. Y aunque Magris celebre la dilatación latinoamericana del espacio imaginativo, advierte también una mala conciencia europea para celebrar la celebración latinoamericana. Por eso, el crítico triestino nos pide (a los europeos, a los latinoamericanos) que hagamos un esfuerzo por leer a la América Latina en contra de la tentación de la aventura exótica. Europa, dice Magris, debe aprender a leer de nuevo a Latinoamérica; hacer la tarea escolar de penetrar en serio una prosa melancólica, difícil, dura.

No se puede iniciar este aprendizaje mejor que con José Donoso. Algo hay en él, a veces, de aquello que T.S. Eliot dijo de James Joyce. "Usted ha aumentado enormemente las dificultades de ser novelista". Pero la dificultad de José Donoso es también una invitación, la de dejarnos caer en el mundo olvidado, el mundo del origen, el mundo mágico, con los ojos abiertos.

Porque la caída de Donoso en el origen no significa el regreso a un mundo primigenio ideal, a una Edad de Oro sojuzgada por una Edad de Fierro. La edad primera de Donoso no es un paraíso perdido. El horror presente en sus novelas es gemelo del horror original. Sus fetos y sus perros, sus gigantes cabezones, sus imbunches y bebés duplicados, son el espejo de la creación divina. Los monstruos ya estaban allí el día del Edén.

Sólo nos separan de ellos un montón de trapos sucios. Al contrario de Cortázar, donde las casas son tomadas, en Donoso las casas ya fueron tomadas desde siempre: transitamos por pasillos sin destino, patios sin uso, moradas ciegas.

No es casual que Humberto Peñaloza, el Mudito de la obra maestra de Donoso, *El obsceno pájaro de la noche*, haya simultáneamente perdido el habla (o fingido que la ha perdido) (o convertido el silencio en la elocuencia misma del origen del ser parlante). Todo ocurre en las novelas de Donoso como si todos requiriésemos un discurso nuevo, pero también antiquísimo, para caminar entre un mundo que es el "bosque de símbolos" del que hablaba Baudelaire y que, en Donoso, rodean nuestra "casa de campo" y también nuestro conventillo urbano.

Como lector de las letras inglesas, Donoso nos invita a cumplir los requerimientos imaginarios de Coleridge. El escritor debe, ante todo, mediar entre la sensación y la percepción, sólo para disipar, enseguida, cualquier relación razonable entre las cosas a fin de recrearlo todo con una nueva imaginación despojada de racionalismo que, reduciéndolo todo a un solo sentido, sacrifica el significado mismo del acto poético, consistente en multiplicar el sentido de las cosas. Como pide Wittgenstein, en *El obsceno pájaro de la noche* no hay más que decir, salvo lo indecible: la poesía y el mito.

Por todos esos motivos, Donoso se dio el lujo de cambiar una y otra vez de géneros y estilos de la narración. El autor nos está diciendo que al lector hay que pedirle, claro, que lea la

novela como fue escrita. Pero también hay que aprender a leer-
la como será leída. Hay que aprender a escribirla, en fin, como
será escrita por el lector. Éste es el giro que coloca a Donoso
dentro de la tradición de Cervantes; la tradición de La Mancha.

Con razón decía Luis Buñuel que Donoso era el maestro de una irracionalidad natural e inexplicable, muy cercana al
surrealismo.

Los méritos literarios de Donoso, su constante mediación entre sensación y percepción —diapasón de novelista— le
permiten lo mismo tomar un delicado y melancólico cuarteto
para cuerdas que poner en escena una ópera sombría y dolorosa. Escuchemos a Donoso: es Brahms a ritmo de cueca; es Wagner injertado con Frankenstein.

José Donoso roza y pertenece a todos los niveles que él
mismo le otorgó al *boom*: el pre-boom, el cogollo, el proto-
boom, el mini-boom y el sub-boom. Y añado, ahora, el *búmerang*. Porque Donoso ejerció su maestría en un doble sentido.
Maestría a partir de la propia obra y capacidad magisterial, de
enseñanza y de entusiasmo compartido. Por eso lo coloco como
prólogo a los nuevos escritores latinoamericanos.

La amplitud de la obra de Donoso, su maestría en un
doble sentido (calidad de la propia obra y capacidad magisterial
de entusiasmo compartido, de enseñanza) ha dado lugar a una
gran generación de novelistas chilenos, en ese país que se suponía provincia exclusiva de los más grandes poetas modernos de
América. Hoy, el árbol de la novela chilena ostenta magníficos
frutos, Diamela Eltit y Marcela Serrano, Arturo Fontaine, Carlos Franz, Alberto Fuguet y Sergio Missana, muchos de ellos
formados en los talleres literarios de Pepe Donoso, todos ellos
miembros de la generación de novelistas libre, variada y perso-
nalizada.

(Una nota personal. Donoso y yo fuimos amigos desde
jóvenes como alumnos de The Orangean Santiago, vecinos en
la Cerrada de Galeana en la Ciudad de México, mientras él
escribía *El lugar sin límites* y yo *Cambio de piel*. Padecía de males que muchos juzgábamos imaginarios y que compartía con
su mujer María Pilar, hasta que un día la hipocondría resultó

demasiado real, hasta el grado que en la lápida fúnebre de Donoso se ha sugerido, como *memento mori* el lema *¿No que no, cabrones?* Pero la muerte casi simultánea, como simultáneos fueron sus males, de Pepe y María Pilar nos lleva de nuevo al terreno literario donde Sacha Guitry define al amor como el perfecto egoísmo entre dos y Quevedo invoca un amor constante más allá de la muerte: "serán ceniza, mas tendrán sentido; polvo serán, mas polvo enamorado".)

2. El boom

¿Qué dejó esta generación novelística tan traída y llevada? En resumen, creo que fueron cinco sus principales aportaciones. En primer lugar, un puñado de buenas novelas. Enseguida, el boom internacionalizó a la novela latinoamericana. Quebró las estrecheces de los géneros que entonces se imponían a la ficción (rural, urbana, indigenista, etc.). Por ello, personalizó extraordinariamente el quehacer narrativo. Y por último, creó un mercado interno e internacional para nuestra literatura.

Hoy, gracias al boom, hay una nueva novela latinoamericana que podríamos llamar, no sin ironía, el "búmerang". Se ha beneficiado de las libertades formales y de la individuación del boom. No hay que hablar de géneros o colgar sambenitos para describir una novela de Luisa Valenzuela en Argentina o Ángeles Mastretta en México. En cambio, y dramáticamente, los novelistas de hoy carecen de la distribución, la información y la proyección anteriores. Yo tengo que echarme un viaje de veinte horas en avión para llegar a Buenos Aires y descubrir la riqueza, nada sorprendente por ser acostumbrada, de la narrativa argentina. Pero si no voy a Buenos Aires, no descubro a César Aira, Matilde Sánchez o Martín Caparrós. Y si no viajo a Chile, no descubro a la nueva narrativa más interesante del continente: Arturo Fontaine, Carlos Franz. Pero ellos, a la vez, tendrían que hacer el largo viaje a México para enterarse de las excelencias de Juan Villoro o Gonzalo Celorio. Del boom al búmerang: salvo casos excepcionales, como los de Laura Esquivel, Isabel Allende o Luis Sepúlveda, la novela latinoamericana hoy se queda en su gueto nacional.

¿Qué ha ocurrido? Argentina logró crear, desde los años treinta, una poderosa distribución del libro. Gracias a los distribuidores rioplatenses, una enorme variedad de títulos llegaron, durante tres décadas, a un inmenso número de librerías y lectores de toda la América española. Los soportes de este éxito fueron un premio a la exportación, hasta de treinta por ciento, por cada libro exportado, dado por el gobierno argentino y una infraestructura comercial que permitía a un editor, por pequeño que fuese, dedicarse a editar libros sin necesidad de invertir en un aparato distributivo. Así, la distribución masiva permitía a los libreros latinoamericanos, por pequeños que fuesen, adquirir también muchos títulos a bajo precio y en pequeñas cantidades. El beneficiario era el lector latinoamericano, de Chihuahua a la Patagonia. Los beneficiarios éramos, también, los escritores: nos conocíamos entre nosotros, estábamos al día de las novedades.

Las dictaduras militares del cono sur y la crisis económica pusieron fin a esta situación. Pinochet, Videla y sus émulos persiguieron a la clase intelectual, acusándola de fomentar e idealizar la violencia. Entre los perseguidos y desaparecidos figuraban no sólo escritores sino lectores. La ideología fascista modificó y estrechó los planes de estudio. Muchos intelectuales se exiliaron. El mercado interno se contrajo, las librerías cerraron, el aparato distributivo se vino abajo.

El otro gran polo editorial de Hispanoamérica, México, no pudo suplir las deficiencias argentinas. Carente de aparato distribuidor, el libro mexicano debía ser adquirido por el librero latinoamericano de manera itinerante, yendo de editorial en editorial, y no a un distribuidor global. El vacío llenado por la empresa española tiene hoy sus propias limitaciones: el temor a vender masivamente en América y amanecer con una montaña de incobrables. Por último, el descenso brutal del poder adquisitivo de las clases medias y la pauperización de la pauperización misma, ofrecen un panorama desolador que convierte al libro en artículo de lujo.

3. El post-boom

Por ello, ser novelista en Latinoamérica hoy es más difícil pero también más importante. Los problemas prácticos —el mercado, la distribución— han sido superados por la excelencia y el número. En el Salón del Libro parisino del año 2008, dedicado a México, estaban presentes cuarenta y tantos novelistas más algunos que no llegaron. Más de cincuenta autores para un país que en 1930 contaba con apenas media docena de novelistas, publicados o publicables.

El camino, problemático e insuficiente, es sin embargo notable y me atrevo a atribuirlo, en gran parte, a eso que Vargas Llosa le atribuyó a Donoso: ser literario, creer en la novela como una ficción que es realidad, creer en la literatura como creadora de realidad. Si no, ¿cómo acreditar la realidad del *Quijote* en nuestra realidad? Antes de Cervantes, no existía el *Quijote*. Después de Cervantes, no concebimos la realidad sin el *Quijote*. Esto es lo que entendió, soberanamente, José Donoso, y de ello, también, nace el gran arco que va del boom al búmerang y de allí a la nueva literatura, inconclusa pero incruenta, que paso a estudiar.

Faltaba decir lo no dicho. Los novelistas del siglo XX —Borges, Carpentier, Lezama Lima, Onetti— y los del boom llenaron ese vacío histórico y el barroco, entendido con amplitud, fue el estilo capaz de abarcar y unificar épocas, pues es arte del mestizaje, europeo, indígena y africano. Acaso la síntesis deseada se logró. Acaso lo no-dicho fue no sólo dicho, sino dichoso.

Acaso la escritura del siglo XX, que aquí reseño, liberó de la carga de lo no-dicho a la dichosa libertad temática que paso a describir. Sin duda, los nuevos escritores —del guatemalteco Rodrigo Rey Rosa al mexicano Mario Béllatin— heredan una tradición y la enriquecen con nueva creación. Tal es la sinergia —la acción concertada del pasado para dar paso al porvenir, y la del futuro para asimilar el pasado concertadamente también.

Lo no-dicho ayer se asocia de esta manera a lo que faltaba por decir hoy. Trato de recoger en esta segunda parte la variedad de nuestra escritura actual. Y si privilegio a autores mexicanos, no es por chovinismo náhuahispano, sino por cercanía del conocimiento. En todo caso, la variedad estilística y temática, de Sergio Ramírez a Luis Rafael Sánchez, y de Silvia Iparraguirre a Juan Gabriel Vázquez, es lo que le otorga su verdadero signo a la literatura contemporánea, que incluye a Margo Glantz y a Juan Villoro como partes de un todo, más que como excepciones nacionales.

15. El búmerang

1. Augusto Roa Bastos y el poder de la imaginación

En el otoño de 1967, coincidí en Londres con Mario Vargas Llosa. Ambos habíamos leído, recientemente y con admiración, la colección de retratos de la guerra de secesión norteamericana *Patriotic Gore*, por Edmund Wilson. Sentados en un *pub* de Hampstead, se nos ocurrió que no estaría mal un libro comparable sobre la América Latina: una galería imaginaria de retratos. En ese instante, varios espectros entraron al *pub* londinense reclamando el derecho a encarnar. Eran los dictadores latinoamericanos.

Individuos como el mexicano Antonio López de Santa Anna, el gallero cojitranco que jugó y perdió la mitad del territorio del país en la guerra incitada por el presidente James K. Polk y su lema expansionista del Destino Manifiesto. Santa Anna fue once veces presidente de México. Perdió una pierna en la llamada "Guerra de los Pasteles" con Francia. La enterró con pompa en la Catedral. El populacho la desenterró y arrastró por las calles al caer el tirano. Pero cada vez que volvió al poder, Santa Anna la volvió a enterrar con ceremonia, sólo para verla desenterrada y arrastrada cada vez que... Juan Vicente Gómez, durante treinta años presidente de Venezuela, que anunció su propia muerte a fin de castigar a quienes se atreviesen a celebrarla. Maximiliano Hernández Martínez, el tirano que protegió a San Salvador de la escarlatina envolviendo en papel rojo el alumbrado público. El boliviano Enrique Peñaranda, de quien su madre, famosamente, dijo: "De haber sabido que mi hijo iba a llegar a presidente, le hubiera enseñado a leer y escribir". Todos ellos constituyen un desafío para el novelista latinoamericano: ¿Cómo competir con la historia? ¿Cómo inventar personajes más poderosos, más locos o más imaginativos que los que han aparecido en nuestra historia?

Vargas Llosa y yo invitamos a una docena de autores latinoamericanos a responder a esta pregunta. Cada uno debería escribir una novela breve —no más de cincuenta páginas por dictador— sobre su tirano nacional favorito. El volumen colectivo habría de llamarse "Los padres de las patrias". Nuestro editor francés, Claude Gallimard, se convirtió en el padrino del proyecto. Por desgracia, a la postre resultó imposible coordinar los múltiples tiempos y las variadas voluntades de los escritores que, si mi memoria es tan buena como la de *El Supremo* de Augusto Roa Bastos, incluían, además de Vargas Llosa y yo mismo, al propio Roa, el argentino Julio Cortázar, el venezolano Miguel Otero Silva, el colombiano Gabriel García Márquez, el cubano Alejo Carpentier, el dominicano Juan Bosch, a los chilenos José Donoso y Jorge Edwards (Donoso prometió ocuparse de un dictador boliviano; su mujer, María Pilar, nació en ese *penthouse* de las Américas.) Al fracasar el proyecto, tres de los escritores mencionados decidieron seguir adelante y concluir sus propias novelas: Carpentier (*El recurso del método*), García Márquez (*El otoño del patriarca*) y Roa Bastos (*Yo el Supremo*).

Carpentier inventó un personaje compuesto por el dictador venezolano Guzmán Blanco y el presidente guatemalteco Manuel Estrada Cabrera, recreando la figura del déspota ilustrado que prefería pasar la mayor parte de su tiempo oyendo ópera en París, pero que regresaría a su terruño como un rayo a aplastar levantamientos militares sin por ello perderse un compás de *Rigoletto*. El Primer Mandatario de Carpentier termina su vida en un apartamento de la Rive Droite que ha retacado de orquídeas, hamacas, palmeras y monos. El Patriarca de García Márquez suma características del venezolano Gómez, el boliviano Peñaranda, el dominicano Rafael L. Trujillo y, especialmente, de los dictadores ibéricos contemporáneos Francisco Franco y Antonio Oliveira Salazar. Ambos tardaron tanto en morirse que sus muertes parecieron más largas que sus vidas: ¿eran, después de todo, inmortales? Augusto Roa Bastos tiene las manos llenas con una sola vida, la del déspota paraguayo José Gaspar Rodríguez de Francia, quien gobernó a su país como "Dictador Perpetuo" entre 1816 y 1840, el año de su muerte a la edad de setenta y cuatro años.

El resultado es un libro brillante y de riquísimas texturas, un retrato impresionante no sólo de El Supremo sino de toda una sociedad colonial en el proceso de aprender a nadar, aunque sea en el río Paraná, pues Paraguay carece de costa. Aprender a nadar, río arriba o mar adentro: la experiencia paraguaya, la transición de la dependencia colonial a la "independencia" nacional ha sido en nuestro propio tiempo la de muchísimos países de Asia y África. La América Latina inició el proceso de descolonización desde finales del siglo XVIII. Fue una revuelta inicial, no sólo de lo que más tarde se llamaría "el Tercer Mundo", sino de los hijos mestizos del Occidente contra el Occidente mismo, aunque con las ideas del Occidente. América Latina, ha escrito Alain Rouquié, es "el Extremo Occidente".

El gobierno del Doctor Francia, de esta manera, coincidió con la épica de la independencia primero, y enseguida con el drama (y los melodramas) de organizar una república postcolonial. La situación paraguaya era difícil. Aislado en el corazón de la América del Sur, donde había sido la reserva colonial de los jesuitas, rodeado por ambiciosos y gigantescos vecinos —Argentina y Brasil— que Paraguay habría de combatir hasta quedarse sin un solo hombre en edad de portar armas, asediado por una pugna territorial sin fin con Bolivia por la posesión del Chaco, al inicio de su vida nacional Paraguay se vio enfrentado con un dilema: ¿Se había independizado de España sólo para convertirse en provincia argentina o satrapía brasileña?

La posibilidad de una comunidad de naciones hispánicas se frustró cuando nadie le hizo caso al conde de Aranda, ministro de Carlos III, que al proponer la unidad en la independencia del mundo hispánico, pretendía no sólo adelantarse al impulso independentista en Hispanoamérica, sino oponer una alianza viable al poder creciente de la América de habla inglesa. La ocupación de España por Napoleón en 1808 desencadenó las guerras de independencia de la América española.

Con ellas, se desataron también las ambiciones de múltiples caudillos provincianos. En muchos casos, el imperio español de las Américas degeneró en meras "republiquetas". En ellas, una serie de caciques locales afirmaron su dominio contra el gobierno de la república nacional. Las "republiquetas" se extendieron del corral del Padre Ildefonso de las Muñecas a orillas del Titicaca al violento feudo de Juan Facundo Quiroga en La Rioja, descrito por Domingo Sarmiento en su libro clásico, *Facundo: Civilización y barbarie.*

¿Civilización o barbarie? ¿Legalidad o violencia? ¿Gobierno nacional o local? La América española, incapaz de restaurar la comunidad ibérica sobre bases democráticas, escogió el nacionalismo como el mal menor entre una anfictionía perdida y una balcanización latente. Semejante decisión, después de todo, contaba con la bendición filosófica de las doctrinas de la Ilustración o, como el joven Francia le informa a un furibundo cura en la novela de Roa Bastos, "nosotros, en cambio, pensamos construir *todo nuevo* mediante albañiles como Rousseau, Montesquieu, Diderot, Voltaire, y otros tan buenos como ellos".

En Paraguay, Francia decidió convertir la necesidad en virtud, transformando su poder parroquial en poder nacional. Convirtió el hecho del aislamiento paraguayo en pretexto para salvar a su país de la absorción por Argentina o Brasil. Nombrado por sí mismo "El Supremo", Francia prohibió el comercio, los viajes e incluso el servicio postal entre Paraguay y el mundo exterior. Como algún personaje perdido de Evelyn Waugh, el extranjero que se aventuraba a entrar a Paraguay permanecía allí para siempre: El Supremo colocó un enorme aviso de NO HAY SALIDA a las puertas de su feudo. También arropó su chovinismo de fierro con una capa populista. Por necesidad, su república introvertida había de ser autárquica. El Doctor Francia creó una economía de subsistencia, favoreció la política de la chusma, atacó y debilitó a la Iglesia, pero, al cabo, protegió y fortaleció a los intereses oligárquicos tradicionales. Su prolongado reino demuestra un hecho generalmente ignorado de nuestra historia: el nacionalismo latinoamericano tiene sus orígenes en la derecha más que en la izquierda, intelectualmente orientada hacia el internacionalismo. También ilumina un hecho bastante conocido: el populismo despótico disfraza la parálisis impuesta por el tirano a la sociedad. Hay la impresión de movimiento. Pero nada cambia.

Roa Bastos, nacido en 1917, salió de Paraguay en 1947 y vivió desde entonces en el exilio, mientras duró el reino, más prolongado que el de El Supremo, del general Alfredo Stroessner. Roa Bastos, claro está, vivirá más que los dos tiranos juntos. Es el más eminente escritor de su país. Sus novelas son contadas, contenidas (como conviene a una obra paraguaya) y brillantes. Sin embargo, su obra maestra, *Yo el Supremo*, aparecida en español en 1974, sólo fue publicada en inglés en 1989, en una traducción magistral de Helen Lane. *Yo el Supremo* es una *summa* que absorbe toda la obra anterior de su autor. Pues se trata del diálogo de Roa Bastos con Roa Bastos a través de la historia y gracias a la mediación de una figura histórica monstruosa a la cual el novelista debe imaginar y comprender para poder, algún día, imaginarse y entenderse a sí mismo y a su país. La novela absorbe el material histórico para imaginar la historia y crear otra nación, viva en la gestación de sus hechos culturales. Esta segunda nación de la imaginación y la cultura es la fuerza real de un pueblo, no la frágil nación del discurso oficial y el archivo histórico.

La técnica literaria empleada por Roa Bastos propone, ante todo, una relación entre yo y los otros, entre el destino individual y el destino compartido, verdaderamente histórico. La técnica es la escritura misma: la escritura de la historia y la escritura de la novela unidas en la escritura de una vida que sólo puede ser nuestra si nos hacemos cargo de la vida del otro. *Yo, el Supremo* es una voz dirigida a ti el lector, pero también a la figura histórica del Doctor Francia, al personaje ficticio llamado "El Supremo" y a Augusto Roa Bastos el escritor paraguayo. Se inicia, bíblica y literalmente, con la escritura sobre la pared. Un panfletista ha claveteado un pedazo de papel a la puerta de la catedral (¡intimaciones de rebelión luterana!) con la firma falsificada de El Supremo. En este documento apócrifo, el Dictador Perpetuo ordena que "al acaecer mi muerte mi cadáver sea decapitado; la cabeza puesta en una pica por tres días". Convocado por las campanas de la iglesia, el pueblo debe acudir a ver la cabeza de El Supremo; toda su casa civil y militar debe ser ahorcada inmediatamente.

Este anuncio, por el Tirano Eterno, de su propia muerte, desata la escritura proteica de la novela. El dictador le exige a su incompetente secretario que localice al autor del libelo (jamás se ubica). El secretario apunta los dichos de El Supremo. El Supremo los corrige, le habla a su perro Sultán, escribe sus propios secretos en un cuaderno privado que en realidad es, con un simpático gesto dickensiano, "un libro de comercio de tamaño descomunal, de los que usó El Supremo desde el comienzo de un gobierno para anotar de puño y letra, hasta el último real, las cuentas de tesorería". Ahora en estos folios, El Supremo escribe, "inconexamente, incoherentemente, hechos, ideas, reflexiones, menudas y casi maniáticas observaciones sobre los más distintos temas y asuntos; los que a su juicio eran positivos en la columna del Haber; los negativos, en la columna del Debe", dice el Compilador que va a anotando sus observaciones a lo largo de la novela, creando así un segundo texto espectral, paralelo a, a veces opuesto a, a veces en apoyo de, las divagaciones de El Supremo mismo. Añádase a esto documentos oficiales, una bitácora, retazos de las memorias de personas que conocieron a El Supremo, selecciones de las biografías que se le dedicaron (incluyendo una escrita por Thomas Carlyle), las notas a pie de página, iluminantes, proporcionadas por la traductora Helen Lane (deberían pasar a formar parte de la edición en español) y las respuestas, estremecedoramente ingenuas, dadas por los escolapios a la pregunta gubernamental: ¿Cómo ves la Imagen Sacrosanta de nuestro Supremo Gobierno Nacional? "El Supremo Dictador tiene mil años como Dios y lleva zapatos con hebillas de oro bordadas y ribeteadas en piel", contesta la alumna Liberta Patricia Núñez, de diez años de edad; "El Supremo Dictador es el que nos dio la revolución. Ahora manda porque quiere y para siempre", escribe otro escolapio, Amancio Recalde, nueve años de edad. Roa Bastos posee un talento especial para revelarnos, en un relámpago, el abismo cultural latinoamericano. La élite venera la modernidad, el progreso y la ley. El pueblo venera a las deidades de la selva. La tradición legal romana es uno de los componentes más recios de la cultura latinoamericana; de Cortés a Zapata, sólo creemos en lo que está escrito y codificado. Pero al lado de esta fe, hay otra que acepta el poder de un cacique capaz de estornudar tres veces para volverse invisible.

Suspendido entre Voltaire y Moctezuma, el Dictador Eterno llena el desesperado vacío entre la razón y la magia, entre la ley y la práctica. Lo hace mediante el capricho y la represión. "Los problemas de meteorología política fueron resueltos de una vez por todas en menos de una semana por un pelotón de ejecución", pero también mediante la reforma (el dictador priva al clero de la riqueza y el poder acumulados durante la era colonial); pero, sobre todo, lo hace gracias a la convicción de que él debe hacer lo que hace, y hacerlo como mejor le parezca, porque si no lo hace él, no lo hará nadie. Sin proponérselo, El Supremo revela que está ocupando el espacio de una sociedad civil débil o inexistente. Pero en vez de nutrirla, hace suya la trágica conclusión de la *Urbis*: soy indispensable, luego soy historia. "No escribo historia. La hago. Puedo rehacerla como me plazca, ajustándola, enfatizándola, enriqueciendo su significado y realidad".

Escribir y reescribir la historia: en ello estriba la grandeza y la servidumbre de El Supremo. A su pueblo le ofrece una Utopía enferma, en la que el orden es un fin en sí mismo. Paraguay, bajo el Doctor Francia, fue indudablemente un lugar tranquilo. También lo son los cementerios. La grandeza del personaje es que, al cabo, no tiene otra manera de acercarse a la historia sino escribiéndola; sólo así puede rehacerla, ajustarla, enfatizarla o enriquecerla. Dice que puede emitir una "circular perpetua", una especie de *ukase* metafísico, para todos los siglos. Pero es dolorosamente consciente de lo que le espera: es dueño, casi, de una conciencia trágica. Sabe que él mismo es una ilusión: "Una quimera ha ocupado el lugar de mi persona". No es capaz de controlarlo todo. Y lo sabe también: "El hecho es que nadie alcanza a comprender cómo nuestras acciones nos sobreviven". No puede decir, como el Kurtz de Joseph Conrad: "El horror, el horror". El personaje de *Corazón de las tinieblas* ha ejercido el poder sobre la nada; éste es su horror y la conciencia de su horror. El interés humano de la criatura de Roa Bastos consiste en habernos ofrecido, lejos del estereotipo acerca del dictador latinoamericano, a un hombre en pugna consigo mismo: un monstruo bendecido con una especie de libertad barroca. Puede sentirse irremplazable y, al mismo tiempo, concebir su propio cadáver como unos cuantos restos dentro de un viejo cartón de fideos —donde, en efecto, termina.

A El Supremo no le gustan los escritores. Le gustaría, en cambio, encogerlos y arrugarlos a fin de meterlos dentro de una botella. Sin embargo, mientras le da batalla a las palabras que prolongarán su vida más allá de sus hechos, El Supremo depende cada vez más del otro paraguayo, el novelista Roa Bastos. Es éste quien mantiene la perversa humanidad del déspota mediante palabras, historias, papeles y, sobre todo, mediante imágenes y metáforas. En una parte del libro, el dictador, siendo niño, es remado río abajo en una canoa por un hombre que dice ser su padre y que lo lleva a la Universidad en Córdoba. Esta imagen de la humanidad de El Supremo contrasta con la descripción de su poder escenificado en el mismo río. Un prisionero político es condenado a remar para siempre. Puede detenerse en sitios predeterminados para recoger sus alimentos. Pero enseguida debe volver a remar, río abajo o río arriba, incesantemente. "Es una sola entera mata de pelos cuya cola de más de tres metros se arrastra en la corriente mientras boga". Mientras tanto, tres acólitos portan cirios encendidos que ni la lluvia ni el viento pueden apagar. Un viejo cacique evita la blanca lepra de la luna y camina con bujías encendidas en su sombrero. Los jinetes paraguayos cargan, desmontan, ensillan y desensillan, vuelven a la carga y le arrancan lanzas a la tierra. Una cabeza es exhibida dentro de una jaula de fierro y la ropa de El Supremo se vuelve roja a la luz de un sol repentino que aparece en el cielo, mágicamente deteniendo el viento y la lluvia. "Crucé la Plaza de Armas, seguido por un creciente gentío que vitoreaba mi nombre".

El Supremo entra, esta vez para siempre, a Asunción, "esta roja Jerusalén sudamericana". Los papeles de la novela nos dicen que esto fue así. Los papeles sobrevivieron, pese a las ratas y el fuego que por poco los consumen pocos días antes de la muerte de El Supremo.

Augusto Roa Bastos ha sobrevivido a todos los tiranos del Paraguay, del Doctor Francia al general Stroessner, para alcanzar la edad de Cervantes, que tiene todas las edades.

Los temas de este gran autor hispánico son el yo y el otro, el destino individual y el destino histórico visto como destino compartido. Roa Bastos sabe que sólo puede tratarlos escribiéndolos. Al escribir la novela, escribe la verdadera historia, y al escribir la novela y la historia, escribe una vida que sólo puede ser nuestra si asumimos la responsabilidad de comprender la vida del otro. Este esfuerzo convierte a Roa Bastos en un gran escritor de la imaginación del poder en su lucha constante con el poder de la imaginación.

Nada más ajeno, más distante, más *otro*, si de eso se trata, que este dictador monstruoso, encerrado en la prisión que ha mandado construir al tamaño de un país, pero en la cual él mismo es prisionero. Entender al monstruo que ejerce el poder en nombre de los ciudadanos que son el origen verdadero del poder es la misión que Roa Bastos se propone cumplir. El escritor crea a una sociedad mediante el lenguaje. Recobra las palabras para la sociedad civil, se las arrebata paso a paso al poder abstracto de Yo, el Supremo, de todos los supremos, para entregárselas a un vasto Nos-otros.

2. Sergio Ramírez: El derecho a la ficción

Cuando mis padres determinaron que yo debería estudiar leyes porque de seguir mi vocación de escritor seguramente me moriría de hambre, me enviaron a visitar al gran polígrafo mexicano don Alfonso Reyes, que además de escritor era licenciado en Derecho. Don Alfonso me recordó que México es un país muy formalista y que el título profesional es el asa que a los demás les permite levantar la tacita de nuestra existencia.

Reyes añadió, sonriendo: "¿Por qué crees que Stendhal dijo que el Código Civil francés era el mejor modelo para escribir una novela?".

He recordado esta conversación leyendo la novela centroamericana de Sergio Ramírez *Castigo divino*. Su lenguaje más inmediato es el de los códigos y los procesos penales, las acusaciones y acumulación de pruebas de nuestra tradición legal, romana, hispanoamericana y francesa. Históricamente, entre nosotros, la fe en el Derecho escrito de origen romano es constantemente viciada por la práctica del contubernio y la movida chueca ("la ley se obedece, pero no se cumple"). El racionalismo francés encarnado en la arquitectura jurídica y sintáctica del Código Napoleón establece el compromiso entre la ley escrita y la práctica política.

Sergio Ramírez incluye en su novela las tres vertientes del legalismo en América Latina; cada una implica un desplazamiento con respecto a las otras dos. El Derecho Romano convierte la palabra escrita en fundamento de la realidad. La práctica latinoamericana rinde pleitesía a este concepto pero nos sumerge de hecho en el mundo de la maldición gitana ("Entre abogados te veas"). Y entre abogados nos hemos visto siempre: en 1521, antes de la caída de la capital azteca, Tenochtitlan, la burocracia Habsburgo ya había llenado todos los puestos administrativos de la futura colonia. Por supuesto, éstos no les fueron acordados a los conquistadores, sino a los tinterillos, plumíferos y leguleyos que desde entonces, como una nube de cuervos, han revoloteado sobre campos y ciudades de Latinoamérica.

Pero el tercer movimiento, lo que podríamos llamar el movimiento stendhaliano, somete tanto la letra original de la ley como sus apasionadas violaciones al paso por un tamiz de orden, ironía y rigor. Éste es el movimiento de Sergio Ramírez, y gracias a él el escritor puede ver con ironía y distancia, pero al mismo tiempo con intimidad y humor extraordinarios, un suceso criminal, el proceso contra Oliverio Castañeda, Oli, elegante y joven diplomático y abogado guatemalteco acusado en 1933, en la ciudad de León (Nicaragua), de haber envenenado a su esposa, al distinguido impresor leonés don Carmen Contreras, que lo alojó en su casa, y a la hija de éste, Matilde.

Ramírez se basa en hechos reales; lo mismo hicieron Stendhal en *Rojo y negro* y Flaubert en *Madame Bovary.* Pero los novelistas franceses convirtieron el *fait divers* en literatura gracias a un desplazamiento; en Stendhal, la información que el novelista recibe leyendo la Gaceta de los Tribunales sobre el crimen del seminarista Antoine Berthot se transforma en la información que el novelista nos da respecto a la pasión de Julien Sorel. Lo interesante en el caso de Stendhal es que la novela, forzosamente, tiene que terminar igual que la nota periodística. Berthot/Sorel disparan contra sus amantes mientras éstas rezan en la iglesia. Entre la información recibida, que es inicio y clausura del relato, Stendhal introduce otro orden de la información, que es el de la imaginación, que es la manera de conocer en literatura.

Sergio Ramírez, en cambio, emplea el tamiz stendhaliano para distanciar y hacer objetiva la narración de los hechos, pero el desenlace les otorga una ambigüedad tremenda. El melodrama judicial de Oliverio Castañeda termina no de una sola manera (como el de Berthot/Sorel), sino de muchas. Que esta ambigüedad esté ligada a la incertidumbre política, al probable abuso de la autoridad, a la cínica fatalidad de la-ley-se-obedece-pero-no-se-cumple, no le resta al desenlace de *Castigo divino* un ápice de fuerza trágica; la aumenta, la diversifica, la siembra en cada una de las probabilidades que continúan abiertas en nuestro ánimo al conocer el fin del envenenador supuesto, Oli Castañeda.

No revelo este final; simplemente llamo la atención sobre el giro que Ramírez da a la literatura derivada de la crónica. Flaubert, claro, convierte el desplazamiento novelesco en arte consciente de sí mismo; Emma Bovary no es la adúltera y suicida provinciana de la nota roja, porque madame Bovary es el ejemplo supremo de un personaje que dentro de su novela se desplaza a sí misma para verse como otra, pero sin calcular el abismo que así abre entre su condición social y su ilusión psíquica. Con razón escribe Henry James que éste es el primer personaje de novela cuya corriente interior podemos seguir de un extremo al otro. El drama es que la corriente interna desemboca en la nada externa porque la capacidad que tiene Emma Bovary de verse como otra la conduce a la incapacidad de verse como lo que sea: su desplazamiento es una inmovilidad; es el suicidio.

Ramírez extiende la técnica flaubertiana a una sociedad entera, verdadero microcosmos de la América Central, pues aunque situada en León, la acción reverbera en Costa Rica y Guatemala. De todos modos, estamos, más que en cualquier otra novela que yo haya leído, en Centroamérica, y estamos allí dentro de un abrazo tan húmedo y sofocante como el clima mismo y los atributos pueblerinos que lo acompañan: la cursilería empalagosa, la mojigatería más hipócrita, la violencia más impune. Sociedad de linderos invisibles donde los hombres de negocios citadinos tienen todavía fincas lecheras y llegan a trabajar a sus oficinas con botas embadurnadas de excremento de vaca y donde la importación apresurada, casi angustiosa, de los objetos de la modernidad no logra disfrazar el imperio del capricho y la violencia más arcaicos.

Civilización y barbarie: nuestro tema decimonónico es traspuesto por Sergio Ramírez a una gran comedia novelesca acerca de las maneras como los latinoamericanos nos disfrazamos, nos engañamos y a veces hasta nos divertimos, arrojando velos sobre el "corazón de tinieblas" conradiano. Contra la selva que otro día se tragó a Arturo Cova, maleza física, moral y política, levantamos las construcciones —a veces meras aldeas Potemkine— que Sergio Ramírez aquí describe y emplea críticamente, observando cómo nos sirven para distanciarnos de la violencia impune, que dijo Rómulo Gallegos.

Nadie antes ha sido tan consciente de lo que está haciendo a este respecto. Novela escrita con la diversidad de lenguajes que identifica el estilo mismo de la novela, a partir de Cervantes, pero sobre todo con el estilo de la novela cómica, *Castigo divino* incluye el lenguaje del cine, supremo espectáculo de lo moderno. La llegada del cine a las pequeñas ciudades y aldeas es uno de los principales eventos culturales del siglo XX en la América Latina, y Ramírez lo utiliza para partir de él: *Castigo divino* es el título de un viejo melodrama criminal con Charles Laughton, basado en la novela de C. S. Forester *Payment Deferred*. Se exhibe en León y es también la historia de un envenenador.

Pero además del cine, el disfraz modernizante —la fuga del "corazón de tinieblas"— está presente en la minuciosa letanía de productos de consumo que hacen su aparición primeriza en la América Central: la botella de agua mineral Vichy-Célestins, el piano de cola Marshall & Wendell, el gramófono Victor, los vuelos de la Panaire, el aparato de radio marca Philco, la máquina de escribir Underwood, el Tricófero de Barry, los sedantes de Parker & Davis y el bacalao de la emulsión de Scott.

Esta diversidad nominativa del producto de consumo corre paralela a la diversidad de lenguajes que anima la escritura de *Castigo divino*. Los productos se reúnen en algunos sitios: la tienda La Fama, del ya mencionado don Carmen Contreras, y la droguería del doctor David Argüello. La farmacia, como en *Madame Bovary*, es un espacio privilegiado de la vida rural-citadina, y en ella se venden los venenos que son como el fluido oscuro de la acción: quién los vende, quién los compra y en qué estómagos terminan. Émile Zola, Federico Gamboa y el toque perverso de algún dibujo de Julio Ruelas: el naturalismo asoma su seno pútrido sólo para que en seguida lo cubran dos lenguajes, dos estilos diferentes pero complementarios. El naturalismo es primo hermano del positivismo latinoamericano: novela de doctores y de doctos, *Castigo divino* pone en escena a un divertidísimo grupo de médicos provincianos empeñados en demostrar que aquí no somos curanderos, sino científicos.

Apóstoles de la civilización más civilizada, que es la científica, los doctores Darbishire y Salmerón no pueden evadirse, sin embargo, de la otra máscara que nos protege de los anófeles de la barbarie, y ésta es la máscara sublime de la cursilería, el lenguaje de poetas frustrados convertidos en periodistas ampulosos. Las espléndidas crónicas periodísticas de Rosalío Usulutlán en el diario local son una verdadera cumbre de este estilo en el que las señoritas son siempre "venero de bondades y encantos", y sus madres, "crisol de virtudes", cuando no "inconsolables viudas".

El simbolismo desemboca en el bolero; Luis G. Urbina no anda muy lejos de Agustín Lara, y a veces uno de los deleites de *Castigo divino* es imaginar a esta novela cantada por las voces, que se escuchan en sus páginas, de María Grever y el doctor (¡otro más!) Ortiz Tirado. *Castigo divino,* a este nivel, es un gran monumento *camp* de la cultura latinoamericana, tan pródiga en signos, símbolos y artefactos que, de tan malos, resultan buenos. La cursilería es el fracaso de otra intención civilizadora contra la barbarie ambiente. La palabra misma es una corrupción de una vieja virtud lombarda, según Garcilaso, que es la cortesía; es la caricatura de un ademán inglés, la *curtsy* o inclinación cortés ante quienes merecen nuestro respeto o nuestro deseo.

Combate de lenguajes, lenguajes híbridos que se iluminan unos a otros pero que al cabo adquieren su sentido en el tamiz del verbo judicial. El lenguaje del Derecho en *Castigo divino* es norma de la escritura, instancia autocrítica, porque también es un lenguaje científico, modernizante, que sustituye al brujo del pueblo con el eminente Lombroso y a la limpia de almas con el estudio de la frenología. Esfuerzo titánico, asombroso, por someter la heteroglosia del chisme, la cursilería, el sentimentalismo, la ciencia, el periodismo y la política a un rigor racional digno de Napoleón y Stendhal. El lenguaje del Derecho que domina la construcción de esta novela cumple su propósito, pero lo cumple cómicamente, revelando aún más la estratificación de los lenguajes y las distancias entre quienes los practican. Y lo cumple trágicamente también: la máscara del Derecho no oculta, al cabo, el rostro de la injusticia. El corazón de las tinieblas no ha sido domesticado.

El melodrama es la comedia sin humor. Sergio Ramírez le devuelve la sonrisa al folletín, pero al final esa sonrisa se nos congela en los labios; estamos de vuelta en el corazón de las tinieblas. Entre la plenitud de la comedia y la inminencia de la tragedia, Sergio Ramírez ha escrito la gran novela de Centroamérica, la novela que hacía falta para llegar a la intimidad de sus gentes, para viajar a la frontera misma entre sus tradiciones persistentes y sus posibilidades de renovación.

El desenlace de *Castigo divino*, justamente, ocurre entre los elementos fatales, repetidos, de un volcán vomitando cenizas, un niño con la imagen de Jesús del Rescate "aprisionada tras barrotes de madera", un burro arreado por otro niño, y el periodista Rosalío Usulutlán envuelto en una manta de hule, guiándose entre la ceniza con un farol y huyendo del pueblo, el "Edén subvertido por la metralla" de López Velarde.

Las imágenes fatídicas, sin embargo, aparecen al lado del ánimo del lector, envuelto en ambigüedades que lo son porque hemos usado nuestra libertad creadora, compartiéndola con el escritor. Esto me recuerda otra manera de emplear en la novela el hecho real leído en el periódico.

Es la manera de Dostoievski. En la década de 1860-1870, el novelista ruso se dedicó a devorar periódicos y revistas como parte de su interés en las relaciones entre la vida y la novela, pero no encontró en los diarios nada que superase su propia imaginación. En consecuencia, escribió *Crimen y castigo*. Pero poco antes de que la novela se publicase, un estudiante de nombre Danilov, solitario, inteligente y guapo, asesinó y robó a una prestamista y a su criada. Dostoievski, de esta manera, tuvo la sorpresa de leer su propia novela, a punto de aparecer, en la crónica roja de la prensa. "Mi idealismo", escribió al enterarse, "es mucho más real que el realismo de los escritores realistas… Gracias a mi realismo, yo he profetizado lo que al cabo ha ocurrido".

Lo mismo, en su intimidad histórica y personal, si no en su anécdota, puede decirse de Sergio Ramírez y de *Castigo divino: crónica de la América Central*, esta novela también es, de una manera insustituible, la profecía de lo que somos. El castigo es divino, pero el crimen es humano y en consecuencia no es eterno. Su nombre es la injusticia.

"La comedia no tiene historia porque nadie la toma en serio". Esta frase se la debemos a Aristóteles en su *Poética* y para actualizarla fue necesario pasar por la "comedia" medieval cristiana como peregrinaje accidentado del alma hacia su salvación a la vera de un Dios cuya Eternidad nos libera, al acogernos, de las vicisitudes de la "comedia" humana. Dante, por cierto, llamó a su periplo poético, simplemente, *Commedia* al publicarla en 1314. Lo de "divina" es un añadido crítico debido a Ludovico Dolce en 1555, es decir, cuando el terreno renacentista estaba abonado para que Cervantes y Shakespeare le dieran a la "comedia" su connotación humanista: la actualidad del incidente absurdo, pasajero y requerido de un lenguaje mutante y diversificado.

Si empiezo por este necesario prólogo es sólo para acercarme a lo "cómico" como una de las ausencias más señaladas de la literatura iberoamericana. A pesar de la sátira colonial de un Rosas de Oquendo en Perú o de la picaresca independentista de un Fernández de Lizardi en México, nuestra literatura ha tendido a ser seria cuando no solemne. Romántica, naturalista, realista, evade el humor a favor del melodrama unas veces, de la épica de nuestros re-descubrimientos otras. La excepción, en esto y en todo, es Machado de Assis. Pero, para que la comedia como eje narrativo aparezca en Latinoamérica, habrá que esperar (otra vez la excepción rioplatense) a Macedonio Fernández, Roberto Arlt y su descendencia: Borges, Cortázar y la fusión de Bioy y Borges: Biorges. El boom trajo un humor a contrapelo, implícito, enmascarado, irónico —*Cien años de soledad*, *La tía Julia*— pero sólo el búmerang salió a carcajada limpia por los fueros de la comedia: Bryce Echenique, Luis Rafael Sánchez. Ahora, adquirida su carta de naturalización y su plena ciudadanía literaria, la comedia latinoamericana es ya una historia que se toma en serio porque sólo lo cómico da cabida plena a los incidentes de nuestra modernidad confusa, perpetuamente inacabada, presta siempre a caerse de boca y romperse las narices.

Sergio Ramírez es un reconocido maestro del absurdo cómico derivado del incidente variable, la pequeña nota roja (fuente al cabo de *Madame Bovary*, *Rojo y negro* y *Demonios*) en *Castigo divino*, o de la farsa histórica (la conjunción de Rubén Darío y los Somoza en *Margarita está linda la mar*). Ahora, en *Catalina y Catalina*, Ramírez despliega su talento cómico en la brevedad ceñida del cuento. Vamos de maravilla en maravilla y de sonrisa a carcajada con boletos de ida y vuelta: Ramírez nos abre un abanico de situaciones y personajes que le dan a nuestra vida latinoamericana de sombríos desencantos una sonrisa, a veces una carcajada, comparables a la de *El sombrero de paja de Italia* de René Clair, una situación cómica genera velozmente a la siguiente y todo en torno a un misterio: ¿Quién orinó en el bacín de la Viuda Carlota?, "un bacín tan hermoso guarnecido de rosas en relieve y pintado con querubines que divagaban entre nubes". "Ya ni puede una orinar tranquila sin que salgan a publicarle los orines en la calle", exclama exasperada la seductora Doña Carlota y aunque se queje de que "ya me cansé de estar oyendo hablar de orines toda la mañana como si fuera yo mujer vulgar, vaga o desocupada", la cómica situación puesta en escena por Ramírez acaba por crear una figura femenina irresistible, infinitamente secreta y por ende deseable.

En el cuento titulado "Vallejo", descubrimos un viejo anuncio comercial con el rostro de una muchacha "apagándose para siempre, como un fantasma del pasado que se oculta en sí mismo, se borra y se esfuma en la nada". La comedia, al cabo, cede a los poderes que se van apagando: el amor, la memoria, las presencias. Hay una Nicaragua detrás del poder político, como hay un México, una Colombia, una Argentina, que sólo la literatura nos revela.

3. Héctor Aguilar Camín: *La verdad de la mentira*

Tuve la fortuna de leer la novela de Héctor Aguilar Camín *La guerra de Galio*, al mismo tiempo que revisaba el libro de Franco Ferrucci *The Poetics of Disguise*. La novela de Aguilar Camín se mantuvo varios meses a la cabeza de los libros de mayor venta en México. Muchos lectores y comentaristas atribuyeron este gran éxito a la aparición en sus páginas, como personajes centrales y secundarios, de un buen número de figuras de la vida pública de México.

Los personajes son fácilmente identificables. La situación también lo es: las guerrillas de los años setenta; la pugna entre el poder y la prensa de esos años. El segundo tema lo había tratado ya, como reportaje verista, uno de nuestros más destacados y versátiles escritores, Vicente Leñero. ¿Era necesaria, entonces, esta novela de Aguilar Camín?, se preguntan algunos críticos. ¿Posee otro interés que no sea el muy morboso de identificar a los personajes?

Mis respuestas, en ambos casos, son afirmativas. La novela en clave entraña sus propios riesgos y Aguilar Camín los ha corrido, aunque un epígrafe del autor advierta que "Todos los personajes de esta novela, incluyendo a los reales, son imaginarios". Lo mismo pudieron decir Aldous Huxley, que en *Contrapunto* hizo desfilar a la fauna literaria y política de la Inglaterra de la primera posguerra; o Simone de Beauvoir, que en *Los mandarines* hizo otro tanto por los cenáculos parisinos de la segunda posguerra. Pero Aguilar Camín no ha hecho una profesión del misterio, como Roger Peyrefitte en sus novelas.

Más bien, se acerca a un modelo ilustre, el de La Bruyère, cuyos *Caracteres,* en el siglo XVIII, causaron sensación, más que por la extraordinaria calidad de la escritura y de las ideas, por la sucesión de claves sobre personajes de la época. Las correspondencias entre los personajes literarios y los modelos de la vida real fueron anotados en los márgenes de los ejemplares para venderlos mejor. Al cabo, se publicó una clave para leer *Los caracteres.* De esta manera, el lector podía leer a La Bruyére con un librito de compañía explicándole quién era quién. Quizás Héctor Aguilar Camín termine por hacer lo mismo. Aunque su espíritu lúdico podría llevarle a atribuir a sus personajes identidades distintas de las que les otorga la *vox populi*.

Pero si dentro de cincuenta o cien años se sigue leyendo *La guerra de Galio* (y yo apuesto, otra vez, por la afirmativa) ya no será por curiosidad acerca de si en ella aparecen Fulano o Mengano, sino por los valores que hacen de esta una novela necesaria. Pues si el autor, con pleno derecho, disfraza a sus modelos para hacerlos "imaginarios", el verdadero disfraz de la obra está en ella misma, en su interior, en su razón de ser, y en su verdad más íntima.

Aquí es donde mi lectura de Ferrucci resultó oportuna y coincidente. El profesor de Rutgers alega que toda obra literaria tiene su autobiografía. Ferrucci nos obliga a entender que existe una autobiografía de la obra, distinta de la autobiografía del autor y, por supuesto, de la biografía de los personajes.

Una novela, por ejemplo, crea su propia biografía en el momento en que se separa de sus modelos, en la realidad o en la literatura, y crea su propia realidad y su propia literatura (al cabo la misma cosa). Cervantes, digamos, derrota el modelo de las novelas de caballerías. Dostoievski derrota el modelo de las novelas por entrega. Pero al mismo tiempo, el autor disfraza el modelo que le sirve para crear una nueva obra con estrategias simbólicas. Siempre es más fácil juzgar lo que un novelista deja atrás que adivinar el horizonte que abre. Y raro es el novelista que, como Laurence Sterne, hace evidente, en las palabras de Schklovsky, el entramado y la técnica de su obra.

Más cercano a Dostoievski que a Sterne, Aguilar Camín participa, sin embargo, del universo gestual, gestante, de nuestro padre Homero. En la *Odisea,* advierte Ferrucci, podemos observar cómo se hace la obra, cómo se gesta, cómo se forma la autobiografía del poema. Pero esa verdad se basa en un engaño. La *Odisea* es la historia de un hombre que debe disfrazarse para obtener lo que quiere: el regreso a Ítaca. Ante el gigante Polifemo, el héroe, para escapar disfrazado, declara que es Nadie. Pero sólo Nadie puede llegar a ser Alguien. Disfrazado, Ulises viaja capturado, al mismo tiempo, por un pasado colectivo, arquetípico, que lo identifica demasiado. Éste es el pasado que compartió con Héctor y Aquiles. Pero ellos no regresaron.

El regreso de Ulises es una violación del pasado porque la tragedia es violada. Esta vez, el regreso a la ciudad tiene un final feliz. Ulises no es Agamenón. Y Ulises regresa sólo porque se disfraza. Nadie se vuelve Alguien.

Mediante esta estrategia, Homero nos permite ver la obra en el momento de hacerse. Mediante el disfraz, la mentira, el poeta nos brinda acceso a la autobiografía del poema.

Cito la autobiografía de la *Odisea* analizada por Franco Ferrucci como una recomendación para la lectura de *La guerra de Galio.* Atribuyo a Héctor Aguilar Camín, uno de los más inteligentes escritores mexicanos de la generación —veinte años menos— que sigue a la mía, talento de sobra para presentar una biografía aparente de su novela, que engolosine y distraiga a muchos críticos y lectores, permitiendo a la obra que se construya disfrazada.

Pero detrás del disfraz del *roman-à-clef* hay una verdad, y la de esta novela es que es un canto sobre los desperdicios, un poema desde los sótanos de la existencia de eso que Adorno llamó una humanidad dañada. Igual que Adorno, Aguilar mira de frente el daño humano, pero se niega y nos niega cualquier impulso romántico al retorno prístino, a la restauración de la unidad perdida. No soportaríamos un mundo justo, nos dicen Adorno y Aguilar.

En cambio, podemos ir hacia adelante con la conciencia crítica de que, si hemos de crear valores, los encontraremos en la ausencia de unidad, en la diversidad, en eso que Bajtin celebra como la fuerza centrífuga y sus manifestaciones novelísticas: la diversidad y conflicto de lenguajes, la novela como arena de lucha y encuentro de civilizaciones, tiempos, ideas, y no sólo de personajes.

El tiempo y el lugar de ese encuentro en *La guerra de Galio* es la historia y es México. Entre la picaresca y el melodrama, entre Lizardi y Revueltas, entre Payno y Azuela, entre Guzmán y Del Paso, la literatura mexicana ha dado obras que transcienden e incluso corroen los modelos de unidad que han constituido los disfraces de la legitimación en nuestro país. La virtud de *La guerra de Galio* es que deslinda y distingue con claridad, aunque en una atmósfera turbia, las pasiones y posiciones reales del disfraz político. En éste rincón, el tomismo medieval. En este, la ilustración dieciochesca. El réferi se llama la modernidad. Pero debajo del ring esperan, inquietos, gruñentes, los salvajes, los bárbaros, los caníbales…

País tomista en cierto sentido, México siempre le ha dado a la unidad y a la autoridad central que lo representa el poder necesario para obtener el bien común, que es el objetivo supremo de la política escolástica. *La guerra de Galio* no sólo demuestra esto, sino que lo encarna dramáticamente en el combate de dos élites: el gobierno y la prensa, La República y *La república,* El Poder y el cuarto poder. Entre ambos, se establece "un correo interno de la élite del país", en el que las palabras son la realidad. Periodismo de declaraciones, más que de hechos, corresponsivo con una política de declaraciones también y de hechos que no coinciden con las palabras. No es de extrañar que los personajes, sobre todo Galio, se envenenen hablando; las palabras son su vicio, su compulsión, su única prueba de, y similitud con, el poder.

Pero si las palabras de la élite intelectual se agotan en sí mismas, las del poder pueden convertirse en actos, a pesar de que, o precisamente porque, contradicen a las palabras. Todo el debate gira en torno a esa pregunta: ¿Qué clase de actos políticos darán cuenta de nuestras palabras? ¿Continuaremos los mexicanos, como lo vio claramente el historiador inglés David Brading, imponiendo un proyecto liberal, ilustrado, comprometido (en el sentido de compromiso entre muchas partes) a "un país construido en la tradición inversa", que es sacralizante, conservadora, intolerante, hija al cabo de Moctezuma y Felipe II? ¿O abandonaremos el compromiso liberal, hecho por partes iguales de concesiones, autoengaños y *aufklärung,* para descender a "Ese horror que ustedes no sospechan": un caos criminal, subterráneo, nuevamente artificial, comparable casi al primer grito y a la primera cuchillada? El tiempo parece darle la razón del "horror": narcotráfico, secuestros, asesinatos...

La guerra de Galio es la historia de un duelo entre las dos élites de México: la oficial y la crítica. Por supuesto, el país no se agota allí. El "misterio liberal" al que alude Brading nunca ha querido darle su oportunidad a la sociedad posible, alternativa. Se teme al "México bronco", al "tigre desatado" que se salió de la jaula en el inicio del siglo XXI.

La sociedad alternativa se hizo presente en dos de las facciones de la revolución mexicana: las de Pancho Villa y Emiliano Zapata. El aura de Zapata es la de haber logrado hacer realidad, por un breve tiempo, la sociedad alternativa, local, basada en la cultura del autogobierno.

En *La guerra de Galio,* los jóvenes guerrilleros de clase media abandonan sus hogares, sus estudios, ciudades, para darle otra oportunidad a la revolución perdida. La pregunta crítica es la siguiente: ¿Qué impedirá que, si llegaran al poder, las guerrillas impusieran su ideología como una nueva élite movida por la razón histórica y el bien común?

Todos estos peligros se han hecho palpables en la América del Sur. El polpotismo delirante de Sendero Luminoso en Perú es otra cara de la barbarie de las dictaduras torturantes de Videla y Pinochet. Entre la escolástica de la derecha y la de la izquierda, el poder moderno de México se ha presentado como una opción liberal imperfecta, perfectible y en todo caso viable, cuya ilustración depende de dos cosas: admitir la crítica, pero no soltar el poder. Federico de Prusia y Catalina la Grande se hubiesen sentido a gusto en México a partir de 1920; Voltaire y Diderot también. Tom Paine, jamás.

¿En qué medida ha logrado el poder en México no sólo apropiarse de, sino identificarse con las claves profundas de las clases pensantes del país? Wilhelm Reich atribuye al nacional-socialismo el éxito de haber comprendido y secuestrado la cultura de Alemania, mientras los comunistas y los socialistas hablaban de infraestructuras económicas y le abandonaban la "superestructura" cultural a Hitler.

La novela de Aguilar Camín se debate, se agita y se sufre al nivel de esa *superestructura* que, como lo está revelando todos los días la historia actual, es la verdadera *infraestructura* de la sociedad. Si Marx puso de cabeza a Hegel, ahora Nietzsche ha puesto de cabeza a Marx. Pero los personajes de Aguilar Camín, producto de la interpretación dominante a partir de Hegel, aún no lo saben. Quisieran el poder para cambiar la "infraestructura" económica. No saben usar el poder de la cultura. Ni siquiera saben que ya lo tienen porque actúan, o pueden actuar, en la "superestructura" cultural.

De allí la confusión, la amargura, la derrota de los Galio y de los Sala, los Santoyo y sobre todo el protagonista, ese "desperdicio llamado Vigil", el historiador convertido en periodista. La verdad es que todos los mexicanos hemos vivido por lo menos una parte de esta *Guerra de Galio*. Todos conocemos a los hombres brillantes que dejaron el talento en la charla de café, la borrachera, la política fraguada entre el burdel y la cantina, la comelitona y la antesala del señor ministro. Todos conocemos a las mujeres que perdieron el amor porque el amor fue el desperdicio máximo de estas generaciones desperdiciadas.

Todos sonreímos y nos encogemos de hombros al reconocernos en esta cultura de la cuba libre y el bolero. Aguilar Camín ha vivido y escrito todo esto por nosotros. De allí la admiración y la gratitud de muchos lectores. Estas biografías laceradas son, o pudieron ser, las nuestras; su baño amniótico es el desgaste, el asco. Más que la novela de Sartre, ésta de Aguilar merece el título de *La náusea*.

No oculto, pues, la desazón y las rasgaduras que produce la lectura de este libro. Pero criticar al autor porque aquí no hay amor es negar la razón de ser de este libro: aquí no puede haber amor, porque el amor es la primera víctima del mundo de Galio.

Pero si no puede haber amor, ¿puede haber democracia?

Nadie, ni en México ni en ninguna parte del mundo, quiere perder esa doble esperanza, la democracia y el amor, la felicidad política y la felicidad amorosa. Intentamos el amor, aunque fracasemos. Intentamos la democracia, aunque una y otra vez el esquema autoritario —ilustrado a veces, otras represivo— se imponga al cabo. Y sin embargo, sin prejuzgar la buena fe de nadie, puede decirse que casi no existe un intelectual mexicano (me incluyo en ello) que en un momento de su vida no se haya acercado al poder, confiado de que podía colaborar para cambiar las cosas, impedir lo peor, salvar lo salvable.

Galio es el ejemplo más atroz del posible cinismo de este empeño. Vigil mismo, el ejemplo mejor de una entrega esperanzada a la vida pública. Ambos fracasan. Ignoran que en México (ésta es la lógica del poder) todo ocurre una sola vez y para siempre, aunque se repita (casi ritualmente) en mil ocasiones. Bastó una reforma agraria, aunque fracase, para que no hubiera dos. Bastó una matanza de Tlatelolco para no repetir el error. Basta, en otras palabras, una revolución mexicana para que no haya, nunca, otra.

Tal es el desafío del poder. ¿Lo recogerá una sociedad civil en gestación, a ratos enérgica, a ratos exhausta? ¿Triunfará al cabo una democracia mexicana más amplia y representativa? ¿Triunfará el compromiso liberal? ¿O triunfarán la pistolerización, la impunidad, el sótano?

Asomado al abismo del horror, lo que Rómulo Gallegos llamó "la violencia impune", Héctor Aguilar Camín encuentra en su propia crítica un motivo de aliento. La autobiografía de la novela se convierte en la autobiografía del tema de la novela —México, su política, su sociedad— cuando el autor nos habla de "la trágica generosidad de la vida mexicana, su enorme capacidad de dispendio humano y de resistencia... no sé qué fatalidad estoica, maestra de la vida dura e injusta, impasible como el tiempo, severa y caprichosa como él, matrona de la adversidad y de la lucha incesante, costosísima, por la plenitud de la vida".

Aguilar Camín, como Odiseo, ha viajado capturado por un pasado colectivo, arquetípico. Pero al escribirlo, ha violado sus códigos, ha traicionado a su mundo, lo ha abierto a su propia verdad, ha revelado sus secretos: Sólo podemos ser algo a partir de la nada aquí descrita; sólo podemos ser algo mejor a partir de este horror que aquí les muestro; la medida de nuestra salvación está en la energía de nuestra degradación.

No sé si ésta es, al cabo, la respuesta de una cultura cristiana, pero no de un cristianismo beato sino de ese cristianismo trágico, de opciones difíciles, que entre nosotros prefiguró José Lezama Lima. ¿Es *La guerra de Galio,* secretamente, un gran oratorio religioso, una misa degradada en la que ofician Santo Tomás, Voltaire y Al Capone?

El mundo actual nos exige ver de frente cuanto hemos sido sin engaños. Pero para conocer la verdad, no hay camino más seguro que una mentira llamada la novela. Quizás el secreto de la novela de Héctor Aguilar Camín es el de una cultura trágica como parte indispensable de la modernidad. No me atrevo a jurarlo. El escritor, por serlo, se ha guardado bien de revelarnos la autobiografía de su obra. No está la clave de ella en la clave de los personajes, sino en esa parte de mentira que siempre es la verdad de una novela.

4. Reyes Heroles: política, sensualidad y memoria

Noche tibia de Federico Reyes Heroles es una novela bella y compleja. Belleza y complejidad, en este caso , no se excluyen ni se espantan. En *Noche tibia*, una no sería concebible sin la otra. Politólogo a regañadientes y por eso tanto más acerbo y ecuánime, hombre de ideas que primero las dice en la plaza pública, Reyes Heroles el novelista llega limpio de dogma y aún de opinión, pero repleto de sensibilidad y pensamiento, a su tarea de narrador.

Quiero decir, con lo anterior, que si *Noche tibia* es una novela política, también es una novela de amor, una novela de intimidad, memoria y naturaleza. Estos términos adquieren en Reyes Heroles una estructura nada usual, provocativa a ratos, llamativa en otros, al cabo convincente como lo puede ser la armazón interna de un gran edificio del cual sólo vemos el exterior, a sabiendas de que éste nada sería sin la arquitectura desnuda del andamiaje.

La novela de Reyes Heroles se sostiene sobre tres columnas: memoria, política e intimidad. Estas columnas, a su vez, descansan sobre un espacio extenso que va del campo a la ciudad con boleta de ida y vuelta. La novela vertical (memoria, política e intimidad) descansa de este modo sobre la novela horizontal y ésta, a su vez, abarca sus dos dimensiones (campo-ciudad) en el abrazo común de la naturaleza. Es tan intensa la presencia y diferenciación de las naturalezas en Reyes Heroles que se podría hablar de una *natura naturans* y una *natura naturata* en su libro. La primera fue explicada por Averroes como "lo que es en sí y por sí es concebido". Es decir, *natura naturans* es otro nombre de Dios. En cambio, Spinoza hablaba de la *natura naturata*, derivada de Dios, como algo que, siendo en Dios, no puede sin Dios ser ni ser concebida.

A la naturaleza que se basta a si misma, Reyes Heroles le dedica páginas de una sensualidad rara por el conocimiento que el escritor tiene de árboles, plantas, flores, frutas. En esto, es comparable a D. H. Lawrence, el escritor de lengua inglesa que mayor intimidad ha tenido con la naturaleza en nuestro siglo. Reyes Heroles lo aventaja en un aspecto: el trópico mexicano aún no ha sido avasallado por los disolventes de la industria. Existe un México A. P. (Anterior al Plástico) y Reyes Heroles nos lo ofrece con una magnificencia nada gratuita, toda vez que es el retrato sensual de la naturaleza divina que contagia o, más bien, se reproduce en la sensualidad física de personajes como esa Elía "color madera".

El traslado de la sensualidad natural a la sensualidad física le permite al autor ofrecernos una correspondencia entre naturaleza y sexo que es el sostén de una de las columnas del libro: la intimidad constante que lo anima. Diré más sobre la intimidad de Reyes Heroles, pues alcanza grados de intensidad pocas veces logrados en nuestras letras. Por ahora, sólo indico que, levantada la columna de la intimidad sobre la tierra de la sensualidad física y natural, también se levanta sobre ella la columna política. Pero si aquéllas se corresponden, éstas se niegan y se infligen heridas mortales. La necesidad política (o económica) devasta a la naturaleza, tala los bosques, deslavaza las tierras y nos deja, a la postre, un país sin descendencia, devorado por el abandono. Corrosivamente fiel, en esto, a si mismo y a su proyecto, Reyes Heroles extiende su metáfora de la destrucción: la tierra es devorada, luego la novela lo es también. Ambas —la tierra, la novela—, sin objeto del saqueo de sus alimentos, de sus "nourritures terrestres".

En la ciudad, la guerra ha terminado. La basura, el desperdicio, hacen las veces de "naturaleza" en el D. F. El protagonista reflexiona sobre un sólo crecimiento posible, en el desorden, "con depredación y suciedad, como si esta tierra no nos perteneciera, como si estuviera allí para que la devoráramos".

A fin de combatir el detritus, Reyes Heroles busca un nuevo sostén de la naturaleza en la intimidad, y en ello encuentra el triunfo de su novela. En dos sentidos. Son los mejores pasajes del libro, los más bellos, los más audaces. Pocos escritores nuestros han ido tan lejos en la novelización de la sensualidad solitaria, la fuerza del deseo, el latido subyacente del sexo: todos quieren, nadie se atreve. Pero cuando la sensualidad encuentra su objeto (o sus objetos: Manuel-Elía-Mariana o Gustavo-Liliana), lo disfruta con una morosidad pródiga en su lentitud misma: gusto y regusto. Todos sabemos que el sexo necesita tiempo y no siempre se lo otorgamos. Requiere, también, humor, y Reyes Heroles se lo regala con gran sentido lúdico, especialmente en la escena en que Elía se sabe retratada desnuda por Manuel y sólo después descubre que hubo un testigo, Sebastián. La excitación y el humor se hermanan. Volvemos a "jugar" con nosotros mismos.

Antes de sospechar que la intensa intimidad será vencida también por la política, *Noche tibia* es un contraste entre ambas. La política devasta a la naturaleza: es un disfraz de la sorda lucha que aquí se da entre la burocracia y el amor, dos singulares y casi obscenos contendientes. Y es que la comedia política en Reyes Heroles es sumamente aguda porque es sumamente variada: va de la tragicómica descripción de un burócrata gobernado por sus portafolios a una cruel dramatización hegeliana de la relación amo-esclavo en su tesitura jefe-empleado. Las escenas políticas se suman en un corrosivo retrato de un país construido por la ineficiencia, ¿gracias a ella, a pesar de ella?, pero crecemos. ¿Vale la pena hacerlo para construir "la misma nación y nada en común", estigmatizada por la distancia insalvable entre los actores políticos y la ciudadanía? Reyes Heroles contesta brillantemente a este dilema, no con una tesis, sino con una escena, el *set piece* pero dinamizado por algo que podríamos llamar la exposición del ser íntimo en la plaza pública. La novela alcanza aquí una gran altura simbólico-narrativa.

Y a esta altura, irónica, permanecería, de no ser que el siguiente capítulo, que es el de la memoria, tiñe, invade, le impide reposar, triunfar e incluso fracasar, al paradójico maridaje de "intimidad" y "política", de voz privada en plaza pública. La memoria es el flujo, el río que todo lo baña, todo lo desborda, todo lo limpia, potencia, arrastra y, a veces, ahoga. Los momentos de la memoria son el día y la noche de todas las anteriores relaciones, campo y ciudad, política e intimidad. Elía y su padre en el río viven la escena emblemática de ese fluir que es, en cierto modo, la esperanza de este libro a menudo desesperado por nuestras incapacidades para amar, gobernar, respetar al prójimo, dar y recibir, mantener la belleza que no nos pertenece pero que el país, inmensamente hermoso, nos regala a pesar de nuestra historia de masoquismos y atentados contra nuestro propio ser...

Novela, por todo esto, y al cabo, de una esperanza que es inseparable de una obligación. La esperanza consiste en entender que aún estamos aquí, país de sobrevivientes que acaso no han dicho su última palabra. La obligación, ni más ni menos, es la misma que Milan Kundera le atribuye a la novela como género y como función: proponer a los seres humanos, una y otra vez, como seres conflictivos que por ello mismo aseguran la continuidad de la vida.

Noche tibia, edificio narrativo sostenido por las columnas de la política, la intimidad y la memoria, levantadas sobre la tierra de la naturaleza natural y la naturaleza urbana, salva su vida, la tibieza de su título a pesar de lo nocturno del mismo, porque abre las ventanas del cuestionamiento, las puertas de la palabra por venir, y por ellas hace circular la necesidad de contar esta historia para recordar las que ya sucedieron, y adivinar las que aún nos falta decir.

5. Regreso a Ramírez: el arte de la autobiografía

Muchos de los escritores aquí mencionados han escrito sobre sí mismos, desde Bernal Díaz del Castillo, que al hacer la crónica de la conquista de México hace la autobiografía del soldado Bernal. Contemporáneamente, casi todos han escrito sobre sus vidas, novelistas —García Márquez, Vargas Llosa—, irónicamente: *Borges y yo*, poéticamente: Pablo Neruda. Escogí hablar de *Adiós, muchachos*, la autobiografía de Sergio Ramírez, porque cierra y abre: se encierra en Nicaragua y su presente político. Se abre al mundo por la imaginación y la palabra.

Franco y reservado. Cándido y/o sagaz. Directo y calculador. Libérrimo y disciplinado. Devoto de su mujer, sus hijos, sus amigos. Intransigente con sus enemigos. Elocuente en el foro. Discreto en la intimidad. Firme en sus creencias éticas. Flexible en su acción política. Religioso en su dedicación literaria.

Todas las dimensiones de Sergio Ramírez aparecen en su autobiografía hablada para entregarnos a un hombre de complejidad extrema, disfrazada por la tranquila bonhomía externa y revelada por el ánimo creativo en constante ebullición. En rigor, la vida de Ramírez posee dos grandes laderas: la política y la literaria. No se entiende la primera sin la segunda, aunque ésta, la vocación literaria, acaba por imponerse a aquélla, la actuación pública. El transcurso de una vida y la tensión entre sus componentes le da a este libro no sólo su vigor, sino su serenidad. No sólo su acción, sino su imaginación.

Cuando visité por primera vez Managua en 1984, en medio del fervor de la fiesta revolucionaria, lo primero que me llamó la atención fue el carácter inacabado de la ciudad. Los destrozos del gran terremoto del año 1972 no habían sido reparados —ni por la dictadura somocista antes ni por la revolución sandinista ahora—. La Catedral era una ruina. Las calles no tenían nomenclatura. La ciudad le daba la espalda al lago. Lo usaba, además, para vaciar en él las aguas negras.

Pregunté a diversos funcionarios del sandinismo el porqué de este abandono. La respuesta estaba en sus miradas antes que en sus palabras. Nicaragua estaba en guerra. La pequeña nación centroamericana, tantas veces invadida y humillada por los gobiernos de los Estados Unidos de América, se defendía nuevamente contra el Coloso del Norte. El respaldo constante de Washington al dictador Somoza y sus delfines se había convertido en feroz oposición, ciega y arrogante, contra la modesta afirmación de independencia del régimen sandinista. Visité, con Sergio Ramírez, con la admirable Dora María Téllez, los hospitales llenos de niños mutilados y civiles heridos, víctimas de la Contra dirigida y armada por Washington.

¿Cómo no estar con este heroico grupo de hombres y mujeres que habían cambiado para siempre la ruta histórica —dictadura, humillación— de Nicaragua con una promesa de dignidad, por lo menos de dignidad? Bastaba esto para no indagar demasiado en pecados o pecadillos subordinados a dos

cosas. Las políticas internas de la revolución; la campaña alfabe-
tizadora, en primer lugar. Y sus políticas externas: la afirmación
de la soberanía frente a Estados Unidos. Sergio Ramírez lo dice
con belleza, nostalgia y anhelo: "Inspirados en un enjambre de
sueños, mística, lucha, devoción y sacrificio, queríamos crear
una sociedad más justa". Éste era el fin. Ramírez cuestiona hoy
los medios: "pretendimos crear un aparato de poder que tuviera
que ver con todo, dominarlo e influenciarlo todo".

Los sandinistas se sentían "con el poder de barrer con
el pasado, establecer el reino de la justicia, repartir la tierra,
enseñar a leer a todos, abolir los viejos privilegios... restablecer
la independencia de Nicaragua y devolver a los humildes la
dignidad". Era el primer día de la creación. Pero en el segundo,
día, el dragón norteamericano empezó a lanzar fuego por las
narices. ¿Cómo iba a ser independiente el patio trasero, la provincia siempre subyugada? La política de Ronald Reagan hacia
Nicaragua atribuía a los sandinistas fantásticas e improbables
hazañas contra Norteamérica: el Ejército Sandinista de Liberación Nacional, dijo Reagan por televisión, podía llegar en cuarenta y ocho horas a Harlingen, Texas, cruzando velozmente
Centroamérica, todo México y la frontera del Río Bravo. El
agredido se convertía a sí mismo en agresor "potencial". No: la
agresión real estaba en la guerrilla de la Contra, en los puertos
nicaragüenses minados, en el desprecio total de Washington
hacia las normas jurídicas internacionales. Nicaragua se vio obligada a defenderse. Pero, una vez más, la cuestión se planteó de
modo radical. ¿Se defiende mejor a la revolución con medidas
que limitan la libertad o con medidas que la extienden? La revolución sandinista intentó ambas cosas. Se equivocó al amor-
dazar periódicos e imponer dogmas, sobre todo económicos
que, con o sin agresión norteamericana, no habrían sacado a
Nicaragua de la pobreza, sino que aumentarían la miseria. La
reforma agraria fracasó porque no se escuchó a los interesados,
los propios campesinos. No se le dio confianza suficiente a los
que la revolución quería beneficiar. E innecesariamente, se le
retiró la confianza a quienes no se oponían, sino que diversifi-
caban, a la revolución: la incipiente sociedad civil.

En cambio, la revolución se impuso a sí misma la unidad a toda costa. "Dividirnos era la derrota. Los problemas de la democracia, de la apertura, de la tolerancia, iban a arreglarse cuando dejáramos atrás la guerra". Antes de la piñata, hubo la piña: todos los sandinistas unidos contra los enemigos reales e imaginarios, presentes o potenciales. Pero "uno se equivoca pensando que las amistades políticas tienen una dimensión personal, íntima". La unidad frente al mundo ocultaba las diferencias de carácter, agenda, sensibilidad y ambición dentro de este o cualquier otro grupo gobernante: revolucionario o reaccionario, estable o inestable. Al cabo, los dirigentes no sólo dejaron de escucharse entre sí. "Dejamos de escuchar a la gente". Los sandinistas, nos dice Ramírez, supieron entender a los pobres desde la lucha, pero no desde el poder. Se rompió el hilo entre el gobierno y la sociedad.

El modelo escogido no ayudó. Reflexiona Ramírez: "Probablemente con o sin la guerra, el sandinismo hubiera fracasado de todas maneras en su proyecto económico de generar riqueza, porque el modelo que nos propusimos era equivocado". ¿Habrá otro? Seguramente. ¿Faltó previsión, imaginación, información? Sin duda. Pero hoy que el mundo es incapaz de proponer un nuevo paradigma de desarrollo que evite los extremos del zoológico marxista y de la selva capitalista, ¿podemos criticarle a Nicaragua que no haya intuido proféticamente que es posible un capitalismo autoritario, como el que hoy practica China? Mejor haberse equivocado antes y no ahora.

La revolución trajo democracia y al cabo trajo corrupción. El código de ética que era el santo y seña de los jóvenes sandinistas fue destruido por los propios sandinistas. "Las fortunas cambiaron de manos y tristemente, muchos de los que alentaron el sueño de la revolución fueron los que finalmente tomaron parte en la piñata". Sergio Ramírez no se rebajó a recoger los cacahuates del poder. No se arrodilló ante el dinero. Tenía la fuerza de un proyecto propio, personal, irrenunciable: la literatura.

Porque Sergio Ramírez fue escritor antes, durante y después de la revolución. Sabía que los gobernantes pasan y los escritores quedan. Un presidente puede retirarse. Un novelista, jamás. Sergio Ramírez morirá con la pluma en la mano. Larga vida de aquí a la página final. Entre tanto, pródigamente, se suman las obras de un escritor que concierta niveles de proyección cada vez más amplios. Es nicaragüense, pero la naturaleza de su obra amplía y fortalece la idea de una literatura centroamericana que, a su vez, pertenece por derecho "del primer día" a la literatura latinoamericana que, al cabo, es sólo parte de la literatura mundial, la *Weltliteratur* propuesta por Goethe.

He escrito sobre *Castigo divino*, *Margarita está linda la mar* y *Catalina y Catalina*. Veo en estas obras de ficción notables cualidades que ahora resumo. La ironía y la distancia. La intimidad y el humor. La capacidad de tomar el cobre de la crónica periodística y transformarlo en el oro de la imaginación verbal. El asalto a la solemnidad literaria mediante recursos cómicos que le conceden a la novela el revolucionario poder del habla diversificada, lejos del discurso monolingüe, monótono y centrípeto. Las ficciones cómicas de Ramírez son, por el contrario, multilingües, polisilábicas y centrífugas. Aquí entran la moda, la nota roja, el derecho, el cine, la medicina. Los sesos desparramados de Rubén Darío y los orines publicitarios de la viuda Carlota.

En el territorio de La Mancha, el vasto espacio de la lengua española, Ramírez recupera el eterno tema de Sarmiento y Gallegos: civilización y barbarie. Sus conclusiones son trágicas. No hemos domesticado a la barbarie. Seguimos capturados por la violencia impune. Entonces hay que darle una sonrisa humana, escéptica, irónica a la injusticia y a la barbarie. Los dos artistas supremos de Nicaragua en estos momentos son Sergio Ramírez y el pintor Armando Morales. Implícita en aquél, explícita en éste, la selva ronda, la violencia irrumpe, la sonrisa humaniza.

Sergio Ramírez habla por todos los escritores del mundo cuando afirma que "del oficio de escribir uno no se retira nunca. La escritura es una pasión, una necesidad, una felicidad". No hay escritores pensionados. Los gobiernos pasan. La literatura queda. ¿Quién recuerda los nombres de los secretarios del

Interior norteamericanos, de los ministros de Agricultura franceses, de los presidentes municipales latinoamericanos del siglo XIX, para no ir más lejos? ¿Quién, en cambio, puede olvidar al oficinista Nathaniel Hawthorne, al bibliotecario Ricardo Palma, al eremita Gustave Flaubert?

Sergio Ramírez ejemplifica la vieja tensión latinoamericana entre nacionalismo y cosmopolitismo, entre "artepurismo" y "compromiso". La ejemplifica y la disuelve. La primera disputa la aclaró hace tiempo Alfonso Reyes: seamos generosamente universales para ser provechosamente nacionales. A partir de Borges y Neruda —opuestos en todo menos en su profunda vocación literaria—; a partir de la generación del boom; y ahora, tras el búmerang y el crack, la literatura latinoamericana no ha hecho sino confirmar la regla de Reyes. De Donoso y Edwards a Volpi y Padilla, nuestras letras son parte del patrimonio nacional, continental y universal. La antigua separación ha desaparecido. En el centro mismo de esa transición se encuentra Sergio Ramírez como profeta del pasado y memorialista del porvenir.

Añádase a esta ubicación irrenunciable la disolución de la querella —compromiso/artepurismo— a partir de la convicción, ejercida por Ramírez, de que la militancia política no es obligatoria sino producto de la opción razonada del escritor, cuya obligación colectiva se cumple, con creces, mediante el ejercicio de la imaginación y de la palabra. Una sociedad sin una u otra cae pronto presa de tiranías que, no sin razón, ven en el verbo y el sueño a sus peores enemigos, Thomas Mann en la hoguera nazi, Osip Mandelstam en el frigorífico soviético, dan fe de ello... Aunque, como suele decir Philip Roth, la diferencia es que las tiranías mandan a los escritores a los campos de concentración en tanto que las democracias los mandan a los estudios de televisión. A cada cual queda juzgar cuál veneno es más dañino.

Sergio Ramírez, sin perder nunca su primera vocación, la de escritor, atendió activamente a su segunda musa, la política. Tal es la entraña de este entrañable libro autobiográfico, en el que la revolución no aparece como un fracaso absoluto ni como un triunfo indiscutible, sino como lo deseaba María Zambrano: la Revolución es Anunciación. La revolución en profundidad, a semejanza de la libertad misma, no se cumplen totalmente, jamás: ambas son una lucha, palmo a palmo, por la cuota de felicidad posible que, dijo ya Maquiavelo, Dios nos ha dado a todos los seres humanos.

16. El post-boom (1)

1. Una nueva narrativa suramericana: La ciudad

La gran liberación poética del lenguaje le da alas a una prosa imaginativa, renovadora y al cabo, poética en el sentido de fundar la realidad mediante la palabra. Rulfo, Borges, Carpentier, Asturias, Onetti, Lezama Lima, encarnan lo que podríamos llamar el *pre-boom* hispanoamericano: Media docena de autores. Seguiría el *boom* con una docena y hasta veintena de escritores. En seguida, se ampliaría el radio al *post-boom*, el *mini-boom*, incluso el *anti-boom*, hasta contar con un buen centenar de excelentes novelistas en español, de México al Río de la Plata.

Un hecho notable es la floración de mujeres escritoras. Otro, el desplazamiento del campo antiguo a la ciudad moderna. Otro más, la variedad de estilos, tendencias, argumentos, referencias y opciones. No se puede hablar hoy de una sola escuela literaria, realismo socialista o realismo mágico, novela sicológica o novela política, artepurismo o compromiso. Las categorías del debate anterior han sido superadas por dos cosas que definen en verdad a la literatura: La imaginación y el lenguaje. El signo de la novela hispanoamericana es la variedad —una variedad tan numerosa como el tamaño de nuestras ciudades. Mi ciudad, México, brincó en mi propia vida de un millón a veinte millones de habitantes, y Santiago de Chile, Lima, Caracas y Sao Paulo: trepando por los cerros, invadiendo los llanos, escondiéndose en las atarjeas, la urbanidad latinoamericana es el escenario virtual o patente de la novela actual—, dejando atrás la novela agraria o rural que va de Gallegos a Rulfo.

Escojo, sin embargo, como ciudad emblemática a Buenos Aires. No es tan antigua como México (fundada por los nahuas inmigrantes en 1325) ni tan importante como lo fueron Lima o Quito en la era colonial. Es, sin embargo, la ciudad moderna (o lo fue hasta hace poco) que nació gracias a la inmigración europea, el comercio del interior y el trasatlántico, la veloz urbanización con criterio estético —plazas, avenidas, edificios públicos— y la animación cultural con teatros, cines (la calle Lavalle), librerías, ateneos, universidades.

Ciudad/ciudad, Buenos Aires nos permite observar con intensidad al tema de la urbe en Latinoamérica, que ya traté en relación con Borges y Cortázar. Es natural y paradójico que el país donde la novela urbana latinoamericana alcanza su grado narrativo más alto sea la Argentina. Obvio, natural y paradójico. Después de todo, Buenos Aires es la ciudad que casi no fue: el aborto virtual, seguido del renacimiento asombroso. La fundación original por Pedro de Mendoza en 1536 fue, como todos saben, un desastre que acabó en el hambre, la muerte y, dicen algunos, el canibalismo. El cadáver del fundador fue arrojado al Río de la Plata. La segunda fundación en 1580 por Juan de Garay le dio a la ciudad, en cambio, una función tan racional como insensata fue la primera. Ahora, la ciudad diseñada a escuadra se convirtió en centro ordenado de la burocracia y el comercio, eje del trato mercantil entre Europa y el interior de la América del Sur.

Buenos Aires es un lugar de encuentros. El inmigrante del interior llega buscando trabajo y fortuna, igual que el inmigrante de las fábricas y los campos de la Europa decimonónica. En 1869, Argentina tenía apenas dos millones de habitantes. Entre 1880 y 1905, casi tres millones de inmigrantes entraron al país. En 1900, la tercera parte de la población de Buenos Aires había nacido en el extranjero.

Pero una ciudad fundada dos veces debe tener un doble destino. Buenos Aires ha sido una ciudad de prosperidad y también de carencia, ciudad auténtica y ciudad enmascarada, que a veces sólo puede ser auténtica convirtiéndose en lo que imita: Europa. Los argentinos somos europeos exiliados. Esto —o algo comparable— dijo Borges y confirmó Cortázar.

Y sobre todo Buenos Aires, ciudad, simultáneamente, de poesía y de silencio. Dos inmensos silencios se dan cita en Buenos Aires. Uno es el de la pampa sin límite, la visión del mundo a un perpetuo ángulo de 360 grados. El otro silencio es el de los vastos espacios del Océano Atlántico. Su lugar de encuentro es la ciudad del Río de la Plata, clamando, en medio de ambos silencios: Por favor, verbalícenme.

Construida sobre el silencio, ésta se convierte en una ciudad edificada también sobre la ausencia, respondiendo al silencio pero fundada en la ausencia. La paradoja es que Buenos Aires ha sido al mismo tiempo (o ha parecido ser) la ciudad más acabada de la América Latina, la más consciente de su urbanidad, la ciudad más citadina de todas. Aparentemente, digo, cuando se le compara con el caos permanente de Caracas, la gangrena de Lima o la mancha en expansión de México.

Mancha: La Mancha, hombres y mujeres de La Mancha, reino de Cervantes, escritores en español, ciudadanos de la mancha…

Sin embargo, la evidencia de la ciudad en obras de sueño y temática clásicamente urbanos, como el *Adán Buenosayres* de Leopoldo Marechal, las novelas de Eduardo Mallea o los sicodramas coloridos y altamente evocadores de Ernesto Sábato, ofrecen menos contraste para entender la relación entre ciudad, historia y ficción que otras obras argentinas marcadas por lo que yo llamaría una ausencia radical. Éstas son visiones de una civilización ausente, capaces de evocar un devastador sentimiento de vacío, una suerte de fantasma paralelo que sólo habla en nombre de la ciudad a través de su espectro, su imposibilidad, su contrariedad. Buenos Aires, escribió Ezequiel Martínez Estrada, es la cabeza de Goliat con el cuerpo de David, que es la Argentina. Mucha ciudad, poca historia, pero ¿cuánta realidad?

¿Es el grado de la ausencia la medida de la ficción argentina? Ésta es la ausencia que Borges llena con sus fabulosas construcciones —Tlön, Uqbar, Orbis Tertius—, existentes sólo en la memoria de otras ciudades.

Escritores más recientes, en cambio, son incapaces de llenar el vacío. Su proyecto, acaso, consiste en dejar que la ausencia siga ausente. La única presencia es la de las palabras. La literatura, para estos autores sirve para poner a prueba su materia misma, la palabra y la imaginación, en una sociedad devastada por el uso total, omnidevorador, de la violencia. Desaparecieron los argentinos. ¿Desapareció la nación? El escritor sólo puede responder sondeando estas ausencias a partir de su pregunta: ¿desaparecieron las palabras?

Las palabras, es cierto, fracasan a menudo en su intento de vencer la ausencia que se encuentra en la raíz de muchas historias argentinas. El descubrimiento, por ejemplo; la colonización; el destino de la población indígena. Borges crea otra realidad en nombre de la imaginación. A veces, inclusive, la olvida desesperadamente a fin de surtir las ausencias percibidas. Si no hay Yucatán y Oaxaca, entonces habrá Tlön, Uqbar y Orbis Tertius. Pero Héctor Libertella o Juan José Saer sólo pueden darnos la mirada de Pigafetta, el navegante de la expedición de Magallanes, como una botella arrojada al mar, y radicalizar la ausencia de los indios o, más bien, la ausencia del universo tribal, hermético y aislado, que constituye la otra civilización americana, en tanto que Abel Posse descubre, en sus novelas, que el descubrimiento de América es en realidad el encubrimiento de América. El escritor se impone la obligación de descubrir verdaderamente, a través de la imaginación literaria.

¿Puede sustituirse nada con nada más, y nada menos, que la palabra? Éste es el ejemplo más radical de la narrativa argentina, y nadie aborda mejor el tema que César Aira: "Los indios, bien mirados, eran pura ausencia, pero hecha de una cualidad exclusiva de presencia. De ahí el miedo que provocaban".

Y si Posse, Aira, Saer y Libertella nos inquietan porque su retorno lo es a la ausencia explícita de la naturaleza deshabitada, sus ancestros inmediatos, Adolfo Bioy Casares y José Bianco, no nos inquietan porque sus paisajes son más inmediatamente reconocibles o, sólo en apariencia, menos solitarios. En *La invención de Morel* de Bioy, la ausencia se presenta mediante un artefacto mental o científico, un aparato implacable, una especie de máquina imposible, como en las caricaturas de Rube

Goldberg, cuya dimensión metafísica, no obstante, es funcionar como una memoria de devastadores reconocimientos primigenios, aunque su función científica, acaso, sea la de predecir (en 1941) la holografía láser. Se trata, al cabo, del reconocimiento del otro, el compañero, el amante, el enemigo, o yo mismo, en el espejo. En *Sombras suele vestir* de Bianco, la ausencia es una realidad paralela, espectral y profundamente turbadora, porque carece de la finitud de la muerte. Bianco nos introduce magistralmente en una sospecha: la muerte no es el final de nada.

No la muerte, sino una ausencia mucho más insidiosa, la de la desaparición, encuentra su resonancia contemporánea en las novelas de David Viñas, Elvira Orphée, Luisa Valenzuela, Daniel Moyano, Osvaldo Soriano, Martín Caparrós, Silvia Iparraguirre, Tomás Eloy Martínez y finalmente Matilde Sánchez. En ellos, asistimos a la desaparición no del indio, no de la naturaleza, sino de la ciudad y sus habitantes. Desaparece la cabeza de Goliat pero arrastra con ella a todos los pequeños honderos entusiastas, los davidcitos que no tienen derecho a la seguridad y al confort modernos, pero tampoco a la libertad y a la vida. La metrópoli adquiere la soledad de los llanos infinitos. La ciudad y sus habitantes están ausentes porque desaparecen, y desaparecen porque son secuestrados, torturados, asesinados y reprimidos por el aparato demasiado presente de los militares y la policía. La ausencia se convierte así en hecho a la vez físico y político, transcendiendo cualquier estética de la agresión. La violencia es un hecho.

Julio Cortázar previó la tragedia de los desaparecidos en su novela *El Libro de Manuel*, en el que los padres de un niño por nacer le preparan una colección de recortes de prensa con todas las noticias de violencia con la que tendrá que vivir y recordar al nacer.

Cortázar es quien más generosamente llena la ausencia de la Argentina en su gran novela urbana, *Rayuela*. En ella construye una anti-ciudad, hecha tanto de París como de Buenos Aires, cada una completando la ausencia de la otra. De esta anti-metrópolis fluyen los anti-mitos que arrojan una sombra sobre nuestra capacidad de comunicarnos, escribir o hablar de la manera acostumbrada. El lenguaje se precipita, hecho pedazos. En él, Cortázar observa la corrupción de la soledad convirtiéndose en violencia.

Cortázar le hace un regalo a nuestra conflictiva modernidad urbana. Más que un lenguaje, inventa un contra-lenguaje como respuesta a la anti-ciudad, de la misma manera que para combatir al virus maligno se inocula una porción del mismo, un doble mortalmente atractivo… El contra-lenguaje inventado por Cortázar requiere, como el cuerpo inoculado, la complicidad entre escritor y autor, una especie de creatividad compartida. Un lenguaje capaz no sólo de escribir, sino de re-escribir y aun, radicalmente, de des-escribir la historia moderna de Latinoamérica.

El concepto crítico y exigente que Cortázar se hace de lo moderno *se funda* en el lenguaje porque el Nuevo Mundo es, después de todo, una fundación del lenguaje. Sólo que es éste el lenguaje de otra ausencia, la de la vinculación entre los ideales humanistas y las realidades religiosas, políticas y económicas del Renacimiento. Con el lenguaje de la utopía, Europa traslada a América su sueño de una comunidad cristiana perfecta. Terrible operación de transferencia histórica y sicológica. Europa se libera de la necesidad de cumplir su promesa de felicidad, pero se la endilga, a sabiendas de su imposibilidad, al continente americano. Como la felicidad y la historia rara vez coinciden, nuestro fracaso histórico se vuelve inevitable. ¿Cuándo dejaremos de ser un capítulo en la historia de la felicidad humana, no para convertirnos, fatalmente, en un capítulo de la infelicidad, sino en un libro abierto del conflicto de valores que no se destruyen entre sí, sino que se resuelven el uno en el otro?

Los grandes escritores de Iberoamérica nos proponen una contribución propia de la literatura. El lenguaje es raíz de la esperanza. Traicionar al lenguaje es la sombra más larga de nuestra existencia. La utopía americana se fue a vivir a la mina y la hacienda, y de allí se trasladó a la villa miseria, la población cayampa y la ciudad perdida. Con ella, de la selva a la favela, de la mina a la chabola, han fluido una multitud de lenguajes, europeos, indios, negros, mulatos, mestizos.

Cortázar nos pide expandir estos lenguajes, todos ellos, liberándolos de la costumbre, el olvido o el silencio, transformándolos en metáforas inclusivas, dinámicas, que admitan todas nuestras formas verbales: impuras, barrocas, conflictivas, sincréticas, policulturales.

Esta exigencia se ha convertido en parte de la tradición literaria hispanoamericana, de la *Residencia en la tierra* de Pablo Neruda cuando el poeta se detiene frente a los aparadores de las zapaterías, entra a las peluquerías y nombra a la más humilde alcachofa, a Luis Rafael Sánchez, capturado en un embotellamiento de tránsito en San Juan mientras se dirige a una cita amorosa, y en vez se ve obligado a depender de la radio FM de su automóvil y su flujo interminable, heracliteano, de radionovelas y sones tropicales: *La guaracha del Macho Camacho*. La relación entre la civilización y su ficción puede provenir de una presencia tan material y directa como las de Pablo Neruda o Luis Rafael Sánchez, o de una ausencia tan física como las de Tomás Eloy Martínez y Silvia Iparraguirre, tan metafísica como la de Bioy Casares, tan fantasmal como la de José Bianco, tan mortal como la de Luisa Valenzuela, tan irónica como las de Martín Caparrós, o tan esperanzadoramente crítica y creativa como las de Julio Cortázar, Tomás Eloy Martínez y Silvia Iparraguirre.

2. Iparraguirre ya había escrito un extraordinario relato, *La Tierra del Fuego*, en el que narra la historia de Jeremy Button, un indio de la Patagonia que es llevado a Inglaterra a fin de "civilizarlo": lengua, ropa, maneras. Cuando regresa a su tierra natal a fin de educarla, Button se despoja rápidamente de los hábitos británicos y vuelve a ser lo que *es* y *quiere ser*: un patagón argentino.

Ahora, en *El muchacho de los senos de goma*, Iparraguirre cuenta tres historias a la vez separadas y entrelazadas. La de Mentasti, un profesor de filosofía en perpetua contradicción. La de la señora Vidot, capturada entre la nostalgia de la muerte y la pregunta: ¿Quién se va a ocupar de los gatos cuando yo me muera? Y la del joven protagonista, Cris, desconcertado entre la fascinación hacia "Renato" —el filósofo Descartes que le revela Mentasti—, las confusiones sexuales de la viuda Vidot y la necesidad de ganarse la vida vendiendo objetos inútiles: los senos de goma del título.

Buenos Aires es la protagonista abarcadora, madre y madrina y madrastra: "Barrios de millonarios y conventillos de anarquistas, grandeza arquitectónica cimentada en vacas... Acogedora y voraz, corrompida e inocente... Demasiado joven para ser definitivamente mala... Sólo en la contradicción se encuentra su forma". Iparraguirre describe a Buenos Aires. Describe, en su perfil más radical, a Lima, a Caracas, a la Ciudad de México.

Luisa Valenzuela es una escritora disfrazada de sí misma. Quiero decir: en sus novelas, ella siempre está presente. Si su escritura oculta a la escritura, ella se encarga de re-presentarse mediante breves ejercicios —intrusiones— filosóficos, ensayísticos, en apariencia un tanto ajenos a la ficción relatada. Es una trampa: Valenzuela gusta de hacerse presente en sus libros para que, en ese momento, la ficción misma se vuelva ausente y nos obligue a olvidarla por un rato y luego regresar a ella, no sin cierto sentido del pecado propio.

¿Por qué este complicado juego autoral? Pues porque el gran tema de Valenzuela es el secreto. En su *Novela negra con argentinos* de 1990, Valenzuela describe a personajes disfrazados. Todos son lo que son porque no son lo que parecen ser.

Resulta así que Valenzuela juega un juego de juegos. Ella, autora, se hace presente sólo para alejar al libro y a los personajes pero éstos, a su vez, detrás de sus disfraces, son portadores de un secreto. Es más: necesitan la intrusión autoral y su propio disfraz (que al cabo disfraza de autor mismo) para revelarnos la verdad de sus vidas, que no depende ni de la autoría de Valenzuela ni de sus personales disfraces.

La verdad es un secreto. El lenguaje es un poder entre lenguaje y verdad. Valenzuela ubica al secreto como la realidad real del poder. El yo pensante no es igual al yo existente. Entre ambos se cuela, por ejemplo, el sueño, que es "el sabueso del secreto". Se presenta, en el otro extremo, el lector, para el cual la novela es un secreto también, en la medida en que todo lector está, al mismo tiempo, presente en la lectura pero presente en la ficción.

Lo extraordinario de las novelas de Valenzuela es que el origen de sus ficciones es la realidad más inmediata y palpable de la Argentina durante una década (1979-1989). La escritora se exilió de una nación dominada y degradada (torturas, asesinatos, campos de concentración, desapariciones) por un elenco militar amparado, indiscriminadamente, por las políticas anticomunistas de la guerra fría, añadidas a las persecuciones de toda persona no adicta, aunque no lo dijese expresamente o porque no lo dijese, a la dictadura militar.

Valenzuela regresa a la Argentina en 1989 y no reconoce a su patria. La tiranía militar, el régimen bufo de Isabel Perón y el brujo López Rega, han deformado al país que Valenzuela dejó una década antes. Ella no reconoce a su patria porque su patria ha dejado de conocerse a sí misma. Valenzuela se une a una larga búsqueda no sólo de la nación perdida, sino de la nación nueva por encontrar. La realidad creada por la represión es una trampa que disfraza al país. Valenzuela responde con otra trampa para entrampar a los tramposos. Un lenguaje de significados múltiples, en contra del lenguaje de significado único de la dictadura. Un texto *textilero*, dice Valenzuela, texto-tela, visible, pero encubridor de los secretos que mejor escondemos: los secretos del cuerpo, sus enfermedades, sus manías, sus necesidades, lo más común.

Terrible manera de contestarle a una tiranía: has violado mi cuerpo, has torturado lo que nos es común a todos. El miserable cuerpo humano.

Añado que Valenzuela hace una clara ubicación del secreto en las clases dominantes de la Argentina y la obliga a conocer (aunque no sepa responder) a una pregunta: ¿Han sustituido ustedes a Dios por el secreto? ¿Es el secreto el Dios del poder? ¿Puede una novela ofrecerles un lenguaje sin poder, pero con nuevos significados: un lenguaje *mariposa*, volátil y colorido e inapresable?

3. Víctor —"no daré su apellido"— tiene ojos de ogro dopado. Es dueño de un olor primitivo. Es obsesivo, indolente. Su risa es un eco de catarros mal aireados. Habla con el falsete del engaño. Es ególatra y narcisista. Es ratero y goza de una feroz impunidad. Presume de sus experiencias. Son sólo el continuo repetir de los mismos incidentes. Quisiera ser el burlador. Es sólo el rey de las máscaras. No tiene experiencia: todo le ha ocurrido antes. Atrae la gratitud y el morbo, a costas de la vida. A él le interesan solamente todas las mujeres. Es dueño de una vulgaridad violenta. Es pedómano. No tiene el registro de la caricia. Su vanidad es infinita. Lo mueven la compulsión, la impunidad, la intolerancia. Es el apéndice de su propio sexo. La calle es el teatro de su ego. Es un genio peripatético. Está lleno de atributos que dejan al mundo indiferente. Es obsesivo e indolente. Sus manías carecen de empeño. Es tramposo. Presume de su talento de actor. Sólo obtiene papelitos de extra en el cine. Su placer exhibicionista sobrelleva todos los fracasos. Le basta con contemplar su impacto en las mujeres.

No es un simple tenorio: "es un varado en los salones de citas sexuales, sin husos horarios, un vagabundo de dos hemisferios". No es que lleve una segunda vida… Es el multiplicado de modo exponencial en una docena de nombres ficticios y direcciones de correo alternas y seriadas. Crea una dirección y una identidad, pesca a un par de pasajeras —la palabra les cuadra—, las visita durante su estadía y luego se esfuma… la dirección, el nombre, el personaje desaparecen, "es como si se mudara a la luna".

Pero todas son "la mujer de su vida". Quiere ser el caudillo, el patriarca de un "vivero de amantes". Una de ellas es la narradora de esta novela, *Los daños materiales*. Víctor la describe como corrupta, extorsiva, ludópata perdida, sidosa y adicta, "hablará de mi boca cariada… ladrona y avara, coprófaga, usurera, deudora morosa y, como autora de este libro, difamadora".

¿Prevé la narradora estos insultos de Víctor cuando él lea *Los daños materiales*? ¿Los ha sufrido ya y sólo los repite aquí? ¿O nunca dijo todo esto Víctor, son sólo injurias que la narradora le atribuye, con ganas de que Víctor las hubiera dicho?

En estas preguntas se cifra el misterio literario de esta novela. ¿Ella inventa a Víctor o es cierto cuanto aquí dice? Ella no le cree a Víctor en ningún momento. ¿Debemos nosotros creerle a ella? ¿Lo imagina ella o de verdad vive "el fragor de la cópula" con Víctor, colgada de una araña, de un ventilador, "penetrada en patadas aéreas"? ¿O es la narradora víctima de su propia pasión atávica, un "fósil cerebral", cazada como una fiera y dormida en la cama encadenada por y para la sumisión? ¿Quiere tener, acaso, el monopolio del agravio? ¿Por qué entonces, pide perdón cuando sufre la mirada de odio exaltado… "dispuesto a prenderme fuego", de Víctor?

Pide un largo perdón por "la esclavitud de los pueblos africanos y la extinción de la nación Cherokee", a los Tonton Macoute pasando por Videla, Pinochet y Somoza: pide perdón, y le viene un ataque de risa, un "homenaje a la risa": más que una risa, "un rugido de vitalidad". Acaso este rugido de la risa contenga la clave más profunda de *Los daños materiales*. Cierto o falso, vivido o recordado, lo que Matilde Sánchez cuenta es atroz: la vaciedad de la grandeza machista, el ridículo del Buco Cabrón. La autora no quiere adueñarse del "monopolio del agravio", quiere tocar "el fondo del fondo" antes de expulsarlo para siempre. Se pregunta si puede perdonar a quien no lo merece y si en ello no hay un elemento de auto-ironía. Manda a Víctor a los purgatorios de hospitales, morgues, salas de velorio. Entiende que a Víctor no le gusten todas; le gusta cualquiera.

¿Es ella "cualquiera"? ¿O posee el poder del cual carece Víctor: el poder de la literatura? Constancia de los hechos que Víctor, con todas sus crueldades, no puede consignar porque vive a la carrera, en el daño periódico, capturado en su figura pública, arrinconado, *in extremis*, a destruirse a sí mismo intentando destruir cuanto toca, como la cristalería de la madre de la narradora. Ésta, en cambio, puede abandonar a Víctor en una silla de ruedas, "castigo a la ubicuidad y la manía ambulatoria del personaje: "Víctor no volverá a joder a nadie".

Mientras duerme, la narradora vive epifanías. Al despertar, las escribe (a sabiendas de que Víctor jamás se sentará a hacerlo). Pero como buena argentina, la narradora, que ha escrito el libro que aquí leemos, se lo cuenta todo a un siquiatra bonaerense, y la duda vuelve a asaltarnos: ¿le miente el siquiatra? ¿Nos ha mentido a los lectores?

Matilde Sánchez ha escrito varias novelas notables: *La ingratitud*, la primera obra (1990), *El dock* (1993), que va de la violencia política, a un pueblo perdido de la costa uruguaya con su pareja y un niño huérfano, y *El desperdicio* (2007) que es la historia de una Elena que es ella más cuatro pero al cabo es sólo una con el país de indigentes y cazadores de donde provino. ¿Bastan la amistad y el talento para sufrir la realidad?

4. En apariencia, *Blanco nocturno* de Ricardo Piglia es una novela policial, y esta vez las apariencias no engañan, sólo que *Blanco nocturno*, además de novela policial, es un drama familiar, una nueva radiografía de La Pampa, una novela que se sabe ficción y una narración radicada en sus personajes.

Radiografía de La Pampa: en el centro de un mundo que es puro horizonte, arrieros, troperos, domadores, chacareros, arrendatarios, temporarios que siguen la ruta de la cosecha, gauchos capaces de matar a un puma sin armas de fuego, sólo con poncho y cuchillo, gente sin más rango particular salvo el egoísmo y las enfermedades imaginarias, se mueven o permanecen, son visibles e invisibles, son la "materia" humana de una vasta tierra sin término.

Drama familiar. Sobre esta inmensidad natural, se levanta una naturaleza artificial: la industria, más exactamente la fábrica de la familia Belladona, el patriarca Cayetano, los hijos Luca y Lucio, las hermanas Ada y Sofía. El patriarca encerrado en sus dominios. Los hijos rivales, las muchachas liberadas, promiscuas, entregadas al placer, sobre todo si lo procura el extranjero, Tony Durán, puertorriqueño de Nueva York, llegando al pueblo de La Pampa, amante de las hermanas, elegante, dicharachero, perturbador, asesinado. Y hay la madre fugitiva, irlandesa, que huye en cuanto sus hijos cumplen tres años de edad.

Narración de personajes. A los de la familia propietaria se agregan, decisivamente, el abogado Cueto y el jefe de policía

Croce. Éste lo sabe todo, escarba en todos los rincones, sabe que los demás saben que sabe, saber es su fortuna y su daño. Cuando sabe lo que nadie más sabe, se interna voluntariamente en un manicomio y observa la "Comedia Humana" que involucra al abogado Cueto y al supuesto asesino de Tony, el sirviente japonés Yoshio.

Novela policial. ¿Quién mató a Tony Durán? Las sospechas recaen sobre el japonés Yoshio, que es detenido y encarcelado. Sólo que Yoshio es ajeno al drama familiar que es el corazón de la trama, "The heart of the matter", diría Graham Greene, y no es fortuito que cite a Greene, cuyos "Entretenimientos" (*A Gun for Sale*, *The Ministry of Fear*) son intensas novelas morales disfrazadas de trama criminal. Pero, ¿no es Hamlet una obra detectivesca en la que el príncipe de Dinamarca, asesorado por el fantasma de su padre, investiga y captura al criminal Claudio? ¿No es *Los miserables* una novela de detectives en la que el inspector Javert busca con celo rabioso al criminal Jean Valjean? No doy más ejemplos. Sólo sitúo a Piglia genéricamente y mucho más allá de cualquier reductivismo.

Novela que se sabe ficción. Parte de la armazón (y de la prosa) de *Blanco nocturno* son las notas numeradas a pie de página con las que Piglia refiere acontecimientos relacionados con la novela, introduce notas políticas, económicas, financieras, que enriquecen la trama sin entorpecer la narración. Este estilo propio del autor nos va guiando con sutileza por una República Argentina cuyo pasado no sólo ilustra su presente, sino, con otra vuelta de tuerca, nos revela la novedad del pasado.

Renzi. No revelo los misterios que tan hábilmente entrelaza Piglia si me refiero al personaje cuasi-narrador, el periodista Emilio Renzi, a quien ya conocimos como joven escritor en una novela anterior, *Respiración artificial*. Bisoño autor entonces, Renzi escribe la historia de las traiciones (y tradiciones, que a veces es lo mismo) de su familia antes de encontrarse con el protagonista de las mismas, su tío Marco Maggi. Lo cual remite al lector a la dictadura de Juan Manuel de Rosas y al cabo, al drama de la nación argentina: ¿por qué, teniéndolo todo, acaba por no tener nada? Otro "detective", Arozena, busca la respuesta a los enigmas. Al no encontrarlos él mismo, nos envía a *Blanco nocturno* con un Renzi periodista, envejecido, cínico, útil e inútil para la prensa, perdido para la literatura, salvado por la imaginación de Ricardo Piglia.

5. Hablando de mujeres, la actriz Eva Duarte protagonizaba en 1943 una serie radiofónica sobre mujeres célebres de la historia: María Antonieta, la emperatriz Carlota, Madame du Barry… Estos programas se anunciaban en la Biblia de la radiofonía argentina, *Sintonía*. Eran bastante atroces y la actriz era pésima. Tomás Eloy Martínez transcribe a la perfección sus parlamentos en la novela *Santa Evita*, "Masimiliano sufre, sufre, y yo me vuá volver loca!". Las películas de Eva Duarte no eran mejores; recuerdo haber visto una adaptación de *La pródiga* de Alarcón que, como anota Tomás Eloy, parece filmada antes de la invención del cine. Y en la portada de la revista *Antena*, Eva Duarte aparecía a veces con trajes de baño de mal corte, o disfrazada de marinero.

Así la conocí, de oídas, antes que al propio coronel Juan Domingo Perón, a la sazón ministro del Trabajo en el gabinete militar del general Edelmiro Farrel y rumorado, ya, como el poder detrás del trono. Cuál no sería mi sorpresa, al regresar a México en 1945, de saber que en 1944 Perón y Eva Duarte se habían conocido y que ahora, frente a las multitudes, interpretaban su propia radionovela, sin necesidad de imaginar, él, que era César, y ella, que era Cleopatra. La primera vez que los vi juntos en su balcón de la Plaza de Mayo, en el noticiero EMA, supe que de ahora en adelante, Eva Duarte y Juan Perón iban a interpretar a dos personajes llamados "Eva Duarte" y "Juan Perón", o como lo indica Tomás Eloy, dejaron de distinguir entre verdad y mentira, decidieron que la realidad sería lo que ellos quisieran: actuaron como novelistas. "La duda había desaparecido de sus vidas".

Realidad y ficción. Se ha vuelto un tópico decir que en América Latina la ficción no puede competir con la realidad. Las novelas de Carpentier primero, de García Márquez y Roa

Bastos enseguida, le dieron suprema e insuperable existencia literaria a esta verdad hiperbólica. No era —no es— posible, en este sentido ir más allá de *El otoño del patriarca* y *Yo el Supremo*. Sin embargo, sigue siendo cierto que la novela difícilmente compite con la historia en Latinoamérica. Se ha citado una conversación que tuvimos García Márquez y yo a raíz de una increíble secuela de eventos latinoamericanos: Había que tirar los libros al mar, la realidad los había superado.

Tomás Eloy Martínez vuelve a los surtidores mismos de esta paradoja latinoamericana para recordarnos, primero, que en ella se encuentra el origen de la novela; en seguida, para someter la paradoja a la prueba de la biografía (la vida y muerte de un personaje histórico, Eva Perón); y finalmente, para devolver una historia documentada y documentable a su verdad verdadera, que es la ficción.

"El único deber que tenemos con la historia es re-escribirla", dice Oscar Wilde citado por Tomás Eloy. Y el propio autor argentino elabora: "Todo relato es, por definición, infiel. La realidad... no se puede contar ni repetir. Lo único que se puede hacer con la realidad es inventarla de nuevo". Y si la historia es otro de los géneros literarios, "¿por qué privarla de la imaginación, el desatino, la exageración, la derrota que son la materia prima de la literatura?".

Walter Benjamin escribió que cuando un ser histórico ha sido redimido se puede citar todo su pasado, tanto las apoteosis como los secretos. Imaginemos, por un momento, lo que pudo ser la vida irredenta de Eva Duarte, nacida en el "pueblecito" de Los Toldos el 9 de mayo de 1919, hija natural, muchacha prácticamente iletrada que nunca aprendió ortografía, que decía "voy al dontólogo" cuando iba al odontólogo, obligada a aprender urbanidad básica, una Eliza Doolittle de la Argentina profunda, esperando al Profesor Higgins que le enseñara a pronunciar las "erres". En vez, la llevó a Buenos Aires, a los quince años, el director de una orquesta de tangos bufa, llamado Cariño, quien acostumbraba disfrazarse de Chaplin.

Al iniciarse el ascenso de Eva Perón, la oligarquía y las élites argentinas le opusieron el desprecio más feroz. "Esa mina barata, esa copera bastarda, esa mierdita": a los ojos de sus enemigos sociales, Eva Duarte era "una resurrección oscura de la barbarie". En un país convencido —engañado— de ser "tan etéreo y espiritual que lo creían evaporado, la derrota —mediata e inmediata— de la oligarquía argentina y sus pretensiones por "la mina barata" es una de las mejores historias de venganza política de nuestro tiempo.

El arma histórica de la *vendetta* de Evita fue una sola: no perdonar, no perdonar a nadie que la humilló, la insultó, la golpeó. Pero su arma mítica fue mucho más poderosa: Eva Duarte creía en los milagros de las radionovelas. "Pensaba que si hubo una Cenicienta, podía haber dos". Esto es lo que ella sabía. Esto es lo que ignoraban sus enemigos. Evita era una Cenicienta armada. La Argentina no era el olimpo europeo de la América Latina.

La Cenicienta en el poder. Por sórdida y naturalista que sea la historia de los orígenes y el ascenso de Eva Duarte, la acompaña desde un principio otra historia, mítica, mágica, hiperbólica. Los enemigos de Evita no vieron más que la novela naturalista, a lo Zola: Evita Naná. Ella se propuso vivir la novela novelada, a lo Dumas: Cenicienta Montecristo. Pero ni ella ni sus enemigos veían más allá de la Argentina culta, parisina, cartesiana, que las élites porteñas, con Victoria Ocampo y la revista *Sur* a la cabeza, le ofrecían al mundo.

¿Pues no vencía la ficción a la historia, la imaginación a la realidad, en un país donde los soldados de un campamento perdido en la Patagonia ponían seis o siete perros contra una pared, atados, formaban un pelotón y los fusilaban en medio de tiros errados, aullidos y sangre? "Lo único que nos entretiene acá son los fusilamientos". Tomás Eloy Martínez recuerda, y describe, la afición de los militares argentinos por las sectas, los criptogramas y las ciencias ocultas, culminando con el reino del "Brujo" López Rega, eminencia gris de la siguiente señora Perón, Isabelita. Sólo a la fábula fantástica puede pertenecer el plan de un coronel argentino para asesinar a Perón: cortarle la lengua mientras duerme. Y Eva misma, cuando conoce a Perón en 1944, empezaba ya a practicar su vocación filantrópica manteniendo a una tribu de albinos mudos escapados de los cotolengos. Se los presenta a Perón. Están desnudos, nadando en un lago de mierda. Horrorizado, Perón los despacha en un jeep. Los albinos se escapan, perdidos para siempre en los maizales. ¿Realidad o ficción? Respuesta: La realidad es ficción.

Tomás Eloy lo admite: las fuentes de su novela son dudosas, pero sólo en el sentido de que también lo son la realidad y el lenguaje. Se filtran deslices de la memoria, verdades impuras. "A lo mejor no estaba sucediendo nada de lo que parecía suceder. A lo mejor la historia no se construía con realidades sino con sueños. Los hombres soñaban hechos, y luego la escritura inventaba el pasado. No había vida, sólo relatos".

Eva Perón, la Cenicienta en el poder, lo ejerció como la madrina de un cuento de hadas. Como un Robin Hood con faldas, lo daba todo, atendía a las inmensas colas de gente necesitada de un mueble, un traje de novia, un hospital. Argentina se convirtió en su Ínsula Barataria, sólo que el Quijote era ella y Sancho Panza su marido realista, jornalero, chato, sin el carisma que ella le dio, el mito que ella le inventó y que él acabó por aceptar e interpretar. Mítica, Eva Perón podía ser, sin embargo, tan dura como cualquier general o político. Pero esto era secundario al hecho central: Cenicienta no tenía que hacer malas películas y actuar en malas radionovelas. Cenicienta podía actuar en la historia y, lo que es más, verse en la historia. Tomás Eloy narra un maravilloso episodio en que Eva en la platea ve a Eva en la pantalla visitando al Papa Pío XII. La actriz frustrada va repitiendo en voz baja el diálogo silencioso entre la Primera Dama y el Santo Padre. Ya no es necesario actuar en los foros despreciados de Argentina Sono Film. Ahora el escenario es nada menos que el Vaticano, el Mundo… y el cielo. La historia perfecta, después de todo, sólo puede escribirla Dios. Pero imitar la imaginación de Dios es acceder, en la tierra, a su reino virtual. Santa Evita lo fue en vida: en 1951, una niña de 16 años, Evelina, le envía dos mil cartas a Evita, a razón de cinco o seis por día. Todas con el mismo texto, como se le reza a las Santas. Evita ya era en vida, como dice Ricardo Garibay de nuestra Santa Patrona Mexicana, la Virgen de Guadalumpen.

¿Cómo iba a soportar ese cuerpo, esa imagen, la enfermedad y la muerte? "Prefiero que me mate el dolor y no la tristeza", dice Eva Perón cuando su cáncer se vuelve terminal. A los treinta y tres años, la mujer poderosa, bella, adorada, caprichosa, filantrópica, la esposa de Perón pero también la Amante de los Descamisados, la Madre de los Grasitas, se hunde fatalmente en la intolerable muerte temprana, la joven parca se la lleva… Y la ficción que la rodea cada vez más se acentúa con la agonía. Su mayordomo, Renzi, retira los espejos de la recámara de la moribunda, inmoviliza las básculas en 46 perpetuos kilos, descompone los aparatos de radio para que ella no escuche el llanto de las multitudes: Evita se muere. Pero muerta, Eva Perón va a iniciar su verdadera vida. Ésta es la esencia de la alucinante novela de Tomás Eloy Martínez, *Santa Evita*.

Un cadáver errante. El Dr. Ara, una suerte de Frankenstein criollo, se va a encargar de darle vida inmortal al cadáver embalsamado de Eva Perón. "Evita se había tornado tensa y joven, como a los veinte años… Todo el cuerpo exhalaba un suave aroma de almendras y lavanda… una belleza que hacía olvidar todas las otras felicidades del universo". El toque final de la teatralidad del Dr. Ara es poner a la muerta flotando en el aire puro, sostenida por hilos invisibles: "Los visitantes caían de rodillas y se levantaban mareados".

Al caer Perón en 1955, los nuevos militares decidieron desaparecer el cadáver de Evita. Pero no lo incineraron, con lo fácil que hubiera sido quemar esos tejidos rebosantes de químicos: volaría en cuanto le acercasen un fósforo. El presidente en funciones ordena, en cambio, que sólo se le dé cristiana sepultura. Es un cuerpo "más grande que el país", en el que los argentinos han ido metiendo todos "la mierda, el odio, las ganas de matarlo de nuevo". Y el llanto de la gente. Quizás dándole cristiana sepultura caerá en el olvido.

Pero Eva Perón, al fin dueña de su destino, se niega a desaparecer. Magistralmente, Tomás Eloy Martínez nos va develando la manera como Evita sigue viviendo, asegura su inmortalidad, porque su cuerpo se convierte en objeto de placer incluso para quienes la odian, incluso para sus guardianes… El fetichismo, indica Freud, es una alteración del objeto sexual. Provoca una satisfacción sustituta —satisfacción, pero también frustración—. Los guardianes del cadáver de Evita no sólo sustituyen el imposible amor sexual con la Diosa o Hetaira nacionales. Aseguran la supervivencia del cadáver, asistidos por el Dr. Ara que, por supuesto, se aferra a que su obra maestra perdure. Triplican el cadáver: uno real y dos copias, el real señalado por marcas ocultas en la oreja, en el sexo. Mueven el cadáver —los cadáveres— para despistar, para deshonrarlo y para seguirlo honrando, para monopolizar la posesión de Evita Perón en su errancia fúnebre, de desván a sala de proyecciones, a cárceles de la Patagonia, a camiones del ejército, a buques transatlánticos pasando por áticos familiares. La llaman La Difunta. ED. EM (Esa Mujer). La llaman "Persona".

Persona: la lengua francesa carece de nuestro rotundo "Nadie", del "nessuno" italiano, del "nobody" inglés. Le da a Nadie su Persona: *Persona* es respuesta negativa, elipsis de la inexistencia, sustantivo abstracto… De esa Persona que no es Nadie se enamoran los sucesivos carceleros del cadáver. El coronel Moori Koenig, encargado del secreto del cadáver, está a punto de destruirlo a base de zangoloteos, una Evita nómada que va y viene por la ciudad porque no hay ningún lugar seguro para ella —salvo, a la postre, la obsesión del propio coronel—. La odia. La necesita. La extraña. Ordena a sus oficiales orinarse sobre el cadáver. Pero no soporta la ausencia de Evita cuando otro oficial, el Loco Arancibia, la esconde en el ático de su casa y desencadena la tragedia familiar: la mujer de Arancibia muere invadiendo el sacro recinto de la muerta, Arancibia pierde la razón. Evita sobrevive a todas las calamidades. Su muerte es su ficción y es su realidad. Adonde quiera que es llevado, el cadáver amanece misteriosamente rodeado de cirios y flores. La tarea de los guardianes se vuelve imposible. Deben luchar con una muerte en cuya vida creen millones. Sus reapariciones son múltiples e idénticas: sólo dice que los tiempos futuros serán sombríos, y como siempre lo son, Santa Evita es infalible.

El embalsamador lo supo siempre: "Muerta, puede ser infinita".

Es el Dr. Ara quien se encarga, muerta Evita, de contestar las cartas que le siguen dirigiendo sus fieles, pidiendo trajes de novias, muebles, empleos. "Te beso desde el cielo", contesta la muerta. "Todos los días hablo con Dios". Los carceleros del cadáver son, ellos mismos, los prisioneros del fantasma de Persona, La Difunta, Esa Mujer. "Dejó de ser lo que dijo y lo que hizo para ser lo que dicen que dijo y lo que dicen que hizo".

El cuerpo de Eva Perón se muere pero no deja detrás su destino. El arte del embalsamador es semejante al del biógrafo. Consiste en paralizar una vida o un cuerpo, dice Tomás Eloy Martínez, "en la pose en que debe recordarlos la eternidad". Pero el de Evita es un destino incompleto. Necesita un destino último "pero para llegar a él habrá que atravesar quién sabe cuántos otros". Enloquecido por Eva, el coronel Moori Koenig cree asistir al destino de Persona cuando ve el alunizaje de los astronautas norteamericanos. Cuando Armstrong empieza a cavar para recoger piedras lunares, el coronel grita: "¡La están enterrando en la luna!". Yo me quedo, más bien, con este otro clímax: El capitán de artillería Milton Galarza acompaña el cadáver de Persona a Génova en el "Contessino Biancamano". El cuerpo embalsamado viaja en un féretro inmenso, zarandeado, relleno de periódicos, de ladrillos. La única diversión de Galarza durante la travesía es bajar a la bodega y conversar todas las noches con Persona. Eva Perón, su cadáver, "es un sol líquido".

El último enamorado. El formalista ruso Victor Shklovsky admiró la temeridad de los escritores capaces de revelar el entramado de sus novelas, exhibiendo impúdicamente sus métodos. Don Quijote y Tristram Shandy son dos ejemplos ilustres de este "desnudar del método"; *Rayuela*, un gran ejemplo contemporáneo. Tomás Eloy Martínez pertenece a ese club. *Santa Evita* está construida un poco a la manera del *Ciudadano Kane* de Orson Welles, con testimonios de un variado reparto que conoció a Evita y a su cadáver: el embalsamador, el mayordomo, la madre Juana Ibarguren, el proyeccionista del cine donde el ataúd estuvo escondido —segunda película—, detrás de la pantalla. El peinador de la señora, los militares que se ocuparon de su cadáver.

A todos ellos, sin embargo, los trascienden dos autores. Uno de ellos, abiertamente, es Tomás Eloy Martínez. Es conciente de lo que está haciendo. "Mito e historia se bifurcan y en el medio queda el reino desafiante de la ficción". Quiere darle a su heroína una ficción porque la quiere, en cierto modo, salvar de la historia. "Si pudiéramos vernos dentro de la historia", dice Tomás Eloy, "sentiríamos terror. No habría historia, porque nadie querría moverse". Para superar ese terror, el novelista nos ofrece no vida, sólo relatos. "A lo mejor la historia no se construía con realidades sino con sueños. Los hombres soñaban hechos, y luego la escritura inventaba el pasado". El novelista sabe que "la realidad no resucita, nace de otro modo, se transforma, se re-inventa a sí misma en las novelas".

Pero a partir de este credo, el novelista está condenado a vivir con el fantasma de su creación, con el sueño que inventa el pasado, con la ficción que se inserta entre mito e historia... "Así voy avanzando, día tras día, por el frágil filo entre lo mítico y lo verdadero, deslizándome entre las luces de lo que no fue y las oscuridades de lo que pudo haber sido. Me pierdo en esos pliegues, y Ella siempre me encuentra. Ella no cesa de existir, de existirme: hace de su existencia una exageración".

Tomás Eloy Martínez es el último guardián de La Difunta, el último enamorado de Persona, el último historiador de Esa Mujer.

Santa Evita es la historia de un país latinoamericano autoengañado, que se imagina europeo, racional, civilizado, y amanece un día sin ilusiones, tan latinoamericano como El Salvador o Venezuela, más enloquecido porque jamás se creyó tan vulnerable, dolido de su amnesia porque debió recordar que también era el país de Facundo, de Rosas y de Arlt, tan brutalmente salvaje como sus militares torturadores, asesinos, destructores de familias, generaciones, profesiones enteras de argentinos.

Como la América Latina invade a la República Argentina, como los cabecitas negras van rodeando a la urbe parisina del Plata, así invadió Eva Duarte el corazón, la cabeza, las tripas, los sueños, las pesadillas de la Argentina. Alucinante novela gótica, perversa historia de amor, impresionante cuento de terror, alucinante, perversa, impresionante historia nacional *à rebours*, *Santa Evita* es todo eso y algo más.

Es la prueba del aserto de Walter Benjamin: cuando un ser histórico ha sido redimido, se puede citar todo su pasado, tanto las apoteosis como los secretos.

Los desaparecidos de Tomás Eloy. El lenguaje en la novela, portadora constante de la duda frente a la fe ideológica, la certeza religiosa o la conveniencia política, no puede dejar de lado ni ideología, ni religión ni política. Tampoco puede, la novela, ser dominada por cualquiera de ellas. Lo que puede hacer es convertir ideología, religión o política en problema, abriéndolas a la puerta de la interrogación, levantado el techo de la imaginación, bajando al sótano de la memoria, entrando a la recámara del amor y sobre todo, dejando la ventana abierta a la palabra de Pascal:

—*J'ai un doute à vous proposer.*

Regreso por ello a un novelista que es mi contemporáneo, Tomás Eloy Martínez, y su obra última —su última obra—, *Purgatorio*, donde el autor se propone novelar un tema inescapable: los desaparecidos, la práctica brutal y tétrica de la dictadura militar de los años 1976-1981, llamada "Proceso de Reorganización Nacional". Desaparecer y torturar a los disidentes enfrente de sus esposas e hijos, asesinar a todo sospechoso de leer, pensar o acusar de manera no aprobada por la dictadura, secuestrar a los niños, cambiarles el nombre y la familia.

Toda esta odiosa violación de la persona humana puede ser denunciada en un diario, un discurso, una manifestación.

¿Cómo incorporarla a la ficción, cuando la realidad supera a cualquier ficción?

Tomás Eloy Martínez, en *Purgatorio*, cuenta la historia de una mujer, Emilia Dupuy, hija de un poderoso argentino que apoya la dictadura y celebra sus distracciones, al grado de invitar a Orson Welles a filmar el campeonato mundial de fútbol, comparable al film de Leni Riefenstahl sobre la Olimpiada de Berlín. Emilia se ha casado con un cartógrafo, Simón Cardoso que, obligado a recorrer y medir el territorio, como es su obligación profesional, es confundido con un terrorista por la policía de la dictadura y desaparecido.

¿A dónde van a dar los desaparecidos? Emilia Dupuy sigue, desesperada, las posibles rutas del marido desaparecido, de Brasil a Venezuela a México y al cabo a Estados Unidos, hasta que, mujer de sesenta años, residente en una pequeña ciudad universitaria de Nueva Jersey, recobra al marido perdido.

Sólo que éste sigue siendo un hombre de treinta años y rompe la costumbre de Emilia, que es sentir la ausencia de la única persona que amó en la vida y que ahora regresa con una "sonrisa de un lugar muy lejano".

No digo más, sino que Orson Welles pone como condición para aparecer en la película que los militares hagan aparecer a los desaparecidos. Y es que en la novela, como en el cine, se pueden crear todas las realidades, imaginar lo que aún no existe y detener el tiempo.

Busquemos entonces, en la novela, la realidad de lo que la historia olvidó. Y porque la historia ha sido lo que es, la literatura nos ofrece lo que la historia no siempre ha sido.

Tomás Eloy Martínez fue —es— un maestro de este arte.

17. El crack

1. La Ciudad de México era una novedad. Como lo fue la revolución misma. A partir de 1910, México, país tradicionalmente incomunicado con México, se descubrió a sí mismo. Grandes cabalgatas de los ejércitos, de Sonora en el Norte a Morelos en el Sur. La revolución en ferrocarril: soldados y soldaderas. Los zapatistas desayunando en el viejo Jockey Club de la calle Plateros, mirándose por primera vez en un espejo (*Gringo viejo*).

Poesía de la revolución: El corrido. "En mil novecientos quince / jueves santo en la mañana / salió Villa de Torreón / a combatir en Celaya". Poesía de la contra-revolución: Ramón López Velarde y su "íntima tristeza reaccionaria". Pintura de la revolución: Los "tres grandes", Diego Rivera, José Clemente Orozco, David Alfaro Siqueiros. Cine de la revolución: Eisenstein, soviético. Fernando de Fuentes, Gabriel Figueroa.

Entonces, ¿nativismo? No, no hay Rivera sin Paolo Ucello y Paul Gauguin. Ni Orozco sin expresionismo alemán, Otto Dix y Georg Grosz. Ni Siqueiros sin futurismo italiano: Boccioni, Carrá. Vasconcelos, ministro del presidente Álvaro Obregón y primer educador de la revolución, así lo entendió. Maestros rurales para llevar el alfabeto al campo, aunque los hacendados les cortaran las orejas o los colgaran de los árboles: el 90% del país era analfabeta y los señores feudales no querían campesinos que supieran leer y escribir. Al mismo tiempo Vasconcelos nos dio ediciones esmeradas de los clásicos griegos y latinos, de Dante a Goethe, porque ¿qué iban a leer los iletrados cuando dejaran de serlo? ¿*Don Quijote* o los *comics*? Y le entregó los espacios públicos a Rivera y Orozco, sentando una paradoja divertida: Los artistas de la revolución criticando a los gobiernos de la revolución. Impensable en la Unión Soviética de Stalin, la revolución mexicana reivindicó esta libertad estética a cambio, es cierto, de las muchas libertades políticas que le negó a la ciudadanía. Es que la revolución en México precedió a la revolución en Rusia, en China, en Cuba…

Hubo una gran explosión creativa. Pero una vez que la revolución se bajó del caballo, apareció un chovinismo negativo. Como México no hay dos. El que lee a Proust se proustituye. El que no se ocupa exclusivamente de México es un traidor. O como dice un personaje del novelista Ignacio Solares, "Yo soy puro mexicano. No tengo nada de indio ni de español".

Alfonso Reyes, el mejor prosista en castellano de su tiempo, según Jorge Luis Borges, se convirtió en blanco de los nacionalistas extremos. Vivía en el extranjero, se ocupaba de Goethe y de Mallarmé, de Homero y de Virgilio. Le daba la espalda a México. Reyes contestó a estos ataques con un texto —*A vuelta de correo*— que no sólo defendía a Reyes sino a todos los que se arrogasen el derecho de ver más allá de lo que José Luis Cuevas llamaría "La cortina de Nopal". Contestó Reyes en *A vuelta de correo*: "La única manera de ser provechosamente nacional consiste en ser generosamente universal. Pues nunca la parte se entendió sin el todo. No, nadie ha prohibido a mis paisanos —y no consentiré que a mí nadie me lo prohiba— el interés por cuantas cosas interesan a la humanidad".

Evoco este "pasado inmediato" como antecedente de una liberación de nuestra novela, que culmina con las obras de Yáñez y Rulfo, corona de sol y sangre del México rural y revolucionario, y se abre a la vida urbana moderna con dos de mis excelentes contemporáneos, Sergio Pitol (*El desfile del amor, La vida conyugal, El tañido de una flauta, Domar a la divina garza*) y Fernando del Paso (*Noticias del imperio, José Trigo*), se despliega como liberación del lenguaje en Gustavo Sainz (*Gazapo*) y en José Agustín (*De perfil, La tumba*), recupera la voz "sorjuanista" de una pléyade de mujeres (Margo Glantz, Elena Poniatowska, Ángeles Mastretta, María Luisa Puga) y ofrece caminos de novedad y extravío: Héctor Manjarrez (*Rainey el asesino, Pasaban en silencio nuestros dioses, El camino de los sentimientos*), sin olvidar a Jorge F. Hernández, José María Espinasa y Tomás Mojarro, para culminar, contemporáneamente, en la generación autonombrada "El crack".

La literatura mexicana posterior, a veces anterior (Rosario Castellanos), y en todo caso paralela (Salvador Elizondo) a la generación del crack, acaso responde a la tesis de Vladimir Propp en su *Morfología del cuento*. Existe una matriz de la ficción de la cual surgen una docena de variantes. Las funciones se repiten, lo cual presenta a los innovadores con un dilema: hallar la originalidad en variantes y funciones muy limitadas.

Esto presenta un interesante problema para los sucesores más jóvenes de los autores que aquí he tratado. Las grandes formas de la gestación —mito, épica, utopía— culminan pero se adaptan a la escritura que vengo describiendo. La creación requiere de la tradición y la tradición necesita a la creación. Una, sin la otra, perece o se estanca. *Pedro Páramo* y *Cien años de soledad*, *Paradiso* y *Rayuela* son culminación —temática, estilística— en sí mismas, irrepetibles. Juan Gabriel Vásquez no puede escribir *como* García Márquez pero tampoco *sin* García Márquez. O Matilde Sánchez *como* o *sin* Borges. O, para ir más lejos, Vargas Llosa *como* o *sin* Gallegos. Y si *Paradiso* o *Pedro Páramo* son irrepetibles, sólo culminan para adelantar.

Digo lo anterior para indicar, en la literatura mexicana, algo que podría llamarse "el efecto Elizondo". Salvador Elizondo fue un flagrante crítico para quien, después del *Ulises* de Joyce, no había más novela posible. Para demostrar lo cual, escribió una enigmática novela, *El hipogeo secreto* (1968). También nos dejó un libro improbable, *Elsinore* (1988) la memoria, llena de humor, disfraz y aun, metamorfosis, de su paso por una escuela militar norteamericana donde "Elizondo" se convirtió en "Elsinore", castillo de la tragedia y también escenario del teatro dentro del teatro y de la comedia que no se sabe tal.

El libro de Elizondo que más retiene mi atención, en sí mismo, claro, pero también para los efectos del presente volumen, es *Farabeuf* (1965). Ofrecida como "La crónica de un instante", *Farabeuf* es también el puente de un estilo. Retroactivamente, me doy cuenta de que, sin este libro, sería difícil concebir los que le siguieron escritos por Ignacio Padilla o Jorge Volpi. Si éstos y sus contemporáneos representaron una ruptura con el pasado de Azuela-Guzmán-Yáñez-Rulfo, el puente entre unos y otros —o la ruptura, si prefieren ustedes— es el *Farabeuf* de Elizondo. Historia de un doctor "especializado" en transformaciones, Farabeuf (Elizondo) quisiera contener todas las metamorfosis en una sola, instantánea, que aboliese todos los tiempos a favor de un solo tiempo que, a su vez, contuviese todos los espacios. El conducto para semejante operación es el mal, es el dolor, es la tortura, es la negación de todo para afirmarlo todo.

Riesgosa —y arriesgada— operación literaria, Elizondo la emprende con una ligera mueca que es sonrisa. Entre ambas, acaba prefiriendo una libertad literaria que será la de sus sucesores. Lejos de cerrar el capítulo de la narración; Elizondo lo abrió, de manera cruel, extrema, fascinante, con la novela que va *más allá*, *Farabeuf* o La crónica de un instante.

Crack en inglés es una palabra polivalente. Significa ruptura, separación, superioridad. Significa golpe, exageración, novedad y fisura. Significa locura, conversación y, todo ello, el anuncio de algo nuevo, mediante el ruido explosivo.

La del crack es la primera generación literaria que se da un nombre propio después del boom.

Hizo bien en establecer un espacio y una diferencia, no para negar una tradición, sino para hacernos ver que había una nueva creación —y que no hay creación que valga sin tradición que la sostenga.

El grupo del crack culmina, en cierto modo, la reivindicación del derecho a la diversidad que Elizondo cobró en *Farabeuf*. Críticos de lo inútil o rebasado, reclamándose por ello mismo continuadores de una "tradición de la ruptura", exigentes sabedores de que hace medio siglo hubiesen sido quemados en el Zócalo y acaso desilusionados de su normal aceptación actual, "tránsfugas" ayer, radicales radicalizados hoy, sus obras son el termómetro de una diversidad crítica que refleja y aun anticipa dichos valores en una sociedad política que no se resigna del todo a abandonar usos y costumbres pretéritos y arraigados.

La referencia, por ser inagotable, requiere ser acotada y doblemente acotada: novelistas mexicanos y sólo seis de ellos: el crack son Jorge Volpi, Ignacio Padilla, Pedro Ángel Palou, Eloy Urroz, Cristina Rivera Garza y pariente acaso Xavier Velasco.

Si Padilla, Volpi, Palou, Urroz o Rivera Garza hubiesen publicado sus novelas en, digamos, 1932, los cinco habrían sido llevados a la cima de la pirámide de Teotihuacan para arrancarles el corazón y arrojárselos a las jaurías nacionalistas, acusados de afrancesados, malinchistas, cosmopolitas, tránsfugas de la realidad y enemigos de la Revolución.

La normalidad de su presencia hoy, el aplauso que reciben, el reconocimiento internacional que cosechan, hablan muy a las claras de la superación de una etapa reductivista y dogmática de nuestra literatura.

Volpi, Palou, Padilla, Urroz y Rivera Garza no necesitan justificarse ni ante la Virgen de Guadalupe ni ante la Malinche, las dos madres de México, la buena y la mala, la milagrosa y la milagrera, la que nos arroja el salvavidas de la fe cuando ya no creemos en nada —regla recurrente— y la que nos advierte con irónica tristeza que efectivamente no debemos confiar en nada —política aún más frecuente.

2. En la dedicatoria de *A vuelta de correo* a mi padre, dice don Alfonso Reyes: "Un agarroncito a la mexicana, para no perder la costumbre".

El crack, a su manera, fue otro —inevitable— "agarroncito", como lo es todo movimiento de renovación.

Hoy no debemos, sin embargo, aceptarlos como prueba de una normalidad creativa, sino como activos reivindicadores no sólo de la novedad a secas, sino de la tradición de la novedad.

Me explico: Es a la incertidumbre propia de la novela, a la ruptura genérica, a la tradición cervantina, a donde nos lleva la obra de Ignacio Padilla.

Padilla, en *Amphitryon*, le da a la palabra hipóstasis todos sus niveles de significación paradójica: existencia auténtica, pero también tránsito de un significado a otro y por último relación entre las tres personas de la Trinidad, para voltearle el tablero de ajedrez a Europa, cargar al viejo continente con nuestra propia búsqueda de identidades y establecer, mediante un juego mortal, el trueque de señas de un guardagujas austrohúngaro durante la Primera Guerra Mundial, un proyecto para crear dobles de los jerarcas nazis durante la Segunda Guerra Mundial y la verdadera identidad de Adolf Eichmann, él también maestro de un ajedrez mortal. Adolf Eichmann, el verdugo de "La solución final": eliminar a once millones de judíos.

Y más lejos: en *La gruta del Toscano*, Padilla nos conduce a una cueva de los Himalaya en cuyo lugar más hondo, misterioso e impenetrable podría —podría— encontrarse el infierno de Dante, es decir, hallarse el espacio material de una realidad literaria.

Visionarios, hombres de fe, tropas militares: las expediciones a la gruta se suceden. Todas fracasan. Pero todas dan una versión oficial de la caverna. Todas mienten. Pero no todas dicen la verdad, porque la caverna es una ficción, es una leyenda que sólo se entiende leyendo, no viendo o midiendo.

La realidad es una convención.

Y la realidad de la literatura es una mentira, pero esa mentira, dice Dostoievski del *Quijote*, esa mentira salva a la realidad.

Las novelas de Padilla obedecen, paradójicamente, a un credo incrédulo. Su voluntad de crear no es, al cabo, voluntad de negar. Quiero decir que Padilla no niega la tradición porque sabe que sin ella no hay creación que prospere. Lo que hace Padilla —segunda paradoja— es sentir fatiga. Un cansancio donde el pasado es fatigante: la otra cara de la moneda. Fábula declarada, por ejemplo, ante el realismo mágico, no ante Carpentier y García Márquez, sino hacia los seguidores fatigados que en la continuación innecesaria de *El reino de este mundo* o *Cien años de soledad* fueron cerrando puertas y exiliando soles bajo un espeso ramaje de selvas de cartón y plástico. Escribir mal para ser leídos, no mejor, sino más. Ésta es la fatiga que fatiga a Padilla o lo mueve exhausto de legislación imperiosa, a aventurarse en nuevos terrenos —*Amphitryon*, *La gruta del Toscano*, que ocurren en lo que Padilla llama "El imperio del caos": La construcción de un cosmos literario que tenga el derecho de autodestruirse.

Por eso, Padilla se propone renovar al lenguaje desde adentro, desde las cenizas del lenguaje, que a menudo sólo son fuegos olvidados, aunque no apagados. Para leer a Padilla, habría que leer de nuevo —o por primera vez— a los trovadores pero aprender —cuánto más difícil— a oír rapsodas, folkloristas, voces arcaicas, atavismos de la lengua. Escuchar lo no escrito. Recordar lo olvidado, y como lo no escrito y lo olvidado a veces carecen de huella, inventar el lenguaje del olvido y la no-escritura.

La "legalidad" de este procedimiento de Padilla es absoluta, no porque sea comprobable, sino porque no lo es. ¿A qué apuesta, así, Padilla? A que lo no dicho y lo olvidado ha probado la mayor resistencia al paso del tiempo —precisamente porque no podemos comprobar su autoría sino, mejor, adivinarla.

La fe abarcante de Padilla consiste en creer que escribir novela es necesario. Lo es porque los sucesivos medios de comunicación y de información que han pretendido desplazarla —prensa, radio, televisión, cine, red, twitter, ipad—, sólo han comprobado que la novela dice lo que no puede decirse de ninguna otra manera: las razones del corazón y de la cabeza que la cabeza y el corazón ignoran. Es la lección permanente de Pascal y nadie la ha entendido mejor que Ignacio Padilla.

3. ¿Héroe o traidor? ¿Fiel o infiel a la ciencia? ¿Fiel o infiel a su patria? ¿Avanzó lo más velozmente posible en la construcción del arma atómica para darle la victoria a Hitler? ¿O retrasó a propósito su trabajo para negársela al Führer?

Éste es el dilema vital de Werner Heisenberg (1901-1976) el físico alemán que en 1932 obtuvo el Premio Nobel y que es famoso sobre todo por su "principio de la indeterminación", según el cual ningún sistema mecánico puede poseer, al mismo tiempo, velocidad y posición idénticas. Esta teoría fue un corolario de las grandes contribuciones de Heisenberg a la teoría cuántica, de acuerdo con la cual medir con precisión una variable de tiempo-espacio es medir con imprecisión la variable relativa.

Heisenberg fue discípulo del gran físico danés Niels Bohr (Premio Nobel, 1922) y autor, a su vez, del no menos famoso "principio de complementariedad": las evidencias de los experimentos físicos son siempre "complementarias", dado que "sólo la totalidad de los fenómenos agota la posible información sobre los objetos".

En 1941, en la Dinamarca ocupada por los nazis, Bohr y su discípulo Heisenberg se reunieron. Los ligaba el afecto. Los separaba la política. ¿Qué se dijeron en ese encuentro misterioso?

Nadie lo sabe. Heisenberg regresó a Alemania para continuar en el proyecto atómico nazi. Bohr huyó a Suecia y de allí a Estados Unidos, donde participó en —o al menos atestiguó— el éxito del proyecto atómico norteamericano que culminó con la destrucción de Hiroshima y Nagasaki y el fin de la Segunda Guerra Mundial. ¿Pudo haber terminado la guerra con la destrucción de Londres y Nueva York y la victoria del "Nuevo Orden" hitleriano? Werner Heisenberg se encuentra en el centro de estas preguntas. Como en la fábula de Borges, en unas versiones de la historia es héroe y en otras traidor.

Un debate sobre estos asuntos ocurrió en las prestigiosas páginas del suplemento literario del *Times* de Londres. Aparte de los horrorosos *Miserables* y *Miss Saigón*, el boleto más codiciado en la capital mundial del teatro, que es Londres, era *Copenhague*, la obra de Michael Frayn sobre el encuentro Bohr-Heisenberg. Y en las playas de España el verano de 1999, aparte, otra vez, de los espantosos Ken Follet y compañía, el libro que más se leía era *En busca de Klingsor*, del mexicano Jorge Volpi, Premio Biblioteca Breve, en el que Heisenberg ocupa un misterioso lugar protagónico.

El interés es explicable. La estable ciencia de Newton, que explicó al mundo desde 1687, cayó hecha añicos cuando Albert

Einstein demostró que no había tiempo y espacio absolutos, como lo postulaba Newton, sino puramente relativos. La teoría de la indeterminación de Heisenberg, en cierto modo, culmina el relativismo de Einstein. Cada observador de un fenómeno lo observará de manera diferente. Entre ambas reflexiones, tiene lugar la transformación revolucionaria de la cultura en el siglo XX. La ruptura de la lógica expositiva lineal por Joyce en la novela y Mallarmé en la poesía, Eisenstein en el cine o Picasso en la pintura, a veces anticipan, a veces continúan, la nueva visión de la ciencia. Y de la política en cuanto violencia bélica. Como dijo Picasso, "los cubistas inventamos el camuflaje".

Una de las grandes virtudes de la novela de Jorge Volpi es que resiste la tentación de darle a su novela el formato vanguardista autorizado por la revolución científica de la percepción de las cosas (la percepción no es solipsista, dijo Husserl: es relación entre perceptor y percibido). En vez, el novelista mexicano, sin renunciar al juego de planos temporales y espaciales, le da a su narración una unidad subyacente que no es simplemente lineal, sino lógica, exactamente como los argumentos científicos esgrimidos y que Volpi expone con un conocimiento y claridad asombrosos. Pero *En busca de Klingsor* no es un tratado de física cuántica. Es, si quieren ustedes, un thriller superior, tan bueno en este sentido como las películas de Fritz Lang sobre el misterioso Doctor Mabuse que dirige desde la cárcel sus operaciones criminales o como la novela de Eric Ambler *La máscara de Dimitrios* que, barajando tiempos y espacios, es una búsqueda, también, del antihéroe epónimo.

Pero, entretenida como lo es en su continuo juego del suspense, *En busca de Klingsor* es ante todo una fábula moral de nuestro tiempo. La sólida base expositoria científica, más la apasionante intriga narrativa del libro, proponen una pregunta esencial: ¿La ciencia ha dejado de ser inocente? ¿Basta tener genio científico para no ser culpable de nada? Todos los absolutos producen traidores, nos advierte Volpi. Y el amor es el mayor de ellos. El amor físico del militar norteamericano Francis Bacon y sus mujeres, pero sobre todo el amor intelectual entre grandes hombres de ciencia, producen no sólo traiciones sino rivalidades pasionales que tiñen la pureza abstracta del trabajo científico.

La búsqueda de Klingsor —héroe germánico mítico, encerrado en su castillo, mirándose al espejo, celoso de su propia imagen— posee un poderoso sustrato cultural, nos coloca en medio del verdadero combate de civilizaciones, no el muy simplón ideado por Huntington, sino otro, más profundo, en el que la fe religiosa —es cierto porque es increíble, la definía Tertuliano— es sustituida por la fe científica, sólo para descubrir que merece menos confianza que la religión. Todos los grandes físicos tienen el perfil de criminales, dice un personaje de Volpi. Sí, porque la ciencia ha dejado de ser "inocente", la ciencia puede no sólo alterar el perfil del universo, sino destruir al universo mismo.

Y sin embargo, una exigencia de tolerancia y calor humano sobrevuela la convicción de que, si todo es relativo, también lo debe ser la relatividad misma y que el universo que nos contiene a todos puede ser, terriblemente, infinito, pero que es, al mismo tiempo, humanamente finito. De nosotros depende mantenerlo vivo como sitio del amor.

En busca de Klingsor, obra de un joven narrador, no carece de defectos, sobre todo cuando el poderoso y fascinante flujo narrativo es interrumpido por conversaciones entre científicos (la visita a Erwin Schrödinger) que ya saben lo que van a decir y se cuentan entre sí lo que ellos ya saben pero el lector ignora. En cambio, la misma figura de Schrödinger es objeto de un brío narrativo cuasi-mozartiano cuando Volpi narra las aventuras del insaciable amante que fue el físico austriaco (Premio Nobel, 1933).

4. Pedro Ángel Palou promete ser —lo es ya— un polígrafo como lo fueron Alfonso Reyes entre 1930 y 1950, Octavio Paz del sesenta al ochenta y José Emilio Pacheco desde entonces para acá: en mayor o menor grado, todos ellos poetas, ensayistas, narradores, vencedores de límites, autores en diálogo de géneros.

Palou, con extrema versatilidad, transita del tema germánico —tan atractivo para su generación— en *Malheridos*, situando en una isla británica a una pareja de amantes y dos bestias destructivas capturados en los enigmas del mal, la violencia y la guerra, a *Con la muerte en los puños*, historia del boxeador Baby Cifuentes, monólogo tartamudo capturado entre el sexo, el alcohol, las drogas y, al cabo, la vida y el lenguaje boxeando siempre con sus sombras.

Y escribe una novela-biografía sobre Emiliano Zapata. ¿Un libro más sobre Zapata? ¿Es superable la gran biografía del caudillo por John Womack? Palou nos dice que sí: Zapata no es sólo una historia, es una psicología, varios sueños y una vida vivida para justificar una canción. Palou nos vuelve a contar los grandes hechos de la gesta zapatista pero se toma la enorme libertad de contarnos, también, los hechos marginales, los detalles que sólo el novelista observa, el mundo onírico del personaje, su sensualidad secreta, su relación con mujeres y, de una manera a la vez rebelde y servil, con un hombre, el patrón al cual Zapata obedece pero al cual humilla en su carnalidad insurrecta.

Bastaría todo ello para darle al *Zapata* de Palou un rango subversivo, en este sentido: la versión oficial del héroe Zapata ofrece un sinnúmero de subversiones o indagaciones narrativas alternas que la historia documental no registra y el santoral revolucionario ignora. Lo interesante del libro de Palou es que el retrato de Zapata el hombre sensual, soñador, colérico, insuficiente, fugitivo de la emoción, engrandece la epopeya vivida por el hombre de la Revolución y su pueblo.

Hay que conocer los amores de Zapata con Josefa, con Gregoria, con las coronelas Carmen y Amelia, con Petra Torres, para entender cuánto recibe y cuánto da un hombre en medio del "hambre canija y la guerra cabrona". Hay que caminar entre pesadillas con los pies cubiertos de sangre, entre casas quemadas, perros enloquecidos y mujeres que huyen con sus hijos en brazos, para tener —poder tener— el sueño de una revolución agraria que "en tres meses cumple un reclamo de siglos". Hay que saber cómo escapar "una y otra vez de todos los presagios" para caer, al cabo, traicionado en Chinameca.

Zapata sale de noche y entra sin ruido como "un nahual solitario" a que "una mujer le arañe la espalda, le sonría hondo, como si estuviera muriéndose y hubiera visto un ángel". ¿Bastan estas epifanías para aguantar tanta celada, tanta traición, tanta tristeza?

Zapata está lleno de columnas de hombres silenciosos, "guerreros cansados, en sandalias, numéricos y exhaustos en medio del trueno". ¿Cómo no prestarle oído, así, a los "pájaros que anuncian su existencia desesperados, misteriosamente despiertos antes de la salida del sol"? Hay aquí una tensión insoportable entre una tierra que les anuncia a los zapatistas "que los está esperando" y la pérdida final de la misma tierra, recuperada apenas en cementerios que ya no tienen lugar para más muertos. Hay una exaltación rebelde de hombres y mujeres fantasmales que invaden sus propias tierras, encuentran un paraíso pasajero —control, justicia, autogobierno— y lo pierden por la equívoca fusión del poder central y autoritario de México, las desconfianzas entre revolucionarios, los malentendidos entre camaradas, la guerra entre tribus y, acaso, porque, como Zapata, la realidad es "un fantasma hecho de símbolos".

Queda la cuestión mexicana (y latinoamericana) perpetua: la promesa de papel y la realidad que niega, aplaza o afirma las palabras. Cuando "la muerte ya no es más que una promesa", permanece el Plan de Ayala que "puso en letra y en papeles lo que la pólvora escribió".

"¡Qué ganas de no tener ganas!" piensa Zapata a medida que se vuelve "fantasma de sí mismo" y entra a "un espejo hecho de símbolos" de donde espera ser arrebatado un día por la historia que todavía le queda. Por el momento, la gran cantata de Pedro Ángel Palou ingresa, con honor, a un solo corrido mexicano que, como el romancero español, le permite al novelista, no contar "la verdad de las mentiras", sino crear "otra verdad".

5. Hay libros que, acaso en honor propio, tardan en recibir el reconocimiento que merecen. Tal es, me parece, el

caso de la extraordinaria novela de la escritora mexicana Cristina Rivera Garza *Nadie me verá llorar*, aparecida en 1999.

Paso por alto —doy por sentada— la belleza y exactitud de la prosa de Rivera Garza. No se escribe impunemente una frase descriptiva de un personaje como esta: "Prudencia Lomas de Burgos. Cuando olvidó su rostro, le bastó el nombre para suavizar las aristas de su vejez". Cito esta frase no sólo por su belleza evocadora, sino porque nos sitúa en el centro de la novela, que es el sentido de la vista. El hilo conductor es la mirada y el que conduce la narración es un fotógrafo mexicano de principios del siglo XX, Joaquín Buitrago, empeñado en recorrer la ciudad del dolor —la *città dolente* del Dante— con los ojos de una cámara capaz de captar ese dolor en el instante en que se transforma en su propia ausencia. En nada. La luz está dentro del sexo, nace de la boca y muere en los ojos. O sea, es fugaz, es perecedera. Pero a veces, por el simple hecho de revelar una apariencia, salva.

El fotógrafo tiene dos espacios preferidos porque en ellos "el perro azul de la memoria" le muerde los tobillos y Buitrago sabe que en esos dos lugares —el prostíbulo y el manicomio— se crucifica, sin remedio, a la esperanza. La viajera de la esperanza es Matilda Burgos, mujer errante, mujer perdida entre los dos polos de su existencia: el lupanar y el manicomio. Es entre los locos, encargado de fotografiarlos, donde Buitrago cree reconocer, en 1920, a una muchacha que años atrás conoció en un burdel. Es Matilda Burgos, personaje central de esta extraordinaria novela que, como Juan Rulfo en *Pedro Páramo*, asume las convenciones del género —la novela de la revolución mexicana en Rulfo y el melodrama de la mujer caída en Rivera Garza— para transformarlos en algo nuevo, insólito, pero que sólo existe gracias al poder de la tradición transformada por la imaginación. El nombre de ese proceso es la creación artística.

Como en la obra clásica del naturalismo mexicano, *Santa* de Federico Gamboa, Matilda viene de una campiña donde su padre "cuidaba de la vainilla como se debe cuidar a una mujer". El gusano en la fruta es el alcohol y Matilda debe abandonar el campo y refugiarse con un tío médico en la antigua

Ciudad de México, cuyo dignísimo cronista, don Artemio del Valle Arizpe, celebra en 1900 la llegada del alumbrado público a la capital mexicana porque la luz eléctrica "espanta al ladrón, modera al intemperante, refrena al vicioso e influye… en el desarrollo de las buenas costumbres". Lo que no impide "la luz eléctrica" (tema de un delicioso corrido celebratorio que cantaba incomparablemente el pintor Rufino Tamayo) es la mala costumbre de rebelarse contra el despotismo político.

Del rancho a la capital: el movimiento personal de Matilda la conduce al círculo revolucionario de Diamantina Vicario y el desvelado rebelde Cástulo, perseguido por la dictadura, un hombre que es como un cabo suelto de esa electricidad celebrada, un hombre para el cual dormir no es un placer, sino una interrupción de la actividad política. Diamantina conspira. Cástulo actúa. Y entre ambos se cuela el Mackie de Brecht, preguntándole al revolucionario: ¿Qué es peor, fundar un banco o asaltar un banco?

En esta novela de negras faldas largas, Cristina Rivera Garza imagina como nadie lo ha hecho en México después de José Revueltas las opciones trágicas y los desgarramientos síquicos entre la teoría y la acción revolucionarias. Lo hace con una intensidad, con una grandeza tales, que junto con la protagonista Matilda debemos, como lectores, hincarnos cuando Diamantina muere, Cástulo se pierde y Matilda ora por ellos y de allí en adelante sólo recuerda sus nombres en secreto, como si su alma fuese el panteón de toda heroicidad fracasada.

De tal suerte que al contrario de la *Santa* de Gamboa, Matilda no va a parar al prostíbulo por engaño o por accidente, sino porque está de luto: por Cástulo, por Diamantina, por México, por la revolución que devora a sus propios hijos. El disoluto, comenta Roland Bathes acerca de las novelas del marqués de Sade, sólo se mueve de un sitio para encerrarse en otro. El encierro aislado le es indispensable al sadista para practicar en secreto su vicio. Que para Matilda es el vicio del dolor disfrazado de esa apariencia que fascina al fotógrafo, la alegría, la impudicia, el carnaval, el mostrarse. Pero Cristina Rivera, con cruel astucia, nos recuerda que el naturalismo de

Zola iba acompañado de la criminología determinista de Lombroso.

El criminal, para Lombroso, lo era por atavismo, por regresión a una etapa primitiva de la evolución. En su *Antropología general* de 1886, Lombroso afirma que las putas tienen pie prensil —o sea, que sirve para coger— como los monos. Matilda, que no ha leído a Lombroso ni a Zola, rompe el determinismo y el encierro mediante la rebelión. Rebelión de las meretrices. O sea, prueba de la locura de Matilda rebelde contra su destino predeterminado.

Que es, además, el de la mujer en la sociedad machista. "Las mujeres… sólo se hicieron para no tenerlas. Pobre del que se queda con ellas". Una mujer se usa, se disfruta, y luego se tira a la basura. ¿Y hay basurero más infame que un manicomio, "el lugar donde se acaba el futuro"? Cristina Rivera Garza ha leído minuciosamente las fichas de los internados en La Castañeda, el antiguo manicomio general de la Ciudad de México. Obsesión por el rezo. Imitación de los animales. Alimentos lamidos de los suelos. Memoria absoluta hacia delante y hacia atrás, tan absoluta que resulta inútil.

Y el abuso físico interminable. Pues no han mejorado las condiciones de muchos manicomios actuales. Yolanda Monge da cuenta, en *El País*, de los hospitales siquiátricos de Bulgaria. Terapias electroconvulsivas sin anestesia. Mujeres atadas con cinturones a camas de metal sujetas al piso con cemento. Niños idiotizados por el aislamiento físico y mental. Locos obligados a devorar sus propias heces. Hablo de hoy, de un informe de Amnistía Internacional. ¿Cuáles serían las condiciones en los manicomios de 1920? Cristina Rivera Garza transcribe documentos fehacientes y los presenta sin comentarios. Ella es una novelista y está preparando la acción siguiente de su narración, que es la escapatoria masiva de los internados (mujeres en el Divino Salvador, hombres en San Hipólito) trasladados al nuevo manicomio general en 1910.

El encuentro de los locos con la ciudad estremece. Los mil dementes que llegan a Mixcoac, entonces en los confines de la Ciudad de México, se sienten desolados por la vida que encuentran fuera de las paredes del asilo siquiátrico. "La prisa de la gente cambiaba la dirección del aire en las calles". Salir del refugio de la locura es aproximarse a un "animal urbano" aun más temible que la propia bestia interior del loco. Los fugitivos se dan cuenta de que su verdadera reclusión era el exterior, no el interior. Y poco a poco, desolados por la vida que encontraban fuera de las paredes del manicomio, "volvían por voluntad propia al asilo".

Matilda ya no saldrá más durante su vida. El manicomio será su "ciudad de juguete". Quiere olvidar. Pero se puede volver loca de no recordar. Sin embargo, hay quien la descubre porque la recuerda. Es el fotógrafo Joaquín Buitrago, el testigo. Un hombre que a los 49 años "todavía es capaz de enamorarse como si tuviera todo el tiempo por delante y nada más que hacer". Salvo amar. ¿Ama a una loca? ¿Recuerda con pasión el cuerpo de Matilda, "la pera de sus caderas desnudas"? ¿Están cubiertos los muebles de su alma con sábanas blancas como si fuesen cadáveres? ¿Debe Joaquín aceptar que su vida es un fracaso también, que el dinero se acaba, que no hay más remedio que bañarse a cubetadas de agua fría y ponerse el único traje negro para darle la cara al mundo?

¿O cabe admitir que al fin, en el manicomio, Matilda Burgos se dispone a vivir encerrada "los años más felices de su vida", los años pacíficos en que no tiene que dar respuestas? Como esa loca a la que le preguntan para certificarla:

"—¿Quién es el Presidente de México?

"—No sé".

Acaso la locura de Matilda sea una sabiduría de otro rango, en el cual Buitrago puede comprender que entre hombre y mujer ciertas lejanías provocan dicha y que el fracaso puede ser saludado como reposo, paz y silencio. Porque extramuros, en la ciudad dantesca, la guerra nunca termina, el estado de sitio es permanente y todos los días, en México, es crucificada la esperanza.

Hay un residuo de la nobleza original pero recuperable. La abraza el trópico. Es la pirámide de El Tajín en Veracruz. Allí, la arquitectura es perfecta, la belleza es impronunciable y la edad es inmemorial. De allí vienen Matilda Burgos y su novela.

6. Roberto Soto (el "Panzón" Soto) era un cómico de teatro de revista mexicano de los años veinte y treinta. Igual que Leopoldo (el "Chato") Ortín y Carlos López (el "Chaflán"), Soto fue desplazado por la implacable personalidad de Mario Moreno ("Cantinflas"), quien ni siquiera toleró a su compañero de comedia inicial (Manuel Medel) y sólo tuvo más tarde, un rival, Germán Valdés ("Tin Tán") y otros secundarios ("Clavillazo", "Resortes").

Si evoco estas historias del cine y el teatro cómicos de México, es para hacer una malvada alusión a otro Roberto Soto, el personaje de *Fricción* de Eloy Urroz que recuerda al "Panzón" por su nombre, sólo que el personaje de Urroz se llama Roberto Soto Gariglietti y se reclama no de un cómico de carpa, su homónimo mexicano, sino de un filósofo pre-socrático, Empédocles, que fue discípulo de Parménides y vivió en el siglo V a. C.

¿Se queda Urroz con la chancha y los veintes? *Does he have his cake and eat it too?* Claro que sí. Su referencia a un cómico popular mexicano así como la referencia a un filósofo siciliano de la Antigüedad, no es gratuita, si tomamos en cuenta que Empédocles profesaba una filosofía de la reencarnación, a saber: "Ninguna cosa mortal ha nacido, ninguna ha terminado con funesta muerte. Sólo hay una mezcla de iridiscencia de cosas fragmentadas. A esto los hombres llaman nacimiento".

Nacer de supervivencias significa que nada muere por completo y que Roberto Soto Gariglietti es un trasunto del cómico mexicano y del filósofo siciliano, en la medida en que ambos son parte de la tragi-comedia humana. Pues, ¿no es cómico que Empédocles termine su vida arrojándose al cráter del volcán Etna, lo cual dio origen al célebre dístico,

Poor Empedocles, that restless soul,
jumped into Etna, and was roasted whole...?

Otras versiones dicen que Empédocles fue arrojado por el volcán a un Elíseo divino; otras, que engañó a todo mundo y sólo dejó una sandalia en el volcán para hacer creer en su mito mortal.

Sea como fuere, la comicidad de Empédocles es contrastada con la tragedia de Soto, cuya pre-eminencia cómica le fue arrebatada por Cantinflas, reduciendo al Panzón a películas sin éxito como *La corte de Faraón*, aunque su hijo, "Mantequilla" Soto, sí se estableció como figura cómica secundaria en películas de Luis Buñuel (*Subida al cielo, La ilusión viaja en tranvía*) y Pedro Infante (*Nosotros los pobres*).

Digo lo anterior para entrar, con pie inseguro, al mundo paródico y en perpetua transformación de Eloy Urroz. En sus novelas se dan cita Sergio Pitol y J.M. Coetzee, Pancho Villa y Milan Kundera, José Donoso y Marcelo Chiriboga, el regalo de Ecuador al boom. Sólo que Urroz pertenece a la constelación siguiente al boom, o sea al crack, así autonombrado para que otros no lo nombraran a su guisa, y al cual pertenecen también otros autores aquí discutidos: Ignacio Padilla, Jorge Volpi y Pedro Ángel Palou.

Ninguno, como Urroz, hace más explícito el tema que vengo tratando: no hay creación que no se apoye en tradición; no hay tradición que perviva sin creación. En *Fricción*, Urroz da el paso de conducir esta realidad literaria a su relación más peligrosa, escueta y secreta: la relación del personaje, Roberto Soto Gariglietti, con el lector, que eres *tú*. *Tú*, es decir, el que lee; el que tiene el libro titulado *Fricción* en las manos; el que da vida a la ficción de *Fricción* y a la *Fricción* de ficción.

Tú, hipócrita lector, mi semejante, mi hermano, dijo Baudelaire para decir lo que se sabe siempre en arte poética pero rara vez se dice en arte narrativa. Me dirijo a ti, lector; sin ti no existo, el libro se vuelve objeto yacente en espera del siguiente lector que lo reviva, que lo salve del volcán, que recoja la sandalia de Empédocles…

Eloy Urroz es también un crítico de la literatura que ha escrito sobre la forma literaria a partir de dos autores, James Joyce y D. H. Lawrence. Jesuita, irlandés, uterino contra el falo religioso Joyce; fálico en contra de los gineceos maternos Lawrence, el hijo de *Sons and Lovers*, el hijo de Frieda Lawrence. Católico uno, protestante el otro. Inconcebibles ambos sin la tradición de la novela. Tradición que nos gusta remontar a

Cervantes, declarémonos hijos de La Mancha, pero que Urroz, lector sin duda de Bajtin, lleva hasta el origen moderno de la ficción como disolución y mestizaje de géneros, rechazo de la hipócrita reducción de E. M. Forster (la novela igual a argumento y personajes verosímiles); trasgresión del origen cervantino a un más allá que es un más acá: Rabelais y sus grandes obras de fundación, *Gargantúa* y *Pantagruel*, 1532; 1534; 1546; 1552.

Es importante que Urroz nos recuerde así nuestros orígenes novelescos, pues sin origen no hay destino y Rabelais es origen y destino si consideramos que, contra los intentos puritanos de desarmar a la novela vistiéndola con sus transparentes despojos, Rabelais escribe novela con religión, medicina, agricultura, comercio, lenguaje y dialectos, carnaval y existencia.

Recordar esta amplitud receptiva que está en el origen y el destino de la novela no es el mejor de los méritos de Eloy Urroz y con él, de Padilla, Volpi, Palou y Rivera Garza.

7. En *Diablo Guardián*, Xavier Velasco desacredita el lenguaje oficial. En México, el PRI se inventó un idioma propio en el que nada de lo dicho decía la verdad. Pero lo decía con una retórica marmórea y un involuntario humorismo digno de Cantinflas. A ese *newspeak* orwelliano Velasco le opone una invasión de neologismos, vocabulario irrespetuoso, "leperadas" y, sobre todo, incertidumbres.

El carnaval de palabras de *Diablo Guardián* fija el habla cotidiana de una época. Clasifica a las muchachas como borolas rarotongas, hermelindas pero también, como el falso lunfardo de Cortázar en *Rayuela*, le da a las palabras un valor metafórico y onomatopéyico libre de significados directos.

Los anglicismos enriquecen el bullente caldo verbal de Velasco —*Dingdong the wicked bitch is wet*— para soltarnos la picaresca de la niña bien Violetta (con dos tes: la segunda la crucifica), clase mediana que al darse cuenta de que sus honorables papis se quedan con la mitad del dinero de sus colectas para la Cruz Roja, decide robar a sus papis —ladrón que roba a ladrón ha cien años de perdón— y largarse a gastárselo en

Nueva York: "Por favor, Diosito santo, quiero ser puta de cier-
topelo".

Y su universidad será su walkman. Esta novela es el
diablo guardián de una diabla cojuela.

Diablo Guardián está narrado en primera persona por
la niña traviesa y su vocabulario es el de un habla popular di-
mensionada por el tamiz clasemediero. La base del habla popular es el habla callejera, lo más mudable que existe. El habla
popular del *Periquillo Sarniento* requiere hoy un diccionario
para ser entendida y, en mi propia existencia, hemos pasado del
"chicho" y el "gacho" al "jambo" y al "jodal" pasando por el
"güey" y "la greña Pompadour".

Explico que la picaresca es esencial a la literatura.

La épica exige un solo lenguaje: todos se entienden,
Héctor y Aquiles, el troyano y el griego.

La novela, en cambio, demanda pluralidad de lenguajes.
Ana Karenina no entiende a su marido, ni Madame Bovary al
suyo.

Don Quijote habla el lenguaje de la épica caballeresca.
Sancho Panza, el de la picaresca popular. Entre ambos, crean la
novela moderna, la tradición cervantina.

Diversidad de habla.

Re-procesamiento de todos los niveles del lenguaje.

Lenguaje mestizo. Nuestro lenguaje.

El lenguaje de Xavier Velasco y sus Diablos guardianes.

18. El post-boom (2)

1. La obra y el magisterio de José Donoso le abrieron la puerta a una verdadera constelación de novelistas chilenos: Isabel Allende, Gonzalo Contreras, Arturo Fontaine, Antonio Skármeta, Sergio Missana, Marcela Serrano, Carlos Cerda, Diamela Eltit, Alberto Fuguet, Ariel Dorfman y Carlos Franz, precedidos —y presididos— por el decano de la novela en Chile, Jorge Edwards.

Cervantes juntó todos los géneros —épica, picaresca, pastoral, morisco— en uno solo: la novela, y le dio un giro inesperado: la novela de la novela, la novela que se sabe novela, como lo descubre Don Quijote en una imprenta donde se imprime, precisamente, la novela de Cervantes.

Invoco este ilustre antecedente para hablar del libro de Jorge Edwards *La muerte de Montaigne*, en la que el escritor chileno despliega, con brillo, un abanico de géneros para ilustrar una sola obra: *La muerte de Montaigne*, libro de género indefinido, entre narración y reflexión. Pero entre una y otra, Edwards despliega la vida de Michel de Montaigne, la historia de Francia a fines del siglo XVI, la política de grandes potencias —la Inglaterra de Isabel I, la España de Felipe II y en medio la Francia de las Guerra de Religión y la sucesión de los Valois (Enrique III) a los Borbones (Enrique IV).

Hay más: la vida de Montaigne tiene un espacio, rigurosamente descrito por Edwards. Una mansión que no llega a ser castillo. Sus torres y sus vigas. Sus boscajes, trigales y viñedos. Sus abejas, gallineros, vacas y terneros; sus burros. Montaigne tiene una esposa taciturna, constante. Y también una posible amante o, por lo menos, joven compañera de su senectud: Montaigne tiene cincuenta y seis años, la vejez en el siglo XVI; la joven Marie de Gournay, apenas veinte, joven entonces y ahora. ¿Hija adoptiva, secreta amante, presencia erótica e intocable? El misterio de la vida es el misterio de la novela y le permite a Edwards, sobre este trasfondo de misterio, hacer explícita la edad política.

Enrique III de Valois parece nacido para una novela. Afeminado, rodeado de jóvenes *mignons* y al mismo tiempo flagelante y también amigo del aquelarre, y por si faltase algo, voluptuoso de la sotana y los desfiles de encapuchados con antorchas. Sí, falta más. El retrato de la Reina madre, Catalina de Médicis y su amante, dueños de una capacidad de intriga que no escapa a la muerte: el corazón de la reina, del tamaño de un níspero, en una urna. Y su hijo Enrique III, al cabo asesinado por un monje. Y el duque de Guisa, llamado *Le Balabré* (El Cicatrizado), pretendiente al trono, asesinado por órdenes de Enrique III.

Queda sólo el rey de Navarra, Enrique IV, renegado del protestantismo, católico por voluntad política ("París bien vale una misa"), autor de la paz interior de Francia y de la autoridad monárquica. Será este hombre, este Enrique el que distinga a Montaigne, lo abrace en público, respete el mundo privado del escritor en su torre, donde inaugura un género nuevo en contra del género de géneros creado por Cervantes: la novela, con Montaigne, tiene un rostro original y se llama el *Ensayo*, es decir, el intento, la aproximación, la palabra abierta, sin conclusión porque es sólo eso: ensayo, intento, inconclusión. Claro que Montaigne es gran lector de Plutarco, de Virgilio, de Séneca. Los trasciende en el sentido de poner al día el género de lo incompleto, la "obra abierta" que da su tono y tradición a un género interminable, como lo comprueba la vasta descendencia de Montaigne, hasta Borges, por lo menos, evoca Edwards.

Un ensayo interminable, abierto, dueño del "acero frío" (Edwards) de los clásicos pero oloroso a pescado ahumado, a regüeldo, a viñedo, a gente que no se baña, a sexo sin protección. Importa y no importa: la otra cara del Renacimiento francés será una máscara y el amo de la mascarada es Rabelais, el opuesto grosero, vital, abarcante y desmedido de Montaigne. ¿Sería este, Montaigne, quien es, sin el tremendo contraste de *Gargantúa y Pantagruel?* ¿O el exceso mismo de Rabelais domestica los excesos de Montaigne y le permite a éste, sin necesidades que cumple Rabelais, ser lo que es?

¿Y qué es Montaigne, al cabo? Es un escritor que dice: escribir consiste en no decirlo todo. Escribir es una forma de ausencia. Escribir es una manera de escepticismo. Escribir es un acto de humor. Escribir es la narrativa de la reflexión. Escribir es el arte de la digresión. ¿Y para quién se escribe? "Para los lectores". Para un solo lector: el padre, el íntimo amigo, la mujer casada. "Y algunos, para el lector ideal, un invento, una ficción más".

Es aquí donde nos damos cuenta de que Edwards, al escribir sobre Montaigne, escribe sobre sí mismo. No de manera autobiográfica, claro, sino como acercamiento a un modelo que es nuestro en la medida en que sepamos enriquecerlo. Y Edwards lo hace a partir de una ubicación lejana: Chile, la patria de Edwards. La provincia remota. El último occidente. Sí, la patria de Pablo Neruda. Pero también la de Lucho Oyarzún, traído a cuenta con desacato, al lado de Montaigne y Proust. "¿Cómo se permite usted, señor… confundir a Lucho Oyarzún" con Proust y Montaigne?

Porque la escritura de Jorge Edwards "pertenece a esa misma familia, la de Montaigne, Proust, Lucho Oyarzún. Porque la memoria "es más acelerada que la escritura", incluye a Lucho Oyarzún y también a Carlucho Carrasco, a José Donoso, a Sterne y Machado de Assis. Incluye a Zapallar y el mirador de Edwards sobre el Pacífico frío y marisquero y las rocas de Isla Seca.

Quedan pocas tumbas en Zapallar. Seguro que Edwards tiene reservada la suya. Y en ella, en Chile, volverá a encontrar a Montaigne y juntos, al cabo, pensarán caminando, viajarán por paisajes cambiantes, serán paganos con gracia. Montaigne oirá a Edwards decir "Colorina", "Guagua", "se va a las pailas" y entenderá a este chileno "caído de las nubes".

Convertir a Chile en país de novelistas es toda una proeza, pues en esa "loca geografía" que va en larga tira de los desiertos del trópico a la Antártida habían privado los grandes poetas: Vicente Huidobro, Gabriela Mistral, Pablo Neruda y Nicanor Parra. Por eso, en Chile la novela desciende de la poesía y puede alcanzar, gracias a esta alianza, el nivel, raro entre nosotros, de la tragedia, es decir, la capacidad de ver al mundo como un combate de valores necesario pero no fatal.

Amamos las telenovelas porque nos permiten la indulgencia llorosa del melodrama.

Nos gustan las películas de vaqueros porque es fácil identificar al "bueno", que lleva sombrero blanco, y al "malo", que lleva sombrero negro.

Más difícil es entrar al terreno gris de la duda, como lo pone a prueba el chileno Carlos Franz en *El desierto*, donde la crueldad del militar pinochetista emboscado en el Norte de Chile, es trágicamente revelada como debilidad enmascarada por una mujer de izquierda que regresa del exilio para enfrentarse al hombre que amó, el militar asesino, exponiéndose y exponiéndole, a encontrar un mínimo de humanidad en la contrición.

El fracaso de la mujer condiciona, sin embargo, la experiencia de su hija reintegrada a Chile y a una nueva vida y condiciona, también, la presencia dinámica de todo un pueblo. Sin embargo, la advertencia subyacente de Franz es que no hay felicidad asegurada. Los extremos del mal se manifiestan en la parte demoníaca del ser humano, los del bien en la parte más luminosa de nuestro ser. Pero en el acto final lo que cuenta es la capacidad trágica para asumir el bien y el mal, transfigurándolos en el mínimo de equidad y justicia que nos corresponde. Ésta es la importancia del *Desierto* de Franz.

Dijo una vez Octavio Paz que la originalidad primero era una imitación. Esta idea sería una contradicción de la noción de "origen" como "principio" o "existencia sin antecedente". En cambio, la palabra "originalidad" significa pensar con independencia o creativamente (Diccionario Oxford).

La novela de Carlos Franz *Almuerzo de vampiros* reconoce algunos temas y obras precedentes. La carátula nos muestra al vampiro de vampiros, Drácula, interpretado por Bela Lugosi, en el acto de clavar los dientes en el cuello de una bella adormilada. Hay una referencia a la película de Fritz Lang *M: el vampiro de Düsseldorf.* Creo que estos son inteligentes engaños con los que Franz distrae nuestra atención para sorprendernos con un acto de prestidigitación literaria y política desprevenido.

Estamos en un restorán de Santiago de Chile, el *Flaubert*, donde el narrador come con un amigo, Zósima, en el Chile de la democracia restaurada. De repente, el narrador descubre, en otra mesa, a un hombre que creía muerto, el "maestrito", una especie de bufón del hampa cuya misión era divertir a los malvivientes que medraban a la sombra de la dictadura de Pinochet, sin pertenecer a ella.

¿Es este hombrecito bufonesco, escuálido, contrahecho, el maestrito de la pandilla de Lucio, el Doc Fernández, la juvenil Vanesa y la Maricaus (porque comía mariscos)? Este primer enigma conduce al narrador a rememorar su juventud en los años de la tiranía como mero apéndice de la banda de rufianes. El narrador se pregunta qué hace en esa compañía, él que es estudiante de día y taxista de noche. Rememora sus años de estudio como joven huérfano y becario en el curso del profesor de humanidades Víctor Polli y la exaltación intelectual de esos años mozos. Pero la promesa implícita se rompe, como se quiebra la vida entera del país. El narrador es succionado al bajo mundo de la trampa, el crimen y la gigantesca broma que lo envuelve todo, dándole a la novela de Franz un doble carácter, repugnante y creador, malsano e imaginativo, que depende, para ser todo esto (y más), de un uso extraordinario del habla popular de Chile, una de las más ricas, huidizas y defensivas de Hispanoamérica.

En esta comedia negra, Franz acude a un lenguaje que es a la vez expresión y disfraz de un propósito: provocar la hilaridad, convertirlo todo en "talla", es decir, en broma descomunal, "una broma que nos hará reír no sólo a nosotros. Que hará reír al país entero. Que transformará toda esta época en un chiste". "La talla", claro, tiene un origen en el ingenio del "roto" chileno, primo hermano del "pelado" mexicano y proveedor tradicional del habla que el narrador llama "cantinfleo": la capacidad de hablar mucho sin decir nada o decir mucho sobre lo que no se habla. Es el "relajo" mexicano, que da la medida de nosotros, como la "talla" de la de los chilenos.

En este sentido, *Almuerzo con vampiros* es una extraordinaria oferta y transfiguración del habla chilena, en la que todo se disfraza verbalmente a veces como disimulo, a veces como agresión, siempre como talla, broma, hilaridad, tomadura de pelo a nivel colectivo. *Fome* (aburrido, letárgico) y *siútico* (ridículo, cursi) son originales palabras chilenas que aquí se engarzan con los vocablos sexuales que van directo al órgano de la potencia masculina, convirtiéndola en "la palabra más escrita en los muros (y retretes) de Chile": *Pico* (*polla* en España, *pito* en México), al grado de que en elecciones libres, "el pico sería elegido como presidente de la república".

Dedo sin uña, cara de haba; en México, "chile": el sexo masculino se convierte en símbolo de la vida y del poder, fantasma privado de la realidad pública, como el "maestrito" arratonado y servil lo es del eminente profesor de humanidades. Pocas figuras de la miseria humana se comparan, en nuestra literatura, a la de este hombrecito raquítico, Rigoletto del hampa, robachistes, adulador, servil, impotente, el "maestrito" que acaso ha usurpado la persona del "maestro" como el dictador ha usurpado la persona del "poder".

La novela de Franz propone varios enigmas cuya solución depende —o no— de la lectura del lector. ¿Ha confundido el narrador a un esperpento grosero con un humanista "que sabía latín"? Más, ese esperpento, ¿se salva acaso gracias a su vulgaridad misma? ¿Es la ordinariez, al final de cuentas, una forma de supervivencia en una época hoy "indefensa", en el sentido de que nadie la defiende ya, excepto quienes la usurparon?

Carlos Franz no da soluciones fáciles. No es tierno con el pasado. Tampoco lo es con un presente en el que "sólo se premian las ambiciones" y la ciudadela empresarial "se lo traga todo". No hay que preguntar demasiado, concluye el narrador: el silencio fue el agua de esa época y "aun cuando sea un pasado miserable, es el único que tenemos".

No revelo el final de esta hermosa y original obra. Sólo me admiro ante el gran talento literario de Franz. Su libro anterior, *El desierto*, demostró que es posible crear una novela trágica en un continente melodramático. *Almuerzo con vampiros* es un libro inclasificable, porque al imitar una tradición literaria (Drácula) y una realidad política (Pinochet) da origen a formas de narrar absolutamente únicas, independientes y creativas.

El día de los muertos, novela del escritor chileno Sergio Missana, se divide en dos partes. La primera ocurre en Chile la víspera del golpe militar de 1973. Los protagonistas son Esteban (el narrador) y un grupo radical al cual Esteban se acerca porque desea a la joven Valentina, militante del grupo, aunque también por las ganas de ser aceptado y querido. Su postura ante el grupo es ambivalente. Teme la violencia. Le agrada el caos. Desea, con voluptuosidad, que el caos se intensifique, se desencadene. Se sabe un intruso, pero le gusta el amparo del clan. Se cree "progresista", pero "desconectado de la pasión". Al mismo tiempo es de derecha "no por convencimiento, sino por omisión". Sabe que le está vedada "la pureza de la convicción".

El grupo, entretanto, "se nutre de sí mismo". Sus miembros temen separarse. Temen perder lo que les une. Necesitan un entramado que los estructure y resguarde. Entre ellos, Valentina es dueña de un "aura de desasosiego". Esteban la ve complicada, confusa y acaso, desdichada. Sus relaciones con los hombres son fantasmales, proliferantes, "meros escorzos". ¿Quién es él, Esteban, el narrador, ante Valentina? ¿Le basta tenerla ante él, estudiar su semblante, sin decir palabra? ¿O es Valentina simple objeto de la codicia de Esteban, parte de un afán desmedido de obtención?

Valentina mira a Esteban con rabia, lástima, desprecio, impaciencia. Esteban se harta. Se ha vuelto sospechoso para todos. Se echa a correr. Al día siguiente, el golpe militar derroca al gobierno legítimo de Salvador Allende.

Treinta años más tarde, el sitio es el exilio. Más bien dicho, los exilios. Los protagonistas son Gaspar, un chileno ambulante o ambulatorio y Matilde, hijastra de Esteban.

Matilde, la hijastra de Esteban, es una joven mujer que "se mueve entre estigmas". No transa. No se adapta al interlocutor. Pedir un café le sale mal. Su entonación es equívoca, sus pausas, inexactas. Y es que quiere llevar las cosas a su propio territorio. Gaspar entrevé en ella un elemento de dignidad, de orgullo, de tesón, pero no sabe asociarlo con nada. Al cabo, descubre que Matilde "tenía una visión, si no más compleja o más profunda, sí más adelantada". A ella le importa la acción, no los sentimientos o la fe, "que de todas formas van a cambiar y olvidarse", sino los actos y sus consecuencias.

Como en la relación anterior (Esteban-Valentina), ésta (Gaspar-Matilde) queda en suspenso. Sólo que ésta conduce a aquélla mediante una espléndida "vuelta de tuerca" de Missana. Gaspar lee el diario escrito por Esteban el 4 de septiembre de 1973. Es decir, descubre la novela anterior a la que él mismo (Gaspar) protagoniza. Se convierte, de actor, en lector de la novela que nosotros ya conocemos, pero él (Gaspar) no. Es un nuevo triunfo de la tradición de La Mancha. Como en el *Quijote*, el protagonista se transforma en lector, y gracias a ello, conoce los destinos de los jóvenes actores de un solo día de la historia de Chile: el 4 de septiembre de 1973.

Salto mortal debió dar Sergio Missana de *El día de los muertos* (2007) a *Las muertes paralelas* (2010). Aquella novela tenía un perímetro temporal y personal preciso: el día del golpe militar contra Salvador Allende, un grupo de amigos revolucionarios, el desprendimiento del narrador, quien sólo formaba parte del grupo por amor a una mujer, y varias décadas más tarde, un re-encuentro en París, y una revelación literaria: todo estaba escrito desde antes.

De esa interrogante literaria parte Sergio Missana en *Las muertes paralelas*. Todo indica que el narrador, Tomás Ugarte, es el protagonista de la novela. Habla en primera persona. Ocupa un espacio, mantiene relaciones, familia, esposa, amigos. Tiene sueños. Tiene una mujer, Paula, que se está separando de él. Tiene una amante de ocasión, Fernanda, que no lo satisface y lo pone en peligro. Tiene una gata, Lola, que —acaso— es la emisaria de una millonaria norteamericana, Phyllis, que por accidente hereda su fortuna a quien se presente a su velorio. El único que llega y firma es Tomás Ugarte. La difunta carecía de higiene, pero no de gatos…

Tomás regresa a su trabajo. La agencia que lo emplea "se iba hundiendo rápidamente en el recuerdo, volviéndose irreal". Y añade: "todo ahí parece haberle ocurrido a otra persona". Tomás tiene un sueño. "Soñé que era una anciana". Sólo que la anciana, Inés, no es soñada. Es una presencia real, callejera y turbadora cuyo destino, confundido con el propio, Tomás quisiera evitar. La recoge en la calle, la lleva al apartamento de Tomás. Inés es una mendiga repugnante: "su olor acre en el que no sólo se mezclaban el excremento y la mugre, sino que ya parecía imperar un principio de descomposición —se concentraba en sus ropas...".

¿Por qué la rescata Tomás? ¿Por qué la lleva de la calle a su casa? Porque ha soñado el destino de la anciana —una muerte atroz— y quiere salvarla. Evitar el futuro soñado de Inés. Y sin embargo, Tomás sabe que "no tenía derecho a usurpar su vida, por muy miserable y sórdida que fuese". Esa vida era suya, de Inés, era su única posesión: una vida de "basureros, disputas y treguas territoriales... su memoria parecía atrapada en un laberinto". Ahora Tomás quisiera "moldear en Inés a la viejita adorable que no era y que nunca iba a ser".

En un misterioso acto de trasposición, Tomás viste a la anciana con algunas prendas de joven, como si quisiera acercarla a todo lo que la vieja no es mediante eso que Freud llamaría el contacto o deseo de tocar lo prohibido por el tabú. Sólo que cuando alguien (Tomás) ha transgredido el tabú, él mismo se convierte en tabú a fin de no despertar los deseos prohibidos de sus vecinos. Tomás no entiende esto. Cree que Inés es redimible. Inés sabe que no. Engaña a Tomás. Se escapa. Regresa a la calle. La asesinan en un cajero automático donde la anciana dormitaba cinco "antisociales", que la rocían con gasolina y le prenden fuego.

El destino de Inés, soñado por Tomás, se cumple, es decir: se cumple el sueño de Tomás. Éste, el benefactor, entiende que "no tenía derecho a usurpar la vida, por muy miserable y sórdida que fuere, de Inés, era suya, su única posesión". Sólo que esta explicación racional va acompañada de una sospecha: al intento de evitar el futuro de Inés, Tomás ¿evita, desvía o cancela su propio futuro? Pero, ¿tiene porvenir propio quien asume —así sea soñando— el destino de los demás?

Hay una escena horripilante en la que Tomás, de noche, se topa con "rotos" comparables a los que incendiaron a Inés. Se acuesta al lado de uno de ellos: "un hedor abyecto, peor que animal". Quiere "saldar" una deuda con Inés. Aún no se entera de la deuda de Inés con Tomás. ¿Soñó Inés a Tomás o Tomás a Inés? Los indigentes le revelan la verdad. Lo amenazan. Le orinan encima. Lo llaman "huevón". Pero lo tratan igual que a Inés. Sólo le ahorran la muerte.

La sospecha se insinúa: ¿Soñó Tomás a Inés o soñó Inés a Tomás? ¿Murió Inés, igual que en el sueño de Tomás, a nombre de Tomás? ¿Evitó Tomás una muerte similar a la de Inés a mano de los "antisociales"? ¿Murió Inés para salvar a Tomás de un destino comparable? ¿O es Inés quien, para salvarlo, soñó a Tomás?

Este encuentro de Tomás con los "rotos" que en vez de matarlo le orinan encima es el encuentro de todos nosotros —clases medias y altas, profesionistas y empresarios, intelectuales y amas de casa— con el vasto submundo latinoamericano de la miseria y el crimen. Aquí es Santiago de Chile. Podría ser Río de Janeiro, Lima, Caracas o México. Claro que Missana no explica esto. Hace algo mejor: le da vida y abre las puertas de una ficción contagiosa. Crea el vínculo secreto, a partir de Inés, con las de Tomás con Ramiro y Osvaldo en la noche helada de los Andes, la de Tomás fundido con Aurelio, o de todos ellos habitando a Tomás, creando la "ficción" de Tomás "el presentador de campañas... el jefe eficiente, paternalista, trabajando, controlador, seductor".

Todos ellos, ¿fueron Tomás? ¿O Tomás fue ellos?

Missana da una vuelta final al tornillo en el episodio concluyente de Matías y la Filmación —el muy chileno regreso al desierto—. No revelo el sorprendente final de *Las muertes paralelas*. Una casa quemada. Una muchacha sonámbula. El bloqueo de crédito, y carnet: la pérdida de la identidad moderna. Y una pregunta inútil y necesaria de Tomás: "¿Era posible que mi propia presencia fuera alterando las cosas... abriendo una estela de posibilidades nuevas...?".

Es la pregunta de Sergio Missana. Es la pregunta de la literatura.

Pero acaso nadie como Arturo Fontaine representa mejor el tránsito de la realidad política y social de Chile a su realidad literaria y a las tensiones, combates, incertidumbres, lealtades y traiciones de una sociedad en flujo.

Y ¿qué hace, qué dice la novela en esta sociedad —la chilena— y en todas las sociedades?

Regreso a la fundación cervantina para celebrar la perdurabilidad del género novelesco. De tarde en tarde, se nos anuncia: "La novela ha muerto". ¿Quién la mató? Sucesivamente: la radiotelefonía, el cine, la televisión, el Macintosh, el iPhone, la red y el twitter. Y sin embargo, tras de cada asalto tecnológico, la novela-Fénix resucita para decirnos lo que no puede decirse de otra manera.

Me estoy acercando a uno solo de los múltiples significados de las novelas de Arturo Fontaine —*Oír su voz*, *Cuando éramos inmortales*. Todas ellas afirmaciones apasionadas de la necesidad de oponer una palabra enemiga —se llama imaginación, se llama lenguaje— a la verborrea que nos circunda.

Imaginación y lenguaje: en Fontaine, estas dos fuerzas de la literatura entran en conflicto con un país que ha sido a la vez fragua y combustión, país de tremendas escisiones internas, dolores, esperanzas, nostalgias, odios y fanatismos que al cabo se manifiestan en lenguaje e imaginación.

En *Oír su voz*, Fontaine explora el lenguaje como necesidad del poder —no hay poder sin lenguaje—, sólo que el poder tiende a monopolizar el lenguaje: el lenguaje es *su* lenguaje posando como *nuestro* lenguaje.

Fontaine escucha y da a oír otra voz, o mejor dicho otras voces:

Hay una sociedad, la chilena.

Hay negocios y hay amor.

Hay política y hay pasiones.

Sociedad, negocios, política, tienden a un lenguaje de absolutos.

La literatura los relativiza, instalándose —nos dice Fontaine— entre el orden de la sociedad y las emociones individuales.

En *Cuando éramos inmortales*, el autor personaliza radicalmente estas tensiones encarnándolas en un personaje —Emilio— cuyo nombre nos remite a Rousseau y a su doble ética: la del que educa y la del que enseña. Éste, el educado, requiere la educación para salir de su naturaleza original, no mediante la tutoría espontánea del vicio y el error, sino gracias a una enseñanza que potencie la virtud natural —incluso mediante el vicio del engaño.

Cuando éramos inmortales no es, para nada, una exégesis del *Emilio* de Rousseau. Es una creación literaria que juega con la tradición para convertir a ambas —creación y tradición— en problemas.

Chile es un país paradójico.

Han coexistido allí la democracia más joven y vigorosa y la oligarquía más vieja y orgullosa. Ambas coexisten, a su vez, con un ejército de formación prusiana que respetó la política cívica hasta que la política de la Guerra Fría la condujo a la dictadura.

Fontaine, con las armas del novelista, que son las letras, va al centro del asunto. Un orden viejo, por más estertores que dé, cede el lugar a un orden nuevo. Pero, ¿en qué consiste éste?

Entre otras cosas, en su escritura. Pero, ¿quién es el escritor? Es una primera y es una tercera personas que miran a la sociedad y la privacidad con lente de aumento, dirigiéndose a un lector que es el cocreador del libro. El libro es una partitura a la cual el lector le da vida. La lectura es la sonoridad del libro.

Hay un poderoso fervor quijotesco en Arturo Fontaine: Él quiere poner en fuga a las telenovelas o confiar en que hay al fin un Cervantes telenovelero que las transforme, como *Don Quijote* a las novelas de caballerías.

Glorioso empeño cuya derrota sería, sin embargo, una victoria.

Porque la novela es, en sí misma, la victoria de la ambigüedad.

Una ambigüedad que se propone como palabra e imaginación, lenguaje y memoria, habla y propósito.

Entonces, ¿para qué sirve una novela en el mundo de la comunicación moderna: la comunicación instantánea del suceso comunicado?

En un régimen totalitario, dice mi amigo Philip Roth, el novelista es llevado a un campo de concentración. En un régimen democrático —continúa—, es llevado a un estudio de televisión.

Lo cierto es que tras de cada asalto, político o tecnológico, la novela-Fénix resucita para decirnos lo que no puede decirse de otra manera. Antonio Skármeta es el gran novelista de esta transición. Nadie como él sabe, además, evocar a Neruda. Y sólo Skármeta sabe escribir en jnóvenku.

Palabra e imaginación: Missana, Fontaine.

Lenguaje y memoria: Franz, Dorfman.

Habla y propósito: Skármeta, Fuguet.

2. El joven novelista peruano Santiago Roncagliolo ha logrado, con *Abril rojo*, hermanar la novela policial con la novela política. La novela de Roncagliolo es una caja de Pandora. El protagonista es el fiscal distrital adjunto Félix Chacaltana Saldívar, al que le gusta que lo llamen así, con todo y título. Hasta ahora, nunca ha hecho nada que no esté en los reglamentos. Desde ahora, sabrá que la muerte es la única forma de vida.

No digo más, porque esta novela contiene muchos secretos y revelar uno, nos dice el autor, es revelarlos todos.

La cosecha de nuevos novelistas colombianos es muy llamativa porque el enorme éxito de Gabriel García Márquez y *Cien años de soledad* ha sido asumido por la generación actual para abrir caminos inéditos. Es como si Gabo, con *Cien años*, hubiese agotado totalmente la tradición de lo "real maravilloso" llevándola a la cumbre, como al barco anclado en una montaña que no es posible escalar más.

Imitar a García Márquez es imposible. Descubrir otros senderos, posible. Subir a otras montañas, necesario.

Apenas esbozo la riqueza de la novelística colombiana actual si menciono a Laura Restrepo, William Ospina, Héctor Abad Faciolince y Juan Carlos Botero.

Me limito a dos novelas y dos autores. Las novelas se llaman *Historia secreta de Costaguana* y *El síndrome de Ulises*. Los autores son Juan Gabriel Vásquez y Santiago Gamboa.

Vásquez parte de un artículo de fe ("La historia es ficción") para contar la historia verídica de los acontecimientos que condujeron al desmembramiento de Colombia y la construcción del Canal de Panamá, pasándosela en Londres al escritor Joseph Conrad, quien con los elementos que le entrega el colombiano José Altamirano escribe la novela *Nostromo*, ubicada en la República de Costaguana (Colombia). Nostromo esconde un tesoro de plata en una isla desierta. La novela de Conrad, en la novela de Vásquez, nace de la narración que el narrador de *Costaguana*, Altamirano, le hace al futuro narrador de *Nostromo*, Conrad. Mas cuando Altamirano le reclama a Conrad la paternidad de los hechos narrados ("usted, Joseph Conrad, me ha robado") Conrad, con suprema altanería, desprecia el origen histórico y proclama la soberanía del destino novelesco. El Canal de Panamá a cambio de una mina de plata.

El secreto y la belleza de la novela de Juan Gabriel Vásquez residen en la tensión entre dos destinos y dos escrituras (las de Conrad y Altamirano). ¿Es éste el autor de lo vivido, o apenas el mensajero de lo narrado? ¿Cuáles son los límites entre ficción y realidad, verdad y mentira? ¿O tendrá siempre razón Dostoievski: la novela es la verdad de la mentira?

Tanto en Costaguana como en su anterior libro, *Los informantes*, Vásquez nos coloca ante disyuntivas morales e históricas inevitables. En *Los informantes*, el autor nos conduce a un territorio poco frecuentado: los efectos de la Segunda Guerra Mundial en Latinoamérica y el destino de las comunidades alemanas en nuestros países.

Una premura sin matices condujo a nuestros gobiernos, a fin de "quedar bien" (una vez más) con Washington, a considerar "enemigos" a todos los alemanes, incluso los que se oponían a Hitler. Dentro de este conflicto mayor se inscribe, en *Los informantes*, el conflicto sólo en apariencia menor entre familias destruidas, destinos desviados y padres contra hijos. Los Santero, padre e hijo, se enfrentan, más que nada, debido a sus "vidas insuficientes" como respuesta a una historia que cree bastarse a sí misma: buenos aquí, malos allá.

Lo que Vásquez nos ofrece, con gran inteligencia narrativa, es la zona gris de la acción y de la conciencia humana, donde nuestra capacidad de cometer errores, traicionar, ocultar, crea una cadena de infidencias que nos condena a un mundo de insuficiencias. Amigos y enemigos, esposas y amantes, padres e hijos se entrecruzan con encono, silencio, ceguera, mientras el novelista emplea la ironía y la elipsis para descubrir las "estrategias de protección" de los personajes y caminar con ellos —no conociéndolos, acompañándolos— a entender que la vida insuficiente puede ser, también, la vida heredada.

¿Es el arte de la novela la manera de corregir lo mal dicho —lo desdichado— de la vida, diciéndolo, si no bien, por lo menos de manera diferente? Las historias —¿continuas o sucesivas?— del Panamá de Altamirano y la Costaguana de Conrad quizás contengan la clave. ¿Precedió "Panamá" a "Costaguana", como le reclama Altamirano a Conrad? ¿O precedió la novela de Conrad a la de Vásquez, permitiéndole a éste "re-escribir" en cierto modo la narración de Conrad como hecho literario que se precede y es precedido, se dice y es desdichado?

Siento que, en Vásquez, todos contribuyen a cavar "la gran trinchera" del Canal, sólo para ser enterrados en ella. Enterrados en la historia, cuya voz final es la de un enloquecido presidente colombiano que vaga por la selva exclamando "¡soberanía!", "¡colonialismo!".

La ficción desde Rabelais y Cervantes es una manera más de cuestionar la verdad, mientras nos esforzamos por alcanzarla a través de la paradoja de una mentira.

Esta mentira puede llamarse la imaginación. También puede ser considerada una realidad paralela. Puede ser vista como un espejo crítico de lo que pasa por verdad en el mundo de la convención.

Ciertamente construye un segundo universo del ser, donde Don Quijote y Heathcliff y Emma Bovary tienen una realidad mayor, y no menos importante, que la muchedumbre de ciudadanos cuyo camino cruzamos apresuradamente para volver a olvidarlos en nuestro día a día.

Efectivamente, Don Quijote o Emma Bovary traen a la luz, dan peso y presencia a las virtudes y los vicios —a las personalidades fugitivas— que encontramos en lo cotidiano.

Lo que Ahab y Pedro Páramo y Effie Briest poseen también puede ser la memoria viva de las grandes, gloriosas y mortales subjetividades de los hombres y mujeres que olvidamos, que nuestros padres conocieron y nuestros abuelos previeron. ¿Quiénes son, a dónde se fueron?

Respuesta: están en una novela.

Con Cervantes la novela establece su razón de ser como mentira que es el fundamento de la verdad. Porque por medio de la ficción el novelista pone a prueba la razón. La ficción inventa lo que el mundo no tiene, lo que el mundo ha olvidado, lo que espera obtener y acaso jamás pueda alcanzar. La novela es el Ateneo de nuestros antepasados y el Congreso de nuestros descendientes.

De esta manera, la ficción resulta ser una forma de apropiarse el mundo, algo que confiere al mundo el color, el sabor, el sentido, los sueños, las vigilias, la perseverancia e incluso el perezoso reposo que reclama para continuar existiendo, con toda la melancólica carga de nuestros olvidos y de nuestras esperanzas.

Estoy, casi, describiendo el doble movimiento —explosión e inclusión— de la novela de Santiago Gamboa *El síndrome de Ulises*.

Una mirada superficial encontraría aquí antecedentes como el *Down and out in Paris and London* de George Orwell, donde el escritor birmano-británico se hunde a propósito en el trabajo de los campos de lúpulo ingleses y como lavaplatos del Hotel Crillon en París.

Sólo que Orwell puede regresar —y lo sabemos— a su puesto en el periódico y la radio y el narrador de Gamboa —aunque no sea cierto— está, en la novela, condenado a vivir en la ratonera escogida, que es la de su exilio, y su voluntad no cuenta para salir de la prisión de la repetición incesante. Porque la angustia de este Ulises colombiano consiste en saber que el regreso le es vedado, no por la política, no por la familia, no por el país, sino por la exigencia devoradora del viaje, la aventura, la odisea de posponer el retorno al hogar, no porque algo lo impida, sino porque nada lo impide, como no sea la lógica —o la irracionalidad— internas a la situación del exiliado, del vivir lejos, del apurar todas las consecuencias del exilio antes de regresar a casa.

No recuerdo haber leído una novela que con tanta violencia penetre en la odisea de un expatriado latinoamericano. Confinándolo a una ciudad —París—, un barrio, una chambra mínima, el sótano pestilente de un restorán chino y las noches sin horarios de una sexualidad compensatoria, omnívora, antropofágica, más allá de las fronteras de un Henry Miller que se mueve dentro de los límites del expatriado: Gamboa, en cambio, se crea un exilio voluntario, se niega, teniéndola, la salida del regreso y esto no por una suerte de masoquismo del destierro, sino por el hambre terrenal inmediata y la encarnación de la tierra en ese harén fugitivo que le da su único calor a un París invernal, lluvioso, nublado.

Ciudad sin más luz que los cuerpos de Paula y Sabrina, Victoria y Yuyú y Susi y Saskia: encuentros inevitables de la lengua hispánica del narrador con las lenguas de Sem, el hijo de Noé, origen del lenguaje, que vuelve a hablar por voz de la mujer a fin de demostrar que la literatura es uno de los derechos humanos.

3. La relación entre novela e historia se da, en ocasiones, con la inmediatez de la actualidad. Es el caso, por ejemplo, de *Los de abajo* de Mariano Azuela (1915) escrita en y desde la turbulencia de la revolución mexicana y, en cierto modo, de *La sombra del caudillo* de Martín Luís Guzmán, prácticamente contemporánea a los hechos y personajes del callismo.

Otras veces, la historia sólo admite la ficción gracias a la perspectiva. La revolución francesa no tiene novelistas inmediatos. Había que esperar a Balzac y Stendhal. Nadie eleva a ficción la Revolución de Independencia Norteamericana, que temáticamente da sus mejores obras en el siglo XX, con Howard Fast: *Los invictos* y *El ciudadano Tom Paine*. Tolstoi escribe los eventos de la invasión napoleónica de Rusia (1812) en 1865. Stephen Crane escribe la mejor novela de la Guerra Civil norteamericana, *La roja insignia del coraje*, en 1895.

El siglo XIX mexicano, tan tumultuoso y hasta caótico, produjo novelas de su tiempo y evocaciones de otros: Riva Palacio, Rabasa, Payno. Dos recientes obras mexicanas nos ofrecen una perspectiva renovada, con gran brío e imaginación. En *La invasión* (2005) Ignacio Solares da la experiencia de la guerra de 1847-1848 y la ocupación norteamericana de la Ciudad de México con un contrastado sentido de luces y sombras, efectos y defectos. La "modernidad" del relato consiste en que el narrador narra los eventos varias décadas más tarde, en la madurez y durante el Porfiriato, dándole a la obra la requisita incertidumbre: esto es ficción, no es "historia". Como la novela la escribe un autor contemporáneo a nosotros (Solares) resulta que La invasión posee tres niveles de temporalidad: lo vivido en 1847, lo recordado durante el porfiriato y lo narrado hoy.

Hernán Lara Zavala, uno de los escritores mexicanos más cultos y reticentes, establece de arranque la actualidad de lo que narra gracias a un novelista (¿el propio Lara Zavala?) que se sienta a escribir la novela que estamos leyendo: *Península Península*, cuyo tema es la Guerra de Castas que asoló a Yucatán en 1847. Lara Zavala se inscribe así en la gran tradición, la tradición fundadora de Cervantes, donde la novela de Quijote y Sancho coincide con la actualidad de España, con el pasado evocado por las locuras del hidalgo, con el género picaresco (Sancho) en diálogo con el épico (Quijote) y con los estilos morisco, bizantino, amoroso y pastoral introducidos para darle a la novela su carta de ciudadanía: la diversidad genérica.

El tránsito de Lara Zavala de su irónica actualidad de narrador a la materia narrada le permite presentar ésta, la Guerra de Castas en Yucatán, con una variedad de ritmos y temas que no sólo la salvan de cualquier sospecha de didactismo, sino que enriquecen lo que ya sabíamos con el tesoro de lo que podemos imaginar. Aquí se dan cita no sólo los hechos y personajes históricos, los gobernadores Méndez y Barbachano, los líderes mayas Pat y Chi y las contrastantes sociedades de la élite criolla y las comunidades indígenas. Están también los mercaderes locales y los "gachupines"; el doctor Fitzpatrick y su leal (demasiado leal) perro Pompeyo. Están los clérigos y también los monaguillos y sacristanes indios que los asesinan. Está el "México y sus revoluciones" de José María Luis Mora, en toda su caótica simultaneidad. Está, protagónica, la tierra yucateca, las llanuras blancas sin vegetación, brillando dolorosamente. Están el sol, los laureles, el fresco. Están el mediodía de plomo, el bochorno. Están las hierbas (damiana, ruda, toloache, yerbabuena, gordolobo, etc.) evocadas con una minuciosidad amorosa que revela la formación literaria inglesa de Lara Zavala, sobre todo la lección de D.H. Lawrence, la capacidad de ubicar la pasión en la naturaleza.

Sólo que todo late con amenaza de guerra y muerte. El autor las aplaza con los magníficos momentos de la pasión erótica (el novelista Turrisa y la viuda Lorenza; la cachondísima María y el escribano Anastasio). El amor es asediado por dos fuerzas que Lara Zavala maneja de mano maestra. Una es la magia, la corriente impalpable de lo sobrenatural presente en los exorcismos y ritos de la península yucateca, que le sirve a Lorenza para pensar que su marido difunto, Genaro, aún vive y merodea en la recámara… hasta descubrir que el ruido lo hace un murciélago que deja de aletear apenas se enciende la luz. ¿Un murciélago? ¿O un vampiro?

Porque la magia de la tierra contiene la muerte de la tierra. El cabecilla rebelde Chi es asesinado por el amante de su mujer, Anastasio. La rebelión pierde (en todos los sentidos) la cabeza, y el presunto comerciante muerto, Genaro, reaparece a reclamar a su mujer casada sólo para ser devuelto a otra muerte: el anonimato, el silencio, como el coronel Chabert de Balzac, "muerto en Eylau", sin derecho a la resurrección.

En las penínsulas, en Campeche y Yucatán, nos advierte Hernán Lara, las noticias vuelan, nadan y se arrastran. También pueden novelarse, como lo hace aquí el autor con una prosa límpida, tan transparente (para establecer comparaciones odiosas o amables) como la de Martín Luis Guzmán. Frágil empresa, como lo sabe Turrisa cuando la furia revolucionaria le quema el manuscrito de su libro y el autor entiende que "ya no tendría el coraje de reescribir su novela, que sólo sobreviviría en su memoria e imaginación".

Que son, por fortuna, las nuestras.

Ignacio Solares, el prominente novelista, dramaturgo crítico y promotor cultural mexicano, viene del estado fronterizo de Chihuahua. Quizás esto explica, hasta cierto punto, su fascinación por el norte de México y especialmente el universo —porque lo es— de la frontera entre México y Estados Unidos.

México ha tenido una historia cultural y política altamente centralizada. Desde el imperio azteca (hasta 1521), pasando por los periodos colonial (1521 a 1810) e independiente (1810 al presente), la Ciudad de México ha sido la corona y el imán de la vida mexicana. Nación aislada dentro de sí misma por una geografía de volcanes, cordilleras, desiertos y selvas, México ha encontrado siempre una semejanza de unidad en su capital, que es hoy una vasta metrópolis de veinte millones de habitantes que refleja el salto poblacional del país, con quince millones de habitantes en 1920.

La mayoría de los escritores mexicanos, sean cuales sean sus orígenes regionales, terminan en la Ciudad de México: el gobierno, el arte, la educación, la política se concentran en la que fue conocida como "la región más transparente". Esto no significa que en el interior del país no haya grandes obras de ficción. Ya sea en el despertar de vastos movimientos revolucionarios (Azuela, Guzmán, Muñoz) o en la sempiterna verdad del aislamiento, la religión y la muerte (Rulfo, Yáñez y el estado de Jalisco), México se ha visto a sí mismo en movimiento hacia México, y muy raramente en sus relaciones con el mundo. La novela más prominente de México en el mundo es *Noticias del*

Imperio de Fernando del Paso, la trágica historia del fallido Imperio de Maximiliano y Carlota, narrada hasta lo último en una secuencia onírica de recuerdo y locura.

La frontera norte y nuestras relaciones con Estados Unidos han tenido pocos exploradores. Solares es notable entre ellos. Francisco Madero, el primogénito de la aristocracia norteña e iniciador de la revolución mexicana, atrajo a Solares para la ficción y para el teatro. Pancho Villa, el bandido y caudillo revolucionario de Chihuahua, es central en un relato de Solares —*Columbus*—, donde narra la breve incursión de Villa en ese pueblo de Nuevo México en 1916.

Pero Solares también se ocupó de un hecho mayor, comúnmente ignorado por la literatura mexicana: la invasión de México por el ejército de Estados Unidos en 1847, acorde con la ley no escrita de su expansión territorial, del Atlántico al Pacífico. La joven y desorganizada República Mexicana estaba en el camino y tenía que ser tratada de conformidad con la doctrina del "Destino Manifiesto". La oposición de figuras como Abraham Lincoln y H. D. Thoreau a la "guerra del presidente Polk" fue inútil. Primero Texas alcanzó la independencia, luego fue admitida en la Unión, pero para alcanzar California y el oeste, México tenía que ser derrotado.

La invasión es el relato de este dramático conflicto. Es fácil describirlo con la visión simplista del triunfo del poderoso Estados Unidos contra la débil República Mexicana: Goliat golpeando a David. Esto conduce, así a una visión maniquea de "buenos" y "malos" —pero ¿quiénes fueron los "buenos" y quiénes los "malos"?—. Sin embargo, conforme ponderamos la bondad y la maldad en la situación, nos vemos obligados a poner algo de luz en la última y a levantar las sombras de la primera.

Éste es el gran mérito de *La invasión*. Solares juega con luces y sombras, efectos y defectos. Lo hace a través de una notable estructura narrativa. Abelardo, el narrador, cuenta la historia que vivió siendo joven varias décadas después, cuando ya está viejo y enfermo, cuidado por su esposa y doctores pero lúcido en su recuerdo de los dramáticos días de su ciudad, México, ocupada por las fuerzas del general Winfield Scott, las barras y las estrellas ondeando en el Palacio Nacional y las contradiciones de las que Solares no se avergüenza. El ejército norteamericano da un aspecto de orden a la ciudad derrotada; sin embargo, los propios vencidos no permanecerán estáticos. Un famoso grabado de la época muestra el Zócalo, la plaza central de la Ciudad de México, ocupada por el ejército norteamericano, y a los soldados siendo hostigados por una población que no perdona. Rocas están a punto de serles arrojadas tarde o temprano, y los norteamericanos comprenden que no pueden controlar una ciudad tan populosa como la de México y a un país con tan fuerte sentido de identidad, idioma, religión, sexo y cocina, incluso si sus políticos son una vergüenza, una quebradiza estructura post-colonial que sólo una nueva revolución podría fortalecer.

Así fue. Estados Unidos dejó a México al sur del Río Bravo atenido a sus propios medios y tomó el vasto territorio del suroeste, de Texas a California. Y México, castigado, combatió su propia guerra civil entre liberales y conservadores. Los últimos perdieron: traicionaron al país pidiendo una intervención armada a la Francia de Napoleón III. Los liberales ganaron. Conducidos por Benito Juárez, re-fundaron la República y nos permitieron encontrar nuestro propio camino.

Escrita desde la precaria ventaja de un punto de vista del futuro inmediato a la novela, y además escrita por un autor, Solares, contemporáneo a nosotros, *La invasión* ofrece una tácita invitación a ver y ser vistos como sujetos de la historia que pasan a través del tamiz de la ficción. Solares nos ofrece el riquísimo relato de la historia revivida, el pasado como presente, la totalidad de la experiencia como un acto de la imaginación dirigida no sólo hacia el pasado sino hacia el futuro por el último guerrero, el lector.

Cervantes, en el acto de fundación, le dio a la novela la amplitud de ser género de géneros. Quijote y Sancho: la épica y la picaresca se dan la mano. Novela morisca: el Cautivo y Zoraida. Novela de amor: Crisóstomo y Marcela y sobre todo, el amor caballeresco de Don Quijote por Dulcinea. La crónica histórica: el espectro de Lepanto, la batalla naval en Barcelona, el cautiverio en Argel. La novela social, de las clases más bajas a las más altas. La novela cómica, la mascarada carnavalesca: Maritornes, la Dueña Adolorida, Sansón Carrasco. Novela de novelas: las narraciones intercaladas del curioso impertinente y de las bodas de Camacho.

Lo que Milan Kundera llama "la herencia desdeñada de Cervantes" fue adelgazada hasta la anorexia por una exigencia de pureza mal avenida con la impureza radical del género. "Un monstruo abultado" (*a baggy monster*) llamó a la novela Henry James (autor, sin embargo, de obras abultadas y extensas). Y un género de exclusiones formales extremas: en *Aspectos de la novela*, E.M. Forster puso el canon de la novela a dieta, sin más recursos que la narración lineal, argumento claro y personajes coherentes. La novela moderna, de Joyce para acá —Gordimer, García Márquez, Goytisolo, Grass, Kundera mismo— se ha impuesto la tarea de recuperar la lección de Cervantes, devolviéndole a la novela la característica que la distingue de todo lo demás: ser género de géneros.

Digo lo anterior para acercarme a un libro mexicano que incurre en las herejías contra la Inmaculada Concepción, devolviéndole a la novela un gran abrazo genérico. Ficción, historia, memorial, política, sociología, sicología, canción popular, concertación sinfónica y por encima de (o por debajo) de todo, poesía en el sentido primigenio de unión de los contrarios y liga entre todas las cosas. Me refiero a *Tres lindas cubanas* de Gonzalo Celorio.

Celorio pisa los territorios nerviosos de la biografía familiar contada por la biografía personal. Usa para ello un "tú" narrativo escrito por "él" pero que aspira al "nosotros". Semejante pluralidad le permite al escritor dos cosas. Darle a la historia de su familia la distancia de una segunda persona pero también otorgarle la imaginación —que no es la mentira— que le permita inventar lo que no vivió o no supo acerca de sus propios antepasados.

Celorio, además, potencia la tensión entre el "tú" narrador y el "nosotros" narrado extendiendo la relación de los pro-

nombres a un extraordinario discurso con "otro" país —Cuba—
que el mexicano Celorio siente "suyo" por amor, por sangre y
por palabra.

Por ejemplo. ¿Inventó el padre de Celorio el "clip" cuya
marca registrada le fue robada por un tipo sin escrúpulos?
¿Quién sabe? ¿Pudo la madre del autor cumplir tantas tareas
domésticas como su hijo le atribuye en las inolvidables páginas
126-127 de la edición de Tusquets (Barcelona, 2006)? Puede
ser. Lo seguro es que el padre y la madre vivieron un "amor
duradero, respetuoso, solidario y fecundo". Un matrimonio
migrante, bíblico: doce hijos y seis ciudades en veintiocho años,
veintidós casas, tres países y una constante: el matriarcado. Más
un precio: el olvido. Olvidamos la cronología familiar, las costumbres, los domicilios. Intentamos recuperar la felicidad que
nos dio la familia, pero sólo si no olvidamos las desgracias que
visitan a todo clan.

Hay berrinches. Hay chantajes. Hay extravíos. Hay re-
signaciones. Hay maledicencias. Hay promiscuidades indesea-
das. Y hay las separaciones impuestas (o escogidas) por el tiempo. Una tía habanera, después de la revolución, se va a Miami,
muere en el abandono de un asilo de ancianos, desprotegida
por sus propios parientes que la convocaron a dejar la isla. Otra
se queda en Cuba, cree en la revolución pero va perdiendo,
como en *Casa tomada*, el cuento de Cortázar, los espacios que
debe compartir con extraños sin casa y con familiares de los
extraños, como antes se compartían las casas con las familias en
aumento y la voluntad maternal de tener a todos los pollos en
el mismo gallinero…

Las familias, nos dice Celorio, imponen valores que no
siempre observan. Los poderes políticos, también. Si la nostalgia de Palou proviene de la muerte de los héroes, la de Celorio
se debe a la extinción de la familia y de la pregunta consecuen-
te. A falta de una familia, ¿dónde encuentro mis raíces y dónde
mi techo? Esta pregunta, a la vez angustiada y lúcida, recorre el
libro de Celorio. El autor es mexicano, lo es por sangre, por
habla, por cultura. Pero leyendo su libro, nos percatamos de
que la mitad de sangre, habla y cultura le pertenecen a Cuba,

patria de la madre de Celorio. Hay tardes en que Celorio se siente cubano, que pudo haber nacido en Cuba, que se reconoce en "los ojos de los cubanos, en sus gestos, en sus palabras". Y es precisamente esta identificación profunda lo que le permite, a un tiempo, ser crítico de la revolución cubana con sus simpatizantes y crítico de los críticos de la misma revolución.

Más que a una contradicción, la actitud de Celorio conduce a una certeza: la escritura no resuelve el conflicto que la motiva. Pues, ¿no es éste el conflicto mismo de la población cubana, debatida "como un solo organismo, entre el compromiso político y la libertad individual, entre la ortodoxia revolucionaria y las modalidades heterodoxas del patriotismo, entre la insularidad y la vocación internacional"?

No es de extrañar que Gonzalo Celorio trascienda el conflicto, sin jamás olvidarlo, en aquello que marca su propia personalidad: la excelencia de la literatura cubana, la de afuera y la de adentro, la de ayer y la de hoy. Leemos aquí una emocionante relación de Celorio con los escritores vivos de la isla. Esta relación es una apuesta al futuro. Pero también a la presencia del pasado mediante dos grandes evocaciones: la de José Lezama Lima y la de Dulce María Loynaz.

Celorio no conoció a Lezama, parroquiano intenso de los cafés al aire libre y fidelísimo habitante de una biblioteca que cubría las estrechas paredes de Trocadero 122, obligando a su corpulento propietario a recorrerla de perfil. En cambio, en Dulce María, Celorio encuentra una relación casi erótica con la mujer anciana que yo comparto plenamente como un pecado que se llamó *Aura*. Y no porque la mujer de edad sea más vulnerable. Lo contrario es cierto. Hay mujeres a las que los años dan poder secreto y atracción rendida. La autobiografía de Dulce María Loynaz le permite a Gonzalo Celorio culminar su propia historia con la lección de la escritora: decir de sí misma lo que quiere y al mismo tiempo ocultar lo que no se desea que se sepa.

19. Nélida Piñon en la república de los sueños

El planeta, escribió Alfonso Reyes, tuvo que exprimirse para crear a Brasil, un país que, en contra de lo que comúnmente se piensa, no fue inventado en el origen del mundo, sino un poco después, siendo, desde entonces, un inmenso crisol en el que "se está fraguando".

Pedro Henríquez Ureña inició en el Fondo de Cultura Económica la Biblioteca Americana, que dio a conocer al público lector de lengua española la incitante riqueza de la literatura brasileña. Allí aparecieron *El sertanero* de José de Aléncar, *Canaán* de Graça Aranha y la obra maestra de la novela latinoamericana del siglo pasado, *Las memorias póstumas de Blas Cubas*, de Machado de Assis, a la que me referí. Seguida por *Gran Sertón: Veredas* del mayor novelista brasileño posterior a Machado, João Guimãraes Rosa y sin olvidar a Jorge Amado, Clarice Lispector y Rubem Fonseca. Pero a Nélida Piñon la incluyo en este libro porque, más que cualquier escritor brasileño, se relaciona —es de origen gallego— con el universo literario hispanoamericano.

Juan Rulfo escribió la novela mexicana insuperada y acaso insuperable: *Pedro Páramo*, obra perfecta que se contempla a sí misma como un negro árbol desnudo del cual penden, sin embargo, dos frutos brillantes. El primero es la esfera dorada de una culminación, la de todas las corrientes de la narrativa latinoamericana anterior, un reconocimiento final de los padres y de nosotros mismos. Como en la tumba de Edgar Allan Poe en el gran poema de Mallarmé, he aquí un perfil transformado para siempre por la eternidad.

Pero la eternidad, escribió William Blake, está enamorada de las obras del tiempo y el otro fruto del árbol de Rulfo es un prisma de plata en el que se reflejan, mutantes, las formas de la tradición y de la creación inseparables, los espejos del mundo circundante y la apertura de las obras del tiempo pasado a la imaginación del tiempo por venir.

Hay escritores, como Juan Rulfo, cuya perfección no es signo de finalidad, sino de reinicio. Estos escritores nos legan universos recreables, extensibles, inventando regiones narrativas completas aunque interminables: la de Rulfo se llama Comala; la de García Márquez, Macondo; la de Onetti, Santa María; la de Faulkner, Yoknapatawpha; la de Cervantes, en el principio de todas las cosas, La Mancha...

Nélida Piñon es una peregrina, sabia, sonriente, aunque desesperada, en busca de otra región, suya y de todos, a la que ha bautizado con un nombre que describe a todas las novelas escritas en Iberoamérica: *La república de los sueños*. Territorio explorado, surcado y penetrado, selva, océano y mina, por una escritura en ardiente deseo de hallar un territorio que sea suyo y nuestro, ibérico, brasileño, mexicano, portugués, español, argentino, chileno, caribeño, atlántico, burlando las bulas alejandrinas del papa Borgia pero desvelando los espejos babélicos del papa Borges.

No hay hecho más triste, menos justificable en la América Latina que la persistencia de una rígida demarcación alejandrina entre las dos iberoaméricas, la hispanoparlante y la lusófona. Brasil y la América española, al desconocerse, se reducen. Somos dos caras de la misma medalla, la cara y su cruz, y dividir ese escudo es quedarse sin la mitad de nuestro ser. Nélida Piñon viene a reparar ese divorcio doloroso e innecesario. El origen familiar de la escritora es peninsular, español, gallego; su destino individual es americano, portugués, brasileño y en *La república de los sueños* la gran escritora teje un puente de hiedra y bruma, hace un viaje de velamen y orquídea, entre las costas de Galicia y las de Brasil, invirtiendo irónicamente los términos usuales de la relación Europa-América.

Si el Nuevo Mundo fue inventado, como dijo Edmundo O'Gorman, por la imaginación del Viejo Mundo y esa invención fue la de un espacio para la Edad de Oro que la Europa renacentista, mercantilista, absolutista y religiosamente intolerante necesitaba, ahora Nélida Piñon convierte a Europa en edad mítica, dorada por la nostalgia de un mundo americano despojado de justificaciones legendarias aunque no de esperanzas humanas.

Nélida transforma a Europa en Edad de Oro de América, y a América en tierra de lo cotidiano, tierra de trabajo, lucha y supervivencia. La escritora le niega al Viejo Mundo la coartada de evadir sus responsabilidades, le prohíbe a los europeos inventar un Nuevo Mundo americano sólo para depositar en él, magnificados, sus propios pecados. La república de los sueños americanos de Nélida Piñon le regala los mitos a los europeos y nos aboca a los americanos a vivir en la realidad que hemos hecho con o sin Europa, gracias a o a pesar de Europa, no importa, ya hay, desde siempre, para siempre, una cultura del Nuevo Mundo, hecha con brazos y cabezas europeos, indígenas, africanos y sobre todo, mestizos, mulatos. ¿Son estos los signos del porvenir? ¿Tenemos entonces derecho a nuestros propios sueños? Como es novelista, Nélida nos radica en la tierra concreta y en la vida tangible del Brasil sólo para decirnos que la realidad también incluye a los sueños, pero que los sueños del Nuevo Mundo han fracasado. No hemos estado a la altura de nuestros sueños. Sólo una nueva imaginación, constante, interminable, siempre inacabada, puede realizarlos. Nélida ha escogido la forma de la novela para fundar la república de los sueños nuestros, incumplidos pero irrenunciables, nacidos de ilusiones perdidas y amores ganados.

"Con Dios yo me entiendo", dice la escritora, "con los hombres es más difícil". Pero la magia de Nélida Piñon consiste en aliar imaginación a compasión a fin de darle a sus personajes, a su escritura, y a sus lectores, "una piel con temperatura igual a la suya". En la dulce, pero también maravillosa, *Canción de Cayetana*, el protagonista masculino comete todas la locuras del mundo para llegar a la mujer amada, a su soñada república erótica, Cayetana. Su sueño fracasa, él nunca llega hasta Cayetana, pero obtiene algo mejor, que es la compañía de la otra mujer que lo siguió, lo entendió y de tanto imitar el deseo del hombre, acabó por convertirse en la mujer deseada.

En Nélida Piñon, estas prodigiosas aventuras del deseo no ocurren separadas de otra temperatura además de la corpórea, y éste es el clima moral de las obras. Para Nélida Piñon, una novela sucede gracias al lenguaje y el lenguaje es un fenómeno ético porque es un fenómeno social, compartido, al cual la novelista puede otorgarle todos los dobleces y todos los matices, todos los ritmos y todos los colores de su invención individual, pero que, al cabo, regresará, enriqueciéndolo, al surtidor de donde manó; la vida colectiva, la vida de la cultura, la vida compartida.

¡Ah!, nos advierte la escritora, ¡ah!, ¿han pensado ustedes en lo que significa cargar dentro de uno el cadáver de una lengua, arrastrar por los cuatro costados los restos mortales de un idioma insepulto?

Pero ¡ah!, nos advierte asimismo: estos portadores de lenguaje somos seres desgobernados y que acabamos de abandonar las cavernas, somos seres que aún no aprendemos a explicar todos nuestros sentimientos.

El genio de Nélida Piñon consiste en otorgarle un lenguaje errante, insepulto, a una raza que emerge, cegada, de las cavernas y clama por explicarse a sí misma, por darle un sentido a su voz, a su atracción sensual, a su fundación civilizada, a su compasión social, a su libertad estética. Con razón un precioso libro de Nélida se llama *El Fundador* y en él un cartógrafo brasileño, verdadero Zelig tropical, asume todas las formas, nombres, vestimentas y temperaturas que encuentra a la mano para darle forma, virtud y voz a un mundo, su mundo, su Brasil.

Con razón, también, Nélida Piñon ha sido una figura política imprescindible en su tierra, como vicepresidenta de la Unión de Escritores Brasileños en momentos de represión autoritaria, cuando escribir era una tarea perseguida, cuando la voz de Nélida se levantó firme contra la censura, pero cuando, simultáneamente, su imaginación se levantó con vuelo aún más poderoso para escribir otro gran libro, *Tebas de mi corazón*, en el que la escritora identifica la lucha contra la dictadura, más que como una lucha contra la opresión, como una lucha contra la fatalidad, la rutina, la falta de imaginación, la ignorancia y el designio incontrolado de las cosas.

Para ello, construye una barca para remar en tierra.

Una barca para remar en tierra: Nélida Piñon completa el círculo de la imaginación cervantina. Su barca terrena es la hermana de madera del caballo de carpintería de Don Quijote: su Clavileño. ¿Dónde rema ese barco, dónde vuela ese pegaso? Por las tierras de la Mancha, tierras impuras, mestizas, contagiadas de todos los sueños y todas las esperanzas de acá y de allá, de Iberia y de América.

20. Juan Goytisolo, persona grata

Cuando en 1969 publiqué *La nueva novela hispanoame-ricana*, incluí en el reparto de autores a Juan Goytisolo. No tardaron en lloverme los reproches: ¿qué hacía un "gachupín" entre nuestros castizos Cortázar, García Márquez, Carpentier y Vargas Llosa?

Pues hacía dos cosas: La primera, recordarnos que no éramos ni castizos ni mucho menos castos, sino fraternales y reconocibles —españoles e hispanoamericanos— en nuestra impureza: impureza del lenguaje, impureza de la sangre, impu-reza del destino.

En *Señas de identidad* y *Reivindicación del conde don Julián*, Goytisolo indicaba ya que España no era España sin las culturas judías y musulmanas que formaron lengua e historia en la corte de Alfonso el Sabio, en el *Libro* del Arcipreste y en *La Celestina* de Rojas.

La expulsión de las culturas hebrea y arábiga no sólo mutiló a España. Empobreció a sus colonias. Estableció una política de exclusión y aun de persecución del otro, del diferen-te. Y como bien plantea el gran filósofo español contemporáneo Emilio Lledó, el lamentable truco de lo peor de los nacionalis-mos es la invención del otro como malo y de inferior calidad, para no tener que percibir nuestra propia miseria...

La segunda cosa era (como diría el Arcipreste) devolver-nos un lenguaje vivo, experimental por fuerza, incierto por virtud, que en España se oponía a la suma de complacencias de la era fascista: complacencia con el paisaje, con la nostalgia, con el folklore, con la insularidad, con el romanticismo populista y con la supuesta esencia española —hidalguía, honor, flama sagrada, realismo cazurro— celosamente reclamada por la tradición inerte.

Pero, ¿no era este mismo nuestro problema, el de los escritores latinoamericanos largo tiempo sujetos a la tradición de la propiedad, el buen gusto y el medio tono, el servilismo realista, la humildad costumbrista, el rechazo de la supuesta barbarie indígena y negra, mestiza y, aun, hispánica para ser, cuanto antes, europeos, norteamericanos, civilizados, universales?

Nadie llega solo a las literaturas. En Hispanoamérica, la poesía moderna, de Lugones y Huidobro a Neruda y Vallejo, le abrió el camino tanto a nuestros progenitores en la novela, Alejo Carpentier, Jorge Luis Borges, Miguel Ángel Asturias, Felisberto Hernández, Juan Carlos Onetti, Juan Rulfo, como, en España, Valle Inclán, Prados, Guillén y Cernuda se la abrieron a Goytisolo, y, con él, a Valente, a Sánchez Ferlosio, a Luis Martín Santos, a Julián Ríos, comprobando, todos ellos, que no hay creación que no se sostenga en tradición, pero que la tradición, a su vez, precisa de una nueva creación para seguir viviendo. Todo un pasado se hace presente en las novelas de Goytisolo y en ese paso fecundo por Ibn-Zaydún de Córdoba, el Arcipreste y la Celestina. Cervantes y Góngora, Francisco Delicado y María de Zayas. Goytisolo nos recuerda a los escritores de lengua española de América que pertenecemos a un tronco común y que nuestras ramas, y a veces nuestras flores, pertenecen todas al mismo árbol de la literatura.

Árbol viejo, árbol fuerte. Pues a las exigencias de antaño —nuevo lenguaje, viejas culturas— se vino a añadir, en la actualidad, un desafío mayor. El reconocimiento del otro. El abrazo a él o ella que no son como tú y yo.

El extraordinario despliegue literario de Juan Goytisolo, tan enraizado en lo mejor de la cultura hispana e hispanoamericana, se abre aún más, en *Paisajes después de la batalla*, al encuentro con el otro, ese otro universal que es hoy el trabajador migratorio, la viva e incómoda acusación a un orden global que consagra la libertad de las cosas pero rehúsa la libertad de las personas; las mercancías se mueven sin trabas, los trabajadores son prohibidos, perseguidos, vejados, asesinados... Pero sin ellos, las grandes sociedades de consumo modernas no tendrían ni frutas, ni verduras, ni transportes, ni hospitales, ni restoranes, ni nanas, ni jardines. Tendrían, como lo ha advertido John Kenneth Galbraith respecto a la emigración mexicana a Estados Unidos, inflación, escasez de alimentos, servicios bajos y precios altísimos. El trabajador migratorio sirve al país que deja y al país que llega. Sólo el más soez y estúpido de los prejuicios puede considerarlos carga económica o contagio racial.

En Goytisolo, el encuentro con el otro ocurre gracias a la verbalidad narrada. Técnica y contenido se asocian en *Paisajes después de la batalla* porque el yo autoral, que es el yo personaje, se unen (se funden, se solidarizan) en el narrador, que es el autor-más-los-personajes. Goytisolo obtiene este resultado polifónico mediante el cruce de pronombres, el cruce de tiempos verbales y el cruce de culturas. El mestizaje de la forma se funde con el de la materia.

Para Goytisolo, mestizar es cervantizar y cervantizar es islamizar y judaizar. Es abrazar de nuevo lo expulsado y perseguido. Es encontrar de nuevo la vocación de la inclusión y trascender el maleficio de la exclusión.

El paisaje no carece de humor, África empieza en los bulevares de París y el héroe cómico urbano de Goytisolo detesta el olor de vinagre. ¿Por qué siempre le toca sentarse en un cine junto a alguien que huele a vinagre? ¿Por qué, si es hombre urbano moderno, no sabe cambiar una llanta de automóvil o cortar correctamente un bistec? ¿Por qué, si lee la revista *Hola!*, no se ha enterado del romance secreto de Julio Iglesias y Margaret Thatcher?

La sonrisa se nos congela en los labios cuando Juan Goytisolo, escritor de gravedad y humor, pájaro veloz en alas del árabe Ibn Al Farid y el castellano Juan de la Cruz, cae tiroteado por los cazadores de la intolerancia sexual, racial, religiosa y política. Anteayer estuvo de vuelta en Sarajevo defendiendo la integridad de la vida multicultural contra la intolerancia y la limpieza étnica. Pero ayer nada más no pudo llegarse, en su propia España, a presentar con Sami Naïr su libro *El peaje de la vida* en la población andaluza de El Ejido, donde los inmigrantes magrebíes han conocido las más brutales agresiones, denunciadas por Goytisolo al grado que las autoridades del lugar lo han declarado "persona non grata". El premio Don Quijote otorgado en 2010 a Goytisolo reparó —un poco— la inexcusable exclusión de la que ha sido objeto en su patria.

Goytisolidario, Goytisolitario. ¿Qué cosa salva a Juan Goytisolo de la tragedia? Desde que lo conocí, allá por 1960, en el recinto nobilísimo de la editorial Gallimard en París, me subyugó y sorprendió la profundidad de su mirada, sus enormes y encapotados ojos que son azules pero se niegan a admitirlo: los cruzan demasiadas ráfagas de dolor, nostalgia, melancolía; nubarrones de sagrada cólera, pero también relámpagos de humor. Quizá eso, el humor, es lo que lo aparta de la desesperación. Por los ojos de Goytisolo, pantallas de nuestro tiempo, pasan la guerra de España, la madre muerta en un bombardeo, el sofoco franquista, los exilios y migraciones de los pueblos en harapos, las amenazas neofascistas y las desilusiones comunistas; pasa el medio siglo entero de nuestra vida moral, política, intelectual, para culminar en el sacrificio de Sarajevo, el verdadero fin del brevísimo siglo XX que, también, se inició, en 1914, en la capital martirizada de Bosnia-Herzegovina. Sobrevuelan estos hechos terribles las ilusiones generosas compartidas por Goytisolo y su generación. Al perderlas, sin embargo, Goytisolo no se volvió un renegado ni un reaccionario del signo contrario. Navegante incauto pero lúcido de la gran marea de nuestro tiempo —el trasiego de culturas, el movimiento de los pueblos, el contagio de las lenguas, la migración como santo y seña de cualquier nuevo o posible humanismo—, Goytisolo ya no celebra victorias: advierte peligros nuevos, recuerda problemas persistentes que ningún triunfalismo capitalista puede desvanecer. Dice Silvia, mi esposa: "Parece que siempre está a punto de irse". Yéndose, o llegando, Goytisolo trae en los ojos la suma de las injusticias irresueltas del mundo y no cede a los himnos de bando alguno. Es un habitante fugaz de los aeropuertos, pero sólo para ser un hombre radicado en su París de barrios migratorios, en su Barcelona de memorias irrenunciables, en su Marrakech de zocos fraternales. Es culpable, en todas partes, de leso optimismo. Pero en todas partes, también, es reo de esa forma del optimismo que es la risa irreverente, el humor corrosivo, el guante volteado, la pirámide puesta de cabeza. Huérfano errante de Quevedo, en *Señas de identidad* el protagonista usa los libros más castizos para aplastar cucarachas entre sus páginas.

Entenado del Arcipreste Juan Ruiz, en *El conde don Julián* el lobo feroz es un árabe bien armado para violar a la caperucita blanca, casta y castiza. Gemelo rebelde de San Juan de la Cruz, en *Virtudes del pájaro solitario* pone a los textos árabes y cristianos, sagrados y profanos, a fornicar entre sí. Tierno y tenaz habitante del Sentier parisino al lado de su extraordinaria compañera, Monique Lange, traza unos *Paisajes después de la batalla* en los que África empieza ya no en los Pirineos españoles, sino en los bulevares parisinos. Pero hasta allí llegan los encabezados sensacionales, indeseables, la globalización informativa que nos revela el ya citado romance secreto de Julio Iglesias y Margaret Thatcher. ¿Nuestro único derecho a la inmortalidad será aparecer fotografiados en la revista *Hola!*? Humor mestizo el de Goytisolo, humor de contactos y contagios, humor de la tradición y también de la creación, ambas contaminadas desde su origen nada casto, nada castizo. A la máscara universalmente risueña del robot alegre de la postmodernidad, Goytisolo opone, repone, superpone, la piel de las culturas y sus encendidos y variados colores. Como nadie, lo hace en español porque la nuestra es la lengua más impura, menos castiza, más mestiza, del mundo. Escribir en español es cervantizar, y cervantizar es islamizar y judaizar. Hoy, es también mexicanizar, chicanizar, cubanizar, puertoenriquecer, introducir el Chile, argentinizar: hablar en Plata. Éste es el equipaje secreto de Goytisolo, paradoja de la raíz trashumante, no en balde amigo muy cercano de Jean Genet, otro viajero sin equipaje cuyo féretro fue confundido con el de un obrero marroquí emigrado.

Juan Goytisolo rompió los cánones estrechos del realismo narrativo español. Su pregunta a partir de *Reivindicación del conde don Julián* y de *Señas de identidad*, es la nuestra:

¿Le hace falta la literatura a un mundo externo, extrasubjetivo, que se sobra y basta a sí mismo en su facticidad objetiva?

O dicho de otra manera, ¿qué le da la literatura al mundo, qué añade la literatura para hacerse indispensable en el mundo?

Pues nada más y nada menos que la realidad que le faltaba al mundo. Porque si el mundo nos hace, también nosotros hacemos al mundo. Y una manera de hacer al mundo es crear una verbalización del entorno sin la cual la materia misma de la literatura —el lenguaje y la imaginación— puede sernos arrebatada, deformada, manipulada.

Quiero decir: siempre existieron los campos de Castilla. Pero el día que cabalgó por ellos, lanza en ristre, bacía de barbero en la cabeza, Don Quijote de la Mancha, España y el mundo ya no pudieron ser concebidos sin la imaginación y el lenguaje de Cervantes.

Entre todas las artes, la de la literatura es la más desafiante porque su materia es la más corriente de todas: el lenguaje, que es de todos o no es de nadie.

Convertir el cobre del lenguaje en el oro de la literatura requiere una comunión imaginativa. Es la imaginación lo que asegura la alquimia del verbo, y la imaginación no es otra cosa sino la mediación entre la sensación física y la percepción mental.

Juan Goytisolo habla de la madre de toda narración, la partera de la imaginación y el lenguaje, Scherezada, la mujer que salva la vida contando un cuento cada noche al misógino califa para aplazar el destino que, en ausencia del cuento, la condenaría a morir la siguiente mañana.

La escritura o la vida, titula Jorge Semprún su libro de memorias. Tal es el nombre de toda narrativa de los hijos de Scherezada: dar la vida por la escritura y la escritura a cambio de la vida. Pero con una condición: que la narración no concluya. Tal es el secreto de Scherezada y el de la literatura misma. Jamás dar por concluida la narración. Entregarle al lector la obligación y el privilegio de ser el siguiente narrador.

Scherezada. *Las mil noches y una noche*. La historia no ha terminado. Tal es, aparte de la belleza intrínseca del gran libro del mestizaje literario —obra indo-iránica, arábigo-abaside, arábigo-egipcia y al cabo arábigo-europea—, el mensaje contemporáneo de la novela de Scherezada. La historia no ha terminado.

Quienes nos dicen lo contrario —la teoría torcidamente interesada del fin de la historia— sólo quieren vendernos, nos recuerda la historiadora española Carmen Iglesias, otra historia. No la nuestra. La suya.

En la presentación del libro de Goytisolo *Telón de boca*, en Madrid, el filósofo Emilio Lledó aseveró que éste es un libro —podría extenderse a toda la obra de Goytisolo— que reivindica la libertad, la igualdad y el amor contra la guerra, contra el olvido, contra la ignorancia, contra la maldad, contra la mutilación y la muerte de los inocentes…

A estas palabras de Lledó hay que añadir las del propio Goytisolo en contra de otra teoría nefanda, el choque de civilizaciones de Samuel Huntington. Goytisolo habla por los trabajadores migratorios musulmanes en Europa como nosotros hablamos por los trabajadores migratorios mexicanos en Estados Unidos. No como la amenaza contra la pureza racial y la unidad nacional que insidiosamente sospecha Huntington, sino como sujetos —cito a Goytisolo— de "los mismos derechos de que disfrutan los ciudadanos europeos".

El inmigrante —árabe en Europa, mexicano en Norteamérica— no le quita nada a nadie: da más de lo que recibe. Da su trabajo. Y da su cultura a la única civilización humana posible: la del mestizaje que creó a la América indo-afro-europea y a la España celtíbera, fenicia, griega, romana, árabe y judía.

Éste es hoy el cuento inacabado de Scherezada, la fabuladora desvelada: es el cuento del encuentro y enriquecimiento mutuo de las culturas. Es el cuento de la inclusión y en contra de la exclusión. Es el cuento del derecho a imaginar contra la prisión de los dogmas disfrazados de verdades irrefutables.

Éste es hoy el cuento de Scherezada: la historia no ha terminado. La historia renacerá cada día con sus luces de tareas inacabadas, libertades por conquistar, culturas por preservar y vigorizar.

21. Primer final mexicano. Quintilla de damas

Corazones

La vi por primera vez disfrazada de gatito en un baile del Jockey Club de México. Toda de blanco, rubia como es, con antifaz y joyas claras, parecía un sueño bello y amable de Jean Cocteau. Como toda buena gatita, tenía un bigote que surgía de la máscara. Pero en ella, el obligado flojel de los gatos no era, como el salvaje bigote de Frida Kahlo, una agresión sino una insinuación. Era una, varias antenas que apuntaban ya a las direcciones múltiples, a las dimensiones variadas de una obra que abarca el cuento, la novela, la crónica, el reportaje, la memoria… Salimos juntos, hace muchos años, yo con un libro de cuentos, *Los días enmascarados*, ella con un singular ejercicio de inocencia infantil, *Lilus Kikus*. La ironía, la perversidad de este texto inicial, no fueron percibidas de inmediato. Como una de esas niñas recurrentes de Balthus, como una Shirley Temple sin hoyuelos, Elena se reveló al cabo como una Alicia en el País de los Testimonios. Sin abandonar nunca su juego de fingido asombro ante la excentricidad que se cree lógica o la lógica que se cree excéntrica, Elena fue ganando gravedad junto a la gracia. Sus retratos de mujeres famosas e infames, anónimas y estelares, crearon una gran galería biográfica del ser femenino en México.

Elena ha contribuido como pocos escritores a darle a la mujer papel central, pero no sacramental, en nuestra sociedad. No nos ha excluido a los hombres que amamos, acompañamos, somos amados y apoyados por las mujeres. Pero nadie puede oscurecer el hecho de que Elena Poniatowska ha contribuido de manera poderosa a darles a las mujeres un sitio único, que es el de las carencias, los prejuicios, las exclusiones que las rodean en nuestro mundo aún machista pero cada vez más humano. No sólo feminista sino humano, incluyente. "Hombres necios que acusáis a la mujer sin razón". La divisa de Sor Juana Inés de la Cruz no sólo es eco en Sor Elena de la Cruz-y-Ficción. Es un abrazo, es una especie de compasión abarcante, "Hombres necios, uníos a mi trabajo, a mi lucha, a mi propia necedad". *La noche de Tlatelolco* es la grande y definitiva crónica del turbio crepúsculo del crimen que también marcó el crepúsculo del régimen autoritario del PRI en México. De esa terrible noche del 2 de octubre de 1968 data, acaso, la transformación de la Princesa Poniatowska, descendiente de María Leszczynska, la segunda mujer de Luis XV de Francia, del rey Estanislao I de Polonia y del heroico mariscal de Napoleón, Josef Poniatowski, en una Pasionaria sonriente y tranquila de las causas de izquierda. No siempre estoy de acuerdo con ella en sus juicios. Siempre admiro su convicción y su valor. Pero por fortuna hoy la democracia mexicana se hace de acuerdos y desacuerdos lícitos, respetables y respetados. Lo importante de Elena es que sus posiciones en la calle no disminuyen ni suplantan sus devociones en la casa: el amor a sus hijos, la fidelidad a sus amigos, la entrega a sus letras. Amigo de Elena desde más años que los que quiero o puedo recordar, hoy la recuerdo tan juvenil como en nuestros tiempos primerizos, e incluyo en este libro la lectura de unas biografías que convierten a la ficción en periodismo y al periodismo en biografía, como si Elena tuviese el poder de hacer y des-hacer géneros, liberándose (y liberándonos) de la estrechez genérica. ¿Dónde empieza el periodismo en *Hasta no verte, Jesús mío* y empieza la ficción? ¿Dónde termina la ficción en *Tinísima* y empieza la biografía?

Elena es una *new journalism* en sí misma, aunque también una nueva biógrafa y una nueva novelista. La lengua francesa llama "roman" a lo que nosotros llamamos "novela" y los anglosajones "novel". Los italianos dan el nombre de "novella" a una prosa breve, en contraposición al "romanzo" más extenso. Las definiciones de género no bastan, sin embargo, para oscurecer el plano común a "roman", "novela", "nouvelle", por una parte y la biografía y periodismo por la otra. Este punto de encuentro es el espacio literario —que es una manera de estar en el mundo—. Vale la pena leer a Poniatowska como un estar en el mundo. Entonces se disuelven las rigideces formales y regresamos al origen moderno, cervantino, de la narración: épica y picaresca, bucólica y urbana, narración dentro de la narración, ensayo y poema, noticia y crítica.

Diamantes

Muchas aristas tiene Margo Glantz. Es una crítica avisada de escritores como Sor Juana Inés de la Cruz y Bernal Díaz del Castillo. Es la tácita representante de un mundo poco observado en Latinoamérica: el de los judíos rusos y centroeuropeos exiliados por las dictaduras nazi y stalinista, hebreos askenazí que vinieron a reunirse con (ya recordaremos la herencia sefardita de España), además de situarnos en la conflagración de intolerancia racista que en parte condujo a la Segunda Guerra Mundial. Olvidamos ambas: los judíos sefarditas crearon la cultura del trabajo profesional en la España anterior a 1492 y nos legaron la lengua del vulgo —el castellano— en vez de la lengua de la élite —el latín—. A la siguiente España le tomó mucho tiempo recuperar las reglas de trabajo del mundo sefardí. La migración askenazí trajo, por su parte, el mundo de la Europa central a México y América Latina. Ambas tradiciones, sefardita y askenazí, se fundieron en una receptiva tradición hispanomericana. Glantz da cuenta de su experiencia familiar judía en *Las genelaogías*.

Va mucho más lejos. En *El rastro*, Glantz sigue la vida de Nora García como si fuese una pantalla sicoanalítica para entender cómo camina una mujer por la vida, a pesar de las canalizaciones que la asedian. Nora camina, advierte, con zapatos de diseñador y esto revela una obsesión de Glantz no sólo con los zapatos, sino con el hecho de caminar, o sea, de ir de un lugar a otro, es decir, de emigrar. Hay, acaso una emigrante tácita en Glantz, una mujer que debe moverse de lugar y para ello necesita zapatos.

Sólo que Glantz necesita zapatos para escribir, para moverse de sílaba a sílaba, de palabra a palabra, de página a página. Los libros migratorios de Margo Glantz se mueven de la infancia a la madurez, del individuo a la sociedad, de la familia al mundo. ¿Qué hay detrás de estas ficciones del movimiento humano? En primer término, un testimonio a la vez mítico, moral y mercadotécnico. Para caminar se necesitan zapatos, Adán y Eva andaban descalzos: el paraíso no tiene zapaterías. Expulsados del Edén requieren calzados porque ahora saben "que estaban desnudos" (Génesis 3).

Glantz hace algo notable: se pone zapatos para escribir, desafiando a las escrituras sagradas, diciendo que más durará la tierra que el cielo, si tenemos el valor de escribirla. Sólo entonces Glantz se ríe de sí misma y del mundo y escribe antes de mentirle, niña judía, al cura católico que la confiesa: "He fornicado". Entonces el mundo de la novelista se llena de apariciones inocentes —tamales, chocolate, muéganos— y espectros espantosos —mártires, brujas flagelantes— para formar un mundo de ficciones obsesivas redimido por una sonrisa.

Tréboles

Cuando yo empecé a escribir, en la década de los cincuenta, tenía la impresión de que vivíamos en México y en América Latina bajo la tiranía de los géneros, particularmente en México. Se suponía que un novelista que empezaba iba a escribir una novela que era muy fácil de encasillar como novela del campo, novela del indio, novela proletaria, novela de la ciudad, novela de la revolución. Esta tiranía me provocaba a veces rebeldía pero a veces nostalgia, porque tuve la impresión de que la modernidad de la novela como la estableció Cervantes significaba, de entrada, de inmediato, una ruptura de los géneros, una confusión de los géneros, un aprovechamiento de los géneros, a fin de convertir a la novela en género de géneros. De manera que esta tiranía de la que hablo nos movió a muchos, no sólo en México sino en toda la América Latina, a intentar salir de los casilleros y romper los géneros y a aspirar un poco a esa polifonía de la novela de la que habla Hermann Broch. Es decir, la novela como encuentro de géneros, que le da cabida a la política, a la ciencia, a la cinematografía, a la música, al periodismo. ¿Qué permanece, sin embargo, como unidad? Una vez que hemos establecido ese derecho a la revolución contra el género, ¿qué permanece siempre como unidad posible de la novela? Georg Lukács nos dice que es la idea del desplazamiento. Toda novela, sea cual sea su tema, sea cual sea su forma, implica un desplazamiento. Desplazamiento, ¿en qué sentido? No sólo en el sentido de viaje, de movimiento, aunque es notable que la primera épica de la antigüedad clásica es un viaje de ida, el viaje a Troya; y un viaje de regreso, el viaje de Ulises, de regreso a Itaca. La novela moderna empieza con *Don Quijote*, el desplazamiento, fuera de la idea de la certidumbre, a los anchos campos de la incertidumbre. Y la novela contemporánea por excelencia, el *Ulises*, no es otra cosa que un desplazamiento a lo largo de veinticuatro horas, y a lo largo y ancho de una ciudad: Dublín. Por eso necesita Margo Glantz zapatos: botas de siete leguas.

Bárbara Jacobs, en *Vida con mi amigo*, nos invita a todos estos desplazamientos y a algunos más. Es un desplazamiento pero mediante una conversación lúcida y cálida a la vez. El desplazamiento en el espacio puede ocurrir, como acabo de decir, de Troya a Itaca. Puede ser tan vasto como el territorio de una nación. La novela norteamericana consiste en un constante desplazamiento hacia el oeste, hacia el Pacífico. Y allí se detiene. La novela rusa implica un desplazamiento hacia el este que pasa, a veces desgraciadamente, por Siberia. En el espacio se mueven Virginia Woolf hacia el faro y Thomas Mann hacia la montaña mágica y Xavier de Maistre nos invita a dar una vuelta alrededor de su recámara. El desplazamiento puede ocurrir en el tiempo, mediante la forma de la novela histórica, *Guerra y paz*; mediante una narración que crea su propia historia, como en las novelas de William Faulkner. Como una creación de su propio tiempo novelístico: el gran ejemplo de *Tristram Shandy* de Laurence Sterne, que es uno de los libros de cabecera de Bárbara Jacobs. La novela, en fin, *En busca del tiempo perdido*, de Proust. En América Latina el desplazamiento ha tenido un significado particular en virtud de la inmensidad de nuestro espacio. A partir de la épica del descubrimiento, y de la conquista, hemos luchado con el espacio como Jacobo (y ahora Jacobs) luchó con el ángel en la Biblia. La crónica de la conquista de Bernal Díaz es también, recordémoslo, una búsqueda del tiempo perdido en que un hombre de más de ochenta años recuerda minuciosamente, ciego, viejo y desde su exilio, si se le puede llamar así, en Guatemala, recuerda la gesta de la conquista de México con todo el detalle de corceles, armaduras, guerreros. La posibilidad de ser simplemente devorados por el espacio mediante el desplazamiento, que es el gran drama de *La vorágine*, de Rivera, ("se los tragó la selva") a una especie de equilibrio maravilloso entre tiempo y espacio, que es el que alcanza García Márquez en *Cien años de soledad*. Pero todos estos desplazamientos, físicos o imaginativos, de los que estoy hablando encuentran una revelación, una compensación moderna, en el desplazamiento sicológico, tal y como lo describe Freud. El desplazamiento como sustitución o cambio del objeto del deseo, el desplazamiento como sublimación, el desplazamiento como compromiso de la memoria, el desplazamiento como traslado del objeto sexual al objeto social, el desplazamiento como sueño, como trabajo del sueño. El desplazamiento onírico, nos dice Freud, a fin de hacer irreconocible lo característicamente sexual. Todas estas formas de desplazamiento están tácita o expresamente, contenidas en el libro de Bárbara Jacobs *Vida con mi amigo*. Pero el suyo es, después de todo y ante todo, aunque contenga todos estos niveles de desplazamientos literarios, un desplazamiento a fin de hacer reconocible al objeto amoroso. Bárbara Jacobs se mueve, es decir, escribe a fin de que se puedan reconocer la figura del libro y del ser amado, que se convierten en su libro en sinónimos. Bárbara nos dice en la introducción de su libro:

A lo largo de los años en que fui escribiendo *Vida con mi amigo*, me pregunté qué forma final habría de darle, si de relato, que abre tantas puertas, o de ensayos cortos, que suele cerrarlas. Como quiera que sea, un día, al entrecerrar los ojos, vi que *Vida con mi amigo* tenía tono y forma. Pero este desplazamiento, esta ruptura del género, conduce a este desplazamiento inmediato. Una tarde bajo la lluvia, equipados con unas botellas de vino tinto, una manta y una serie de libros encabezados por el de Laurence Sterne, mi amigo y yo tomamos la carretera, emprendimos nuestro propio viaje sentimental. No todos los viajes son sin rumbo, como lo son muchas conversaciones, pero, al igual que en ellas, el desenlace es desconocido, uno parte pero no sabe si va a llegar, ni a dónde, cuándo, o cómo. Por eso el doctor Samuel Johnson llamó a una de sus series de comentarios *The rambler*, que es vagabundo, paseador, y también divagador. La oportunidad por excelencia que brinda un libro de viajes, me dice mi amigo, es la de divagar. Sin un sentido muy refinado del ensayo, un autor echaría a perder un libro de viajes. Toda lectura es un viaje aun si no trata de viajes.

Lo cual confirma en este libro que la escritura es idéntica a un viaje. Es un libro de lectura inteligente, pero sobre todo amorosa, en la que leer es imaginar al ser amado.

Espadas

En la novela de Carmen Boullosa *Duerme*, la escritora arranca con una cita de Sor Juana Inés de la Cruz: "Pensé yo que huía de mí misma, pero ¡miserable de mí! Trájeme a mí conmigo y traje mi mayor enemigo". Y esta cita de Sor Juana me recuerda una del trágico italiano Alfieri en la que se refiere al ingenioso enemigo que soy yo mismo, y al concepto, hegeliano, claro, del yo enemigo. Sor Juana, Alfieri, Hegel. Estamos hablando de sucesivas penetraciones en una enajenación, en una enajenación que juzgamos dimensión inseparable de lo moderno. La modernidad es el sitio de la enajenación. Pero Carmen Boullosa, al citar a Sor Juana, nos recuerda que siempre hemos vivido separados de nosotros mismos. Le da a esta enajenación la dimensión histórica. Dimensión de una enajenación de raíz, de nacimiento, de origen, pues la enajenación de *Duerme* es en primer lugar una enajenación histórica. *Duerme* ocurre en el albor de la colonia novo-hispana, en el albor del México posterior a la conquista. Es, de hecho, parte de la crónica no escrita de las Indias, esa parte secreta que no relataron Bernal Díaz, o Cieza de León, y que pertenece al enorme *no dicho*, y *no escrito*, del continente americano, ese continente que alguna vez, con extraordinario éxito, que hoy nos parece inconcebible, Luis Alberto Sánchez, el escritor peruano, llamó "América, novela sin novelistas". Carmen Boullosa le da voz a esa crónica no dicha y no escrita mediante una estratagema que es la nominación, el dar nombre.

Alejo Carpentier nos decía que el continente americano es un continente por bautizar. Todo está por nombrar. Desde el primer momento había que saber cómo nombrar a este árbol, a esta montaña, a la nube que pasa, a este traje, a esta música, a este rostro. De manera que para hablar del origen de la Nueva España, de México, Carmen Boullosa entra de lleno al tema de nombrar las cosas y, sobre todo, de nombrar las personas. El problema del nombre está en el origen mismo, además, de la crítica literaria. Cuando me pongo a pensar cuál es la primera obra de crítica literaria que se escribió en Occidente, en el Mediterráneo, en la antigüedad, caigo en la cuenta de que, aun antes de la *Poética* de Aristóteles, es el *Diálogo* de Platón, *Crátilo*, porque en él Sócrates se plantea el problema del nombre, qué significa un nombre, qué cosa nombramos. El debate, el diálogo, que conduce Sócrates consiste en saber básicamente si el nombre es intrínseco a las cosas, si nombramos las cosas porque eso es lo que son las cosas, o si el nombre es simplemente una convención para nombrar las cosas. Carmen Boullosa se apropia de esta pregunta radical.

En *Duerme*, en este albor de nuestro país, de nuestra civilización, de nuestro continente, todos los indios que aparecen se llaman Cosme para no confundir al patrón. Todos se llaman Cosme. Y hay diálogos que nos dicen lo siguiente: "—No me llamo Juana. —¿Cómo entonces? —Luego te digo". O: "¿Cómo se llama?", y le contestan: "Averigua mi nombre, que cuando lo tengas te diré que no es el mío". Este anonimato, esta ambigüedad, este mestizaje y defensa de la integridad a través de la imaginación de no tener un nombre es, a mí me parece, la mayor estratagema del libro de Boullosa.

Platón resuelve su polémica de los nombres con una conclusión sumamente socrática: un nombre niega que el nombre sea o intrínseco a las cosas o puramente convencional. Un nombre, acaba diciendo Sócrates, es simplemente una manera de acercarse a la realidad de las cosas. No es más que una aproximación.

En Carmen Boullosa esa aproximación esencial para entender su creación literaria tiene, primero, un camino histórico. Es la relación de España y los indios. Cómo llamarlos significa también cómo llamar-se, cómo llamar-nos, cómo llamar a los indios pero cómo llamarnos a nosotros, conquistadores, y cómo llamar a la comunidad que resulta de la conquista y del mestizaje. Los hispano-indios son huérfanos, nos recuerda Carmen, son huérfanos de padre español y madre india. Adquirir un nombre es dejar de ser huérfanos, dejar de llamarse todos Cosme, para no confundir al patrón. Es saber el nombre en vez de averiguarlo. Es decir el nombre ahora mismo y no lueguito, más tarde. Pero este enorme despertar a una nominación consciente, inteligente, alerta, tiene que pasar por un tiempo histórico que puede ser muy largo, con resultados muy inciertos, y con nuevas acechanzas contra la identidad nominativa, o contra la identidad *tout court*.

Por eso Carmen Boullosa propone otro método para vencer y acelerar la Historia, y éste es el sueño. El sueño para vencer o para acelerar la Historia. El sueño como elipsis de la Historia. Un país despierta. Es el México mestizo, pero sólo porque otro país duerme, el México indígena. Este sueño indígena, sin embargo, lo universaliza Carmen Boullosa. Es el precio para no morir. Es la alternativa a la muerte. En esta novela, la pregunta de Julieta, la famosa pregunta de Julieta en Shakespeare "¿Qué hay en un nombre?", *What's in a name?*, obtiene la respuesta de Hamlet: "Dormir, soñar, no más, y en el sueño creer que hemos vencido los pesares de la vida". Y aun, nos dice Carmen Boullosa, los pesares de la muerte. Para evitar la terrible conclusión del príncipe de Dinamarca, que es soñar y amanecer en el país sin retorno, la muerte, Carmen Boullosa introduce el sexo entre la Historia y el sueño. Primero ha introducido el sueño entre las historias posibles, ahora introduce el sexo entre la Historia y el sueño.

Mencionaba a Hamlet y hay que recordar que es un papel que a veces ha sido interpretado por mujeres. En la primera versión cinematográfica, una versión danesa, muy apropiadamente fue Asta Nielsen, la gran actriz de teatro, en una película muda quien interpretó a Hamlet y Sarah Bernhardt se dio el lujo de interpretar en noches alternativas a Hamlet y a Ofelia, una noche a Hamlet, otra a Ofelia. Aquí, en *Duerme*, Claire Fleury, la protagonista, se viste de hombre a fin de soñar de otra manera, a fin de amar de otra manera también, y sobre todo, quizás, a fin de enajenarse de otra manera y escaparse de las situaciones que la amenazan.

Así, la novela de Carmen Boullosa se salva del peligro soñando. Su máscara es una luz móvil y una catarata de arena. Pero su sueño es sólo un aplazamiento de la muerte, y alrededor del sueño sexual sigue creciendo la pesadilla histórica, caen los templos indios, se levantan las catedrales barrocas. México despierta porque una novelista lo ha convocado.

Damas

Tiempos hubo en que Ángeles Mastretta era celebrada por ser escritora y por ser mujer. Siendo ambas cosas, siento que hoy Mastretta ocupa su lugar como autor sin menoscabo de su condición femenina, pero que no es ésta lo que define su trabajo.

Nada nuevo: tres grandes novelas del siglo XIX, *Anna Karenina*, *Madame Bovary* y *Effi Briest* son, como los títulos lo indican, protagonizadas por mujeres pero escritas por hombres. Y por más que, supuestamente, Flaubert haya dicho "Madame Bovary soy yo", ello sólo refrenda su carácter de autor. Como Thomas Hardy, pudo decir "Tess D'Urbervilles soy yo". Como George Eliot (que se quitó el nombre de nacimiento, Mary Ann Evans) pudo escribir *Adam Bede*. Y Virginia Woolf, aprovechándose de una narración de siglos enteros, pudo pasar a Orlando de un sexo a otro.

Ángeles Mastretta, entonces, novelista ante todo, mujer desde luego, sólo que no sólo autor de obras feministas. Aunque sí femeninas. La más famosa es —sigue siendo— *Arráncame la vida* (1985), que es la historia de Catalina Ascensio y su educación conservadora en la ciudad mexicana llamada Puebla de Zaragoza por los liberales (en memoria de la breve victoria del general republicano Ignacio Zaragoza sobre los zuavos de Napoleón III en 1862) y Puebla de los Ángeles por los conservadores. Catalina creyó encontrar la felicidad al lado de un hombre, militar y político, que asciende con la revolución mexicana, de quien Catalina espera la felicidad sólo para perderla en aras de la terrible corrupción del marido y preguntarse si ella podrá encontrarla sola.

Brevemente dicha, la novela de Mastretta esconde mil (o una sola) novelas mexicanas: la de un país de "machos" dominado, de arranque, por una mujer. La madre, la mamá, la mamacita, que después de la Virgen de Guadalupe, es el personaje más sagrado de la vida mexicana. "Mentar la madre" es el insulto supremo. "A toda madre", insuperable satisfacción. "Un desmadre", el despiporre. "Me vale madre", la indiferencia ofensiva. Pero al cabo, como dice un personaje de la película de Fellini *Julieta de los espíritus*, ¿quién no necesita a su madre?

Que esta necesidad, esta pasión primaria y primitiva, dé origen a toda una pandilla de insultos y elogios es natural. Lo es menos que "la madre", objeto de veneración, sea primero la mujer —la "vieja", como se dice coloquialmente en México— y que "la mujer" sea todo lo contrario de "la mamacita". La mujer, como Catalina Ascensio, será seducida, objeto de mentira, engaño, injuria y todas las catástrofes cantadas en las letras de boleros: "Pérfida", "Canalla", "Esclavo de tu amor", origen de "Amarga pesadumbre", dueña de un "Veneno que fascina", sembradora de "Odios y rencores", jugadora de las "Fichas negras" de la perversidad, camino de las angustias, la engañadora que "una noche" me robó el corazón: "dile a tus ojos que no me miren, porque al mirarme me hacen sufrir".

Este monstruoso personaje del bolero es también la sufrida esposa sometida y, al cabo, la madrecita santa. ¿Todas en una? ¿Simultáneas, sucesivas? ¿Virgen o puta? ¿Madre o amante? La historia de México desmiente la facilidad del cine y el bolero. Mujer fue la máxima escritora colonial de México, Juana de Asbaje, Sor Juana Inés de la Cruz. Mujeres fueron las promotoras de la Independencia de México, Josefa Ortiz de Domínguez y Leona Vicario. Mujeres fueron las protagonistas cantadas por la Revolución: La Valentina, La Adelita. Y mujeres un sinfín de profesionistas, políticas, escritoras, profesoras, y, claro está, las dueñas de un poder doméstico que, a menudo, para ser poder no debe ostentarse.

No niego que el "machismo" sea una referencia constante de la vida mexicana. Constante y propagandística: Jorge Negrete la encarna soberanamente, Jalisco la ubica geográficamente. Sólo que no hay un "macho" nacional que no venere a su mamacita tanto como le exige a su esposa, que al cabo será la mamacita de sus hijos, que a su vez…

Lo que hace Mastretta es mostrar una evidencia y la falsedad en la que se proyecta y que la sostiene. Su pregunta rebasa el asunto de la feminidad para acercarse al de la humanidad. La escritora nos pide a todos, hombres, mujeres: *sean*, no *pretendan ser*. Pero nunca dejen de preguntarse: ¿Quiénes somos? Pregunta sin respuesta. La novela la pregunta, pero no la contesta. Ni para las mujeres ni para los hombres.

22. Segundo final mexicano. Tercia de caballeros

1. *Una de dos*, de Daniel Sada, es una novela que podría dialogar a través de un espejo con la de Carmen Boullosa. Si en *Duerme* las dos identidades de la protagonista se vuelven una, en *Una de dos* la misma identidad se vuelve dos. Situada en un México pueblerino y desértico, en una Comala sin caciques y con televisores, la novela de Daniel Sada mantiene el misterio del aislamiento, de las ocupaciones antiguas, de la narración colectiva, suma de historias, chismes, calumnias, sermones, Las gemelas protagonistas, Constitución y Gloria Gamal, se salvan de su destino triste y aldeano, sin abandonarlo jamás, porque son dos. Su dualidad las enriquece, cada una es maestra de la otra, cada una le enseña a la otra, y lo que una sabe lo sabe enseguida la gemela, la hermana. Un fantasma nocturno, nos dice Sada, se encarga de asemejarlas más y más mientras duermen. En la noche, son idénticas como dos gotas de agua. Su tía las anima a encontrar novio antes de que sea tarde, les dice: "'Cásense ya, muchachas'. Pero ellas ¿qué se iban a casar, si siempre andaban juntas?". Hasta que un día desciende Óscar, un tal Óscar, de uno de esos viajes apretados, en autobuses apretujados que Luis Buñuel describió en su película *Subida al cielo*, y se enamora de una de ellas. Entonces la identidad se vuelve una maldición. El prodigio de la desdicha de su similitud inevitable, dice Sada, la hermana, espejo, sombra, paradoja o maldición diabólica, en esto se convierten al encontrar una de ellas a un amante. Pero como las dos son una, deciden compartir al galán, que nunca sospecha que trata con dos mujeres distintas, sino con una sola mujer, por esto, ideal. ¿Qué tal si las dos se casaran con él? ¿Y si tuvieran hijos, igualitos? ¿Dos esposas que en realidad son una? La antigua unidad es tocada

por el diablo. Los espejos envejecen para empañar un poco, cuando menos, escribe Sada, el espectro jovial del porvenir.

No voy a contarles cómo termina esta enigmática novela mexicana, sólo quiero añadir que el misterio de su relato es inseparable de una prosa que esconde y devela al mismo tiempo, deformándolo todo con esa estética hispana de la que hablaba Valle Inclán: la deformación sistemática de todas las cosas. La prosa de Daniel Sada es sinuosa, sinuosa como las carreteras de México. No hay sin embargo otra manera de llegar de A a Z. La sinuosidad está animada por un humor verbal, que jamás desfallece, inventivo siempre, fusionante, alucinante, a veces casi un matrimonio loco de Góngora y Cantinflas. "Talacha y más talacha, cada quien con su credo, porque Gloria a sí misma, al besar a su novio figurado olvidaba a su hermana, de modo que el recuerdo de aquellos sortilegios le servía para tema de sus sueños: al igual que la otra, y a Óscar por supuesto. Sea comiendo, durmiendo o aun en pleno jale: mucho viaje mental". Escritor neobarroco, Sada le da doblez a todas las palabras, nunca las acepta como son, las sospecha, las pone al servicio de su tema, de esconder una palabra gemela, porque cada palabra esconde, gemela, a otra palabra.

2. La sentencia latina "nada nuevo bajo el sol" se aplica a la creación literaria de modo irónico. No, no hay nada "nuevo". El crítico ruso Vladimir Propp reduce a diez o doce los "temas" constantes de la fábula literaria: el abandono del hogar, la aventura en el mundo, la pareja y sus vicisitudes, el retorno al hogar (el hijo pródigo), etc. De modo que, si los temas son eternos, lo que varía es la manera de contarlos. Tres grandes novelas del siglo XIX —*Ana Karenina*, *Effie Briest* y *Madame Bovary*— tratan del mismo asunto, el adulterio, pero nadie dejaría de distinguirlas como obras singulares a causa de autoría, estilo, intención…

La excelente novela de Álvaro Enrigue *Vidas perpendiculares* pertenece a una —a muchas— tradiciones y hace gala de todas ellas. La situación inmediata oculta las tradiciones mediatizadas. Estamos en Lagos de Moreno, Jalisco, donde don Eusebio es panadero y casado con Mercedes, madre de Jerónimo, que será el centro de la narración. En Lagos se vive "entre la misa y las vacas" y se cree implícitamente en "la hegemonía cultural jalisciense". Capturado en "los parámetros del catolicismo militante mexicano de provincia", Jerónimo habla muy poco y pasa por retrasado. En realidad, posee el don del recuerdo. Su secreto es su memoria.

A partir de ello, de manera en apariencia sucesiva, Jerónimo nos conduce a sus múltiples "pasados". Ha sido un cazamonjes asesino, padrote y explotador de putas en el Nápoles español del siglo XVII. Ha sido una muchacha griega en la Palestina del siglo cero. Ha sido un brahmán hindú en un tiempo perdido. Y ha sido, sobre todo, vástago anónimo de una tribu sin nombre en la aurora del tiempo.

Vienen a la mente del lector antecedentes tan célebres como el *Orlando* de Virginia Woolf, donde el personaje del título recorre el tiempo histórico cambiando de sexo en las distintas épocas que van de un Londres congelado y revivido por la música de Händel, a Constantinopla, a Inglaterra entre las dos guerras mundiales. *Orlando* traza un devenir, al cabo, lineal —del pasado al presente— en el que cambian el tiempo histórico y el sexo del personaje.

En *Vidas perpendiculares,* en cambio, no viajamos del pasado —o los pasados— de Jerónimo a su presente jalisciense. Los "pasados" de Jerónimo no *se suceden*. Sólo *suceden,* uno al lado del otro, no en progresión, sino en *simultaneidad* temporal. Ésta es no sólo la diferencia sino la gran apuesta de Enrigue y es la apuesta de la novela a partir de Joyce. Trascender la narración sucesiva por la narración simultánea. Darle a la novela la misma instantaneidad que a la pintura, trátese de Velázquez, que nos da el cuadro inmediato de *Las meninas,* o de Picasso, que lo descompone en sus partes para ir de la narrativa al hecho de narrar: todo se descompone, todo se multiplica. La instantaneidad frontal de *Las meninas* se convierte en la instantaneidad de lo que no vemos aunque lo adivinamos: el *atrás*, el *arriba*, el *abajo*, así como los *lados* del cuadro.

Semejante estética obedece a múltiples transformaciones que asociamos con la revolución del conocimiento en el siglo XX. Einstein y Heisenberg, en la ciencia, transforman tiempo y espacio de acuerdo con la posición del observador y su lenguaje: todo se vuelve relativo. En términos literarios, esto significa que no hay realidad sin tiempo y espacio —y tampoco realidad sin el *lenguaje* de tiempo y espacio—. Creo que esto es importante para leer *Vidas perpendiculares*, porque Enrigue da un paso de más. Su novela pertenece al universo cuántico de Max Planck más que al universo relativista de Albert Einstein: un mundo de campos coexistentes en constante interacción y cuyas partículas son creadas o destruidas en el mismo acto.

Saber esto no es indispensable, desde luego, para leer y disfrutar las *Vidas perpendiculares* de Enrigue. El talento narrativo del autor trasciende sus posibles orígenes teóricos para entregarnos el sentido —o, mejor, los sentidos— de cada época simultánea a la vida del joven Jerónimo en Guadalajara, en una escuela jesuita de Estados Unidos y en una Ciudad de México admirable y novedosamente presentada en su hora mejor, la más desolada, y en su hora más desolada, "triste como un boliviano".

Es esta inmediatez lo que le otorga su presencia al pasado-presente cercano a la evocación de Faulkner ("Todo es presente, ¿entiendes? Ayer no terminará hasta mañana y mañana empezó hace diez mil años"). Enrigue penetra a través de los sentidos —sobre todo el olfato— en la concreción de sus fábulas cuánticas. En una de las más llamativas, Saulo, antes de tomar el camino a Damasco, nos es presentado como un hombre raquítico, vivaz y enfermo, "celoso y abstinente", desquiciado por su "irregularidad sentimental" ante la griega narradora. El cazamonjes napolitano y los brahmanes indostánicos están todos inmersos en el mundo de los sentidos, escupen saliva, se limpian las uñas, y como no son momias, sudan.

Creo que la estrategia narrativa de este autor culmina en unas páginas de un poder arrasante —tormenta, terremoto— en las que el narrador ha perdido —o aún no tiene— su identidad, sino que es parte de la gran jauría pre-histórica, la manada de la aurora de los tiempos, la tribu del origen que corre por el cerro del lobo, mitad animales, mitad hombres, siguiendo con instinto a la vez obediente y feroz al jefe, al único que consiente imitación...

Este segmento le da a *Vidas perpendiculares* su verdadera originalidad, que no consiste en inventar el agua tibia, sino en saberse parte de una tradición que se remonta al origen del mundo, y el origen del mundo es la muerte.

Vidas perpendiculares depende en alto grado de la confianza que el autor le da al lector, y éste, al autor. Aquí van desapareciendo los capítulos tradicionales, las transiciones de un tiempo a otro se diluyen cada vez más, hasta que el río Bravo y el río Jordán coexisten entre dos alisados de la falda de una mujer.

No cuento las historias mexicanas que dan sustento a esta obra porque, con fatalidad retrospectiva, hay que matar a Octavio del Río. Prefiero evocar la sensualidad final, la cachondería luminosa y oscura, de un personaje —Tita— que en un alarde creativo, Enrigue nos presenta en dos o tres páginas desbordantes como una mujer "coqueta, maternal, berrinchuda o escéptica" cuyas pulseras vuelan como cascabeles, que tiene pecas en el escote y "las pupilas más hondas del mundo".

3. Cuando yo nací, en 1928, la Ciudad de México no llegaba al millón de habitantes. Cuando publiqué mi primera novela, *La región más transparente*, en 1958, había llegado a los cinco millones. Cuando Juan Villoro publicó *El testigo* en 2005, el número de citadinos había rebasado los veinte millones.

Digo esto porque, en cierto modo, yo contaba con una Ciudad de México más ceñida, abarcable en sus extremos, aunque nunca en sus honduras. Hacia abajo, ciudad náhuatl, colonial, decimonónica, moderna. Hacia fuera, ciudad limitada por Azcapotzalco, al norte, la Magdalena Contreras al occidente, Coyoacán al sur y el lago de Texcoco al oriente. Hoy, México se ha desbordado más allá del Distrito Federal al Estado de México, a los linderos de Morelos, a Santa Fe.

Juan Villoro no ha querido, en *El testigo*, que el espacio de la ciudad sea el de su novela. La Ciudad de México es aquí sólo un espacio literario —el de la novela *El testigo*— complementado por los espacios que la ciudad dejó atrás y los que la ciudad no pudo someter. El espacio de la novela ya no se construye en extensión o número. La novela es ciudad sin límites, por ausencias, por nostalgias. Por lenguajes: mamerto, chómpiras, me vale sorbete...

Sabedor de que el Distrito Federal se ha vuelto inabarcable, Villoro opta, así, por crear una ciudad parcelada, más identificable por lo que no es que por lo que es; más, por sus maneras de engañarse a sí misma que por las verdades que se dice a sí misma o que se dicen de ella.

Julio, el narrador, ha regresado de Europa con una esposa italiana y dos niñas. Si alguna vez creyó que la ausencia le sería perdonada, se equivoca. La Ciudad de México le aguarda cargada de todo lo que Julio hubiese querido dejar atrás. Allí están las personas del pasado, dispuestas a negarle la paz y a echarle en cara la ausencia. Allí le esperan Félix Rovirosa y Constantino Portella, Gándara y Centollo, Orlando Barbosa y las mujeres de ayer, Nieves y Vlady Vay.

Lo esperan un país roto y la autoridad del fracaso. Las mil maneras de ofenderse que tienen los mexicanos. Las cuentas pendientes de la vida colectiva y personal. Las sonrisas duras de quienes no quieren ser notados. El rencor, la decepción y la impotencia. La espera eterna de lo que nunca va a pasar. Lo aguarda el mito-engaño de quienes quisieron "el socialismo perfecto y el amor libre y el cine de autor y la poesía sin mundo o sin otro mundo que el de la poesía".

Lo esperan los prejuicios abyectos, escondidos a veces, jamás desterrados, del mundo de privilegios perdidos o por nacer. Ir al excusado es "hacer Juárez". La educación vuelve peligroso al indio. Juárez era un indio anticlerical porque lo habían educado y el indio no tiene derecho ni a envejecer: cuando el indio encanece, el español fenece. Juárez debió de morir. Nuestros mesías deben ser insípidos.

Destaco este racismo anti-indígena porque no es común ni admisible en la cultura mexicana, donde el culto del indígena corre parejo a la denostación de lo español, creando la confusión moral en la que exaltamos al indio muerto pero discriminamos al indio vivo; censuramos la conquista española pero somos quienes somos y hablamos lo que hablamos gracias a España.

¿Por dónde escapar a tantas contradicciones? Sobran playas y pirámides, anota Villoro y la facilidad, lo accesible, niega nuestra vocación de desastre. ¿Democracia? Para transar. ¿Tranquilidad? Para morirse de aburrido. ¿Historia? No realidad sino, apenas, pobre remedio para la realidad.

¿Qué nos queda? Villoro hace una incursión notable al mundo del campo mexicano. Ya no es, claro, el campo de Yáñez o Rulfo, porque los campesinos mexicanos han perdido todas sus luchas. Villoro recrea la gran nostalgia de la acción campesina, no sólo en la revolución de Zapata y Villa, sino en ese singular momento que fue la Cristiada, la rebelión del interior católico contra las leyes civiles de la revolución y, en particular, contra los gobiernos "ateos" de Obregón y Calles en la década de 1920-1930. Acción desesperada, heroica, insensata, la Cristiada es en Villoro el símbolo histórico de una derrota de la tierra. El mundo agrario de México se despobló, al grado de que hoy las tres cuartas partes de los mexicanos viven en las ciudades. La última extravagancia del campo fue, quizás, la Cristiada, y los cristeros fusilaban relojes para detener un tiempo que no les hacía caso. Derrotados, se arrojaban a los barrancos, pero dejaban sus camisas como símbolo de una presencia.

La provincia que visita Julio y evoca Villoro es un camposanto que no puede ignorar su propia muerte. Lugares, olores, memorias, ausencias hablan de una guerra loca cuyo único líder era Cristo y cuyos militantes temían morir en el sueño, "sin encomendarse a Dios", aunque, a veces, se quedaban dormidos con la soga al cuello… La iglesia, al cabo, no acompañó a los rebeldes.

La provincia mexicana se quedó, tan sólo, con el "rancio esplendor" que le otorgó un poeta zacatecano, Ramón López Velarde, cuya corta vida (1880-1921) no le permitió ver más que la realidad de un tránsito pero cuya poesía rescató a un mundo que, sin ella, carecería de alma. "El católico atravesado de nostalgia y el dandy transgresor", como lo llama Villoro, admitió todas las "pugnas favoritas" de la cultura mexicana: provincia y capital, tradición y rebelión, México y el mundo, civilización y barbarie. Sobre todo, las mujeres: benditas o malditas, "marchitas, locas o muertas". "Íntima tristeza reaccionaria" y sin embargo, ¿hay otra voz poética que dé cuenta de sí y de su tiempo, de nosotros, de las contradicciones, más que la de López Velarde?

Con razón Villoro le da un sitio central al poeta en esta novela de la desesperanza que es *El testigo*. Quizás el testimonio del título sea el de López Velarde, pues Villoro nos arrastra a cuanto lo niega —el horror, el horror, diría el Kurtz de Conrad en *Corazón de las tinieblas*— en una espantosa colisión del crimen de autoridades y criminales que somete a Julio, el protagonista, a un horror personificado por el comandante Ogarrio —mano grande "saturada de anillos", cutis de viruela, lenguaje hampón, cena de vísceras, pito como un puro— y su siniestro adlátere, el Hurón…

El novelista nos hace sentir que, como Julio, todos, en cualquier gran ciudad de la América Latina, estamos expuestos al daño maligno que nos reservan Ogarrio y el Hurón. Que son, además, los representantes de la ley. Villoro nos permite imaginar cómo serán los representantes del crimen. ¿O ya no hay diferencia? "A cada quien —precisa Villoro— le tocaba una cuota de violencia… una vacuna para vivir en el D.F.".

En Bogotá, en Caracas, en Río de Janeiro,
en Lima, en Buenos Aires, en México D.F., en
Santiago de Chile. Valiente mundo nuevo.

Palabras finales

El lector tiene en sus manos un libro personal. Esta no es una "historia" de la narrativa iberoamericana. Faltan algunos nombres, algunas obras. Algunos dirán que, en cambio, sobran otros nombres, otras obras. He querido sujetarme a una disciplina irregular que le da, por ejemplo, un lugar de origen a tres obras y tres autores de nuestro siglo de fundación literaria en español y portugués, la *Utopía* de Tomás Moro (1516), el *Elogio de la locura* de Erasmo de Rotterdam (1511) y *El Príncipe* de Nicolás Maquiavelo (1513). De ellos derivo tres temáticas constantes de nuestra narrativa: el deseo del *ser*, del *deber ser* y de lo que no puede o no debe ser. Las declinaciones del poder *que es*, tema de Maquiavelo, se encuentran en la larga lista de novelas que va de Valle-Inclán y Gallegos a Rulfo, García Márquez y Vargas Llosa. La imaginación del poder que *debe ser* subyace a la gran tradición utópica del continente americano, sea revolucionaria o democrática, pero lo hace con la advertencia de una sonrisa irónica en Onetti o Cortázar. El andamiaje barroco —el *plus ultra* cultural— lo describe Lezama Lima y el *minus ultra* de la imaginación verbal es la obra de Jorge Luis Borges.

Si Iberoamérica ha carecido de continuidad política y económica, sí ha sabido crear una tradición literaria, a pesar de prohibiciones coloniales y post-coloniales. Machado de Assis da cuenta de esta dinámica de humor opuesta a la solemnidad de los poderes, que se prolonga en prácticamente todos los autores aquí estudiados. Sobre todo en los más recientes. Existe así un puente de continuidad entre los escritores de fundación, larga lista que va de Borges a Carpentier y otra, paralela, línea de perturbación, humor y personalización muy propia de

Cortázar y de los actuales escritores de nuestra América. Es como si el mismo Cervantes, volviese y diese hoy cuenta de todo lo *no dicho* ayer y todo lo *no dicho* ayer contuviese, a su vez, lo que era necesario *decir* hoy. Dichas y des-dichas de la literatura.

Se me acusará, con justicia, de darle un lugar preferente a mi propio país, México, y a sus escritores. Así es. Si fuese brasileño, daría cabida mucho mayor a escritores tan admirables como Euclides da Cunha, Jorge Amado, Guimarães Rosa, Clarice Lispector, Rubem Fonseca, y sólo los requisitos de la selección me obligan a pasar por alto, o mencionar apenas, a escritores de Colombia, Perú o Chile a quienes admiro tanto como a los que aquí estudio. La razón es que éstos, los incluidos, concuerdan más con la línea general especulativa de este libro. Y que si abundan los mexicanos es porque los conozco mejor, los he leído más y ¡qué chingados!, como México no hay dos.

En serio: este es gran libro sobre la potencia de la novela, incluyendo la novela *potencial* que aún aguarda ser escrita entre nosotros. Quiero decir: el mundo era uno antes de la publicación de *Don Quixote* en 1605 y otro, para siempre distinto, después. La referencia cervantina —la novela de La Mancha, impura, manchada— es indispensable para hablar de la ficción, la del pasado inmediato, la de hoy, la de mañana. No por ello deja de haber importantes referencias posteriores al *Quijote*, novela dickensiana, proustiana, faulkneriana, joyceana. Bueno y válido. Cada época va nombrando al mundo y al hacerlo se nombra a sí misma y a sus obras.

¿Por qué? Primero, porque las nociones de tiempo y espacio que *informan* a una novela cambian como cambia el concepto del mundo de Galileo a Newton a Einstein, cada uno acompañado —¿causa, efecto?— de obras —música, literatura, filosofía, arquitectura— semejantes a la idea que el mundo se hace de sí mismo. Pero sea cual sea éste, cambien como cambien espacios y tiempos, habrá insatisfacción, habrá diversidad y habrá palabra. Se escribirán novelas y ninguna novedad *técnica* o *divertida* cambiará esta necesidad y este goce vitales, anteriores a todo marco ideológico o tecnocrático.

De allí la fuerza, de allí la molestia, de allí el goce que se llama "novela".

Roma, julio de 2011

Índice

1. Advertencia pre-ibérica 9

2. Descubrimiento y conquista 15

3. La cultura colonial 45

4. De la Colonia a la independencia. Machado de Assis 71

5. Rómulo Gallegos. La naturaleza impersonal 91

6. La revolución mexicana 109

7. Borges. La plata del río 145

8. Río arriba. Alejo Carpentier 161

9. Onetti 197

10. Julio Cortázar y la sonrisa de Erasmo...........................203

11. José Lezama Lima. Cuerpo y palabra del barroco............223

12. García Márquez. La segunda lectura 261

13. Un tiempo sin héroes. Vargas Llosa 275

14. José Donoso, del boom al búmerang 291

15. El búmerang..299

16. El post-boom (1) 333

17. El crack 357

18. El post-boom (2) 377

19. Nélida Piñon en la república de los sueños 403

20. Juan Goytisolo, persona grata 409

21. Primer final mexicano. Quinteto de damas.....................417

22. Segundo final mexicano. Tercia de caballeros.................429

Palabras finales 437

Alfaguara es un sello editorial del Grupo Santillana

www.alfaguara.com.mx

Argentina
www.alfaguara.com/ar
Av. Leandro N. Alem, 720
C 1001 AAP Buenos Aires
Tel. (54 11) 41 19 50 00
Fax (54 11) 41 19 50 21

Bolivia
www.alfaguara.com/bo
Calacoto, calle 13 nº 8078
La Paz
Tel. (591 2) 279 22 78
Fax (591 2) 277 10 56

Chile
www.alfaguara.com/cl
Dr. Aníbal Ariztía, 1444
Providencia
Santiago de Chile
Tel. (56 2) 384 30 00
Fax (56 2) 384 30 60

Colombia
www.alfaguara.com/co
Calle 80, nº 9 - 69
Bogotá
Tel. y fax (57 1) 639 60 00

Costa Rica
www.alfaguara.com/cas
La Uruca
Del Edificio de Aviación Civil 200 metros
  Oeste
San José de Costa Rica
Tel. (506) 22 20 42 42 y 25 20 05 05
Fax (506) 22 20 13 20

Ecuador
www.alfaguara.com/ec
Avda. Eloy Alfaro, N 33-347 y Avda. 6 de
  Diciembre
Quito
Tel. (593 2) 244 66 56
Fax (593 2) 244 87 91

El Salvador
www.alfaguara.com/can
Siemens, 51
Zona Industrial Santa Elena
Antiguo Cuscatlán – La Libertad
Tel. (503) 2 505 89 y 2 289 89 20
Fax (503) 2 278 60 66

España
www.alfaguara.com/es
Torrelaguna, 60
28043 Madrid
Tel. (34 91) 744 90 60
Fax (34 91) 744 92 24

Estados Unidos
www.alfaguara.com/us
2023 N.W. 84th Avenue
Miami, FL 33122
Tel. (1 305) 591 95 22 y 591 22 32
Fax (1 305) 591 91 45

Guatemala
www.alfaguara.com/can
7ª Avda. 11-11
Zona nº 9
Guatemala CA
Tel. (502) 24 29 43 00
Fax (502) 24 29 43 03

Honduras
www.alfaguara.com/can
Colonia Tepeyac Contigua a Banco
  Cuscatlán
Frente Iglesia Adventista del Séptimo Día,
  Casa 1626
Boulevard Juan Pablo Segundo
Tegucigalpa, M. D. C.
Tel. (504) 239 98 84

México
www.alfaguara.com/mx
Av. Río Mixcoac 274
Colonia Acacías
03240 México D.F.
Tel. (52 5) 554 20 75 30
Fax (52 5) 556 01 10 67

Panamá
www.alfaguara.com/cas
Vía Transísmica, Urb. Industrial Orillac,
Calle segunda, local 9
Ciudad de Panamá
Tel. (507) 261 29 95

Paraguay
www.alfaguara.com/py
Avda. Venezuela, 276,
entre Mariscal López y España
Asunción
Tel./fax (595 21) 213 294 y 214 983

Perú
www.alfaguara.com/pe
Avda. Primavera 2160
Santiago de Surco
Lima 33
Tel. (51 1) 313 40 00
Fax (51 1) 313 40 01

Puerto Rico
www.alfaguara.com/mx
Avda. Roosevelt, 1506
Guaynabo 00968
Tel. (1 787) 781 98 00
Fax (1 787) 783 12 62

República Dominicana
www.alfaguara.com/do
Juan Sánchez Ramírez, 9
Gazcue
Santo Domingo R.D.
Tel. (1809) 682 13 82
Fax (1809) 689 10 22

Uruguay
www.alfaguara.com/uy
Juan Manuel Blanes 1132
11200 Montevideo
Tel. (598 2) 410 73 42
Fax (598 2) 410 86 83

Venezuela
www.alfaguara.com/ve
Avda. Rómulo Gallegos
Edificio Zulia, 1º
Boleita Norte
Caracas
Tel. (58 212) 235 30 33
Fax (58 212) 239 10 51

Este ejemplar se terminó de imprimir en el mes julio de 2011,
En Impresiones en Offset Max, S.A. de C.V.
Catarroja 443 Int. 9 Col. Ma. Esther Zuno de Echeverría
Iztapalapa, C.P. 09860, México, D.F.